中国科学院规划教材

企业管理学

（第二版）

郎宏文　舒喆醒　郝　婷　编著

科　学　出　版　社
北　京

内 容 简 介

本书针对高等院校经济管理类课程教学的需要，比较全面地介绍了现代企业管理和技术经济分析的基本原理和方法。本书的内容包括企业与公司、管理与企业管理、企业战略管理、企业经营决策、市场营销管理、企业生产管理、企业人力资源管理、企业财务管理、技术经济学概述、资金的时间价值及等值计算、投资项目经济效果的评价方法、项目可行性研究，共十二章。与本书第一版相比，这一版增加了技术经济学的基础原理和分析评价方法，以满足经济管理人员、工程技术人员应掌握对工程项目进行经济分析与评价的知识能力的教学要求。

本书可作为高等院校各专业学生学习企业管理和技术经济分析的基础教材，也可以作为其他人员学习企业管理学和技术经济学的参考书籍。

图书在版编目（CIP）数据

企业管理学／郎宏文，舒喆醒，郝婷编著．—2 版．—北京：科学出版社，2015.6

ISBN 978-7-03-044896-5

Ⅰ.①企… Ⅱ.①郎…②舒…③郝… Ⅲ.①企业管理—高等学校—教材 Ⅳ.①F270

中国版本图书馆 CIP 数据核字（2015）第 126781 号

责任编辑：兰　鹏　张　凯／责任校对：王　双
责任印制：张　伟／封面设计：蓝正设计

科学出版社 出版
北京东黄城根北街 16 号
邮政编码：100717
http://www.sciencep.com
北京中石油彩色印刷有限责任公司 印刷
科学出版社发行　各地新华书店经销

*

2009 年 2 月第　一　版　开本：787×1092　1/16
2015 年 6 月第　二　版　印张：18 1/4
2023 年 8 月第十一次印刷　字数：432 000

定价：48.00 元

（如有印装质量问题，我社负责调换）

第二版序言

当代大学生，不仅要掌握必需的科技知识，还应掌握一定的经济理论与管理基础知识，提升自己未来参加社会经济管理实践活动的能力，这是市场经济发展的客观要求，也是社会进步对人才的要求。经济管理能力是人才必须具备、不可替代的一项基本能力，在我国经济已进入全球竞争的背景下尤其如此。因此，大专院校管理课程教学与改革的目标应该是通过管理系列课程的学习和训练，培养适应社会主义市场经济需要的懂经济、会管理的复合型人才。本次重新修订《企业管理学》（第二版）就是为了满足高等院校各专业开设的企业管理基础课程的教学需要。

党的十八大以来，国家推进国家机构改革和政府职能转变，简政放权，政府多项行政审批权力被削减和下放，这导致企业设立和管理过程中的申请、审批、注册、登记、备案、担保、统计等诸项工作在程序上和内容上有了很大变化，并且本书第一版于2009年出版以来，我国又新颁布和修订了大量的经济管理法律法规，因此教材内容必须及时修订更新，从而使管理理论与实践符合国家政策和法律规范的要求。

考虑到技术经济学是经济管理人员、工程技术人员知识结构中必备的组成部分，本次修订增加了新的一篇“技术经济分析”，包括“技术经济学概述”、“资金的时间价值及等值计算”、“投资项目经济效果的评价方法”和“项目可行性研究”四章。这部分内容对于提高各专业学生的综合素质、改善学生的知识结构、提升自身竞争能力非常重要。通过对这部分内容的学习，学生能够了解、掌握技术经济学的基本基本原理、方法，从而具有对实践问题的经济分析、判断和决策的能力。

本书由哈尔滨理工大学郎宏文教授、舒喆醒副教授、郝婷副教授共同编撰修订。修订后的内容共四篇，第一篇包括企业与公司、管理与企业管理；第二篇包括企业战略管理、企业经营决策；第三篇包括市场营销管理、企业生产管理、企业人力资源管理、企业财务管理；第四篇包括技术经济学概述、资金的时间价值及等值计算、投资项目经济效果的评价方法、项目可行性研究。全书共十二章。在本书的修订过程中，笔者参考和引用了国内外许多专家、学者的著作，吸取了国内外最新的企业管理与技术经济学理论和研究成果，在此向原作者表示深切的敬意和谢意，同时也再一次向科学出版社的有关编审人员表示感谢。因限于水平，书中难免存在不足之处，敬请读者和有关人员不吝赐教。

编者
2015年5月

目　录

第一篇　企业与企业管理

第一章　企业与公司

第一节　企业概述

一、企业的含义

企业是指从事生产、流通、服务等经济活动，以产品或劳务满足社会需要并获取盈利为目的，自主经营、自负盈亏、依法设立的经济实体，是社会经济的基本单位。

从企业产生的历史渊源来看，企业是个历史概念，是生产力发展到一定水平的产物。企业是作为取代家庭经济单位和作坊而出现的一种更高生产效率的经济单位。从原始社会到封建社会，自给自足的自然经济占统治地位，社会生产和消费主要是以家庭为经济单位，或是以手工劳动为基础的作坊，它们均不是企业。随着生产力水平的提高和商品经济的大发展，交通运输、信息和金融市场的迅速发展，到了资本主义社会，企业成了社会的基本经济单位。其特征是由资本所有者雇佣许多工人，使用一定的生产手段，共同协作，从事生产劳动，从而极大地提高了生产效率。

从社会资源配置的方式上看，企业是商品经济发展到一定阶段的产物。企业是作为替代市场机制的一种更低交易费用的资源配置方式。“交易费用”这一概念是美国经济学家罗纳德·哈里·科斯在分析企业的起源和规模时，首次引入经济分析的。根据科斯的解释，交易费用也可称交易成本，是运用市场价格机制的成本。它包括两个主要内容：一是发现贴现价格，获得精确市场信息的成本；二是在市场交易中，交易人之间谈判、讨价还价和履行合同的成本。在商品经济发展的初期，无论是原始的物物交换，还是以货币为媒介的商品交换，由于市场狭小，利用市场价格机制的费用几乎不存在，这时的商品生产一般以家庭为单位。但随着商品经济的发展、市场规模的扩大，生产者在了解有关价格信息、市场谈判、签订合同等方面后利用价格机制的费用显著增大，这时，生产者采用把生产要素集合在一个经济单位的生产方式，以降低交易费用，这种经济单位就是企业。企业这种组织形式之所以可以降低市场交易的费用，是因为它用内部管理的方式将各种生产要素有效结合。因此，从交易费用的角度来看，市场和企业是两种不同的组织生产方式，即一种是协议买卖方式，另一种是内部管理方式。两种方式都存在一定的费用，即前者是交易费用，后者是组织费用。企业之所以出现，是因为企业的组织费用低于市场的交易费用。因此，交易费用的降低是企业出现的重要原因之一。

二、企业的特征

现代企业作为商品生产者和经营者，在不同社会制度下，虽然具有不同的社会性质，但作为商品经济条件下的劳动组织形式，一般都具有以下几个共同特征。

1. 企业以市场为导向、以盈利为主要目的，专门从事商品生产和经营活动

企业是社会物质财富的创造者，其基本职能是向社会提供各种所需要的商品和服务，盈利是企业内在的和最终的追求。在以社会化大生产为基础的市场经济条件下，企业所从事的经营活动是服务社会的，其只有能够满足社会需求，得到消费者的认同，才能被社会所接受。因此，企业必须以市场为向导、以消费为中心，在满足社会需要的过程中实现长期的利润最大化。

2. 企业是实行自主经营、自负盈亏、独立核算、自我发展的独立经济实体

一个名副其实的企业必须是独立的、自负盈亏的组织。首先，企业的独立性表现为企业产权的独立性，即可以独立行使对企业财产的支配、使用和处置权；其次，企业的独立性表现为企业经营上的独立性，即企业必须具有独立的经营决策与管理权，根据市场环境和企业内部的条件变化，自主灵活地开展企业经营管理活动；最后，企业的独立性还表现为独立核算、自负盈亏。企业的盈利来源于以最经济的投入获得理想的产出，企业要以自己的收入来抵偿支出，并对盈亏完全负责。

3. 企业是依法设立、依法经营的经济实体

企业分为法人企业与非法人企业，区别在于是否能够独立承担民事责任。企业是依法设立、依法经营的经济实体。首先，企业的创立必须得到政府有关部门的批准，并按规定的业务范围进行经营；其次，企业必须拥有法定资金、资产，在银行有自己的账户，并能独立行使财产支配权；最后，企业能以自己的名义参加民事活动，企业正常的生产经营活动受法律保护。

三、企业系统结构

(一)企业系统的基本构成要素

企业是一个生产经营体系，由以下五个基本要素构成。

(1)目标。目标是指企业生产经营的目的，包括产品或劳务、利税、社会效益等。

(2)人。人是指企业生产经营的主体，包括生产人员、技术人员、管理人员及服务人员等。

(3)财。财是指企业生产经营活动所需的资金，包括流动资金、专项资金等。财是企业生产经营的资本。

(4)物。物是指厂房、机器设备等劳动手段，以及原材料等劳动对象。物是企业生产经营的基础。

(5)信息。信息是指企业的各种数据、指标、报表、资料、图纸、情报、规章、记录、合同、文件等。信息是企业生产经营的科学依据。

由上述要素组成的系统称为企业系统，将企业的各种资源(原材料、能源、劳动力、技术、资金、信息等)作为投入，输入企业系统，经过生产过程，转化为输出。这就形成了企业系统运转的基本模式，如图 1-1 所示。为使系统正常运转，必须将输出的信息反馈给输入端，而且将企业外部环境(市场、顾客等)的有关信息也反馈给输入端，通过系统信息反馈来改变和制约系统的转换过程。

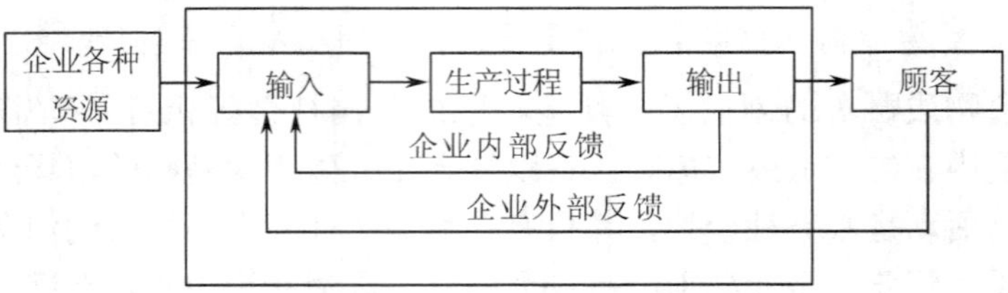

图 1-1 企业系统模型

(二)企业系统的流程

企业系统中包含着四个组成部分，即四大流程。

1. 企业的产品流程

根据市场预测和经营决策，企业进行产品的研究、设计和制造，生产出产品；经过销售，供顾客使用和消费；在使用过程中为顾客提供各种必要的服务，并了解和研究使用中的要求，进一步改进产品设计和制造，生产出更好的产品投入市场。这一过程就是企业的产品流程。

2. 企业的价值流程

伴随着产品流程，以货币形态来反映监督、控制产品流程的资金运动过程，就是企业的价值流程。它能使产品在充分利用资源和最经济的条件下被生产出来。

3. 企业的人事流程

为体现产品流程的客观要求，以劳动者的数量、质量、管理方式、劳动技能、工作积极性和劳动效率，以及劳动者的更新等，来主导产品流程正常、有效地进行，这样的人事发展变化过程，就是企业的人事流程。通过劳动者的录用、调配、培训、考核、奖惩、升迁等人事制度，建立科学的组织结构，有利于合理组织劳动过程，保证生产流程高效运行。

4. 企业的信息流程

对上述过程进行调节、控制、保证企业生产经营活动正常进行的管理信息流动过程，就是企业的信息流程。这是通过信息的收集、处理、运输和控制为实现经营目标而服务的。

此外，企业要根据国家法律法令、国内外形势、市场状况、经济动向、外部反馈等方面的变化，不断进行调整、改革，以适应外部需求、满足社会需要、促进社会发展。企业系统结构如图 1-2 所示。

(三)企业系统结构的特征

1. 企业系统是一个人造的人机系统

企业是由人工制造的机器设备和一定数目人员所构成的。人是企业系统的主体，只有发挥人的积极性、创造性，才能发挥劳动手段的效能，在人机的合理结合中，创造企业效益。人的能动作用对系统的构成和发展有决定性影响。例如，生产配置是否合理先进，管理机构的设置、管理制度的建立、管理方法的运用是否合理，很大程度上都依靠

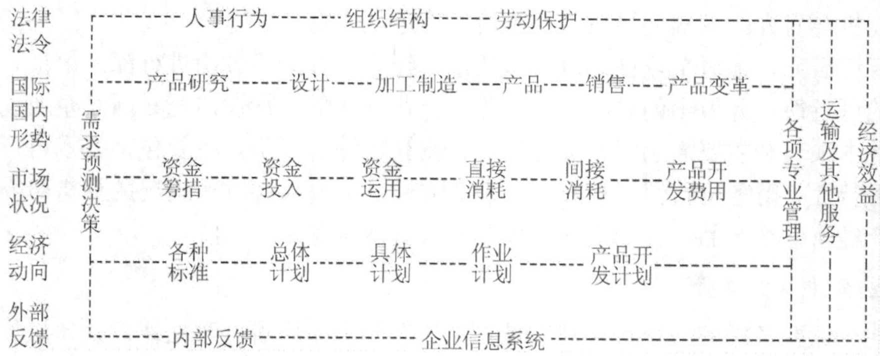

图 1-2　企业系统结构

人的经验、知识和能力。

2. 企业系统是动态的开放系统

企业是社会经济系统中的一个子系统，为了适应外部经济大系统的需要，其必须完善和改变自己的功能，更好地适应外部环境和内部条件的变化；同时，其也与外部环境不断地发生着物质和信息的交流。企业就是在这种变化的动态开放过程中生存和发展的。因此，企业管理机构、规章制度、经营方针、管理方法等都具有时限性。

3. 企业系统是多层次、多目标的系统

企业可以划分为若干分系统，如科技开发分系统、生产分系统、营销分系统、财务分系统、人力资源分系统、后勤服务分系统等。分系统又可以划分为若干个更细的子系统。例如，生产分系统可以划分为各种产品的生产体系，每种产品生产体系中设有车间、科室、工段、班组等。所以企业是一个多层次的系统。企业系统与分系统、分系统与子系统、分系统与分系统、子系统与子系统之间的关联，表现为总目标、分目标与各项具体目标之间的关联。因而，企业系统是个多目标系统。根据企业系统的层次和目标，来设计企业的结构和功能，并使其合理化，是企业活动正常运行的必要条件。

四、企业的创立、变更和终止

按照市场经济优胜劣汰的规则，有些新的企业要创立，有些旧的企业要变更和倒闭，这是市场经济的必然规律。了解企业的创立、变更和终止，有助于加深对企业的理解。

(一)企业的创立

企业的创立是指通过法定程序，建立一个具有独立主体地位的经济实体，即筹建新企业或设立新公司。

1. 经营方式的选择

这实际上是企业创办机会的研究和选择及其可行性研究。创办机会的研究，即分析企业创立的可能性。通过对企业的背景、基础、条件、趋势等方面的研究，主要是进行行业分析和地区分析，从总体上大致选定企业创办的意向。两方面的分析都包括市场分析，即需要分析研究多种市场(如产品市场、劳务市场、金融市场、信息市场等)的竞争趋势。在机会研究的基础上寻找创办机会，确定创立意向。

可行性研究，即对企业创办机会从技术、经济、社会等方面进行深入论证，确认创立企业的可行性，并做出创立决定。因此，企业创立的可行性研究必须对企业创立机会的所有基本项目和主要影响因素进行分析、测算、综合评价，主要包括技术可行性、组织体制可行性、财务可行性、社会可行性等方面。通过对各方面情况的分析研究，确定企业生产经营什么产品、在什么地方建厂、投资多少等。

2. 法律形式的选择

筹建企业要考虑的一个重要问题是：在所有制上采取哪一种法律形式比较好。通常有国资、独资、合伙和公司等几种法律形式可选择。在进行创办机会的研究和可行性分析时，就要考虑企业法律形式的问题。

3. 设立必备条件

企业的类别不同设立的条件也有所区别。例如，对全民所有制企业来说，《中华人民共和国全民所有制工业企业法》第17条规定，设立企业应当具备七个条件：产品为社会所需要；有能源、原材料、交通运输的必要条件；有自己的名称和生产经营场所；有符合国家规定的资金；有自己的组织结构；有明确的生产经营范围；法律、法规规定的其他条件。对于有限责任公司而言，《中华人民共和国公司法》(简称《公司法》)第23条规定，设立有限责任公司应具备五个条件：股东符合法定人数；有符合公司章程规定的全体股东认缴的出资额；股东共同制定公司章程；有公司名称，建立符合有限责任公司要求的组织机构；有公司住所。对于股份有限公司而言，《公司法》第76条规定，设立股份有限公司，应具备六个条件：发起人符合法定人数；有符合公司章程规定的全体发起人认购的股本总额或者募集的实收股本总额；股份发行、筹办事项符合法律规定；发起人制定公司章程，采用募集方式设立的经创立大会通过；有公司名称，建立符合股份有限公司要求的组织机构；有公司住所。

4. 设立程序

设立一个企业，一般情况下，在具备必要条件时，由筹办单位向企业所在地的工商行政管理部门申请注册登记，符合条件并得到批准，拿到生产许可证和营业执照，至此，企业取得经营资格，享有《中华人民共和国企业法》(简称《企业法》)规定的权利和义务。公司的设立程序应按《公司法》中规定执行。

5. 设立行为

设立行为是指企业的创立者为设立企业而从事的一系列活动。这些活动必须受到有关法律的约束。在我国已具有设立一般的企业、某种特殊的企业、外商投资企业所遵循的法律、法规，以及某特定区域内实行的特别法规和地方性法规。只有依照有关法律、法规的要求实施这种行为，才能达到企业创立的目的。

(二)企业的变更

企业的生产经营过程中，由于种种原因可以通过转产、停产整顿、合并、分立、关闭等方式，对其注册登记的某一事项或若干事项作新的调整和改变，实现资源的合理配置和企业的优胜劣汰。

(三)企业的终止

企业的终止是指企业组织的解散及其经营活动的终止，依法注销企业。企业终止的主要原因有：营业期限届满或企业规定的解散事由出现；企业最高权力机关做出终止的特别决议；企业合并或分立；依法被撤销；依法宣告破产。

第二节　公司概述

一、公司的含义

公司一般是指由承担有限责任的出资者出资兴办并组成一个具有法人资格，能够自主经营、自负盈亏，对共同出资经营的财产享有民事权利、承担民事责任的经济实体。公司在法律上具有独立人格，是法人，而个人独资企业及合伙企业是非法人企业。这是公司与个人独资企业及合伙企业的重要区别。公司以“资合”为特征，特别是在负担有限责任方面与后两者不同。

二、公司的优缺点

(一)公司的主要优点

公司的主要优点包括以下几个。

(1)实行有限责任制度。对于股东而言，以其出资额为限对公司的债务承担有限责任；对于公司法人而言，以其全部法人财产为限对公司的债务承担有限责任。相对个人独资企业和合伙企业而言，公司出资者的风险要小。

(2)筹资能力强。公司可以通过发行有价证券(如股票)的方式来筹集资金。这种方式容易筹集到大额资金，满足公司大规模扩张的需要。

(3)具有独立寿命。公司作为法人，若无法律和公司章程规定事项出现，公司可一直存续下去，个别股东或高级职员的死亡、转业等不会影响公司的存亡。同时，公司的法人财产是不可分割的，投资者投入公司的资本不可抽回，只能转让，因此公司的法人财产不会因股东的变动而变动，保持了一定的整体性、稳定性和连续性。当今世界上具有百年历史的公司有很多，如美国美孚石油公司成立于 1870 年，美国通用电气公司始创于 1878 年。

(4)管理效率高。公司实行股东所有权与法人财产权相分离的制度，股东资金投入企业后，其所有权通过股权证书或股票等体现出来，公司对所有股东投入的资产拥有法人财产权。这样使得公司的所有权与经营权相分离，公司各项经营管理工作由各方面的专业人员负责，他们能够比股东更有效地管理企业，更能适应剧烈变化的经营环境。

(二)公司的主要缺点

公司的主要缺点包括以下几个。

(1)手续繁杂。创办公司的手续比较复杂，组建费用高昂，我国《公司法》专门对此做了专门规定。

(2)政府限制较多。为了保证投资者(尤其是上市公司的中、小投资者)及相关权益人的合法权益，政府一般对公司的设立和运作监管得非常严格，这在一定程度上会给企业的运作带来障碍和困难。

(3)财务信息公开。特别是股份有限公司中的上市公司，按照有关法律规定，政府要求其财务报表定期向公众公开，这样就导致企业一些商业秘密被泄露。

(4)双重缴纳所得税。公司的利润在分配前要缴纳公司所得税，公司以税后利润向投资人支付利润时，股东还要缴纳个人所得税。

三、公司的形式

1. 根据股东所负责任的不同，可以将公司分为无限责任公司、两合公司、股份两合公司、有限责任公司、股份有限公司

(1)无限责任公司是指由两个以上的股东所组成、全体股东对公司债务负连带无限责任的公司。

(2)两合公司是指由无限责任股东和有限责任股东共同组成的公司，无限责任股东对公司债务负连带无限责任，有限责任股东则以其出资额为限对公司负责。

(3)股份两合公司是指由一部分有限责任股东和一部分无限责任股东组成的股份公司，无限责任股东对公司债务负连带无限责任，有限责任股东以其所认购的股份为限对公司负责。

(4)有限责任公司是指由一定人数的股东所组成，股东以其出资额为限对公司负责，公司以其全部资产对公司债务负责的企业法人。

(5)股份有限公司是指由一定人数的股东所组成，公司的全部资本分为均等的股份，股东以其所认购的股份为限对公司负责，公司以其全部资产对公司债务负责的企业法人。

前三种类型的公司在现代数量较少。有限责任公司和股份有限公司是现代企业中最主要的形式。我国《公司法》仅对这两种类型的公司做了规定。

2. 根据公司信用基础的不同，可以把公司分为人合公司、资合公司、人合兼资合公司

(1)人合公司是指其信用着重于股东的个人条件(如名誉、地位、声望等)的公司。无限公司是典型的人合公司，其信用基础在于股东个人，与公司资产多少无关。

(2)资合公司是指其信用基础着重于公司资产数额的公司。也就是说，资合公司的信用主要取决于公司的资产额，股东的个人条件并不重要。股份有限公司是最典型的资合公司，公司以其全部资产对公司的债务负责，股东不对债权人负个人责任；有限责任公司也属资合公司。

(3)人合兼资合公司，即两合公司，是指公司的信用同时强调人的信用和资产的信用两个方面，无限责任股东以个人信用为基础，有限责任股东以其出资额作为信用基础。

3. 根据公司之间的控制与被控制关系，可以把公司分为母公司与子公司

(1)母公司是指掌握另一公司的多数股份从而能够实际控制另一公司的公司。

(2)子公司就是受其他公司实际控制的公司。

母公司和子公司各自为独立的法人。

4. 根据公司的组织管辖关系，可以把公司分为总公司和分公司

(1)总公司，通常又称本公司，是指管辖系统内全部分支机构的总机构。

(2)分公司是指受总公司管辖的分支机构，如分店、经营部等。

总公司具有法人资格，分公司不具备法人资格。总公司对所管辖的分公司的人事安排、业务经营等行使管理权。

四、公司治理结构

(一)股东会

股东会是依照《公司法》和公司章程规定，由全体股东组成的，决定公司重大问题的最高权力机构，是股东表达意志、利益和要求的场所和工具。对于股份有限公司而言，股东会也称股东大会。股东会有定期会议和临时会议两种基本形式。股东会一般由董事长主持，在召开股东会之前，一般要提前 15 天通知全体股东。股东会的主要职权如下所述。

(1)人事权。公司的董事和监事由股东会推举和更换，并且由股东会决定他们的报酬。

(2)重大事项决策权。例如，批准和修改公司章程；批准公司的财务预算、决策方案；决定公司投资计划；等等。

(3)收益分配权。股东大会批准公司的利润分配方案和亏损弥补方案。

(4)股东财产处置权。例如，公司增加或减少注册资本，公司合并、分立、解散或破产清算等涉及股东财产的重大变动，需由股东会做出决议。

(二)董事会

董事会是指由董事组成的负责公司经营管理活动的合议制机构。在股东会闭会期间，董事会是公司的最高决策机构，是公司的法定代表，对外代表公司。

董事会由股东会选举产生。按照我国《公司法》规定，董事会设董事长 1 名，副董事长若干名。不同类型的公司，董事长、副董事长产生的办法不尽相同。例如，国有独资公司的董事长、副董事长由国家授权投资的机构或国家授权的部门从董事会成员中指定；有限责任公司的董事长、副董事长的产生方法由公司章程规定；股份有限公司的董事长、副董事长由全体董事的过半数选举产生。

董事会对股东会负责，执行股东会的决议，其主要职权如下所述。

(1)对公司经营做出决策，如经营计划、投资方案等。

(2)决定公司内部管理机构的设置和基本管理制度的制定等。

(3)制订公司财务预算与决策方案、利润分配和亏损弥补方案、公司增减资本和发行公司债券方案等。

(4)具有人事权，负责任免公司(总)经理、副(总)经理、财务负责人等，并决定其报酬。

董事投票要签字在案并承担责任。董事会决议违反法律、法规和公司章程，致使公司遭受严重损失的，参与决策的董事对公司负赔偿责任，但在表决时曾表明异议并有记录在案的董事，可免除责任。

(三)总经理

总经理依照公司章程和董事会授权，统一负责公司的日常生产经营和管理工作。总经理由董事会聘任或解聘，对董事会负责。总经理的主要职权如下所述。

(1)组织实施董事会决议。

(2)组织实施公司年度经营计划和投资方案。

(3)具有人事权。总经理提请董事会聘任或解聘公司副总经理和财务负责人，直接聘任或解聘其他管理人员。公司总经理可从企业外部聘任，也可经公司董事会决议由董事会成员担任。

(四)监事会

监事会是指公司治理结构中的监督机构，成员一般不少于 3 人。监事会可由股东代表和职工代表组成，职工代表的比例不得低于 1/3，具体比例由公司章程规定。监事会中的职工代表由公司职工通过职工代表大会、职工大会或者其他形式民主选举产生。监事会成立后，应设置主席一人，由全体监事过半数选举产生。监事会的职权如下所述。

(1)在公司董事、经理执行公司职务时，对于违反法律、法规、公司章程或股东会决议的行为进行监督，防止他们滥用职权；发现其行为有损公司利益时，监事会有权要求予以纠正，必要时可向股东会报告，提议召开临时股东会，采取解决办法。

(2)检查公司的财务。为保证监督的独立性，公司的董事、经理及财务负责人一律不得兼任监事。

(3)向股东会会议提出提案。

(4)依照《公司法》的规定，对董事、高级管理人员提起诉讼。

(5)具有公司章程规定的其他职权。

上述公司治理结构的各个组成部分之间的相互关系是很密切的。一方面，从产权关系看，股东会对董事会是委托代理关系，董事会对总经理是授权经营关系；监事会代表股东会对财产的受托人，即董事会和总经理实行监督，是一种监督关系。另一方面，从职权关系看，它们各自有不同的职权范围，职权具体明确。因此，公司的治理结构，以纵向的财产负责关系与横向的职权限定关系结合在一起，构成公司内部的制约机制。

复习思考题

1. 什么是企业？企业具有哪些特征？
2. 企业系统是由哪些基本要素构成的？
3. 企业系统包括哪些流程？
4. 企业系统结构具有哪些特征？
5. 公司的具体形式有哪些？
6. 有限责任公司和股份有限公司各有什么特点？

第二章　管理与企业管理

第一节　企业管理概述

一、管理的概念

人类自有文明以来，即设有各种组织，其目的是希望通过群体的合作，获得较个人独自努力更丰富的成果。例如，政府、军队、教会及企业等，就代表了不同的组织，借以解决不同方面的问题。但是，人类组织是一种由具有不同思想、主张的分子所组合而成的社会组织。一方面它不像日月星辰的天体现象那样，遵循一定轨迹运行；另一方面，又不像蚂蚁、蜜蜂之类的生物那样，自然分工，有条不紊。因此，仅维持组织的形式是不够的，更为重要的是使这一组织能够密切配合、有效合作，以达成预期的目的。因而，需要有人对组织的构成要素，如人员、物料、机器、资金及工作方法作一致的协调，使其密切配合，此即一般所谓的管理(management)。

管理在大家的心目中已经是一个非常熟悉的字眼，是人类社会不可缺少的活动。但人们对管理的含义存在着不同的理解。有人认为，管理就是和人打交道，通过组织别人来把某些事情办好；也有人把管理和决策、命令、权力联系在一起；还有人认为，管理是由一人或更多的人来协调他人的活动，以便收到个人单独活动所不能收到的效果而进行的各种活动，并认为管理是组织中协调各分系统的活动，使之与环境相适应的主要力量。

下面介绍几种对管理的定义。

泰勒的定义：管理是一门怎样建立目标，然后用最好的方法经过他人的努力来达到的艺术。

管理科学创始人之一的法约尔认为："管理就是计划、组织、指挥、协调和控制。"

美国管理协会的定义：管理是通过他人的努力来达到目标。

美国管理学教授罗宾斯在其《管理学》一书中指出：管理是指同别人一起，或通过别人使活动完成得更有效的过程。

著名管理学家哈罗德·孔茨在其畅销几十年的教科书《管理学》中指出：管理是设计和保持一种良好环境，使人在组织中高效达成既定目标。可以认为，管理的本质是影响员工的行为。

一种普遍被接受的观点是：管理是一个过程，是一个组织或个人，为了实现一定的目标，所采取的最有效、最经济的行动，是对行动的计划、组织、领导和控制。管理是为了达到组织目标而对组织内的各种资源(人、财、物)进行合理配置的综合性活动。

管理是为组织设立目标，探求并选择达成此目标的策略及详细程序，并在达成目标的过程中，注意人员、资金、物料、机器、方法等构成要素是否相互密切配合，若否，则采取矫正措施，以期顺利实现组织的目标，完成任务。管理是一切有组织的集体活动所不可缺少的要素。必须认识到，管理是一种组织活动，它绝不等价为命令或权力，利用各种方法处理好各要素的关系，才是管理的关键。

管理是人类共同劳动的产物，只要存在众多人的协同劳动，就需要有管理。管理活动具有普遍性。人的社会性必然要求人生活于某一个人群组织，参与其中的活动。而把众多的人组织起来以后，就必须按照一定的标准进行科学的分工和协作，建立一定的相互关系和秩序。同时，参加群体组织的个人都有各自的任务和目的，个人目的之间、个人与组织目的之间，也常常产生矛盾和冲突。组织中成员的活动内容和目的的差异性与矛盾性，在客观上必然要求协调。没有协调，组织就会处于无序状态，单个人的力量便无法形成集体的合力，组织的目标便无法实现，组织便会解体。而对组织内不同人群或工作组之间的协调活动，就是管理活动。

二、企业管理的概念与职能

(一)企业管理的概念

企业是人类为求生存所应运而生的一种“社会机构”，企业管理是对企业生产经营活动进行计划、组织、指挥、协调和控制等一系列活动的总称，是社会化大生产的客观要求。企业管理的目的是尽可能利用企业的人力、物力、财力、信息等资源，实现“多、快、好、省”的目标，取得最大的投入产出效率。随着生产精细化的发展，分工越来越细，生产专业化程度不断提高，生产经营规模不断扩大，企业管理也就越来越重要，科学化管理成为培养企业核心竞争力、实现企业可持续发展的重要途径。

(二)企业管理的职能

最早系统地提出企业管理职能的学者是古典管理理论的奠基人之一——法国的法约尔。他提出“五职能论”，认为企业的管理活动就是由计划、组织、指挥、协调、控制这五种职能所组成的。之后，西方不同学派的管理学者又对管理职能进行了不同的划分，有“三职能论”“四职能论”“六职能论”“七职能论”等。其中计划、组织、领导、控制是各管理学派公认的职能。随着管理理论的发展，一些管理学家把决策、激励、用人等也归为管理职能的独立内容。尽管管理学家对管理职能的划分不同，但并没有实质的差异。因此，本书以法约尔提出的“五职能论”为基础进行讨论。

1. 计划职能

计划职能包括预测、决策和计划三个环节。它是指企业在对组织外部环境和内部条件分析、研究和预测的基础上，对组织未来某个时期内的业务活动进行决策，确定组织方向和目标，制订实现目标的总体规划和具体行动方案，并将计划指标层层分解落实到各部门的各环节，从而为管理活动提供基本依据。

计划职能是管理的首要职能，人们从事一项活动之前，首先要制订计划，这是进行管理的前提。其主要内容包括以下几个方面。

(1)分析和预测企业未来的情况，主要是研究企业面临的环境，分析企业自身条件及变化趋势，预测市场和顾客需求的变化情况等。

(2)制定企业目标，包括企业发展任务、目标、经营方针和政策，以及实现它们的战略方针和途径等。

(3)拟订实现计划目标的方案，并做出决策。根据分析预测和制定的目标，对提出的各种方案进行科学论证及可行性研究，选出相对满意的方案。

(4)制订企业的综合计划和各项专业活动的具体计划及实现决策的行动规划。

(5)实施、监督、检查计划，并及时总结，纠正执行中出现的问题。

以上几方面的内容是相互联系的，而且在实际工作中是循环进行的。一个科学的计划，应具有预见性、统一性、持续性、准确性、可行性和灵活性等特征。

2. 组织职能

组织职能是指根据已制订好的计划，把组织活动的各要素、各环节和各方面，从劳动的分工和协作上，从纵横交错的相互关系上，从时间和空间的联结上，合理地组织起来，以形成一个有机整体，使组织的人、财、物、信息等资源得到最合理的配置和利用。组织职能的主要内容包括以下几个方面。

(1)组织设计。按照企业计划任务和目标的要求，建立合理的组织结构，包括各个管理层次和职能部门的建立；按照业务性质进行职责分工，确定各个部门的职责范围，确定它们之间信息沟通和相互协调的原则和方法。

(2)人员任用。挑选、委派最适当的人员，在最适当的岗位上从事最适当的工作；再按照所负的责任，赋予各部门、各级各类人员相应的权力。

(3)组织运用。为组织系统内各单位、各部门制定工作目标和工作标准，建立科学的检查、考核、晋升和报告制度，使组织系统最有效地发挥作用。

(4)组织改善。根据企业外部环境和内部条件的变化及实际存在的问题，及时调整和改善组织系统。

组织职能实质上就是设计和维持一整套职位系统，使人们在从事集体活动中实现合理分工和劳动协作，以实现共同目标。没有组织，就无法执行计划，就不可能实行有效的指挥、协调和控制，管理就会成为一句空话。

3. 指挥职能

指挥职能是指按照行政隶属关系对下属部门、单位和个人进行领导和调度。现代企业生产技术要求高，分工协作复杂，连续性强，各项工作环环相扣，必须有高度统一的指挥系统；否则，尽管企业有较好的条件，生产经营活动也不可能达到预期的目标。所以，现代企业管理中的指挥职能是完成企业生产经营计划、保证各项活动顺利进行的重要条件。

指挥职能作用的发挥离不开统一的计划，也离不开组织。计划是指挥的依据，组织是指挥的保证。要实现科学的指挥，必须建立统一的、高效的生产经营指挥系统，对企业的生产经营活动实行强有力的领导、统一的指挥和调度。没有统一的指挥和调度，企业不可能正常运转。只要企业的生产经营活动不停止，对生产经营活动的指挥、调度就不能中断。在以高度社会化大生产为主要特征的现代企业中，统一指挥尤其重要。在坚持统一指挥的过程中，一定要坚持一位下级只接受一位上级的领导的原则，不搞多头指挥；坚持一级领导一级的原则，不搞越级指挥；坚持发扬民主，注重听取各方面的意见，尊重职工的民主权利。这样，既可以使指挥建立在发挥群众智慧的基础上，又有利于维护指挥权威，从而保证指挥充分发挥作用。

4. 协调职能

协调职能是指在企业生产经营活动中，对企业各部门、各单位、各环节之间不和谐的现象进行各种协商与调节的活动。它可以使企业内部各部门、各单位、各环节互相配合，紧密衔接，减少或消除存在的矛盾和脱节现象，形成良好的配合关系，它是指挥职能必不可少的补充。协调职能的内容按其分类主要包括以下几方面。

(1)按其方向不同，协调可以分为纵向协调和横向协调。纵向协调是指企业组织结构上下级之间进行的协调。纵向协调可以使企业每一部门、每一生产环节的工作都围绕企业的经营目标，与其他部门、其他环节互相配合，紧密衔接，有条不紊地进行。横向协调是指企业内同级各部门、各单位之间进行的协调。横向协调可以使每一部门内部各单元，直至每一名职工，都能明确了解自己在完成共同任务中必须承担的职责，协调一致地实现企业的目标和完成企业的任务。

(2)按其调节的范围不同，协调可分为内部协调和外部协调。内部协调是指在企业内进行的协调；外部协调是指在企业与其他单位之间进行的协调。内外协调不仅可以保证企业内部有计划、按比例地进行生产经营活动，而且可以使企业更好地适应外部市场变化，同时也使管理的各项职能充分发挥作用。因此，协调是企业管理的一项综合职能。

5. 控制职能

控制是促使组织的活动按照计划规定的要求展开的过程，是为了保证组织按预定要求运作而进行的一系列工作。具体来说，控制职能是指根据组织内部和外部的反馈信息，按照既定的目标、计划和标准，对组织活动各方面的实际情况及其成果进行监督和检查，以便发现偏差，寻找和分析原因，并及时采取纠正措施，使工作能按原计划进行或根据客观情况的变化，对计划作适当的调整，使其更符合实际。显然，控制职能与计划职能是密不可分的。计划是控制的前提，控制必须以计划为依据，计划越明确、全面和具体，控制的效果越好，没有计划就不存在控制；反之，控制是实现计划的手段，没有控制，事先拟订的计划就无法实现，控制活动为计划的实现提供保证。

1)控制的内容与种类

控制职能的内容是多方面的，一般包括生产控制、质量控制、库存控制、成本控制、财务控制等。控制的方法按纠正措施的重点可分为现场控制、反馈控制和预先控制。现场控制是指对作业现场所发生的问题进行纠偏矫正的行为。反馈控制是指分析工作的执行结果，找出发生偏差的因素，总结经验教训。反馈控制注重执行的结果，因而表现为时间迟滞和事后控制。预先控制是指运用各种信息，根据科学预测进行的控制。预先控制克服了反馈控制的迟滞性，其目的是防止偏差的产生，而不是等偏差出现后再补救。

2)控制的基本程序

(1)确立标准，主要是控制对象应达到的标准或指标。这种标准应尽可能具体、明确和定量化，如定额标准、质量标准或质量指标、利润指标等。

(2)衡量成效。其是指按照标准衡量生产经营活动的实际成果。

(3)纠正偏差。其是指采取措施纠正生产经营活动中的偏差，使企业的生产经营活动能够按计划进行，获得预期的效果。

上述五项管理职能并不是孤立存在的，而是相互关联、相互制约、不可分割的一个整体。分析这些职能是为了深入研究复杂的整个管理过程。

三、企业管理的流程与框架

(一)管理流程的概念和特点

管理流程是指一系列的、连续的、有规律的行动，而这种行动，以确定的方式进行，并导致特定结果的实现。建立先进有效的管理流程，有利于企业建立正常的工作秩序，促进管理人员素质的提高，规范决策程序，加快管理科学化进程。

管理流程具有系统化、规范化、条理化等特点，应以现行程序为依据和出发点，必须与考核奖惩措施相联系，充分体现管理的系统性、科学性与艺术性，不宜将每一个环节规定得过于僵化、过细。

(二)企业管理的流程与框架

企业管理流程是一个系统，由决策指挥、执行控制和监督保证三个子系统组成。企业经营过程中三个子系统相互影响，缺一不可，应整体有效运行，具体如图 2-1 所示。

1. 企业目标、战略愿景

所谓企业目标是指企业希望在一个时期内，通过努力而获得的成果，是企业全体员工的共同追求和共同价值的集中体现。战略愿景是对企业未来状况的美好憧憬，是企业努力追求的理想和抱负。

2. 经营决策和经营计划

企业的经营决策和经营计划关系着企业的发展前途，其是由企业最高领导层承担的两项紧密相连的管理职能。经营决策是指对企业总体活动和各种重要经营活动的目标、方针、策略进行抉择的工作，它决定的经营方案是经营计划的依据。经营计划是指按照经营决策所规定的方案对企业重大经营活动及其所需各种资源从时间和空间上做出具体统筹安排的工作。

从总体上看，企业经营决策和经营计划的目的是谋取企业外部环境、企业内部条件、企业经营目标三者的动态平衡。这三个综合因素相互促进、相互制约、互为因果，而且经常变化。其中，企业外部环境是首要的又是最活跃的因素，企业支配外部环境的力量很小，企业经营归根到底要适应和服从外部环境。企业要根据外部环境变化来调整企业内部的条件和工作，必要时，还要调整经营目标，以达到三者平衡。

3. 技术研发

技术研发包括以下内容。

(1)通过新产品的研究与开发，使企业的产品开发战略得到具体的实现。

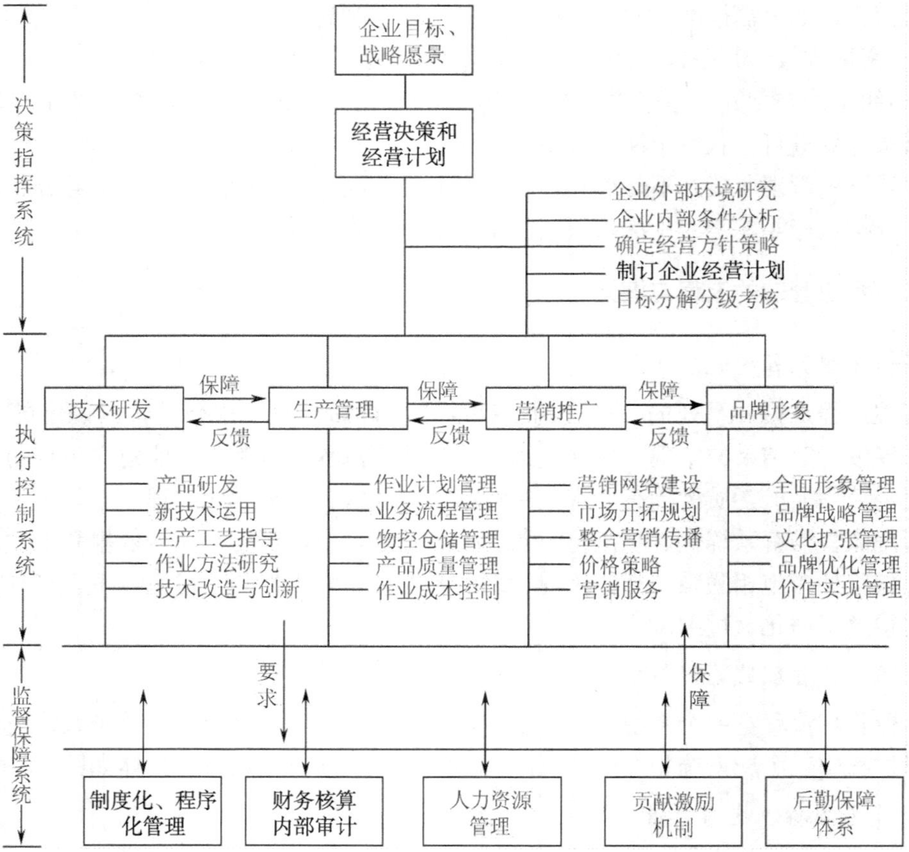

图 2-1 企业管理流程示意图

(2)做好新产品的样式与批试，以及工艺技术准备、鉴定、审核工作，使产品的研发迅速转换为生产力。

(3)做好生产过程中的工艺技术规程监控与作业技术指导，确保企业生产活动的正常进行。

(4)加强对新技术、新材料、新工艺、新设备的研究开发，促使企业的技术不断进步。

(5)向相关部门提供技术方面的服务并接受各方位有关技术方面的信息反馈，使企业经营活动得到技术方面的保障。

4. 生产管理

生产管理是工业企业非常重要的管理环节，企业必须要有能够赢得顾客信赖的高质量产品，才能在激烈的产品竞争中立于不败之地。生产管理是指为实现企业经营目标，有效地利用生产资源，对企业生产过程进行计划、组织、控制，生产出满足市场需要的产品或提供服务的管理活动的总称。生产管理包括以下内容。

(1)通过计划管理，将企业的经营目标、任务具体地进行安排实施，并通过综合平衡，使计划尽可能做到切实可行。

(2)通过生产的调度管理，把企业的人力、设备、材料、物资等各种资源进行有效整合、充分利用，使资源在转换过程中达到高效率、高效益。

(3)通过作业控制(质量、数量、安全、物资定额、劳动定额等方面)使产品(服务)按照市场消费所需，在时间、数量、质量、成本等方面努力达到最佳状态。

(4)通过作业运行过程中的信息反馈，发现偏差和问题，及时地纠正处理，使企业生产正常进行。

(5)通过有关辅助工具(坐标图、条形图、平衡线等)对生产进度计划执行的情况及变动趋势进行描述并做出倾向分析，为决策指挥层提供决策依据。

5. 营销推广

在市场经济条件下，企业必须重视市场营销管理，根据市场需求的现状与趋势制订计划、配置资金。市场营销的基本任务就是为了促进企业目标的实现而调节需求的水平、时机和性质。市场营销管理的实质是需求管理。在营销计划的制订与执行中，管理者必须对目标市场、市场定位、产品开发定价、分销渠道、信息沟通与促销等做出决策，以保证营销管理任务的完成。营销管理包括以下内容。

(1)通过加强对营销组织的建设，形成一个牢固可靠的销售网络机构，使企业的销售工作得到组织的保障。

(2)通过加强对营销人员的管理，培养一支素质高、能力强、精明善战的营销队伍，使销售工作得到人力资源方面的保障。

(3)通过对营销环境、条件的分析，确定合适的营销策略、方针、计划，使销售工作有一个明确的方向和具体的实行措施。

(4)通过整合营销传播，促使营销目标实现。

(5)通过营销战略目标的规划和管理，使企业的营销工作不断创新，提高竞争实力。

6. 品牌形象

品牌形象是指产品外部形象和内在的品牌竞争力，包括产品的标识、包装、品牌宣传及企业总体形象等内容。品牌形象是消费者对产品的总体印象，它对于产品的总体购买人数有着最为直接的影响作用，也是消费者了解产品的首要信息。因此，建立良好的品牌形象对企业的成长与产品的销售有着长期而稳定的影响。品牌形象管理主要包括全面形象管理、品牌战略管理、文化扩张管理、品牌优化管理、价值实现管理五方面。

7. 财务管理

在商品生产和商品交换的条件下，企业的生产经营过程与财务活动有密切关系，企业在生产产品的过程中，将消耗掉的生产资料的价值转移到自己的产品中，同时创造了新的价值，并通过销售环节使产品的价值得到实现。所以，企业的生产经营活动，一方面表现为实物形态的物资运动；另一方面表现为价值形态的资金运动。

企业财务管理就是利用价值形式组织财务活动，而财务活动就是企业在生产经营过程中与资金筹集、使用、分配等有关的各种经济活动，它是企业生产经营的重要组成部分。

财务管理包括以下内容。

(1)编制和执行财务预算，拟订财务计划，做好资金的调度工作，使企业能合理地、有效地使用好资金。

(2)通过财务资金筹措开辟财源，保障企业经营过程中的资金需求。

(3)加强核算工作，考核资金使用效果，促进企业不断挖掘增收节支的潜力。

(4)加强对资产和资金的监督控制，防止往来业务和资金使用过程中的各种资金流失和资产的各种损失。

(5)做好会计账务的处理，利用财务会计资料，进行经济活动分析，定期提供财务报表和分析报告，为领导提供决策依据。

(6)合理分配企业收入，严格遵守财经纪律，保证企业经营过程的合法性，使企业稳健发展。

8. 人力资源管理

管理的实质就是管人。所谓人力资源管理是指运用现代的科学管理方法和管理职能，创造有利的环境和条件，积极地协调和控制人的思想、心理与行为，使人力资源处于充分发挥作用的最佳状态，从而提高人力资源的效益，有效地实现组织目标。人力资源管理同样也贯穿整个企业管理的过程。

人力资源管理包括以下内容。

(1)根据企业经营对人才资源的需求，引进、培养相适应的专业人才，使企业的经营活动得到人力资源的保障。

(2)建立人才激励机制，有效地开发和引导人才资源的积极性，实现企业与人才自身的协调发展。

(3)设置人才考核机制与竞争机制，使人才在相对稳定中合理地流动，通过流动，选拔人才，实现优上劣下。

(4)做好企业人力资源的培训教育，使企业拥有一支专业对口、业务精明、人尽其才、素质较高的员工队伍。

(5)建立职能部门与直线部门有效配合、彼此协调的人事管理体系，保障企业各项工作的顺利进行。

(6)通过对现有人才资源的功能状态、能动状态及精神状态的分析，结合企业的经营战略，确定企业人力资源发展战略及规划，实现人力资源管理的有效性、科学性。

在企业管理体系中，制度的建设与执行，激励、约束机制的建立与完善，后勤保障体系的科学与规范，都是企业取得良好经济效益的保证。

第二节　企业管理理论的产生与发展

管理活动源远流长，自古即有，管理思想的发展可追溯到人类最初试图通过集体劳动来达到目标的年代。系统化的管理理论的建立，经历了一段漫长的历史发展过程。研究管理思想和理论的发展史，追溯管理理论的形成发展过程，目的是使人们在了解过去的基础上，更好地把握管理理论的发展趋势。

企业管理经过200多年实践的积累和经验的总结，已经形成一套成熟的理论体系。其发展大体经历了以下四个阶段。

一、传统管理理论阶段

这个阶段是从18世纪中叶到20世纪初。18世纪中叶，西方国家爆发产业革命，产生资本主义工厂制度。大机器生产代替手工作坊生产，专业化协作得到发展，生产组织发生很大的变化，客观上产生了工厂管理的需要。其中，最需要迫切解决的是怎样实现分工协作，保证生产正常进行；怎样充分利用人力、物力和财力，减少耗费，降低成本，以获得更多的盈利。因而，生产管理、工资管理和成本管理便成为当时企业管理的主要内容。

(一)传统管理阶段的代表人物及管理思想

传统管理阶段的代表人物是英国古典政治经济学家亚当·斯密(Adam Smith)，他在1776年出版了《国民财富的性质和原因的研究》一书。在该书中，他提出劳动分工能够提高劳动生产率、能完成比过去多得多的工作的观点。他对分工的精辟论述，使人们认识到提高劳动生产率的一个基本原理。此外，他还提出“经济人”的观点，这种观点后来成为整个资本主义管理理论的基础。

在这期间英美各国出现许多有所建树的人物，如英国的罗伯特·欧文、查尔斯·巴贝奇和美国的亨利·汤尼等。他们的管理思想归纳起来主要包括以下几个方面。

(1)工厂要采取有效的管理方法，建立一套管理制度和工厂秩序。

(2)要仔细研究操作方法，以提高生产效率。

(3)要研究工人工资的合理组成，制定有利于生产率提高的报酬制度。

(4)要建立合理明确的组织结构和新型的领导方式。

这些管理思想受历史条件和环境的各种制约，没有形成一套科学的管理理论和管理方式。

(二)传统管理理论的特点

传统管理理论的特点主要表现在以下几方面。

(1)企业的所有者和经营者没有完全分开，许多企业基本上由资本家直接管理，专职的经营者不多。

(2)企业生产和管理主要还是凭个人的经验，也就是工人凭自己的经验工作，没有科学的操作规程和管理制度。

(3)工人的培养靠师傅带徒弟的方式传授经验，缺乏科学的教育和培训。

(4)管理的方式是“家长式”的，独断专行。

(5)企业管理的主要内容为生产管理、工资管理和成本管理。

二、古典管理理论阶段

这一阶段从20世纪初到20年代末。随着资本主义从自由竞争向垄断阶段的过渡，市场和企业规模不断扩大，生产技术日趋复杂，劳资矛盾日益加深，企业管理面临许多问题。此时凭经验判断管理企业的方法已不适应时代的要求，迫切要求用新的管理方法来代替传统管理，科学管理便应运而生。

(一)泰勒的科学管理理论

费雷德里克·温·泰勒(Frederick Winslow Taylor)于1856年生于美国费城，自幼才华横溢、兴趣广泛、善于思考。由于眼疾的影响，泰勒不得不放弃在哈佛大学学习的机会，去工厂当学徒，他的大部分时间是在米德维尔钢铁公司和伯利恒钢铁公司度过的。在米德维尔钢铁公司当技工时，由于工作勤奋、认真钻研，他从普通工人提为工长、车间主任直至总工程师。泰勒在管理史上引人注目的贡献是：在工作实践中，针对企业中突出存在的劳动生产率低下的问题，他从研究最基层的动作和时间入手，通过一系列的实验和调查研究，创立了科学管理理论，即"泰勒制"。1911年泰勒出版了《科学管理原理》一书，标志着科学管理理论的正式形成。泰勒因对科学管理理论的创立和所作贡献而被后人尊称为"科学管理之父"。

泰勒科学管理理论的主要内容有以下几个方面。

1. 制定工作定额

科学管理的中心问题是提高劳动生产率。泰勒认为，只要合理地确定工资率，进行适当的激励，便能减少工人们消极怠工的现象。但这要求先确定一个雇主和工人们都能接受的、有科学依据的"合理的日工作量"，即工作定额。

泰勒在伯利恒钢铁公司进行了著名的"搬运铁块实验"和"铲铁实验"。他把工人的作业分解成许多个基本动作，并把他们的每一项工作、每一道工序所使用的时间记录下来。在这个过程中，必须选定合格的、熟练的工人，选定适合于完成这种作业的工具、设备，并确定合理的作业程序，消除错误的、无用的多余动作，从而找到完成这项作业的"最优的工作方法"，并使其标准化。根据工人的有效工作时间和必需的休息时间及其他不可避免的延误时间，就得出完成该项工作所需要的总时间，依此制定出一个工人的"合理日工作量"，从而确定了工作定额。泰勒通过动作研究和时间研究而确定的"合理日工作量"，是以"科学的事实和法则"为依据的，劳资双方都必须遵守这个标准，既不允许工人利用工会的力量改变这个标准，也不允许雇主像过去那样任意确定工资率。

2. 选择"第一流的工人"

为了提高劳动生产率，泰勒认为必须为工作选择"第一流的工人"。"第一流的工人"的含义包括两个方面：一方面是该工人的能力最适合做这种工作；另一方面是该工人必须愿意做这种工作。泰勒认为，每种类型的工人都能找到某些工作使其成为"第一流的工人"。例如，身强力壮的人干重活是第一流的，但干精细活就不一定是第一流的；心灵手巧的女工虽然不能干重活，但是干精细活却是第一流的。泰勒认为，人的天赋与才能不同，他们所适合的工作也就不同。用人的基本原则是：使工人的能力与工作相适合，要根据人的能力和天赋把他们分配到相应的工作岗位中去。管理部门的责任在于为每项工作找出最适合的人选，并对他们进行系统、科学的培训，激励他们尽最大努力来工作，使他们成为完成所从事工作的"第一流的工人"。泰勒这种"第一流的工人"的思想，即因人制宜、人尽其才的思想，被纳入现代管理中，成为人力资源管理的重要内容。

3. 实施标准化管理

泰勒认为，为使每个作业人员能确保达到一定的作业标准，就要从操作方法到材料、工具、设备和作业环境都实施标准化管理。用科学方法对工人的作业方法、工作定额、使用工具及设备的摆放和作业环境的布置进行分析，消除各种不合理的因素，形成一种最好的作业方式，即标准的作业方法。与此同时，用标准的作业方法对作业人员进行训练，并因人制宜地给他们安排最适当的职务，以使每个作业人员都能最大限度地发挥工作能力。

4. 实行差别计件工资制

“差别计件工资制”包括三方面的内容：一是通过工时分析和研究，制定出一个有科学依据的定额标准。二是根据工人完成工作定额的不同，采取不同的计件工资率，实行“差别计件工资制”。例如，若工人没有完成定额，就按低工资率付酬；若工人超过了定额，则按高工资率付酬，以此鼓励工人超额完成定额。三是工资支付的对象是工人而不是岗位，即根据工人的实际工作表现支付工资，而不是根据工作类别来支付工资，这样做等于按工人做出的贡献付酬，而不是按工人的工作等级付酬，可达到鼓励工人积极性的目的。

5. 强调工人与雇主合作的“精神革命”

泰勒认为，科学管理的实质是要求企业中的劳资双方在思想上进行一次“精神革命”。工人和雇主都必须认识到提高劳动生产率对双方都有利，要相互协作，共同为提高劳动生产率而努力。在《科学管理原理》一书中，泰勒指出“在科学管理中，劳资双方在思想上要发生的伟大革命是：双方不再把注意力放在盈余的分配上，不再把盈余分配看做最重要的事情，他们应将注意力转向增加盈余的数量上，使盈余增加到如何分配盈余的争论成为不必要。他们将会看到，当他们停止互相争夺，转向一个方向并肩前进时，他们共同努力所创造出来的盈余会大得惊人，他们会看到，既大量增加工人的工资也大量增加利润，是完全可以做到的”。

6. 主张计划职能与执行职能分开

在过去的管理中，生产中的大部分工作往往都由工人负责完成，管理当局只告诉工人做什么，而不告诉工人怎样做。工人凭个人的习惯、经验选择工具和决定操作方法。工作效率的高低取决于工人所采用的操作方法是否合理、所使用的工具是否合适，以及工人技术熟练程度的大小。泰勒认为，这种计划职能与执行职能混合在一起的现象，是造成劳动生产效率低的原因之一。为此他主张将计划职能与执行职能分开，设立专门的计划部门，从事计划工作并对工人发出命令，其主要任务是：①进行调查研究，包括工时研究和动作研究，把工人掌握的传统知识、技能集中起来并使之系统化，以便为定额和操作方法提供科学的依据；②根据调查研究的结果制定出有科学依据的定额和标准化的操作方法；③拟订计划并发布指示和命令；④对“标准”和执行的情况进行有效的监督和控制。计划职能和执行职能的分开，即管理职能的专业化，奠定了“经营管理科学化”的基础。

“泰勒制”创建之后，有许多泰勒理论的追随者在泰勒科学管理理论基础上，进行了大量的实验研究，扩充和发展了泰勒的科学管理理论。

(二)法约尔的管理过程理论

管理过程理论的代表人物是法国人亨利·法约尔(Henri Fayol)。法约尔最早提出经营与管理的区别，并明确划分管理的职能，描述管理的过程。因此，人们习惯将他的理论称为“管理过程理论”。由于他在管理理论发展史上独树一帜，因而被称为“经营管理之父”。

1916年法约尔发表了代表作《工业管理与一般管理》，全面阐述了他的管理思想和理论。法约尔认为，一个工业企业的各类活动，可划分为六类，即技术活动、商业活动、财务活动、安全活动、会计活动和管理活动。他指出，这些活动都存在于各种不同规模的企业里。前五类活动已为人们所熟悉，因此他的书里用了大部分篇幅致力于第六类活动的分析。法约尔认为，不管什么类型的组织，不管管理者在组织中处于哪一层次，都要履行计划、组织、指挥、协调和控制这五个职能，只不过比例不同。对于高层管理而言，计划职能最重要；对于基层管理而言，控制职能的比例大些。法约尔还根据自己的经验提出以下十四项管理的一般原则。

(1)劳动分工。劳动分工是指实行劳动专业化，它对提高劳动生产率有很大作用。劳动分工的目的是要在同样努力的条件下得到更好的效果。这种分工不只限于技术工作，也运用于管理工作。

(2)权力与责任。权力就是指挥和要求别人服从的能力。应将管理者由职务或地位而产生的权力同他个人凭自己的智慧、博学、经验等形成的权力相区分。一个好的管理者，常常是后者补充前者。权力与责任相互统一，互为结果，有权必有责。

(3)纪律。纪律实际上是组织内上下级成员之间达成的一种协议。组织内所有成员通过各方所达成的协议对自己在组织内的行为进行控制。严明、公正的纪律是任何组织都不可缺少的要素，没有纪律，任何组织都无法正常发展。

(4)统一指挥。统一指挥是指无论什么行动，每一个下属只应接受并服从一个上级的命令。不能多头指挥，这是一条普遍的永久性原则。如果破坏了这一原则，管理工作将出现混乱，一事无成。

(5)统一领导。健全的组织应实行统一领导，即对于同一目的的全部活动，只有一个领导人和一项计划。这是统一行动、协调力量和一致努力的必要条件。

(6)个人利益服从整体利益。整体利益大于个人利益的总和，个人利益不能超越整体利益。当两者不一致时，管理者必须想办法使它们一致。

(7)人员的报酬。付酬的目的是使职工更有价值观念，并激发他们的热情。但报酬必须公平合理，尽可能使劳企双方均满意。

(8)集权与分权。统一指挥原则意味着集中领导，而分权可提高下属的积极性。集权和分权作为一种管理制度并没有好坏之分，只是二者适用的组织不同。权力集中或分散的程度要根据组织的性质、规模、人员素质等特点来定。

(9)等级制度。等级或级层，即从组织的最高权力机构直至最底层管理人员的领导系列。这既是执行权力的线路，也是信息传递的渠道。一般情况下不要轻易地违反它，但当完全遵循它反而有害时，应该减少层次。

(10)秩序。任何组织都应强调秩序，没有秩序，工作将会杂乱无章。因此，任何组织内的人、财、物都应在其相应的位置各司其职。

(11)公平。公平是组织的管理人员处理人际关系的一条道德价值准则。管理人员应以亲切、友好、公正的态度严格执行规章制度。

(12)人员的稳定。应保持组织内人员的稳定。如果人员不断变动，组织将得不到良好的工作效果。因此要努力做到有秩序地安排和补充人员。

(13)首创精神。管理人员不仅应具有首创精神，还要在不违背职权和纪律的情况下，鼓励和发挥下属的首创精神。

(14)团结精神。要保持和维护每一集体中团结、协作融洽的关系，特别是人与人之间的关系。全体人员的和谐团结是组织活动的巨大力量。

法约尔的管理过程理论是西方管理思想和理论发展史上的一个里程碑，特别是管理职能的划分及管理原则，对后来管理理论的发展具有非常深远的影响。他跳出泰勒以实践为基础研究管理原理的局限，首次将管理的要素和管理的原则在理论上系统地加以概括，勾勒出管理理论的基本框架，使管理具有一般的科学性和普遍性。

(三)韦伯的理想行政组织体系

马克斯·韦伯(Max Weber)是德国著名的社会学家，他对经济、社会和管理思想的发展均有贡献。他对管理理论的研究主要集中在组织理论方面，提出所谓的“理想行政组织体系”。其代表作《社会和经济组织的理论》是这一理论的集中反映。因他对组织理论做出杰出贡献，故被称为“组织理论之父”。

韦伯组织理论的核心是：行政组织机构的活动是通过“公职”或职位而不是通过个人或“世袭”地位来管理，这样的行政组织机构对于任何组织形式来说都是“理想的”。所谓“理想的”并不是最合乎需要的，而是指组织的“纯粹形态”，在实践中出现的可能是各种组织形态的结合或混合。这个理想的行政组织机构只是便于进行理论分析的一种标准模式。理想的行政组织理论的实质在于以科学确定的、法定的制度规范作为组织协作行为的基本约束机制，依靠外在于个人的、理性—合法的权威实施管理。

韦伯的理想行政组织特征归纳为以下几个方面。

(1)任务分工。在将任务分配给组织中的各个成员或各个职位的基础上，还要对组织中各个成员或各个职位规定明确的职责并赋予对等的权力，使之合法化。

(2)等级系统。按照一定的权力等级将组织中各种职务和职位形成责权分明、层层控制的等级系统。在这个系统中，各级管理人员不仅要对上级负责，而且也要对下级负责；下级必须服从上级的命令，必须接受上级的控制与监督。

(3)人员任用。通过正式考试或教育训练，公正地选拔组织成员，使之与相应的职务相称。组织内对职务的任免要讲究一定的程序。除了按规定必须通过选举产生公职外，重要职务是通过上级委任而不是选举产生的。

(4)职业管理人员。实行管理人员专职化。组织内部的管理人员不是其所管理单位的所有者，而只是其中的工作人员，他们按期拿固定薪金，按照年资、工作成绩决定升迁。但是否升迁，完全由上级决定，下级没有发言权，以免破坏指挥体系。通过这种制度，在组织的成员中培养集体精神，鼓励其忠于组织而不是忠于某个人。

(5)组织中成员之间的关系。组织中成员之间的关系是工作与职位的关系，是一种不受个人情感影响的关系，完全以理性准则为指导。这种公正不倚的态度，不仅在组织内部人际关系中存在，而且适用于组织同顾客之间的联系。

(6)组织制度。组织内的任何人都必须严格遵守共同的规则和制度。这些规则和制度不受个人情感影响，在任何情况下都适用。管理人员在实施管理时，不可滥用职权，权力要受到严格的限制，服从有关制度的规定。

韦伯认为，他所描述的这个理想行政组织结构和其他组织形式相比，运转效率最高，因为它的结构最符合理性原则，具有精确性、纪律性、稳定性和可靠性等特点。它便于管理人员的指挥，并有利于管理人员预测工作的结果。韦伯还强调这种组织形式适用于任何种类的管理工作，对现代社会的复杂组织来说是最“理想”的。韦伯所设计的理想行政组织体系为后来组织结构理论的发展勾勒出基本框架。

三、行为科学理论阶段

行为科学理论起源于20世纪20年代末期，它将人类学、社会学、心理学和经济学等知识综合起来，研究人们在工作中的行为及这些行为产生的原因，以协调组织内部人际关系，达到提高工作效率的目的。它推翻了古典管理理论“经济人”假设的研究前提，将管理的重点转向管理中最积极最活跃的因素——人。

(一)梅奥的人际关系理论

行为科学理论形成于著名的霍桑实验。1924～1932年，美国全国科学委员会在西方电气公司霍桑工厂进行了一项劳动条件的变化对工人劳动效率影响的研究。在开始阶段的实验结果中并未找到二者之间的关系，后来在1927年梅奥(George Elton Mayo)被邀请参加霍桑研究。梅奥推测：影响劳动生产率变动的原因并不是物质条件的变化，社会心理因素可能是影响生产效率变动的主要原因。经过长达几年的实验和研究，梅奥的假设基本得到证实。在实验结果的基础上，梅奥发表了代表作《工业文明中人的问题》(1933年)和《工业文明中的社会问题》(1945年)，创立了人际关系理论。其理论观点如下。

1. 关于“社会人”的观点

梅奥认为工人是“社会人”，而不是科学管理理论所描述的“经济人”。霍桑实验证明金钱刺激并不是激发人们工作热情的唯一动力，工人并不是仅仅追求金钱收入，他们还追求人与人之间的友情、安全感、归属感和受人尊重的感觉等。工人是具有复杂需要的“社会人”。在影响工人工作效率的各种因素中，除经济方面的因素外，还有社会心理方面的因素。这一结论与古典管理理论的“经济人”假设形成对立，它开始把人们的注意力转向研究管理中的社会因素，这是霍桑实验最有意义的结论。

2. 关于非正式组织的观点

梅奥认为，企业中除了正式组织外，还存在着非正式组织。非正式组织和正式组织相互依存，对生产效率的提高有很大影响。梅奥认为，人们在通过正式组织共同为实现组织目标而工作的过程中，必然会产生一定的人际关系，并产生某种共同的感情，这必将导致一种无正规形式、但由于彼此感情的交流或利害关系而自然形成具有特定行为规范的非正式组织。在正式组织中，以效率逻辑为其行动标准，为了提高效率，组织各成员之间保持着形式上的协作。在非正式组织中，以感情逻辑为行动标准。一般来说，管理人员的逻辑多为效率逻辑，而感情逻辑则是工人的逻辑。非正式组织的存在有利于激发员工士气，便于彼此沟通，创造和谐的组织气氛。但如果管理不好，非正式组织可能集体抵制上级的政策或目标。这就要求管理者要充分认识非正式组织的作用，注意协调正式组织的效率逻辑与非正式组织的感情逻辑之间的矛盾，创造良好的工作环境，提高工作效率。

3. 关于士气的观点

工人的工作态度与士气是影响工作效率的关键因素。通过霍桑实验，梅奥认识到，决定工作效率的首要因素并不是工作条件、工资报酬，而是工人的士气，而工人的士气又同其满足感有关。工人的满足感越强，士气就越高，生产效率也就越高。因此，提高劳动效率的主要途径是提高工人的满足感。这要求管理者应通过满足工人复杂的需要来激励工人的行为。管理者不仅应是经济技术上的专家，而且还要善于处理人际关系，要学会采用新型的领导方法，提高员工的满足感和士气。例如，进行上下级意见的交流，允许下级向上级提意见；邀请员工参加决策；改善职工福利制度；等等。

人际关系理论开创了管理中重视人的因素的时代，在西方管理思想和管理理论的发展史上具有跨时代的意义，它将社会学、心理学应用于管理问题的分析，为以后的管理研究开辟了新的视角，对管理实践的影响和改革意义深远。但应该认识到，人际关系理论是在特定的历史条件下形成的，有其自身的局限性。它只能作为一种管理的哲学，因为只凭组织内人际关系的协调而不具备其他方面的管理条件，也不可能提高组织效率。因此，人际关系理论过分地强调"社会人"假设和工人士气对提高组织效率的作用，有失偏颇。

梅奥在霍桑实验的基础上所创立的人际关系理论，为行为科学理论的形成奠定了基础。此后，更多的学者投身于这方面的研究，出现了许多行为科学理论，如马斯洛(Maslow)的需要层次理论、亚当斯的公平理论及布莱克和莫顿的管理方格理论等，并由此而构成领导理论和激励理论。

(二)行为科学理论的发展

所谓行为科学是指利用许多学科的知识来研究人类行为产生、发展、变化的规律，以预测、控制和引导人的行为，达到充分发挥、调动人的积极性的目的。人的行为都是发生在一定的组织和群体中，在一定主管人员的领导和控制下表现出来的。因此，它不仅与个体的行为基础有关，还与群体环境和管理人员的领导方式有关。人的行为研究就是关于上述几个方面的研究。在西方，对于人的行为的研究形成了各种各样的观点和流派。而各个流派研究的侧重点是不同的，归纳起来可以分为以下几部分。

1. 关于个体行为的研究

关于个体行为的研究是行为科学的主体内容。行为科学认为，人的行为是由动机导向的，而动机则是由需要引起的。当人们有了某种需要尚未得到满足以前，就会产生某种驱动力，寻找能够满足需要的目标，从事某种活动，表现出一定的行为。个体行为理论就是关于行为原因、行为过程及行为结果的研究。这方面的理论主要有马斯洛的需要层次论、赫茨伯格(Herzberg)的双因素理论、佛鲁姆(Vroom)的期望理论及公平理论和挫折理论等。

2. 关于群体行为的研究

关于群体行为的研究主要是人际关系理论的继续。群体行为的理论除了包括对正式群体(组织)与非正式群体(组织)的特征、相互关系及其作用等方面的继续探讨外，还包括关于群体的沟通与冲突，以及群体的动态发展(群体动力学)等方面的研究。

3. 关于领导行为的研究

职工是在一定主管人员控制下进行工作的，主管的领导方式必然会对职工的士气和工作表现产生一定的影响。关于领导行为的研究主要包括两个方面：一方面是分析领导者对人性的不同假设；另一方面是关于不同领导方式的分析。前者如麦格雷戈(McGregor)的 X、Y 理论，阿吉利斯(Ch. Argyris)的成熟—不成熟理论，后者如坦南鲍姆(R. Tannenbaum)等的连续统一体理论、斯托格第(R. M Stogdill)等的四分图理论，以及布莱克(R. Blake)等的管理方格理论等。

四、现代管理理论阶段

这一阶段从 20 世纪 40 年代末到现在。现代管理理论形成于第二次世界大战后，是随着社会生产力及社会学、系统科学、电子计算机技术在管理领域中日益广泛的应用而逐渐形成的。对管理理论的普遍重视，不仅使管理学家在研究管理问题，而且一些心理学家、社会学家、人类学家、经济学家、生物学家、哲学家、数学家等也在从不同的背景、不同的角度，用不同的方法对管理理论进行研究，因而呈现出管理学派林立的局面。美国管理学家哈罗德・孔茨(Harold Koontz)于 1961 年 12 月发表在美国《管理学杂志》上的文章，把这种局面称为“管理理论的丛林”。

现代管理理论的学派很多，主要有管理过程学派、经验主义学派、系统管理学派、决策理论学派、管理科学学派、权变理论学派。这六大学派的划分，主要便于在理论上对其进行归纳和研究，但这并不意味着这六个学派是彼此独立、截然分开的。它们在历史的渊源和论述的内容上都是彼此交叉、融合的，各个学派之间相互影响、相互渗透，又各自具有自己的研究特色。

(一)管理过程学派

管理过程学派的主要特点是把管理学说与管理人员的职能联系起来，基本观点包括以下几个方面。

(1)管理是一个过程，即让别人同自己一道去实现既定目标的过程。

(2)管理过程的职能有五个，即计划、组织、人员配备、指挥、控制。

(3)管理职能具有普遍性，即各级管理人员都执行着管理职能，但侧重点因管理级别的不同而不同。

(4)管理应具有灵活性，要因地制宜，灵活应用。

管理过程学派主张按管理职能建立一个研究管理问题的概念框架。法约尔被认为是这个学派的创始人。第二次世界大战后，该学派的观点得到了很多学者和从事实际工作管理人员的接受和支持。但由于对管理职能的分类有所不同，出现了各种不同的流派。孔茨和奥唐奈合著的《管理学》是第二次世界大战后这一学派的代表作。

(二)经验主义学派

经验主义学派又称经理学派，以向大企业的经理提供管理企业的成功经验和科学方法为目标。这一学派中，有管理学家、经济学家、社会学家、统计学家、心理学家、大企业的董事长、总经理及其顾问等。经验主义学派认为，传统管理理论和行为科学都不能完全适应企业发展的实际需要。有关企业管理的科学应该从企业管理的实际出发，以大企业的管理经验为主要研究对象，以便在一定的情况下可以把这些经验加以概括和理论化，并在更多情况下，提出实际的建议。很多学者认为，该学派的主张实质上是传授管理学知识的一种方法，称为"案例教学"。实践证明，这是培养学生分析问题和解决问题能力的一种有效途径。

这一学派的代表人物主要有：美国学者彼得·德鲁克(Peter F. Drucker)，其是《有效的管理者》一书的作者，是大企业的顾问、大学教授；美国著名的管理学家欧内斯特·戴尔(Ernest Dale)，其是大公司的董事、大企业的顾问，著有《企业管理的理论与实践》等书；美国哥伦比亚大学教授威廉·纽曼(William H. Newman)，著有《经济管理活动·组织和管理的技术》等书；艾尔弗雷德·斯隆(Alfred P. Sloan)，曾长期担任美国通用汽车公司的董事长。

(三)系统管理学派

用系统观点和方法来研究管理问题的首位学者是切斯特·巴纳德(Chester Barnard，1886～1961年)。切斯特·巴纳德是近代管理理论的奠基人。他在哈佛大学读完经济学后，于1909年进入AT&T，先后担任多种管理职务，后任新泽西贝尔电话公司总经理。他把企业看成由物质、生物、个人和社会几个要素构成的一个"协作系统"，但他研究分析的重点是在企业内部而不是企业同周围环境的关系。

1945年，美籍奥地利生物学家贝塔朗菲(L. V. Bertalanfly)发表了著名的《关于一般系统论》的研究论文，宣告了系统论的诞生。从此，系统思想和系统方法成为现代自然科学家和社会科学家分析问题的重要方法。一些学者开始把系统论引入管理研究，用来分析企业内部和企业同周围环境的系统关系，逐渐形成系统管理学派。其代表人物还有理查德·约翰逊(Richard A. Johnson)、弗里蒙特·卡斯特(Fremont E. Kast)、詹姆士·罗森茨韦克(James E. Rosenzwig)，这三位学者于1963年出版的《系统理论和管理》一书成为系统管理学派的代表之作。其主要观点包括以下几方面。

(1)组织是由人们建立起来的相互关联并且共同工作着的要素所构成的系统。

(2)系统的要素可以分为若干子系统，这些子系统可以按照不同的研究需要来分类。

(3)系统的运行效果是通过各个子系统相互作用的效果决定的，它通过和周围环境的交互作用，并通过内部和外部信息反馈进行自我调适。

(4)组织内各个子系统是相互关联的，任何一个子系统的变化都会引起其他子系统的变化。系统管理学派强调系统的综合性、整体性，强调构成系统各部分之间的联系，认为只有把各个部门、各种资源按系统的要求进行组织和利用，才能提高企业的整体效率。

(四)决策理论学派

决策理论学派以统计学和行为科学为基础。在这个学派中，做出突出贡献的是美国卡内基-梅隆大学的教授赫伯特·西蒙(Herbert Simon)。他长期讲授计算机和心理学等课程，还从事过经济计量学的研究。他因在决策理论研究中做出重要贡献，于1978年获得了诺贝尔经济学奖。他的主要著作有《管理行为》、《组织》、《经济学和行为科学中的决策理论》和《管理决策的新科学》等。决策理论学派的主要观点如下。

(1)管理就是决策。传统观点认为，决策是高层管理人员的工作，用来解决经济管理中的发展目标和经营方针等重大问题。西蒙等认为，管理活动的全部过程都是决策的过程。确定目标、制订计划、选择方案，是经营目标及其计划决策；机构设计、生产单位组织、权限分配，是组织决策；计划执行情况检查、在制品控制及控制手段的选择，是控制决策。决策贯穿于整个管理过程，所以管理就是决策。

(2)决策分为程序性决策和非程序性决策。程序性决策即按既定的程序所进行的决策。对于经常发生的、需要决策的问题，往往可制定一个例行程序，凡遇到这一类问题，就按照既定程序进行决策，如存贮问题的决策就属于程序性决策。当问题的涉及面广，又是新发生的、非结构性的时，或者问题极为重要而复杂没有例行程序可以遵循时，就要进行特殊处理。对这类问题的决策就称为非程序性决策，开辟新市场、增加新产品的决策就属于非程序性决策。

企业里大多数管理部门在日常业务中所处理的问题一般是结构性、重复性问题，因此，可以利用常规的、标准的工作程序或事先编制的专门程序进行决策。近年来，数学模型的发展更为进行这类决策提供了方便。但是非程序决策方法的研究进展却比较缓慢，而这类决策方法是处于关键岗位的高层管理人员所极为关注的。

(五)管理科学学派

第二次世界大战期间，运筹学的方法在组织和管理大规模的军事活动，特别是在军事后勤活动中，得到广泛应用，并发挥重要作用。运筹学家们认为，管理基本上是一种数学程序、概念、符号及模型等的演算和推导。他们自称“管理科学家”，这样，就出现了管理科学学派，又称数学学派。其代表人物是美国的埃尔伍德·斯潘赛·伯法(E. S. Buffa)。伯法曾任教于加利福尼亚大学管理研究院、哈佛大学工商管理学院，代表作是《现代生产管理》。

管理科学学派的理论与泰勒的“科学管理”理论实际上属于同一思想体系，但它又不是泰勒理论的简单延续，而是在它的基础上有新的发展，使管理工作的科学性达到了新的高度。管理科学理论有如下主要特点。

(1)力求减少决策的个人艺术成分。依靠建立一套决策程序和数学模型以增加决策的科学性。他们将众多方案中的各种变数或因素加以数量化，利用数学工具建立数量模型，研究各变数和因素之间的相互关系，寻求一个用数量表示的最优化答案。决策的过程就是建立和运用数学模型的过程。

(2)各种可行的方案均是以经济效果作为评价的依据，如成本、总收入和投资利润率等。

(3)广泛地使用电子计算机。现代企业管理中影响某一事务的因素错综复杂，建立模型后，计算任务极为繁重，依靠传统的计算方法获得结果往往需要若干年时间，致使计算结果无法用于企业管理。电子计算机的出现大大提高了运算的速度，使数学模型应用于企业和组织成为可能。

(六)权变理论学派

权变理论是20世纪70年代在美国形成的一种管理理论，这一理论的核心是力图研究组织的各子系统内部和各子系统之间的相互联系，以及组织和它所处的环境之间的联系，并确定各种变数的关系类型和结构类型。它强调在管理中要根据组织所处的内外部条件随机应变，针对不同条件寻求不同的最合适的管理模式、方案或方法。

权变理论学派的代表人物是美国尼布拉加斯大学的教授卢桑斯(F. Luthans)。卢桑斯认为，当过程、计量、行为和系统这四个学说结合在一起时，就产生了不同部分总和的某种东西，这就是管理的“权变学说”。“权变学说”里面包含着“权变关系”和“权变理论”。权变关系是指两个或两个以上的变量之间的一种函数关系。权变理论考虑到了有关环境的变量同相应的管理概念和技术之间的关系，使采用的管理观念和技术能有效地达到目标。

权变理论学派的代表人物还有英国的琼·伍德沃德(Joan Woodward)、美国心理学家菲德勒(Fiedler)等。他们认为，在管理领域，没有一种适合于任何时代、任何组织和任何个人普遍行之有效的管理方法，以前的各种管理理论都有一定的适用范围，也没有所谓的“最佳”管理方法，组织的管理应根据其所处的内外环境条件和形势的变化，因地制宜，因时制宜，灵活地采用不同的管理方法。所以，作为管理人员，在任何形势下，都必须对各种变动的环境因素进行具体分析，然后再采取那些适用于某种特定环境的管理方法，这样才能取得良好效果。

第三节　企业组织管理

一、组织管理的内容

组织作用能否充分发挥，取决于组织管理工作。组织管理是指通过设计、运作和变革，形成良好的组织内部结构及其相互之间的关系，使组织成员为实现组织目标而有效地协调工作的过程。组织管理的内容主要包括以下三个方面。

(一)组织设计

组织设计就是对组织结构的组成因素和它们之间联系方式的设计，即以组织目标为中心，对组织的层次、部门权力和责任进行分解、划分和分配的过程。组织设计的结果形成组织结构。

组织设计一般包括以下工作内容。

(1)明确组织目标。组织目标是进行组织设计的基本出发点，如果没有目标，组织就失去了存在的意义。因此，组织设计先要在分析外部环境和内部条件的基础上，提出科学合理的总目标或目标体系。

(2)确定业务内容。确定为完成组织目标所必须进行的业务内容，并按性质进行部门划分，明确各类活动的范围界限。

(3)构建组织结构框架。根据组织目标及其相应的业务工作体系要求，确定企业自上而下的纵向管理层次结构及相应的横向部门结构，形成层次化、部门化的组织结构。

(4)进行组织结构的有机组合。明确规定各单位、各部门之间的相互关系，以及它们之间信息沟通和协调控制的原则、方法和手段，把各组织单元上、下、左、右有机地结合起来，建立一个能够及时沟通协调、有效运作的组织结构系统。

(二)人员配备

组织设计为组织系统的运行提供了基本的运行框架。为确保各项任务的顺利完成并使系统能够正常地运行，组织还必须按照组织设计的基本要求为系统配置合适的人员，并对其进行有效的管理。具体说，就是根据各部门、各业务工作性质确定相应的职务、岗位、权限和责任，将各个工作单元有序地排列起来，以此为基础提出对人员素质的要求，挑选和配备称职的人员，做到因事择人、因人制宜。

(三)组织变革

组织变革的动因可分为外部和内部两个方面：外部动因是指市场、资源、技术和环境的变化。例如，消费者价值观、偏好产生变化；竞争者推出新产品，加强了广告宣传，而使公司的产品不再具有竞争力；新技术的出现；等等。内部动因主要是指人的变化、组织运作和成长中的矛盾，如内部不协调、人与人沟通不畅、摩擦冲突太多、指挥不灵等。要进行组织变革，首先要发现问题，认识变革的必要性；其次要分析情况，找出变革的阻力，从而提出合适的变革方法，对组织结构做出相应的调整，以促进企业组织的正常发展。

二、企业组织管理的基本原则

要建立和完善组织结构，健全企业组织机制，组织管理工作应该遵循以下基本原则。

(一)统一指挥原则

统一指挥原则是指组织中任何成员只能接受一个上级的指挥或只能接受同一命令。

除了位于组织最高层次的管理者外，企业中所有员工在工作中都会接受来自上级的命令，并根据上级的指令，进行或调整修正或终止自己的工作。如果一个下级同时接受两位上司的指令，尤其是两位上司的指挥相互矛盾时，会让下级无所适从，从而造成“多头领导”现象，给组织的正常运作带来危害。

(二)有效管理幅度原则

管理幅度是指一个上级能够直接有效指挥下级人员的数目。受时间、精力、知识等条件的限制，管理者能够有效管理的下级人员数目是有限的。有效管理幅度原则要求一个管理者要有一个适当的管理幅度。究竟多大的管理幅度合适，至今没有一个公认的标准。影响管理幅度的因素有很多，如下级工作的相似性、上级与下级的工作能力、管理信息手段的完善情况、工作地点的相近程度、工作环境的稳定性等。

管理幅度的大小决定着管理层次的多少。管理层次是指企业中行政指挥系统的分级层次。当企业规模一定时，管理幅度越大，管理层次就越少；管理幅度越小，管理层次就越多。这种关系使得企业组织呈两种基本形态，即扁平组织形态和锥型组织形态。扁平组织形态是指管理幅度较大、管理层次较少的一种组织形态；锥型组织形态是指管理幅度较小、管理层次较多的金字塔形态。这两种组织形态各有优点和缺点，企业组织形态的发展趋势是扁平化。总之，要正确处理管理幅度与管理层次的关系，在有效的管理幅度内，力求减少管理层次，在保证完成企业目标的前提下，讲求机构精简。

（三）权责对等原则

权责对等原则就是在因事设职、因职设人的基础上，明确规定某一具体职位上人员的权力和责任。权责越是对等一致，企业组织的运行效率就越高。实践证明，权责不对等对企业管理的效能损害极大，权大于责容易产生瞎指挥、滥用权力的官僚主义；责大于权会妨碍人们积极性的发挥。但由于权力意味着能带来人们的敬畏、崇拜及物质利益，责任意味着一旦事情干不好会受到谴责，甚至惩罚，因此难免会出现争权力而推责任的现象。所以在组织管理工作中应该科学地设计组织结构，使得权责相一致，建立一套完整的岗位责任制度。

（四）分工协作原则

分工是指按照管理的专业化程度和工作效率的要求，把企业的任务、目标分成各个层次、各部门，以及每个人的任务和目标，明确各个层次、各个部门乃至每个人应当完成的工作，以及完成工作的手段、方式和方法。企业组织中常见的分工方法有职能专业化、产品专业化、时间专业化、地区专业化、过程专业化等。

协作是与分工相随的一个概念，它是指明确部门与部门之间及部门内部的协调关系与配合方法。企业组织作为一个系统，各个部门是其子系统，各部门不可能脱离其他部门而单独运行，而是必须与其他部门相互协调，实现本部门目标的同时保证整个组织目标的实现。

没有分工就谈不上协作，只有分工没有协作，分工就失去了意义。一般来说，分工越细，专业水平越高，责任越明确，效率也越高，但却容易出现机构增多、协调工作量增加等问题。反之，分工太粗，协调减少，易于培养“多面手”式人才，且会出现专业化水平和效率比较低、推脱责任的现象。因此进行企业组织管理时，要视具体情况正确处理分工和协作的关系。

（五）稳定性与适应性相结合原则

组织结构的稳定性和适应性是矛盾的统一，组织结构先要保持适当的稳定性，使各项工作正常有序地开展。但如果组织结构一成不变，企业就无法适应环境的变化，因此，组织结构还应具有良好的适应性，能根据内外环境的变化做出及时调整。管理者必须在稳定和变化之间寻求一种平衡，以保证企业目标的实现。

三、企业组织结构的基本形式

组织结构是表明组织各部分的排列顺序、空间位置、联系方式之间关系的一种模式，企业组织结构是企业的“框架”，是企业管理得以进行的载体，它受到行业特点、生产规模、生产技术的复杂程度、企业管理水平等因素的影响，并随着企业生产经营活动的发展不断演变。

(一)直线型组织结构

直线型组织结构也可称为直线制，是一种最早、最简单的组织结构形式。它是指企业各级行政单位从上到下实行垂直领导，每个下属部门只接受一个上级的指令，企业管理的一切问题均由各级主管负责人独自负责，不设专门的职能管理部门。其结构形式如图 2-2 所示。

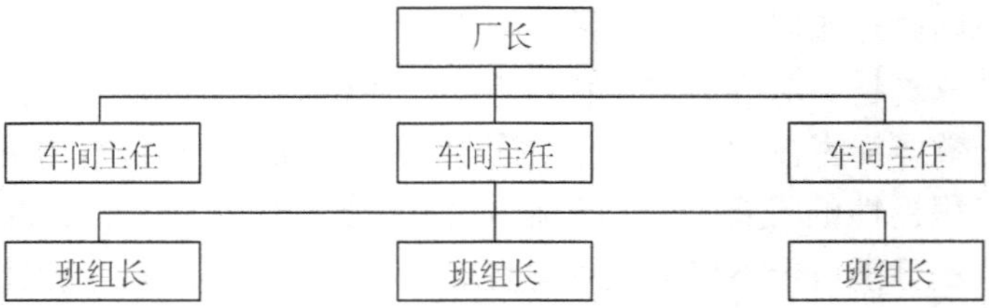

图 2-2　直线型组织结构形式

直线型组织结构的优点是结构简单、责任分明、命令统一、决策迅速、工作效率高；缺点是要求主管负责人通晓各种专业知识和技能，亲自处理各种业务。当企业规模较大、业务复杂时，所有管理职能让一个人承担是比较困难的。因此，直线型组织结构只适用于规模较小、生产技术比较简单的企业或者应用于现场作业管理。

(二)职能制组织结构

职能制是指在各级行政主管下面设立职能机构和人员，实行专业化分工，并把相应的管理职责和权力交给这些机构，各职能机构在各自业务范围内可以向下级行政单位下命令。因此，下级执行者除了接受上级行政主管的指挥外，还必须接受上级各职能机构的领导，职能制组织结构形式如图 2-3 所示。

职能制组织结构的优点是适应现代化生产技术比较复杂、管理工作分工较细的特点，能充分发挥职能部门的专业管理作用，减轻直线主管人员的工作负担；缺点是实行多头领导，妨碍组织的统一指挥，当上级行政主管和职能机构的命令和指导发生矛盾时，下级就无所适从，同时职能制强调专业化，不利于培养能力全面的管理人才。由于这种组织结构形式的缺陷明显，因此企业一般都不采用这种组织结构。

(三)直线职能制组织结构

直线职能制组织结构也称 U 形结构，又称“生产区域制”，是在直线制和职能制的基础上，取长补短，即吸取这两种形式的优点而建立起来的。它是指在各级行政主管之下设置相应的职能部门或人员，分别从事专业管理，为各级主管充当参谋并提供建议。这里职能部门只能对下级业务部门进行业务指导，无权发布命令指示，无权进行直线指

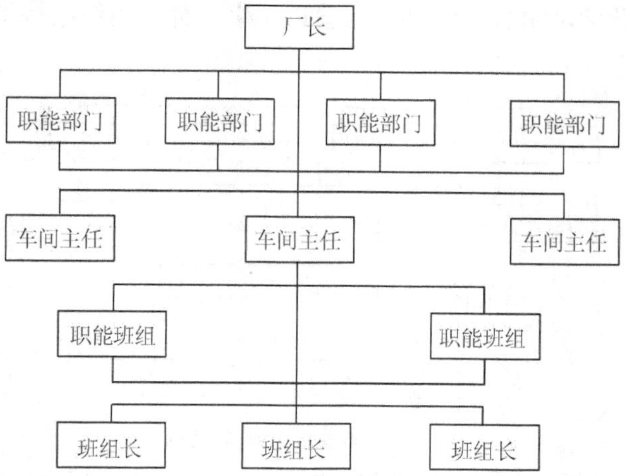

图 2-3　职能制组织结构形式

挥，除非上级行政主管授予他们某种权力。直线职能制组织结构形式如图 2-4 所示。

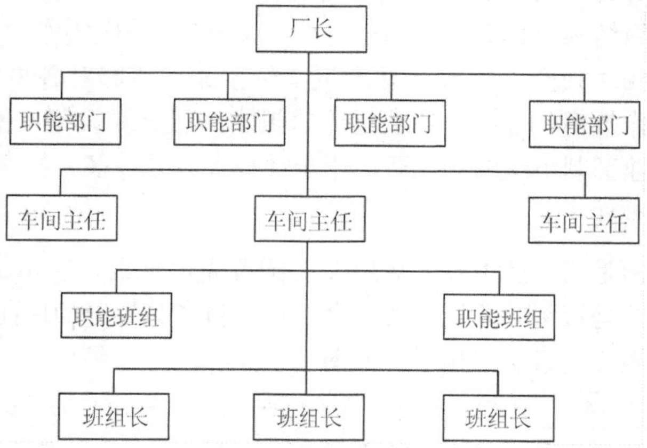

图 2-4　直线职能制组织结构形式

直线职能制组织结构的优点是分工细致、任务明确、稳定性强，各个部门的职责有明显的界限，既保证了企业管理体系的集中统一，又可以在各级行政主管的领导下，充分发挥各专业管理机构的作用；缺点是各个职能部门之间的协作与配合性较差，容易产生脱节和矛盾，企业主管人员协调工作量大，不容易从企业内部培养全面的管理人才，难以适应环境的变化等。它主要适用于中小企业，以及产品品种比较单一、市场销售情况比较稳定的企业。

（四）事业部制组织结构

事业部制组织结构也称 M 形结构，最早是由原美国通用汽车公司总裁斯隆于 1924 年提出的，它是一种高度集权下的分权管理体制，实行“集中决策，分散经营”的管理原则。在这种制度中，企业按产品或地区分别建立事业部，每个事业部从产品设计、原材料采购、产品制造、成本核算，一直到产品销售，全部实行相对独立核算，自负盈亏。事业部既是在总公司控制下的利润中心，又是企业中的一个责任单位，公司最高管理机构掌握战略决策、财务控制、重大人事安排及监督权力，并利用利润指标对事业部进行控制，日常生产经营活动由各事业部自己管理。事业部制组织结构形式如图 2-5 所示。

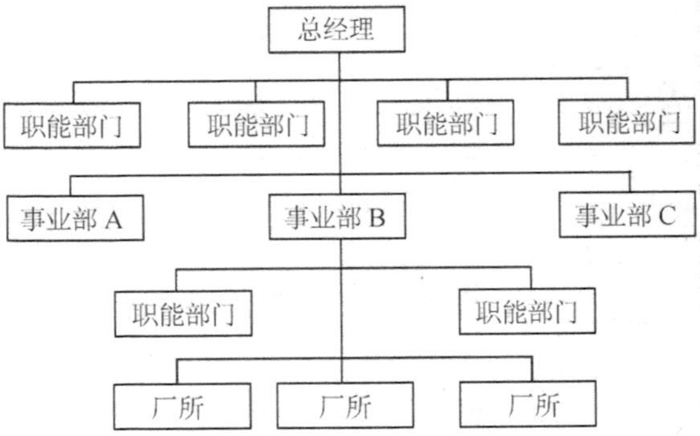

图 2-5　事业部制组织结构

事业部制组织结构具有许多显著的优点，能使公司最高领导层摆脱日常行政事务，集中精力做好企业战略决策和长远规划；有利于事业部之间开展竞争，发挥各事业部的主动性和创造性；有利于培养和提高事业部管理人员的领导能力，培养全面的管理人才。此外，这种组织结构既具有较高的稳定性，又有较高的适应性。其主要缺点是：由于各事业部的利益相对独立，比较容易产生本位主义，总部对各事业部之间的协调困难，从而降低了工作效率，总部与各事业部的职能部门重复设置，使得管理人员增多，管理费用提高。事业部制组织结构主要适用于规模大、品种多、技术复杂的大型企业。

(五)矩阵制组织结构

矩阵制组织结构是第二次世界大战后在美国首先出现的，它由纵横两套系统构成，一套是按职能划分的垂直领导系统，另一套是按项目产品划分的横向领导系统，二者形成一个矩阵结构。矩阵制组织结构形式如图 2-6 所示。

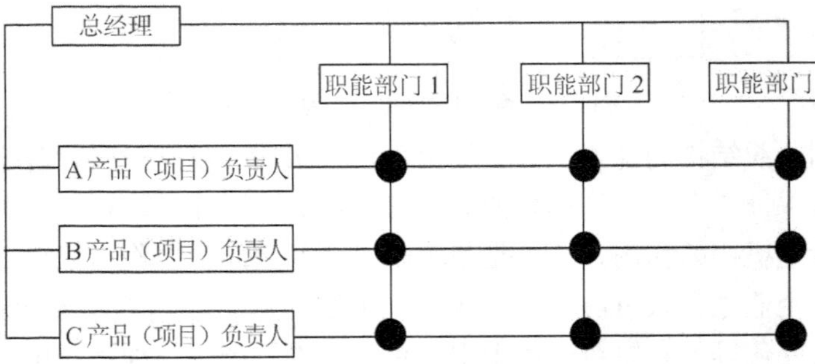

图 2-6　矩阵制组织结构形式

矩阵制组织结构是围绕特定产品或项目而建立的，每一项目或产品设有专门的负责人，项目或产品负责人拥有一定的责任和权力，在项目或产品执行期间，为负责人配置一定数量的、来自各职能部门的人员，使其共同组成产品或项目小组，小组成员受原属职能部门和项目小组的双重领导，项目一旦完成，各小组成员返回原职能部门。

矩阵制组织结构的优点是：加强了不同部门之间的配合和信息交流，避免了直线职能制组织结构中各部门互相脱节的现象，项目小组具有机动灵活性，可随着项目(产品)进行组织，目的明确，任务清楚，各方面有专长的人都是有备而来的，能激发其工作热情，促进项目的实现。其缺点是：项目负责人的责任大于权力，同时参加项目的每个人都来自不同的部门，隶属关系仍在原部门，仅仅是临时参加该项目，所以项目负责人对工作的好坏没有足够的激励与惩治手段；另外双重指挥也是一大缺陷，项目负责人和原部门负责人都对参加该项目的人员有指挥权，所以项目负责人必须与各个部门负责人很好地配合，才能顺利地工作。矩阵结构适用于企业新产品研制，以及企业规划与涉及面广、临时性和复杂的工程项目工作。

（六）多维立体组织结构

多维立体组织结构是在事业部制组织结构和矩阵制组织结构基础上发展起来的，由美国道-科宁化学工业公司于 1967 年首先建立。这种组织结构形式由三维管理组织机构结合而成，即按产品（项目）划分的事业部，形成产品利润中心；按职能划分的职能机构，形成专业成本中心；按地区划分的管理机构，形成地区利润中心。由上述三方共同组成的产品事业委员会，通过共同的协调，才能采取行动。多维立体组织结构形式如图 2-7所示。

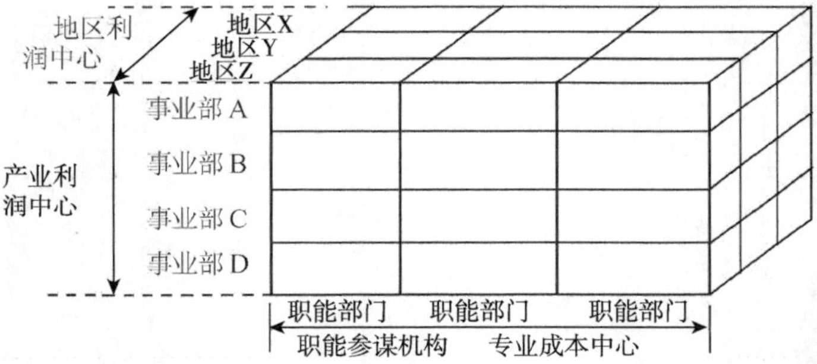

图 2-7　多维立体组织结构形式

多维立体组织结构有利于沟通信息、集思广益、共同决策，能够发挥整个企业组织系统的整体效能，一般比较适用于跨国公司或规模巨大的跨地区公司。

现代企业的组织结构有多种类型，究竟采用什么样的组织结构形式，要根据各种组织结构形式的优点和缺点、企业规模、技术特点、产品、市场等条件的不同合理选择。同一企业在不同的时期，也要根据战略、技术、环境的变化而相应地做出组织结构的调整。

复习思考题

1. 企业管理的职能有哪些？各包括哪些工作内容？
2. 说出古典管理理论的主要代表人物及其观点？
3. 企业管理理论的发展经历了哪几个阶段？
4. 企业组织管理工作应遵循的原则有哪些？
5. 企业组织结构的基本形式有哪些？

第二篇　战略管理与经营决策

第三章　企业战略管理

“战略管理”是企业高层管理人员为了企业长期的生存和发展，在对企业外部环境和内部条件分析的基础上，确定和选择实现目标的有效战略，并将战略付诸实施和对战略实施的过程进行控制和评价的一个动态管理过程。在当今企业环境因素越来越多、越来越复杂多变的时代，战略管理作为高层管理人员的活动内容，越来越显示出其在企业管理中的重要性。本章主要介绍战略管理的性质、战略管理的一些概念，以及完整的、规范性的战略管理过程，目的是使读者对战略管理理论有一个全貌、概况性的了解。

第一节　企业战略管理概述

一、企业战略管理的概念

企业战略管理一词最初是由安索夫在 1976 年出版的《从战略规划到战略管理》一书中提出的。他认为，企业战略管理是指将企业的日常业务决策同长期计划决策相结合而形成的一系列经营管理业务。而斯坦纳在 1982 年出版的《企业政策与战略》一书中则认为，企业战略管理是确定企业使命，根据企业外部环境和内部经营要素确定企业目标，保证目标的正确落实并使企业使命最终得以实现的一个动态过程。

战略管理的关键词不是战略而是动态的管理，它是一种崭新的管理思想和管理方式。这种管理方式的特点是：指导企业全部活动的是企业战略，全部管理活动的重点是制定战略和实施战略。而制定战略和实施战略的关键都在于对企业外部环境的变化进行分析，对企业的内部条件和素质进行审核，并以此为前提确定企业的战略目标。战略管理的任务就在于通过战略制定、战略实施和日常管理，在保持这种动态平衡的条件下，实现企业的战略目标。

由此，可以将企业战略管理定义为：企业确定其使命，根据组织外部环境和内部条件设定企业的战略目标，为保证目标的正确落实和实现进行谋划，并依靠企业内部能力将这种谋划和决策付诸实施，以及在实施过程中进行控制的一个动态管理过程。

这里有两点要加以说明：第一，战略管理不仅涉及战略的制定和规划，而且也包含将制定的战略付诸实施的管理，因此其是一个全过程和全面的管理；第二，战略管理不是静态的、一次性的管理，而是一种循环的、往复性的动态管理过程。它需要根据外部环境的变化、企业内部条件的改变，以及战略执行结果的反馈信息等，而重复进行新一轮战略管理过程，它是不间断的管理。

二、企业战略的特点

（一）质变性

企业战略是战略管理者在把握外部环境本质或根本性变化的基础上做出的方向性决

策。它不是企业对环境变化的应急反应，也不是根据各种经济指标或财务数据为基础的逻辑推理的产物，而是对企业经营活动做出的具有质变性的决策，其目的是要创造未来。

(二)全局性

企业战略是对企业各项经营活动整体的规划。它以企业的全局为研究对象来确定企业的总体目标，规定企业的总体行动，追求企业的整体效益。它不是各项活动的简单汇总，而是在综合平衡的基础上，确定优先发展的项目，权衡风险大小，实现企业整体结构和效益的优化。这是企业战略的基本特征。

(三)方向性

企业战略规定着企业未来一定时期内的基本方向，企业短期的经营活动都应在这一基本方向的指导下进行，并对战略的实施提供保证。企业战略不是对经营活动或外部环境短期波动做出的反应，也不是对日常经营活动(如产量、质量、生产成本、竞争者的价格等)做出的反应。企业战略关心的是“船只航行的方向，而不是眼下遇到的波浪”。

(四)竞争性

企业战略的核心内容之一是要变革自身的经营结构，形成差别优势，以奠定未来竞争的基础。同时，企业战略不仅具有主动适应未来环境变化的功能，还具有改造未来环境的功能。在这方面的能力越强，未来的竞争能力也就越强，即企业战略具有创造性和革新性。

(五)稳定性

依照科学程序制定的企业战略，在一定的时期内一般不便轻易调整。对于战略实施过程中出现的多种不确定因素，一般只通过调整具体的战术或策略来解决。

三、企业战略的层次构成

一般来说，一个现代化企业的企业战略可以划分为网络层战略(network strategy)、公司层战略(corporate strategy)、业务层或事业部级战略(SBU strategy)及职能层战略(functional strategy)四个层次，如图 3-1 所示。过去，人们往往把企业从周围的环境中独立出来，忽略网络层战略，但随着跨国企业业务的不断拓展，越来越多的企业注意到战略联盟在市场的作用。

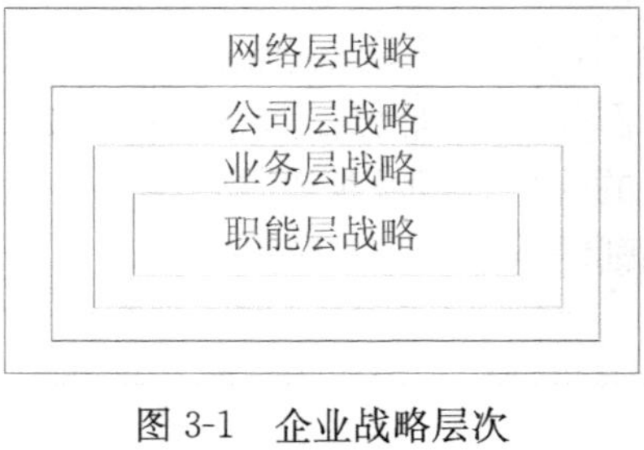

图 3-1　企业战略层次

(一)网络层战略

1. 网络层战略的概念

过去没有网络层战略的说法，而在当前的超竞争环境下，企业形成战略联盟成为发展与竞争的一种趋势与需求，网络层战略就是企业联盟之间的竞争和合作问题。这些联盟包括技术的联盟、市场的联盟等。联盟中的战略包括企业如何选择联盟及在联盟里选择什么样的姿态等问题，是企业的最高层战略。

2. 网络层战略的特点

(1)从性质上来讲，网络战略属于联合型战略，其在执行的明确程度上属于抽象类型。

(2)网络战略所承担的风险、代价最大，但盈利潜力比其他各层次的战略相对较大。

(3)网络战略衡量程度以判断评价为主，所起的作用是巨大的和深远的。

(二)公司层战略

1. 公司层战略的概念

公司层战略是指企业选择什么样的行业和经营领域。一般来说，公司层战略至少要阐明以下三个问题。

(1)企业的发展方向。一个从事多种经营的企业，它的发展总是伴随着经营领域的调整。那些市场前景好、充满发展机会的领域会被优先考虑，企业也可能进入某些新领域同时撤出另一些领域，还可能向某些领域的上游或下游扩张。企业对发展方向的选择决定了它将如何配置资源，特别是资金和人力资源。

(2)不同的业务单元之间的协调机制。不同业务单元之间的相互协作包括销售网络、生产设备、采购或技术资源的共同使用，它们无疑是降低企业经营成本、增强整体竞争优势的重要手段，而实现这种资源共享的前提是克服企业内的组织障碍。这就要求企业建立起有效的内部协调机制。企业战略中应该指出那些可共享的资源及共享方式，设立必要的横向协调机构来促进协作，消除可能出现的组织内摩擦。

(3)关键资源的开发与积蓄。企业的一些关键资源，如人力资源、资金、商誉、公共关系和技术等，可以在两个层面上进行开发和积蓄，即企业层面和业务单元层面。企业一般要直接担负起一些资源的开发积蓄功能。例如，许多大企业都设有直属企业总部的、规模庞大的科研机构，负责研制重大技术项目和技术成果的推广。但就许多关键资源而言，业务单元是开发和积蓄这些资源的基本组织。企业的功能主要体现在选择、组织与协调上。在这些方面做出明确的规划，也是企业战略的一项任务。

公司层战略又包括成长型战略、稳定型战略和紧缩型战略。成长型战略和稳定型战略并不是矛盾的关系，企业成长到一定阶段追求稳定是很有必要的。成长型战略犹如体育比赛的马拉松，而不是百米冲刺。

2. 公司层战略特点

(1)从性质上来讲，公司层战略属于观念型战略，其在执行的明确程度上属于抽象类型。

(2)公司层战略所承担的风险属于较大的风险，对其他层次的战略执行具有导向和决定意义。

(3)公司层战略衡量程度以判断评价为主，所起的作用是开创性的。

(三)业务层战略

1. 业务层战略的概念

业务层战略也称事业部战略、竞争战略或经营战略，是指在公司战略的指导下，各个战略事业单位(strategic business units，SBU)制定的部门战略，是公司层战略之下的子战略。因此它必须遵从企业设定的发展目标，需要阐明以下几个问题。

(1)在特定的领域内，宏观经济与社会环境和产业结构变化中爱生孕育着哪些机遇和威胁。

(2)这一领域当前和未来的竞争焦点是什么。

(3)目标顾客群体的主要特征与他们需求之间的关系。

(4)需要改进产品或服务的哪些内容以赢得顾客。

(5)竞争对手的优势和劣势，以及可能采取的对抗性行动。

(6)经营单位如何进行资源的开发和积蓄等。

业务层战略主要研究的是产品和服务在市场上的竞争问题。它的重点是保证战略经营单位在其所从事的行业中或某一细分市场中的竞争地位。它通常强调：如何贯彻企业使命；业务发展的机会和挑战分析；业务发展的内在条件分析；业务发展的目标和要求；业务发展的重点、阶段和措施。

2. 业务层战略的特点

(1)从性质上来讲，业务层战略属于中间型战略，其在执行的明确程度上属于中间类型，介于抽象和确切之间。

(2)业务层战略所承担的风险属于中等程度的风险，盈利程度相比网络层战略和公司层战略也是一般。

(3)业务层战略衡量程度以半定量化为主，所起的作用也是中等程度的。

(四)职能层战略

1. 职能层战略的概念

职能层战略是指为贯彻、实施和支持公司战略与竞争战略而在企业特定的职能管理领域制定的战略。每个部门为了完成上级目标需要确定自己的竞争策略，如市场部的营销策略、人事部的人力资源开发策略、财务部门的投融资策略等。职能层战略的重点是提高企业资源的利用效率，使企业资源的利用效率最大化。职能层战略一般可分为营销战略、人力战略、财务战略、生产战略、研究开发战略、公关战略等。

2. 职能层战略的特点

(1)从性质上讲，职能层战略属于执行型战略，其在执行的明确程度上属于确切类型。

(2)职能层战略所承担的风险属于较小的风险，盈利程度相比其他层战略是最低的。

(3)职能层战略衡量程度以定量化为主，所起的作用是改善增补性的。

网络层战略、公司层战略、业务层战略与职能层战略一起构成了企业战略体系。在一个企业的内部，企业战略的各个层次之间是相互联系、相互配合的。企业每一层次的战略都构成下一层次的战略环境，同时低一级的战略又为上一级战略目标的实现提供保障和支持。四种战略之间的关系不仅层层递进，而且自下而上、自上而下地相互影响。所以，一个企业要想实现其总体战略目标，必须把四个层次的战略结合起来。

四、企业战略管理的过程

企业战略管理是指依据企业外部环境与内部条件的变化，制定战略和实施战略，并根据执行情况的评价和反馈来调整、制定新战略的过程。

企业战略管理的基本思路包括以下四个方面。

(1)分析环境。认清优势和劣势，并提出战略问题。了解企业所处的环境和竞争地位。

(2)制定战略。根据对企业内外条件的分析，确定宗旨、目标和政策，具体从经营领域、竞争优势、经营结构等方面进行战略规划，并对可行的战略方案进行评价和选择。

(3)战略实施。依据战略规划调整组织机构，采取一定的步骤、措施，发挥战略的指导作用，实现预期的战略目标。

(4)战略的评价与控制。进行战略的评价与控制，并将信息反馈到以前的各阶段。

企业战略管理的基本过程如图 3-2 所示。

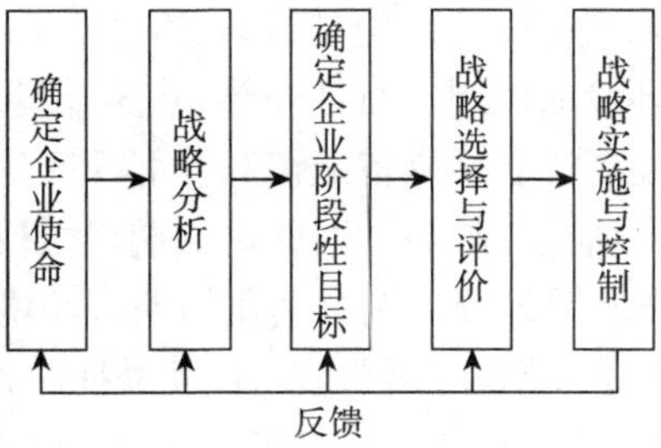

图 3-2 企业战略管理的基本过程

五、企业战略管理理论发展历程

(一)长期规划时代

企业战略管理思想产生于企业的短期计划向长期规划的转变时期。

长期规划理论是战略管理理论的雏形，这一时期开始于 20 世纪 50 年代初，持续到 60 年代初期。进入 50 年代后，西方国家的企业(主要是美国企业)的外部环境发生了很大的变化，从而使企业面临着许多更为严峻的挑战。这个时期的主要特点包括以下几个。

(1)需求结构发生变化。基本消费品的需求已经达到饱和，社会已从对生活“数量”的需要转向对生活“质量”的需要，需求发生了多样化的转变。

(2)科学技术水平不断提高。在第二次世界大战中研究开发的许多技术，一方面使许多行业陈旧过时；另一方面又促使一些以技术为基础的新行业产生。技术革命的加快和技术革新周期的缩短，加速了产品和制造工艺的发展，生产了许多属于“创造需要”性的新产品，增强了企业的技术密度，同时也加剧了企业间的竞争。

(3)全球性竞争日益激烈。在这个时期，不仅产品的出口数量和范围有了很大扩展，而且资本输出，特别是国外办厂也发展到新的水平，跨国公司迅速发展。这样就使争夺国外资源、国际市场的竞争愈加激烈。

(4)社会、政府和顾客等提高了对企业的要求和限制。企业一味地重视获利，给社会带来许多消极影响，如经济发展波动大、通货膨胀、垄断行为、对消费者操纵、夸张性和欺骗性广告、售后低质服务、环境污染、产品非安全和可靠等。这一切引起社会、政府、顾客对企业的不满，从而提高了对企业的要求，并对企业提出许多限制。

正是这些变化迫使企业管理人员来延展传统的管理概念，寻求新的管理技术，这就是“长期规划”产生的原因。这种理论的实质是根据历史情况，通过趋势外推法对企业未来环境的变化做出预测，从而制订出长期计划以应付这些变化。在这一时期，企业长期规划的主要活动集中于通过合并而实行企业经营多元化的计划和组织、跨国经营、前向一体化发展、产品—市场的革新等战略措施。

(二)战略规划时代

这一时期开始于20世纪60年代初，持续到70年代初，战略规划由长期规划转变而来。应用长期规划这一管理技术有两个前提：一个是认为促使环境变化的主动权在于企业本身，企业对环境的变化具有很大的影响力；另一个是认为外部环境是可以预测的，企业总可以制订计划以应付未来的变化。但在进入60年代后，由于政府严格的管制和各种调节政策，企业失去了对环境的控制。而且外部环境的复杂性和互相交互作用使得企业难于预测环境变化。企业要发展，必须具备能够对外部环境变化做出迅速反应的能力，并且要适应环境的变化，选择灵活性的战略。因此，长期规划被战略规划所取代。

战略规划作为一种管理技术或系统，先对企业的外部环境进行分析，寻找出发展的趋势，发现对企业发展构成的威胁和新的发展机会，以使潜在的利润最大化。战略规划的目的是寻求外部环境和企业的最佳联合，侧重点是制定企业的战略或者规划企业的行动方案。

(三)战略管理时代

它开始于20世纪70年代初期，一直发展到今天。上述战略规划理论的一个假设前提是：一个新的战略总是能够利用企业的历史优势，也就是说，即使企业的战略变化了，企业的能力或条件仍可保持不变。因此，这就导致战略规划的一个缺点，即它忽略了企业能力这一关键因素。一个战略即使再有吸引力，如果企业没有能力将其实施，那也只不过是“纸上谈兵”。因此，战略的实施，即企业是否有能力将所制定的战略付诸行动，与战略的制定同样重要。这样，战略管理这一管理技术取代了战略规划。战略管理既包含战略制定，也包括战略实施过程和对战略的实施过程进行控制，以及对战略管理成果进行评价。因此，战略管理是一种全面的对战略进行的管理，也是一种动态的管理过程。表3-1列出企业战略管理理论演进的三个阶段及其主要特征。

表 3-1　企业战略管理理论演进的三个阶段及其主要特征

理论演进阶段	长期规划时代	战略规划时代	战略管理时代
各时代开始的时间	20 世纪 50 年代初开始出现	20 世纪 60 年代初开始出现	20 世纪 70 年代初开始出现
管理的重点	以对环境的预测和制订长期计划为重点	以适应环境变化，制定长远发展战略为重点	以主动应对环境突变及出现的机会和威胁、制定和实施战略并重为重点
前提	认为过去的情况必将持续到未来，未来是可以预测出来的	认为环境发展趋势和变化均需预测和了解，环境变化的主动权在企业	单纯周期性计划不能完全适应环境变化的需要，企业能力是个变数
管理的程序	周期性程序	周期性程序	因地制宜与周期性程序并存

战略管理理论的构建时至今日并非已经完成。随着时代的发展、经济和科学技术的进步，它仍然处于不断的进化状态之中。自从 20 世纪 70 年代以来，战略管理理论研究逐步转向实际应用，吸引了越来越多的管理学家、经济学家、企业家投入其中，他们不断探究发展、完善战略管理的理论与实战知识体系。

第二节　企业战略分析

一、企业环境的构成及环境分析的任务

(一)企业环境概念

企业环境是指影响企业生存和发展的各种内外因素的组合。总体上看，企业的战略环境包括外部环境和内部条件两个方面。外部环境是企业生存和发展的前提条件，内部条件则是企业生存和发展的基础。从根本上来讲，企业的生存发展取决于利用自身条件去适应所处的外部环境的能力。企业战略环境研究是指企业对外部环境和内部条件的变化进行研究和分析，为企业制定战略和实施战略提供依据。

通常，外部环境因素对企业来说是不可控的，而内部条件因素是企业可以加以控制的。根据外部环境因素对企业作用的方式和特征的不同，又可将其分为宏观环境因素和经营环境因素；企业的内部条件从其构成要素上看，可分为资源要素、管理要素和能力要素。企业环境的构成如图 3-3 所示。

- 企业环境
  - 外部环境因素
    - 宏观环境因素（间接环境）
    - 经营环境因素（直接环境）
  - 内部条件
    - 资源要素
    - 管理要素
    - 能力要素

图 3-3　企业环境的构成

(二)内外环境分析的任务

1. 对企业的外部环境分析

企业对外部环境分析的任务是要认识外部环境的发展变化对企业的影响。外部环境

对企业的影响会产生以下两种不同的效应。

(1)外部环境的变化给企业带来不利的影响，这种影响往往对企业的生产经营活动构成威胁。

(2)外部环境的变化对企业产生有利的影响，其结果常常为企业的成长发展提供良好的机会。

2. 对企业内部条件进行分析

企业内部条件分析的任务是要认识企业抓住外部环境所提供机会的能力。具体来看，在和竞争对手的比较上也体现为两种情况。

(1)强于竞争对手的优势条件。

(2)弱于竞争对手的劣势条件。

总的来说，企业环境分析的任务就是在外部环境研究和内部条件分析的基础上，明确企业将面临的机会和威胁、自身的优势和劣势，从而为制定战略提供依据。

二、企业外部环境分析

(一)宏观环境分析

企业宏观环境分析的方法主要采用G-PEST综合分析方法，如图3-4所示。

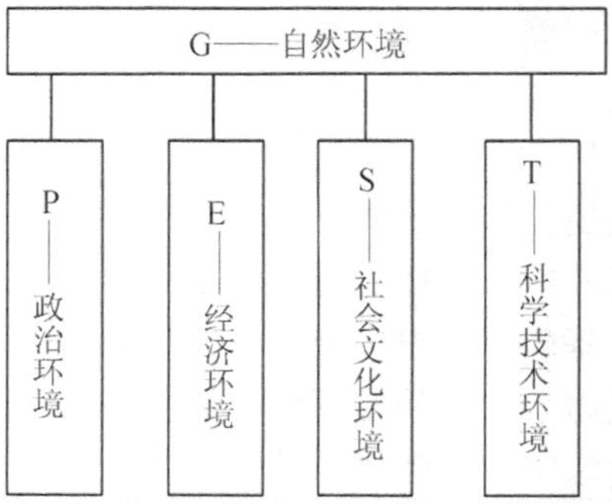

图3-4　G-PEST宏观分析方法

G-PEST宏观分析方法的内涵如下所述。

(1)G(geographical)——自然(地理)环境，包括：面积、人口、土地、资源、气候、生态等；交通、基础设施、环境保护。

(2)P(political)——政治环境，包括：制约和影响企业的政治因素；法律体系、法规及法律环境。

(3)E(economical)——经济环境，包括：社会经济结构、经济体制、宏观经济政策等要素；国民生产总值(gross national product，GNP)、国内生产总值(gross domestic product，GDP)、人均收入和消费水平、失业率、通货膨胀率、通货紧缩率、利率、汇率、货币供应量等指标。

(4)S(social)——社会文化环境，包括：社会结构、社会风俗和习惯、信仰和价值观念、行为规范、生活方式、文化传统；人口因素(人口规模、地理分布、受教育的程度)等。

(5)T(technological)——科学技术环境，包括：科技体制、科技政策、科技水平和发展趋势等；科技创新机制和科技投入；科技人员的素质、水平、待遇和工作条件。

(二)经营环境研究

企业经营环境是指影响企业经营领域的行业环境因素和市场环境因素。在企业战略管理中，着重对行业环境进行研究，研究的目的在于弄清行业中成功的关键因素和行业的特征，确定行业所面临的机会和威胁，确定行业的吸引力，分析竞争对手的实力。

行业环境是指根据企业所处的行业来定义的环境。行业泛指由于产品类似而相互竞争、满足同类购买需求的一组企业。行业环境分析的任务是：明确行业长期利润潜力的来源及其状况，发现影响行业吸引力的相关因素，以确定企业进行行业选择的范围和风险。

1. 五种竞争力量模型

在行业竞争研究方面，最知名的分析方法是迈克尔·波特的五种竞争力量分析模型。他认为，一个行业的竞争状况取决于五种基本竞争力量，这些力量汇集起来决定着该行业的利润率和利润潜力，最终利润潜力是以投资资金的长期收益来衡量的。这五种力量是潜在进入者的威胁、行业内现有企业的竞争、供应商的讨价还价能力、买方的讨价还价能力及替代品的威胁，如图 3-5 所示。

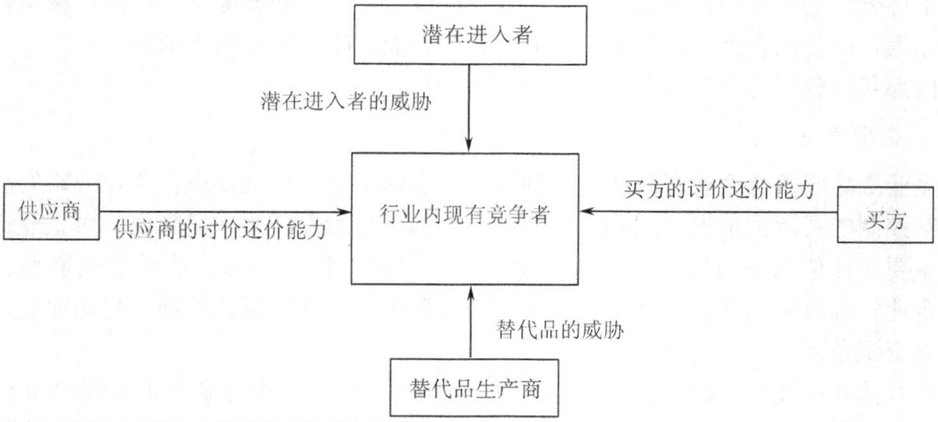

图 3-5　迈克尔·波特的五种竞争力量分析模型

这五种力量形成一种合力，无论这种合力如何，企业管理者的任务包括以下几方面。

(1)进入一个行业之前先进行竞争强度的分析。

(2)进入某一个行业之后，要运用行业内的竞争结构来确定自己的“位置”。

(3)通过行业竞争分析来确定自己的竞争战略。

2. 如何选择具有优势的行业

在竞争激烈的市场环境中，企业对所在行业或准备新进入的行业必须要有比较清醒的认识，以便准确地把握企业的投资方向，合理地配置、调整企业的战略资源。对行业进行分析时，应建立以下两个基本的概念。

(1)进入障碍——企业进入一个行业的难易程度及所花费的代价。

(2)退出障碍——企业退出某个行业时需要付出的代价。

将这两个因素进行不同的组合，就会形成不同的优势行业或劣势行业。对行业的进入障碍和退出障碍的分析如表 3-2 所示。

表 3-2　行业进入与退出矩阵

进入障碍＼退出障碍	低	高
低	稳定的低收益	低收益高风险
高	稳定的高收益	高收益高风险

需要指出的是，进入障碍和退出障碍的大小都是相对的，并没有严格的量化标准。以自行车为例，与修理业相比，它是一个进入障碍高、退出障碍也高的行业；而与汽车业相比，它又是一个进入障碍低、退出障碍也低的行业。此外，对于资金实力和技术水平不同的企业而言，同样的进入障碍对它们的阻碍作用也大不相同。

三、企业内部条件分析

不断变化的外部环境会给各行各业带来潜在的威胁和可能加以利用的机会。然而，只有具备能够利用这种机会的条件和能力，才能使之成为企业的机会。具体来说，企业内部条件分析的任务为：准确认识企业的长处或优势、短处或劣势；找出存在短处或劣势的原因，以便结合外部环境研究的成果，为企业战略的制定提供依据。

内部条件分析的内容包括以下几个方面。

1. 企业资源分析

企业战略必须与企业资源建立一种协调平衡的关系。也就是说，企业战略的制定要以能够控制的资源为依据，战略实施应有必要的资源为保证。一般来说，对企业资源的分析主要是评估以下内容，即财力资源、人力资源、物力资源、技术信息资源、声誉等。企业资源分析的任务是评估企业拥有的资源的数量和质量，准确掌握企业制定战略的基础资源条件。

在具体对企业的资源状况进行分析时，可用表 3-3，即企业资源的分类和评估作为分析的工具。

表 3-3　企业资源的分类和评估

资源	主要特征	主要表现
财力资源	企业自有资金的数量和融资的能力，总体上决定了企业的投资能力和资金使用的弹性	资产负债率、资金周转率、各项开支使用制度等
物力资源	企业设备规模、技术水平、占地和建筑面积及地理位置、企业拥有的原材料等因素决定着企业可能的产品成本、服务的质量及生产能力和水准	固定资产的现值、企业规模、固定资产的用途、折旧率等
人力资源	•员工培训和专业知识决定他们的基本能力 •员工的适应能力表明企业本身的灵活性 •员工的忠诚度和奉献精神往往决定企业维持竞争优势的能力 •知识水平和结构决定适应能力——灵活性、忠诚度和奉献精神	员工的教育程度、技术状况及工资水平

续表

资源	主要特征	主要表现
技术信息资源	·技术储备（包括专有技术和专有知识）决定企业的技术应用状况 ·技术创新方面（包括进行研究的技术装备及科技人员的状况）	重要专利的数量、出让专利的收入、研究开发人员的比重等
声誉	·通过品牌、质量及与顾客的关系，建立起在客户心目中的企业声誉 ·企业在供应商、公众、员工等心目中的声誉形象	品牌知名度、企业经营水平及连续性、产品市场表现的客观评价、相对于竞争产品的价格表现

2. 企业内部管理能力分析

企业内部管理水平是制定有效战略和成功实施战略的重要保证。分析的内容包括企业的计划、组织、激励和人力资源的利用情况等。

3. 企业市场营销能力分析

企业市场营销能力不仅是实施战略的重要能力，也是制定战略的重要依据。分析的内容包括企业市场营销系统的决策和管理能力、市场营销的生产率、市场营销组合策略的现状和变化趋势。

4. 企业财务状况分析

判断企业实力和对投资者吸引力的最好方法是进行财务状况分析。了解企业在财务方面的优势和劣势，对企业有效地配置资源、优化经营领域结构等都具有决定性的意义。分析财务状况最广泛使用的方法就是各种财务比率分析。

5. 企业科研开发能力分析

是否具有较强的科研开发能力，对于采用扩张战略的企业来说非常重要，因为它直接影响着企业未来在行业和市场中的地位。分析内容包括企业科研开发人员的数量和素质；科研开发部门拥有的设施、设备和信息渠道；与其他科研单位的合作关系；科研经费、研究目标等。

6. 企业生产能力分析

生产系统的设计和管理必须与企业的总体战略相适应。企业在制定新的战略时，势必对内部的物质转换过程及其管理进行认真分析。分析内容有生产工艺状况、生产能力、产品质量、成本控制及其管理水平等。

四、企业战略分析方法

企业战略管理中最常用的分析方法就是SWOT矩阵分析法。SWOT矩阵分析法是美国旧金山大学的韦里克(H. Weihric)教授于20世纪80年代初提出的。它是一种在综合考虑企业内部条件和外部环境的各种因素的基础上进行系统评价，从而选择最佳经营战略的方法。在SWOT矩阵分析中，S(strength)是指企业内部的优势；W(weakness)是指企业内部的劣势；O(opportunity)是指企业外部环境机会；T(threat)是指企业外部环境威胁。SWOT矩阵分析法的基本内容见表3-4。

表 3-4　SWOT 矩阵分析法的基本内容

企业内部优势(S)	企业内部劣势(W)
(1)充足的资金来源 (2)良好的竞争技能和公认的市场领导者 (3)优秀的职能支持战略和先进的技术 (4)成本优势 (5)买方的良好看法 (6)产品的创新能力 (7)竞争优势 (8)超群的经验曲线 (9)其他	(1)模糊不清的战略方向和恶劣的竞争地位 (2)脆弱的生产能力和低下的利润水平 (3)缺乏管理深度和人才 (4)没有某些关键技能或能力 (5)严重低下的内部经营能力 (6)落后的研究开发 (7)过窄的产品线 (8)笨拙的市场营销技能 (9)难以适应战术变动的融资能力 (10)较高的单位成本 (11)其他
企业外部机会(O)	企业外部威胁(T)
(1)新增的客户集团 (2)进入新市场 (3)相关产品的多样化 (4)增加互补产品 (5)纵向一体化 (6)竞争对手的骄傲自满 (7)长期的市场增长 (8)其他	(1)新竞争者的加入 (2)替代产品销售额的提高 (3)市场增长缓慢 (4)不利的政府政策 (5)竞争压力的增强 (6)可能的衰退和经济周期 (7)客户或供应者谈判能力的增强 (8)买主需求和嗜好的改变 (9)不利的地理转移 (10)其他

在详细分析企业内部存在的优势和劣势及外部机遇和威胁的基础上，企业的高层决策人员应在“优势＋机会”这一项上制定企业战略。

第三节　企业战略类型与选择

制定战略是战略管理的核心部分，它是在战略分析的基础上完成的。对于一个企业来说，达成战略目标的战略方案可能有多个，战略决策者就必须对这些战略方案进行评价和比较，从中选择最合适的战略。根据企业管理的层次性，本节介绍战略层次中的多种常用企业战略类型，并介绍战略选择的影响因素。

一、总体战略的基本类型

总体战略是从全局解决企业经营什么、向何处发展的问题。重点是解决企业投资的合理组合与有效回报问题。企业总体战略一般包括三大战略，即稳定型战略、紧缩型战略和扩张型战略。

(一)稳定型战略

稳定型战略是指企业不改变现有的经营范围和规模的战略，其指导思想是在现有条件下提高经济效益。实施该战略的原因和该战略的适用范围如下。

(1)企业所面临的外部环境较为稳定，同时企业的前期战略是成功的。

(2)企业最高领导人宁可墨守成规，也不愿冒风险。

(3)对于获得成功的大型企业来说，稳定地保持大规模经营是力求减少和回避风险的方法。

(二)紧缩型战略

紧缩型战略是指企业减少投入、封存或出卖部分设备，从而缩小经营规模的战略。其指导思想是通过紧缩来摆脱目前或将要出现的困境，使财务状况好转，以求将来的发展。实施该战略的原因和该战略的适用范围如下。

(1)企业目前执行的战略失败，只有通过紧缩重新积蓄力量。

(2)企业处境困难，但又缺乏足够的力量予以扭转。

(3)环境中存在着较大的威胁因素，而企业的内部条件又不足以克服这些威胁。

(4)本行业所处环境已无机会，通过紧缩现有业务，准备进入新的行业。

显然，选择此种战略等于承认失败，其是一种感情上最难以接受的战略，也是企业在确实无救的情况下才采取的一种战略。

(三)扩张(增长)型战略

扩张(增长)型战略是指企业扩大原有主要经营领域的规模，或向新的经营领域开拓的战略，其核心是通过企业竞争优势谋求企业的发展和壮大。实施该战略的原因和该战略的适用范围如下。

(1)扩张能使企业获得许多社会效益，如扩大企业的社会影响力、受到政府的重视等。

(2)获得规模经济的效益，增强企业的市场竞争地位。

(3)当环境中存在新的机会且其与企业的内部条件基本吻合时，企业一般会采用扩张型战略。

(4)当企业所在行业发生剧烈变化时，为了保证企业在变化中不至于处于被动地位，采用扩张型战略是必要的。

扩张(增长)型战略是一种使企业在现有的战略基础水平上向更高一级目标发展的战略。它将发展作为战略的核心内容，引导企业不断地开发新产品、开拓新市场，采用新的生产方式和管理方式，以便扩大企业的生产规模，提高竞争地位。从企业发展的角度来看，任何成功的企业都要经历长短不一的扩张(增长)型战略实施过程。因为从本质上来讲，只有扩张型战略才能使企业规模不断扩大，使企业的竞争力由弱变强。

扩张(增长)型战略又可细分为规模增长战略、多元化增长战略、一体化增长战略等。规模增长战略是指企业在原有生产范围内，充分利用产品和市场方面的潜力以求得增长的战略；多元化增长战略是相对于集中化、专业化增长战略而言的一种常用战略，往往涉及多个经营领域；一体化增长战略则是根据企业所确定的经营范围，着力解决与企业当前活动有关的竞争性、上下游生产活动的问题。

二、竞争战略的基本类型

企业在总体战略的指导下，内部的经营单位要制定构建竞争优势的竞争战略。该类战略强调的是如何在现有的经营领域运用企业的资源和独特的能力来获得竞争优势的问题。著名战略学家迈克尔·波特教授构建了经营单位战略的理论框架，提出三大竞争战略，并且指出，如果不能有效选择其一，企业往往会陷入“徘徊其间”的境地。

(一)成本领先战略

成本领先战略的思想是企业力争以最低的总成本取得行业中的领先地位，并按照这一基本目标采用一系列的行动策略。

成本领先战略的优点为：在与竞争对手的竞争中，企业具有成本优势条件，即企业可以利用低价格从竞争对手手中夺取市场，增加自己的市场占有率，扩大销售量，因而低成本企业在同行业中享有最高的利润。

成本领先战略的缺点为：首先是投资较大，因为企业必须具备先进的生产设备，才能高效率地进行生产，以保证较高的劳动生产率；其次，把过多的注意力集中在低成本战略，因而可能导致企业忽视顾客需求特性和需求趋势的变化，忽视顾客对产品差异的兴趣，忽视顾客对价格的敏感性，这就使企业很容易被采用产品差异化战略的竞争对手所击败。另外，由于企业集中大量投资在现有技术及现有设备，因而对新技术的采用及技术创新反应迟钝。

实施成本领先战略，第一，要求企业必须有先进的设备和生产设施，并能有效地提高设备利用率；第二，要利用管理经验，加强成本与费用的控制，全力以赴地降低成本；第三，最大限度地减少研究开发、推销、广告、服务等方面的费用支出；第四，该战略适用于大批量生产的企业，要求产量达到经济规模，这样才能保证企业的生产维持在低成本的水平上。总之，要采用各种措施降低经营总成本，使企业的成本低于竞争对手的成本，依靠处于领先地位的低成本获得高额利润，使企业在竞争中占据有利的地位。

(二)差异化战略

差异化战略的指导思想是企业提供的产品与服务在行业中具有与众不同的特色。这种特色可以表现在产品、设计、技术特性、产品品牌、产品形象、服务方式、销售方式等手段的某一方面，也可以同时表现在几个方面。差异化战略实施的结果应该体现为顾客感受到的、对其有实际价值的产品或服务的独特性。

差异化战略的优点是：利用顾客对企业提供的产品或服务的特色的注意和信任，由此降低顾客对产品价格的敏感程度；可以使企业避开激烈的竞争，在特定领域形成独家经营的市场，使其他企业在短时间内难以追赶，以此来保持市场的领先地位。相应地，差异化战略也具有自身的缺点，即要保持产品的差异化，往往要以成本的提高为代价，因为实施这一战略要增加设计和研究开发费用。企业要把产品的特色放在第一位，产品差异化所取得的利润中有很大一部分被产品成本的提高所抵消。另外，由于特色产品的价格较高，很难拥有较大的销售量。因此，该战略不可能迅速提高市场占有率。

使企业产品形成差异化的方法有两种：一种是使产品的内在因素产生差异化；另一种是使产品的外在因素产生差异化。内在因素的差异化是指企业在产品性能、设计、质量及附加功能等方面与竞争对手相区别，使产品别具一格，开创独特的市场；外在因素的差异化是要创造良好的商品形象，即要充分地利用产品的定价、商标、包装、销售渠道及促销手段等方法，使其与竞争对手在营销组合方面形成差异化。

（三）集中型战略

集中型战略又称集中一点或专业化战略。该战略通过满足特定消费群体的特殊消费需求，或集中服务于某一有限的区域市场，以此来建立企业的竞争优势及市场地位。集中型战略最突出的特征是企业专门服务于总体市场中的一部分，也就是对某一类型的顾客或某一地区性市场进行密集型的经营。

集中型战略包括以下三种具体形式。

(1)产品类型的专业化，即企业集中全部资源来生产经营特定产品系列中的一种产品。

(2)顾客类型的专业化，即企业只为某种类型的顾客提供产品和服务。

(3)地理区域的专业化，即企业产品经营范围仅局限于某一特定的地区。

这种战略的优点在于企业能够控制一定的产品势力范围。在此势力范围以内，其他竞争者不易与之竞争，因此其竞争优势地位较为稳定；另外，经营目标集中，管理简单方便，可以集中使用企业所拥有的资源要素，有条件进行深入研究，从而使企业精通有关的专门技术。但这一战略也存在一定的缺点。例如，当市场发生变化、技术创新或新的替代品出现时，该产品的需求下降，企业将受到严重的冲击。

三、企业战略的选择

从许多可行的战略中选定一个最佳战略通常是很难的，在实际过程中并没有一种简单易行的或明确的选定方法。对企业来说，一般考虑以下因素和问题作为自己选择战略的依据。

（一）内部因素

内部因素方面考虑的问题主要包括以下几点。

(1)该战略能否有效地利用企业的资金、人力和物质资源？

(2)该战略是否和企业各层次的管理者及职工的价值观相一致？

(3)该战略是否和企业目标相一致？

(4)如果该战略在执行过程中出现了不适应，是否有充分的弹性去修改或改变？

(5)企业是否有能力按该战略的要求来规划和发展？

(6)该战略能否加强企业的优势、规避企业的劣势？

(7)企业在目前是否对执行该战略的过程制订了详细的计划，以保证战略有一个可行的机会？

（二）外部因素

外部因素方面考虑的问题主要包括以下几点。

(1)这个战略能否使企业得到一个尚未被其他竞争对手满足的市场？

(2)对于现有市场，该战略是否会引起更激烈的竞争？

(3)采用这个战略能得到最低限度的市场，但能否得到最低限度的投资回报率收益？

(4)该战略是否既能促进现有产品的生产和市场营销，又能促进其他产品的生产和市场销售以分散风险?

(5)该战略能否利用现有的市场和产品的优势?

(6)该战略是否在法律和政治允许的范围之内?

第四节　企业战略的实施与控制

一、战略的实施

企业一旦选择了合适的战略，战略管理活动的重点就从战略选择转移到了战略实施阶段。所谓战略实施就是执行达到战略目标的战略计划或战略方案，这是个将战略付诸实际行动的过程。在战略实施过程中，企业中的每一个人，从最高层管理者到作业人员，都参与战略的实施。因此，战略实施较之战略分析和战略选择来说，所涉及的问题更多。只有当企业的各种因素互相适应和互相匹配时，战略实施才更有可能取得成功。这就意味着，为了达到战略目标，成功的管理者必须取得战略与其内部因素之间的匹配。这些因素之间越是相互适应和匹配，则战略越有效。

按照罗伯特·H. 小沃特曼的观点，企业的战略匹配包含七个因素，参见图 3-6。这七个因素又称麦肯锡 7-S 模型。

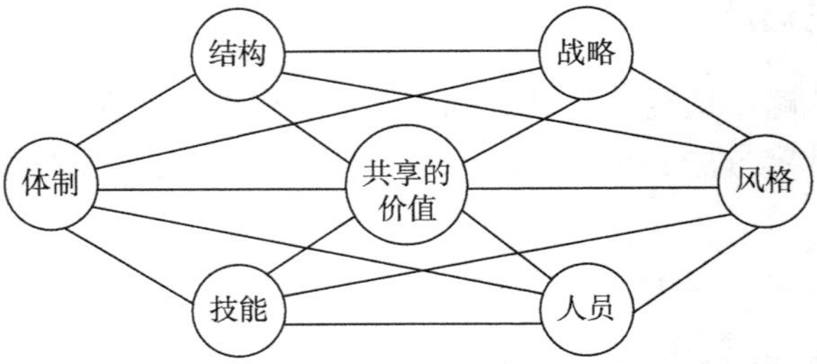

图 3-6　麦肯锡 7-S 模型

麦肯锡 7-S 模型包括以下七个因素。

(1)战略(strategy)。战略是指在获得超过竞争对手持续优势的一组紧密联系的活动。

(2)结构(structure)。结构是指组织结构图及其相应的部分，表明信息指令的传递者和接受者的角色定位，表明组织中任务的分工与整合关系。

(3)体制(system)。体制是指使日常工作完成的过程及流程，包括信息系统、资本预算系统、制造过程、质量控制系统和绩效度量系统等。

(4)风格(style)。风格是指集体管理人员所花费时间和精力的方式，以及他们所采用的代表性行为方式所表现出的例证。风格不是管理人员所说的重要性的东西，而是其行为活动的方式。

(5)人员(staff)。人员是指企业中的所有人，更重要的是指企业中的人员分布状况。

(6)共享的价值(shared values)。共享的价值不是指企业正式宣布的目的或目标，而是指使企业保持团结和一体的那些具有指导性的观念、价值和愿望等，即公司的哲学或文化。

(7)技能(skills)。技能是指企业作为一个整体所具备的能力，体现为企业对完成经营目标所涉及的方法、流程技巧等特定活动的理解程度和熟练程度。这种能力通常也是企业的名声所在。

麦肯锡7-S模型表明，当这些因素相互适应和匹配时，企业即可实施一项战略；反之，当这七个因素不能互相适应和匹配时，战略实施将不可能成功。

二、战略控制

战略控制是指对战略计划、组织活动、经营等为未来活动提供信息的全面评估。控制的循环包括评估战略计划、衡量产出活动以确定是否符合目标，通过纠正或改变所需的活动确保控制效果。战略控制既包括对生产活动的投入及其产出的衡量，也包括关于外部环境的持续信息监控，以决定战略计划是否对出现的最新发展做出反应。

(一)战略控制的过程与方法

如今，影响公司竞争优势的重要环境因素瞬息万变，以负向反馈和事后控制为特点的传统战略控制方法已不能适应环境因素迅速变化的需要。管理者必须预测重大的环境变化和趋势，这就需要采取更加主动积极的态度对待战略控制，着眼于未来的发展变化，利用最新的科学技术和执行经理信息系统，克服传统战略控制方法的种种缺陷。

战略控制区别于经营控制，使用反馈和前馈信息贯穿于战略控制的整个过程。反馈控制用于衡量产出，控制信息反馈回来与目标进行比较以做出需要的改变。前馈控制在决策初始衡量投入，考虑生产活动和那些可能影响战略计划的环境改变。前馈控制使组织能够选择，并且能够比单靠产出数据做出反应或观察到组织偏离外部需求才做出反应更早地改变计划。战略控制是一个不仅要监控组织内部状况，而且要监控外部环境状况的持续过程。战略控制指导企业的活动趋近于战略目标。企业的经营数据用来比较以做出恰当的反馈，通过改变战略、产品、市场推广等可行方式增加产品的销售量。控制系统反映了企业的战略导向。

战略控制体系便是这样一种以未来为导向、以正反馈为特点的控制方法，它由三个部分组成，即前提控制、执行控制(战略)和战略监视。

1. 前提控制

在战略拟定的过程中，一个很重要的步骤是对内部和外部环境的一系列重要因素提出假设，将其作为制定战略的前提和基础。这些前提包括所有影响该产业环境和一般环境的重要因素，如经济增长率、产品市场需求、竞争状况、原料成本、技术进步等。

由于以这一系列战略前提为基础拟订的战略计划，大多需要数年才能充分贯彻，因此，对战略前提持续地进行回顾检讨以保证其持续有效，是战略控制不可缺少的重要组成部分。前提控制要求对所有的这些重要环境因素进行系统的和持续的检查。当环境因素发生重大的变化时，以此为前提制定的战略也必须作相应的调查。

2. 执行控制

执行控制(战略)主要包括两方面的内容：一方面，它要监督企业的战略按计划执行，以保证预期的财务和非财务业绩目标的实现。例如，企业的利润、销售增长率及劳动生产率目标是否实现；企业的资源配置是否合理，企业的运作是否在预算内的日期进行；等等。另一方面，执行控制要根据环境因素的主要变化，审核企业的战略和目标是否依然合适，是否需要对因战略前提条件的改变或外部环境中不断发生和发展的趋势及事件加以修改。实际业绩与计划的业绩控制标准发生偏离，并不一定意味着企业战略的失败。执行控制是对实际差异产生的原因加以分析，充分考虑环境因素变化的影响，并提出相应的对策。执行控制的内容可包括建立合适的奖励制度和战略管理信息系统，以支持和保证战略的贯彻执行。

执行控制在战略实施的过程中通过“里程碑”(阶段性)分析、中间目标分析和战略底线分析来评价现行项目的进展情况。

3. 战略监视

战略监视的目的是通过对内部和外部环境的密切监视，找出可能出现的、对企业战略进程产生影响的重大事件和发展趋势。它们可能会对企业的战略构成威胁，也可能为企业未来的发展提供机会。与前提控制相比，战略监视的内容更加广泛。前提控制的对象是战略制定时假定的前提条件，战略监视则把内部和外部环境中一切可能对企业构成潜在威胁或提供发展机会的因素作为对象。持续的战略监视会对企业现行战略正在构成的威胁提出事先警报，使企业有更多的时间从容考虑和采取相应的对策。

对外部环境因素的战略监视可以通过“环境扫描”进行。这种监视好比雷达的屏幕，不间断地扫描以捕捉新的形象和光点。为了保证环境扫描系统地进行，企业一般以一定的结构为基础来收集数据。

对于内部环境的监视，可以组织一个专门小组，由来自企业各职能部门的主管参加，对企业进行“长短处分析”(SWOT)。“长短处分析”的内容包括提出一系列关键成功因素，并且经常加以评估，根据竞争条件的变化和要求不断地补充和修正。“长短处分析”的内容还可包括对影响企业的关键成功因素的发展趋势做出分析和预测。

(二)战略控制的主要类型

组织高层和中层管理者为实施战略控制，可以在三种基本控制方法中进行选择。这些方法来自于美国加利福尼亚大学的美籍日本管理学家威廉·大内教授所提出的组织控制框架。威廉·大内提出组织能够采用的三种控制战略为市场控制、行政官僚制控制、小团体控制的观点。每一种控制方法使用不同类型的信息。然而，三种控制类型或许会在一个组织中同时出现。每种控制战略所要求的具体条件如表 3-5 所示。

表 3-5　战略控制类型与条件要求

类型	要求
市场控制	价格、竞争、交换关系
行政官僚制控制	规则、标准、层级制、法定权威
小团体控制	传统、共享价值观和信念、信任

1. 市场控制

当组织利用竞争性价格来评估组织的产出和生产率时就会产生市场控制方法。市场控制方法的思想来自于经济学。因为管理者能够通过比较价格和利润以评价他们所在企业的效率，因此货币价格是一种有效的控制形式。高层管理者几乎总是用价格机制比较企业的业绩。企业销售额和成本通过损益表的形式归集以便同企业以前年份的业绩或其他企业的业绩相比较。

因为存在竞争，市场控制方法的应用要求组织的产出必须足够的清晰以使价格能够被设定。没有竞争，价格将不会是组织内部效率的准确反映。一些传统的非盈利性组织现在也转向采用市场控制方法。

市场控制主要应用于整体组织的层次，但也能应用于产品事业部。利润中心是自我维系的、可以独自生产产品并能够进行独立核算的产品事业部，每一个部门包含了生产一种产品所需的投入资源，每一个事业部都能在与其他事业部比较损益的基础上进行评估。

市场控制一般适于应用在会计、数据处理、法律事务、信息服务等众多的内部部门。

2. 行政官僚制控制

行政官僚制控制是指利用规则、政策、权威层级、书面文件、标准、其他行政官僚机制使组织业务和行为标准化并以此评估业绩。行政官僚制度的规则和程序的主要目的是作业的标准化，并控制员工的行为。

几乎每个组织都使用某种程度的行政官僚制控制。规则、规章、指令都包含一系列行为的信息。行政官僚制控制在那些价格和竞争性市场并不存在的非盈利性组织中特别有价值。

行政官僚制控制使用的主要控制工具是管理控制系统。管理控制系统被广义地定义为使用信息以维持或改变组织活动形式的规范化正式规则、报告及程序。管理信息系统和战略控制系统对帮助管理者控制组织运作来讲是重要的工具。控制系统包括规范化的基于信息的活动，这些活动包含计划、预算、业绩评价、资源配置、员工薪酬等。这些系统的运作类似于反馈系统；事先设定目标，结果与目标相对比，将偏差报告给管理者以采取补救行动。技术的发展有力地提高了这些系统的效率和有效性。

过去，大多数组织严重依赖财务会计方法，并将其作为衡量组织业绩的基础，但现今的企业意识到，在竞争性和快速变化的环境中成功地进行组织控制时，组织需要一个对财务和经营衡量方法的均衡观点。表 3-6 中列出的四个控制子系统一般被认为是管理控制系统的核心要素。这四个子系统要素包括预算、定期性的非财务统计报告、薪酬系统、标准经营过程。管理控制系统的这些要素使中层和高层管理人员可以同时监控、影响组织的主要部门。

表 3-6　行政官僚制控制的管理控制系统的构成要素

子系统	内容和频度
预算	财务，资源成本，每月
定期性的非财务统计报告	非财务产出，每周或每月，通常是基于计算机
薪酬系统	基于部门目标和业绩，对管理者的例行评估
标准经营过程	规则和规章，描述正确行为的政策，经常性

预算被用来设定年度的财务目标，这样就可以每季度或每月报告成本状况。定期性

的非财务统计报告被用来评价和监控组织的非财务业绩。这些报告一般是以计算机为基础，并且每天、每周、每月随时可用。

3. 小团体控制

小团体控制是指使用社会手段，如企业文化、共享的价值观、承诺、传统、信念，来控制行为。使用小团体控制的组织需要共享的价值观和员工之间的相互信任。当组织中问题的模糊性或不确定性程度很高时，小团体控制较为重要。高不确定性意味着组织不能为其服务定价，环境、形势发展变化如此之快以至于规则和规章不能规范每一个行为。在小团体控制下，人们可能由于认同组织的目标而被接纳。例如，在宗教组织中，新成员或许需要经过长期的同化过程才能被组织中的同事所接受，小团体控制经常应用于有着强烈组织文化的小型、非正式组织，因为在这种强势的组织文化中强调个人的参与和对组织目标的认同。另外，计算机网络的广泛使用，导致整个组织中的信息扩散迅速，这将迫使许多组织更少地依赖于官僚制控制而更多地依赖于指导个人行为，以使之符合企业利益的共享价值观。

传统的控制机制基于严格的规则和紧密的监督，这对高不确定性和快速变化情况下的行为控制是无效的。那些转向分权化、横向团队、网络组织结构、员工参与等新管理模式的企业，通常使用小团体控制或自我控制。

小团体控制是一种被融合到一个团体中的功能，自我控制来源于个人价值观、目标和标准。组织试图导入使员工个人自我内在价值观和工作偏好与组织价值观目标相一致的改变。借助于自我控制，员工通常设定他们自己的目标，并监督他们自己的业绩。然而依赖于自我控制的企业需要强有力的领导，那些领导应能清楚地划分员工运用他们自己的知识和判断力的边界。

小团体控制或自我控制也可应用于某些职能部门，如研究与发展部门，因为这些部门的不确定性很高并且业绩很难衡量。依赖于这些非正式控制手段的部门管理者一定不会认同"缺乏成文、正式的官僚制控制就意味着不存在控制"的说法。小团体控制是不可见但却很有力的控制方法。一项研究发现，小团体控制对员工行为的控制甚至较之官僚层级制控制更为有力和全面。当小团体控制发生作用时，官僚制控制就不需要了。

(三)控制类型的选择

组织设计者面临的一个问题是何时强调哪一个控制战略。每一种类型的控制方法通常都会在同一组织中出现，但总有一种控制方法占主导地位。

行政官僚制控制机制是组织中应用最为广泛的控制战略。几乎在每一个组织中都能发现某种形式的行政官僚制控制与内部管理控制系统结合在一起。当组织规模很大并且环境和技术明确、稳定、例行时，行政官僚制控制最为适用。行政官僚制控制着重于横向的信息和控制过程。

小团体控制几乎与行政官僚制控制相反。当组织很小并且环境和技术不明确、不稳定、非例行时，信任、传统、共享的文化和价值观就是重要的控制资源。当需要横向信息共享和合作时，小团体控制就极为适宜，如在以矩阵式、团队为基础或横向式组织结构中那样。当然，规则和预算仍将被使用，但信任、价值观、承诺将是员工遵从组织的基本原因。

对自我控制的研究正在出现，但这种类型的控制似乎最适于那些正在转向被称为学习型组织的组织，即在这个组织中的每一个人都从事识别和解决问题的工作，使组织持续地实践以提高、增强自身的能力。

市场控制应用价值有限，但作用在增长。当成本和产出能够被定价并且存在一个竞争性价格的有效市场时，就能够使用市场控制方法。技术必须能够生产被明确定义和定价的产品，环境中必须存在竞争。只要成本能够被确定，产出能被竞争性地定价，市场控制就能应用于任何规模的组织。这种控制方式经常应用于商业企业中自我维系的产品事业部。每一个产品事业部都是一个利润中心。当条件适宜时，市场控制是有效率的，因为业绩信息能够反映在损益表里。

控制战略间的平衡因组织而异。每一种战略的使用都反映了相应的组织结构、技术、环境和组织定价产出的能力。当管理者强调了正确的控制类型时，成效就会相当显著。

复习思考题

1. 战略管理的含义及特点是什么？
2. 企业战略可划分为哪些层次？
3. 战略管理过程包括哪些环节？
4. 企业外部环境分析的任务和内容有哪些？
5. 企业内部条件分析的任务和内容有哪些？
6. 举例说明企业总体战略包括哪些类型？
7. 企业竞争战略的基本类型有哪几种？试举例说明。

第四章　企业经营决策

第一节　经营决策概述

一、经营决策的概念

企业经营决策是指企业为实现某一特定目标，在占有市场信息和经验的基础上，根据客观条件，拟订几种备选方案，实施最优方案，并控制实施情况的过程。

经营决策是企业在经营环境分析的基础上，对企业总体发展和各种重要活动的目标、方针和策略所做出的正确抉择，也是企业对整个经营活动中一系列过程做出的决定。正确的经营决策对企业来说十分重要，因为决策的好坏，直接决定一个企业的成败。例如，新产品项目选择对不对？投资方向对不对？生产的产品品种规格是否符合市场需要？销售潜力如何？这些决策正确与否直接关系到企业的生死存亡。经营决策是企业管理的核心工作，科学的决策是做好企业经营管理工作的重要保证。

二、经营决策的分类

企业经营决策涉及企业经营管理活动的各个方面，其内容较为广泛，可按以下情况分类。

1. 按所解决的问题在企业经营中所处的地位划分

依据这一划分标准，经营决策包括以下三种类型。

(1)战略决策。战略决策是指与确定企业发展方向和远景有关的决策，如企业经营目标、技术革新方向、市场开拓和潜在市场开发方针的确定等，其特点是时间长、范围广、影响大。

(2)战术决策。战术决策又称管理决策，是指为执行企业战略决策，在管理和组织工作中合理选择和使用人力、物力、财力等方面的决策；是合理组织和选择生产过程的决策；是合理选择和使用能源和物资的决策；是劳动力素质的提高和平衡方面的决策；等等。

(3)业务决策。业务决策又称作业决策，是指为提高业务效率及更好地执行管理决策而在日常作业中所实行的具体决策，如原材料和外购件的库存管理、生产控制、销售工作及劳动组织调配等方面的决策。

2. 按决策问题所面临的条件划分

依据这一划分标准，经营决策包括以下三种类型。

(1)确定型决策。确定型决策是指未来事件的自然状态已经完全确定的决策。它属于程序化或规范化的决策，如订货程序、材料出入处理程序等。这些决策是经常的、反复的，而且是在一定明确的结构条件下发生的，因此需要设立一定的方式或程序，在每一个问题发生时，只需根据规范加以调整，无需重新做出新的决策。

(2)不确定型决策。不确定型决策是指对未来事件的自然状态不能肯定，而且连自然状态发生的概率也无法估计的决策；或者由于其决策的结构条件复杂且不稳定，因此决策不能以程序或定型化来表示，只能针对具体问题进行具体分析和决定。

(3)风险型决策。风险型决策是指未来事件发生何种自然状态不能肯定，但能对其发展变化成败的概率做出估计的决策。在企业的经营活动中，大量的决策多属于这种决策。例如，能源和材料的供应、产品市场的需求量、市场占有率、产品销售价格等方面的决策都属于风险型决策。

3. 按问题出现的重复程度和解决问题经验的成熟程度划分

依据这一划分标准，经营决策包括以下两种类型。

(1)程序化决策。它是对经常重复出现的问题的决策，如订货、材料和零配件的存放、工资的发放、日常的生产等。一般来说，这类决策主要适用于企业内部的日常业务或管理工作，所以也称日常经营管理决策或生产技术决策。它运用定量分析法、运筹学方法进行数学计算，为选择最优方案提供了有参考价值的数据。人们往往把日常的业务工作和管理工作经过数据处理，编为程序，输入计算机进行运算，以获得所需的决策。由于技术的发展，因此程序化决策工作更加趋于自动化 。程序化决策工作主要由中基层管理人员来处理。

(2)非程序化决策。它所要解决的问题是企业在过去尚未发生过的问题，人们对这类问题的性质和特点一时难以捉摸，经验不足，如产品结构的调整、某产品进入新的市场、企业中新机构的建立等。企业处理这类问题时没有以往经验可以借鉴，需要从头做起，而且影响这类问题的因素极大部分来自外部环境。因此，它比解决程序化决策要困难得多。对这类问题的决策，不仅要求它能保持企业内部的协调，还要求它能使企业适应瞬息万变的外部环境。非程序化决策往往是对企业中重大战略问题的决策，对企业的成败关系很大。因此，非程序化决策通常由企业的最高层管理人员来制定。

三、企业经营决策的程序

企业经营决策的程序一般可分为提出问题、确定目标、制订多种方案、选择方案、实施方案及反馈等部分。企业经营决策的程序如图 4-1 所示。

1. 提出问题

企业经营问题是指企业在经营活动中已经达到的状况与应当达到或希望达到的状况之间的差距。只有将经营问题确定下来，才可能有正确的决策。所以，确定经营问题是决策中关键的一步。企业在确定问题之前，必须对经营环境进行详细的调查分析；同时在说明经营问题时，要求全面定性、定量地分析问题的状况、产生问题的原因、问题的严重程度和发展趋势及解决问题的条件。

2. 确定目标

在找到问题之后，就要确定经营目标，没有目标就没有决策。企业的经营目标要具

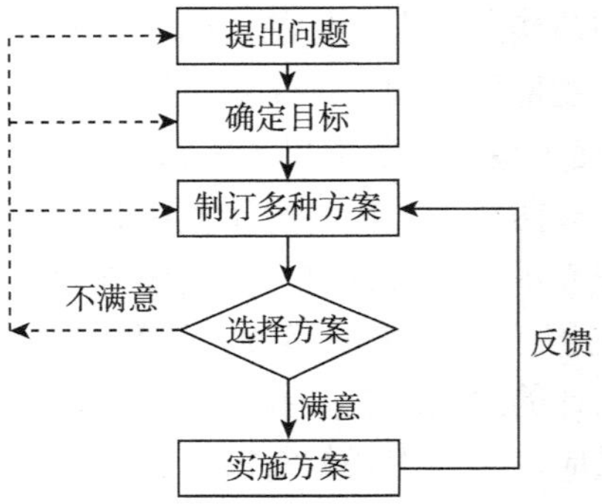

图 4-1　企业经营决策的程序

体、明确且可以定量化，而且有具体衡量实现目标程度的标准；同时，还要求目标能层层分解，以便层层落实。应当指出，企业的经营决策是十分复杂的，目标往往不是一个，即多目标的决策。这些目标互相制约，有时候互相矛盾。这就为决策的制定造成困难。所以，妥善处理多目标的问题，是决策者常常遇到的一个课题。一般的处理原则是，尽量减少目标个数，放弃那些根本达不到的目标，或者把相似的目标、某些次要的目标合并为一个目标等。

3. 制订多种方案

将目标确定下来以后，就要着手制订方案，产生达到经营目标的途径。任何一个目标都要制订多种方案，以便于择优。制订的方案要求具备两个条件：一个是整体的详尽性，即所制订的方案应当包括所有可能的方案，如果漏掉了某一个方案，最终方案就有可能不是最优的，至少不能判断它是最优的。另一个是相互排斥性。不同的方案之间必须是相互排斥的。如果遇到下列某种情况，方案都是违反相互排斥性原则的。第一，方案甲的行动或措施全部包括在方案乙之中，即方案甲仅仅是方案乙的一个组成部分；第二，两个方案是解决同一个问题的两个因素，因而可以同时采用；第三，两个方案是从两个不同的角度区分的，彼此无法对比。

另外，在制订方案时，还要求每一个方案以确切的定量数据反映其效果，如利润、产量、时间等；同时在指出各种方案的优缺点时要求做到条理化和直观化。条理化是指对每个方案优缺点的叙述要有较好的逻辑性和系统性，文字要简明扼要，说明要透彻；直观化是指要尽量采用形象直观的图表，直接表达其优缺点和经济效益。

4. 选择方案

选择方案这一环节包括对各种方案的评价，并从中选出一个较优的方案。评价方案要根据标准和指标来进行。由于在实际生活中，经营决策问题往往是比较复杂的，所以要用最优标准来衡量每一个方案是否符合现实，在比较时，从总体上权衡利弊，选出一个较好的方案。

评价与选择经营方案的方法包括经验判断法、数学分析法、试验法。这些方法一般情况下不能孤立地应用，综合起来使用才能有较好的效果。

在选择方案时，如果提供的全部方案都不够理想，则可以反馈回去，重新制订方案，再进行方案选择，一直到选出满意方案为止。

5. 实施方案及反馈

方案选定以后就要贯彻实施。在实施过程中要做大量的组织、计划、协调、调整、控制等工作，才能保证决策方案的实现；还要建立信息反馈制度，在实施过程中将实施结果与预期目标及时进行比较，发现问题，及时查明原因，采取必要措施，保证决策目标的实现。

第二节　经营决策方法

目前，企业经常使用的经营决策方法可以分为两类：一类是定性决策方法；另一类是定量决策方法。前者注重决策者本人的经验和思维能力，后者则注重决策问题各因素之间客观存在的数量关系。在具体使用中，两者不能截然分开，必须紧密结合，相辅相成。定量决策中有三种决策方法，即确定型决策方法、风险型决策方法和不确定型决策方法。

一、确定型决策方法

确定型决策的基本特征是假设事件的各种自然状态是完全肯定而明确的，经过计算可以得到各方案的明确结果。确定型决策方法主要有直观判断法、盈亏平衡分析、ABC分析法、线性规划法、经济批量法、投资效果分析法等。最常用的是盈亏平衡分析。

盈亏平衡分析也称保本分析或量本利分析，它是根据产量(销售量、销售额)、成本和利润三者之间的关系，进行综合分析比较，掌握盈亏变化规律，指导企业选择以最小的成本生产出最多产品并使企业获取最大利润的经营方案。

盈亏平衡分析的基本原理是将总成本划分为固定成本和变动成本。固定成本是指不随产量变化而变化的成本，如固定资产折旧费、管理人员的工资等。变动成本是指随着产量的变化而变化的成本。产品成本中的原材料费、燃料动力费、计件工资等，均属于变动成本。企业产品销售收入与产品销售量、成本成比例关系。当取得的销售收入与产生的总成本相等时，即实现了盈亏平衡。盈亏平衡时，利润为零。

将销售收入、总成本、固定成本、变动成本的关系用图表示出来，可以绘制成盈亏平衡分析图，如图 4-2 所示。

设固定成本为 F，变动成本为 V，总成本为 TC，单位产品变动成本为 C_V，销售量为 X，销售收入为 R，单位产品价格为 P，利润为 E，则有

$$R=P\times X$$

$$\mathrm{TC}=F+V=F+C_V\times X$$

$$E=R-\mathrm{TC}=P\times X-(F+C_V\times X)$$

当利润为零，即 $E=0$ 时，$P\times X-(F+C_V\times X)=0$

$$X=\frac{F}{P-C_V}$$

设此时 X 为 X_0，即盈亏平衡时的销售量，所以

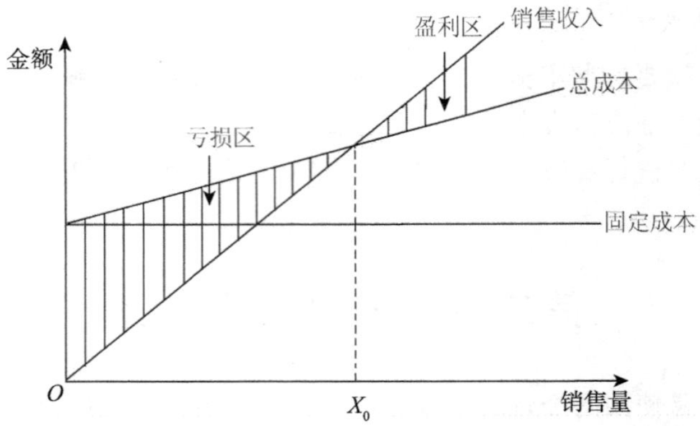

图 4-2 盈亏平衡分析图

$$X_0=\frac{F}{P-C_V} \tag{4-1}$$

当企业的销售量大于 X_0 时，企业盈利；当企业的销售量小于 X_0 时，企业亏损。式(4-1)中($P-C_V$)表示单位产品得到的销售收入在扣除变动成本后的剩余，叫做边际贡献。如果边际贡献大于零，则表示企业生产这种产品除可收回变动费用外，还有一部分收入可用以补偿已经支付的固定费用。因此，产品单价即使低于单位成本，但只要大于单位产品变动成本，企业生产该产品还是有意义的。

【例 4-1】 某企业想建一条生产线生产一种新产品，年需固定成本为 10 万元，单位产品变动成本为 40 元，产品单价估计为 80 元。该产品市场需求量很大，如果该生产线设计成年产量为2 000台，问该方案是否可行？为什么？

解：先计算盈亏平衡点(break even point，BEP)产量 X_0

$$X_0=\frac{F}{P-C_V}=\frac{100\ 000}{80-40}=2\ 500(\text{台})$$

从计算中可以得知，企业生产 2 500 台该产品时盈亏平衡。而设计的生产线年设计产量仅为 2 000 台，小于盈亏平衡时的产量，显然按此方案设计生产线，即使达到了设计产量 2 000 台，企业也要亏损。因此，此方案不可取。达到设计产量 2 000 台时，企业的亏损额为

$$E=80\times2\ 000-(100\ 000+40\times2\ 000)=-20\ 000(\text{元})$$

【例 4-2】 某企业生产某产品，年固定费用为 20 万元，单位产品变动费用为 30 元，单位产品价格为 50 元，企业欲实现年利润 5 万元，试计算企业生产该产品的产量。

解：
$$X=\frac{E+F}{P-C_V}=\frac{50\ 000+200\ 000}{50-30}=12\ 500(\text{件})$$

通过计算可以得知，企业要实现年利润 5 万元，必须生产该产品 12 500 件。

利用盈亏平衡分析，可以对企业的经营安全状况进行分析。企业的经营安全状况可用安全余额和经营安全率来表示。安全余额是实际(或预计)销售额与盈亏平衡点销售额的差额，其计算公式为

$$L=R-R_0 \tag{4-2}$$

其中，R 表示实际销售额；R_0 表示盈亏平衡点销售额；L 表示安全余额。

安全余额越大，销售额紧缩的余地越大，经营越安全。安全余额越小，实际销售额稍微降低，企业就可能亏损。

经营安全率是安全余额与实际销售额的比值。经营安全率为0～1，其越接近于0，越不安全；越接近于1，越安全，盈利的可能性越大。判断经营安全状况的标准如表4-1所示。

表4-1　判断经营安全状况的标准　　单位：%

经营安全率	经营状况	经营安全率	经营状况
30以上	安全	10～15	要警惕
25～30	比较安全	10以下	很不安全
15～25	不太好		

当经营安全率低于20%时，企业就要做出提高经营安全率的决策。提高经营安全率有两条途径：第一，增加销售额；第二，将盈亏平衡点下移。盈亏平衡点下移有三种办法：①降低固定成本；②降低变动成本；③增加固定成本，降低变动成本，并使总成本下降。

二、风险型决策方法

风险型决策的特点是对问题的未来情况不能事先确定，即是随机的；但对未来出现情况的各种可能性，即概率，是可以估计出来的。风险型决策一般要具备如下五个条件。

(1)有一个明确的决策目标，如最大利润、最低成本等。

(2)存在两个以上可供选择的方案。

(3)存在着不以决策者意志为转移的各种自然状态。

(4)可测算出不同方案在不同自然状态下的损益值。

(5)可测算出各种自然状态发生的客观概率。

对于风险型决策，一般可根据已知的概率计算得到不同方案的期望值，通过对期望值进行比较，获得满意的决策方案。风险型决策方法有两种，即收益矩阵法、决策树法。

1. 收益矩阵法

收益矩阵法以决策矩阵为基础，分别计算各个方案在不同自然状态下的收益，然后按客观概率的大小，加权平均计算出各个方案的期望收益值并进行比较，从中选择出一个最佳方案。

【例4-3】 某肉食加工厂去年6～8月的产品日销售量统计资料如表4-2所示。设每箱产品的利润为50元，如果当天售不出去，每剩一箱就要支出30元冷藏保管费，预计今年6～8月需求量与去年同期无变化。试计算该厂日生产计划定为多少可获利最大?

表 4-2　销售统计资料表

日销售量/箱	销售时间/天	概率
100	18	0.2
110	36	0.4
120	27	0.3
130	9	0.1
总计	90	1.0

解：根据已知条件计算决策收益矩阵，如表 4-3 所示。

表 4-3　决策收益矩阵

方案/元 \ 概率 \ 自然状态	日销售量				期望利润/元
	100 箱	110 箱	120 箱	130 箱	
	0.2	0.4	0.3	0.1	
100 箱	5 000	5 000	5 000	5 000	5 000
110 箱	4 700	5 500	5 500	5 500	5 340
120 箱	4 400	5 200	6 000	6 000	5 360
130 箱	4 100	4 900	5 700	6 500	5 140

从计算结果看，日产量为 120 箱时，期望利润为 5 360 元，大于其他方案，应选择选择按日产量 120 箱生产的方案。

由于各个方案的期望利润都是将方案在各种自然状态下的收益值与损失按统计概率进行加权计算得到的，掩盖了偶然情况下的损失，所以选择哪一个方案都有一定的风险。

2. 决策树法

决策树法是以其图形的形态而命名的，它由节点和分枝两部分组成。节点有两种：一种叫决策点，用符号□表示，从决策点引出的分枝称为方案枝；另一种节点叫做状态节点，用○符号表示，其接在方案枝后面，从状态节点引出的分枝称为概率分枝。决策树法的优点是：可以明确地比较决策问题的各种可行方案的优劣；对于某一方案有关的事件一目了然；可以表明每一方案实现的概率；每一方案的执行结果均能算出预期的收益；特别适合于多级风险型决策的分析。

决策树法可按以下步骤进行。

第一步，绘制树形图。绘制树形图一般由决策点开始，自左向右展开，画出可供决策优选的方案枝，在方案枝上标出方案名称和投资数额。方案枝连接状态节点之后，从状态节点再引出概率枝，在概率枝上标出状态内容和概率，在概率枝的末端标出损益值，便形成基本树形。

第二步，计算期望值。期望值是考虑概率之后的损益值。计算期望值，按逆向顺序，由右向左进行。首先计算出各自然状态在各种概率条件下的期望值；其次按每一种自然状态进行求总，标于状态结点上。期望值总和与方案枝上的数值相加，其数值为决策选择方案的依据。

第三步，剪枝。经过上面的计算过程，将各方案所得出的数值进行比较，选择最佳效益值的一枝，其余用双线表示剪去。保留下的方案枝所表明的方案为最佳方案。

【例 4-4】 某企业准备生产一种新产品，根据市场调查的资料进行分析，该产品投入市场后，可能出现销路好、销路一般、销路差三种状态，其发生概率分别为 0.3、0.5、0.2。企业现有大批生产、中批生产和小批生产三个方案可供选择，每个方案在不同自然状态下的销售概率及利润数据预测见表 4-4。

表 4-4　销售概率及利润数据预测　　单位：万元

方　案	设备投资	自然状态		
		销路好的概率 0.3	销路一般的概率 0.5	销路差的概率 0.2
大批生产	10	35	20	9
中批生产	5	24	21	10
小批生产	0	14	13	12

解：按步骤绘制决策树并计算期望值。

三个方案的期望盈利值分别为

大批生产方案的期望盈利值＝(35×0.3＋20×0.5＋9×0.2)－10＝12.3(万元)

中批生产方案的期望盈利值＝(24×0.3＋21×0.5＋10×0.2)－5＝14.7(万元)

小批生产方案的期望盈利值＝14×0.3＋13×0.5＋12×0.2＝13.1(万元)

经过比较，应选择中批生产方案，如图 4-3 所示。

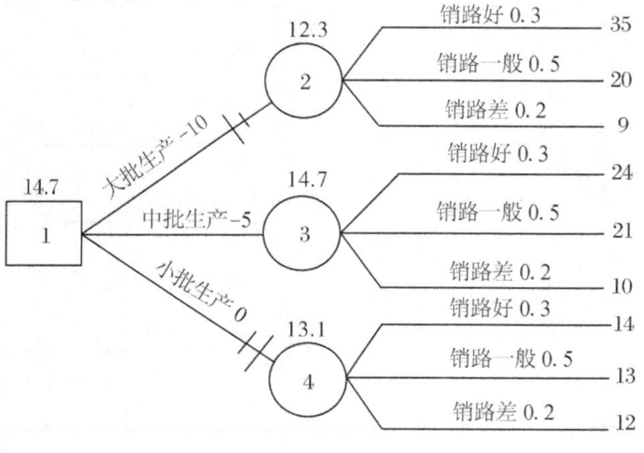

图 4-3　决策树

以上说明的问题只包含一项决策，叫做单级决策问题。有些决策问题包括两项或两项以上的决策，叫做多级决策问题。下面举例说明。

【例 4-5】 某公司为满足某产品的需求设计了三个方案：Ⅰ建大工厂，投资 320 万元；Ⅱ建小工厂，投资 140 万元；Ⅲ先建小工厂，投资 140 万元，三年后若销路好则考虑扩建，需追加投资 200 万元，收益与新建大工厂方案相同。各方案预测的产品销售利润及在各自然状态下的销售概率见表 4-5，试做出方案的决策。

表 4-5　销售概率及利润数据预测表

自然状态	概　率		方案及收益/(万元/年)			
	前 3 年	后 7 年	Ⅰ大工厂	Ⅱ小工厂	Ⅲ先小工厂后大工厂	
					前 3 年	后 7 年
销路好	0.7	销路好 0.9 销路差 0.1	160	80	80	160
销路差	0.3	销路好 0 销路差 1	−40	20	20	−40

解：(1)画决策树，如图 4-4 所示。

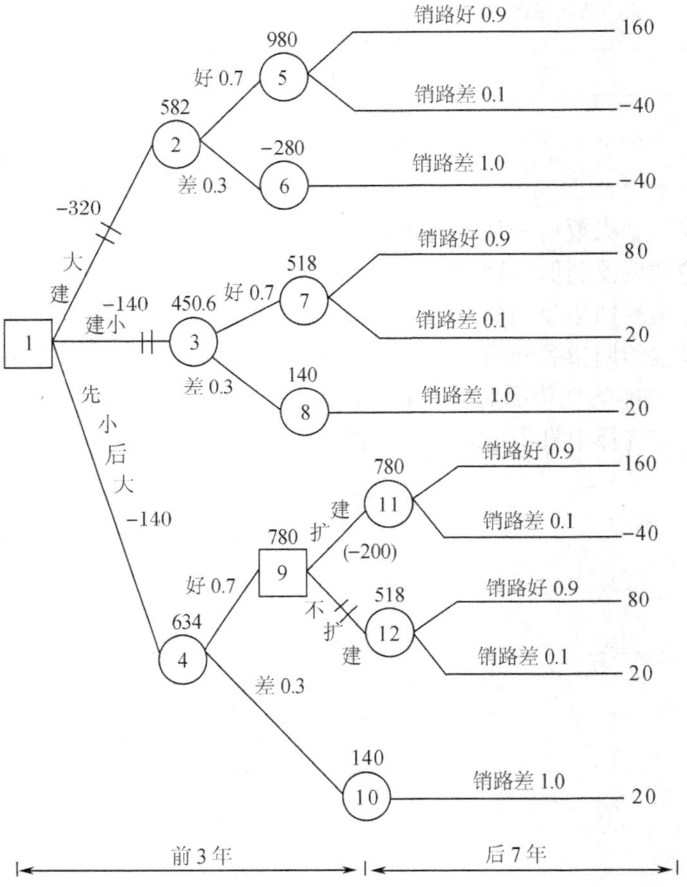

图 4-4　决策树

(2)计算各节点的期望值。

点 5：[0.9×160+(−40)×0.1]×7=980(万元)

点 6：−40×1.0×7=−280(万元)

点 7：(0.9×80+20×0.1)×7=518(万元)

点 8：7×1.0×20=140(万元)

点 10：1.0×7×20=140(万元)

点 9 是决策点，先计算点 11、点 12，以确定该不该扩建。

点 11：160×0.9×7+(−40)×0.1×7−200=780(万元)

点 12：0.9×80×7+20×0.1×7=518(万元)

因扩建期望值 780 万元大于不扩建期望值 518 万元，所以舍弃不扩建，选择扩建方案。

点 2：980×0.7+160×0.7×3+(−280)×0.3+(−40)×0.3×3−320=582(万元)

点 3：518×0.7+140×0.3+80×3×0.7+20×0.3×3−140=450.6(万元)

点 4：780×0.7+140×0.3+0.7×80×3+0.3×20×3−140=634(万元)

(3)比较方案。因为方案Ⅱ<方案Ⅰ<方案Ⅲ，所以先建小工厂后扩建大工厂的方案为最优方案。

用决策树法分析决策问题，只要把图形画出，然后由右向左计算期望值，再比较其大小，就可以找出最优方案。这对解决多级决策问题尤为方便明了。

三、不确定型决策方法

不确定型决策的特点是对问题的未来情况不但无法估计肯定结果，而且也无法确定在各种情况下发生结果的概率。在这种情况下，方案的选择主要取决于企业的实力和目前的经营状态。经受风险能力较强的企业，选择方案可以大胆一些，经受风险能力较弱的企业，选择方案时应相对要保守一些。企业一般选择方案可遵循以下三个原则。

1. 悲观原则

采用悲观原则进行决策的方法，称为最大的最小收益值法。这种方法需要先找出每种方案在各个状态下可能的最小收益，然后选择其中收益最大的方案作为最满意方案，所以也叫“小中取大”法。

【例 4-6】 某企业准备生产一种新产品，对市场需求状态出现的概率无法预测，只知道可能出现高需求、一般需求、低需求、很低需求四种状态。现有 A、B、C、D 四种方案可供选择，各方案在不同需求状态下的收益和损失见表 4-6。

表 4-6　利润预测表　　单位：万元

自然状态	A	B	C	D
高需求	400	600	240	300
一般需求	250	320	180	200
低需求	0	−100	20	40
很低需求	−150	−400	−40	−20

根据小中取大的原则，各方案的最小收益值分别是 A 方案为−150 万元、B 方案为−400万元、C 方案为−40 万元、D 方案为−20 万元。相比较而言，D 方案的收益高于其他方案，因此应选择 D 方案。

2. 乐观原则

采用悲观原则进行决策，决策者对未来形势发展的估计持保守态度。而采用乐观原则进行决策正好与前者相反，决策者对未来的估计持非常乐观的态度。他们从最好的自然状态出发，假设未来的需求量较高，各方案的收益值都是最大的，决策时比较各方案的最大收益值，从中选取收益值最大的方案作为比较满意的方案，所以称为最大的收益值法，也叫“大中取大”法。

根据此原则，例 4-6 中各方案的最大收益值分别是 A 方案为 400 万元、B 方案为 600 万元、C 方案为 240 万元、D 方案为 300 万元。通过将四种方案进行比较可知，应选择 B 方案作为最满意方案。

需要指出的是：采用乐观原则进行决策时，要冒比较大的风险，使用时要慎重，一般只有风险较小、损失不大或把握较大的情况下才可采用。

3. 后悔值原则

按最小后悔值原则所进行的决策，也称最小的最大后悔值法。在同一自然状态中，如果所采用的方案正好是获得收益值最大的方案，当然无后悔可言，后悔值为 0；如果采用其他方案，方案就有机会损失就会感到后悔。后悔值等于各自然状态的最大收益值与所采用方案的收益值之差。按照这种分析方法，先找出每个方案的最大后悔值，然后在各方案的最大后悔值之间进行比较，后悔值最小的方案为最满意方案，所以，这种方法也叫“大中取小法”。

【例 4-7】 某企业为了扩大经营，准备生产一种新产品，两年后投放市场共生产五年。生产这种产品的方案有三种：A 方案为改建本厂原有的生产线；B 方案为从国外引进一条高效自动生产线；C 方案为按专业化协作组织“一条龙”生产。由于对未来两年市场需求无法预计，只能大致估计较高、一般、很低三种可能情况的需要量，并且这三种情况发生的概率也不知道，那么应如何决策呢？已知三种方案在未来两年的三种自然状态下的损益值，如表 4-7 所示。

表 4-7 利润预测表 单位：万元

自然状态	方案		
	Ⅰ改建生产线	Ⅱ引进生产线	Ⅲ协作生产
需求量较高	700	980	400
需求量一般	250	−500	90
需求量很低	−200	−800	−30

根据表 4-7 中的资料，先计算各种自然状态下的各方案后悔值，见表 4-8。

表 4-8 后悔值表 单位：万元

自然状态	方案		
	Ⅰ改建生产线	Ⅱ引进生产线	Ⅲ协作生产
需求量较高	280	0	580
需求量一般	0	750	160
需求量很低	170	770	0

从表 4-8 中可以看到，各方案的最大后悔值分别是 280 万元、770 万元、580 万元。

其中最小后悔值是280万元，因而选择改建生产线方案作为最满意方案。

复习思考题

1. 经营决策的概念和特点是什么？

2. 企业经营决策的程序一般可分为哪几个阶段？

3. 某造纸厂是一个生产军用纸张的企业，现经国内外情况调查，明确了企业所面临的形势，见表4-9，根据以下情况，你认为应提出什么样的可供参考的战略方向？

表4-9　企业所面临的形势

机会	优势
(1)特殊用纸有出口可能 (2)国内高级包装纸和特殊用纸的原料是短线产品 (3)本地区是特殊用纸原料产地	(1)管理基础工作好 (2)高层与中层能力强、团结 (3)有批水平高、能力强的技术人员和工人 (4)质量管理水平高 (5)有生产军用高级纸的经验
威胁	**劣势**
(1)全国纸张滞销 (2)军工订货停止 (3)十几家竞争对手设备先进，实力雄厚	(1)无名品营销经验和销售渠道，在市场无地位 (2)设备陈旧、资金不足 (3)厂区窄、无法从事大量生产

4. 某厂准备生产一种新产品，由于缺乏资料，工厂对这种产品市场需求只能大致估计为高、中、低、很低四种状况，而对每种状况出现的概率无法预测。为了生产该产品，工厂考虑了四种方案。各方案今后每年的经济效益预算见表4-10，试用三种原则选择最优方案。

表4-10　经济效益预算

单位：万元

自然状态	方案1	方案2	方案3	方案4
高	60	80	35	40
中	40	35	22	25
低	−15	−30	5	9
很低	−35	−70	−10	−5

5. 某摩托车厂与商业企业联合成立了工贸联营公司，并打算建立一个方便消费者的商店。经研究拟订设立大型、中型、小型商店的三个方案。各种商店在不同状态下的销售概率及利润数值预测见表4-11。试问：这个摩托车工贸联营公司应决定兴建哪种型号的商店？（用决策树法决策）

表 4-11　销售概率及利润数值预测　　单位：万元

方案＼自然状态	较好	一般	较差	投资额
方案＼概率	0.2	0.5	0.3	
大型商店	25	12	−5	5
中型商店	20	10	5	3
小型商店	15	8	3	2

6. 某工厂只生产甲产品，预计单位产品售价为 1 200 元，单位产品可变成本为 700 元，每年需固定费用为 1 800 万元，计算：①盈亏平衡时的产量是多少？②当企业按照设计年产量 50 000 台生产时，每年可获利多少？

第三篇　企业职能管理

第五章　市场营销管理

第一节　市场营销管理概述

一、市场营销的概念

市场营销是指个人或集体通过创造、提供并同他人交换有价值的产品，以满足需求和欲望的一种社会过程和管理过程。这一概念可从以下几点来理解。

(1)市场营销的最终目标是满足个人或群体的需求与欲望。

(2)市场营销活动的方式是“创造”和“交换”。这反映了市场营销活动是营销者面对竞争把握市场机会、创造市场机会、主动适应市场、顺利实现交换的过程。

(3)市场营销是以营销者创造的产品和价值来满足买方需求和欲望的社会和管理过程。这个过程从生产之前的市场调研开始，到分析市场机会，到进行市场细分，到选择目标市场，到规划实施产品策略、价格策略、分销渠道策略、促销策略，再到销售后开展售后服务。

二、市场营销观念的演变

市场营销观念是指企业在开展市场营销活动的过程中，处理企业、顾客和社会三者在利益方面所持的态度和指导思想。随着社会经济的发展和市场形势的不断变化，支配企业市场营销活动的观念也经历了不断的演变过程，主要有生产观念、产品观念、推销观念、市场营销观念和社会营销观念。

(一)生产观念

生产观念是一种最古老的营销管理观念，这种观念认为，消费者喜欢那些可以随处买得到而且价格低廉的产品，企业应致力于提高生产效率和扩大分销范围，增加产量、降低成本以扩展市场。以生产观念指导营销管理活动的企业，称为生产导向型企业，其典型表现是“我们生产什么，就销售什么”。

生产观念适用于产品供不应求或产品的成本太高必须靠提高生产率来降低成本两种状况。

(二)产品观念

产品观念认为，消费者喜欢高质量、多功能和有特色的产品。因此企业要致力于生产高价值产品，并不断改进产品，使之日臻完善。企业奉行产品观念，容易导致“市场营销近视症”，即看不到消费者需求的变化，以产品之不变应付市场之万变，不能顺应消费者需求的变化，最终导致企业经营的失败。

产品观念与生产观念有所不同，前者注意产品的品质与性能，后者注重产品的产量与成本。但这两种观念都属于以生产为中心的经营思想，都没有把市场需求放在首位。

(三)推销观念

推销观念认为，消费者通常表现出一种购买惰性或抗衡心理，因此企业必须大力推销和积极促销，以刺激消费者大量购买本企业的产品。推销观念的典型表现是“我们卖什么，就让消费者买什么”。在这种观念下，企业十分重视采用广告术与推销术去推销产品。

推销观念仍是一种以企业为中心的旧式观念，它并没有从消费者的需要出发来提供商品和服务，因此，企业是被动地应对市场。

(四)市场营销观念

市场营销观念认为，企业目标的实现有赖于对目标市场的需要和欲望的正确判断，并能以比竞争对手更有效的方式去满足消费者的需求。因此企业的一切经营活动都以消费者为中心，具体表现为“消费者需要什么，企业就生产或经营什么”、“哪里有消费者需求，哪里就有市场营销”。

市场营销观念的诞生是企业经营观念上的一次革命，是一次质的飞跃。市场营销观念与传统营销观念的根本区别可归纳为以下几点。

(1)出发点不同。传统营销观念从企业出发；市场营销观念则从市场出发。

(2)中心不同。传统营销观念以产品为中心，企业围绕产品的数量和结构来安排生产和购销计划；市场营销观念以顾客为中心，企业按照顾客需求来安排生产和购销计划。

(3)手段不同。传统营销观念以推销和促销活动为主要手段；市场营销观念则以整体市场营销为主要手段。

(4)目的不同。传统营销观念注重通过扩大销售量来获取利润；市场营销观念强调通过满足需求来获取利润。

(五)社会营销观念

社会营销观念认为，企业应该确定目标市场的需要、欲望和利益，然后以一种能够维持消费者长远和根本利益与改善社会福利的方式向顾客提供更多的价值。

自20世纪70年代以来，社会上出现各种批评，指出诸如资源浪费、能源短缺、环境污染严重、社会服务被忽视等问题。针对这些情况，一些学者提出社会营销观念，认为企业在生产经营时，不仅要考虑消费者的短期需要，还要考虑消费者和社会的长远利益。

社会营销观念是对市场营销观念的补充与延伸，是企业协调社会和自然生态的营销观，符合社会和企业可持续发展需要的营销道义观。

三、市场营销管理的任务与过程

市场营销管理是指为了实现企业目标，创造、建立和保持与目标市场之间互利交换的关系，而对设计方案进行的分析、计划、执行和控制。市场营销管理的实质是需求管理。

(一)市场营销管理的任务

企业通常都有一个预期的目标市场交易水平，即预期的需求水平，而实际需求水平可能低于、等于或高于预期的需求水平，这样就会产生多种不同的需求情况。而企业的市场营销管理必须善于应付这些不同的需求情况，通过调整、缩减、限制使之与供给相协调。

(二)市场营销管理过程

所谓市场营销管理过程是指企业识别、分析、选择和发掘市场营销机会，以实现企业的战略任务和目标的管理过程。它包括发现和评价市场营销机会、研究和选择目标市场、设计市场营销组合与管理市场营销活动四个步骤。

1. 发现和评价市场营销机会

市场营销机会就是未满足的需要。在任何经济制度下，在任何市场上，都存在着一些未满足的需要，因而也就存在着市场营销机会。企业可以运用询问调查法、德尔菲法、课题招标法、头脑风暴法，以及通过阅读报刊、参加展销会、召开座谈会、研究竞争者的产品、市场细分化等方法来寻找与识别市场营销机会。但这样客观存在的市场营销机会还只是“环境机会”，并不等于某一企业的“企业营销机会”。“环境机会”成为“企业营销机会”是有条件的，即它必须与企业的任务与目标相吻合；企业具有利用该机会的资源、经济实力和能力；利用该机会能较好地发挥企业的竞争优势，且使企业获得较大的差别利益。因此，企业的营销人员必须对已发现的环境机会进行分析评估，从中选出对本企业最适合的营销机会。

2. 研究和选择目标市场

市场是由多种类型的顾客构成的，这些顾客在需要和欲望、购买动机与购买行为、地理位置及经济收入等方面显然存在着差异。任何企业不管规模多大、技术有多先进、实力有多雄厚、营销管理能力有多强，都不可能满足整个市场所有购买者的所有需求，为所有购买者提供服务。因此，企业在寻找、识别和选择恰当的市场机会之后，还要进一步选择目标市场，包括市场细分、确定目标市场和市场定位。

市场细分是指企业根据消费者需求的不同，把整个市场划分成不同消费者群的过程。在市场细分的基础上，企业选择一个或多个子市场作为自己的服务对象，称为目标市场。而企业为使自己的产品在目标消费者心目中相对于竞争产品占据清晰、特别和理想的位置而进行的安排，称为市场定位。

3. 设计市场营销组合

在选择了目标市场和确立市场定位以后，企业需要制订综合营销方案——市场营销组合策略。所谓市场营销组合是指企业对自己可控制的各种市场手段优化组合的综合运用，以便更好地实现营销目标。关于市场营销组合理论，最有代表性的是 4P 理论。近年来又出现了 4C 理论和 4R 理论。

(1)4P 理论。4P 即产品(product)、分销地点(place)、促进销售(promotion)、价格(price)。市场营销组合就是这 4 个“P”的适当组合与搭配，它体现着现代市场营销观念中的整体营销思想。

(2)4C 理论。随着市场竞争日趋激烈，媒介传播速度越来越快，4P 理论越来越受到挑战。到 20 世纪 80 年代，美国营销专家针对 4P 理论存在的问题提出 4C 营销理论。4C 即消费者的需要和欲望(consumer wants and needs)、消费者要满足其欲望所需付出的成本(cost)、如何使消费者更方便地购得产品(convenience)、正确有效地与消费者沟通(communications)。4C 理论是一种彻底以顾客为导向的营销理论。

(3)4R 理论。4R 理论阐述了在新的市场环境下一个全新的营销四要素。4R 即与客户建立关联(relevance)、提高市场反应速度(reaction)、关系营销越来越重要(relationship)、回报是营销的源泉(reward)。4R 理论的最大特点是以竞争为导向，在新的层次上概括了营销的新框架。它根据市场不断成熟和竞争日趋激烈的态势，着眼于企业与客户的互动与双赢。

4. 管理市场营销活动

管理市场营销活动包括市场营销计划的制订、实施和控制。

市场营销计划是企业整体战略规划在营销领域的具体化，是企业的一种职能计划。切实可行的市场营销计划是在企业的营销部门深入调研的基础上，根据企业的营销目标和营销战略的要求，结合企业本身的有关情况，运用适当的方法而制订的。市场营销计划的制订只是营销工作的开始，更重要的在于市场营销的实施与控制。

市场营销计划的实施包括五个方面：一是要建立合理的营销组织，使营销组织系统中的各个子系统协调运转；二是企业营销部门与其他部门密切配合，协调一致；三是企业营销部门应该制订更为详细的行动方案，明确应完成的任务，以及任务由谁来完成及何时完成；四是要合理地调配人力资源，提高营销工作效率；五是要建立行之有效的管理制度及科学的管理程序，充分调动营销人员的积极性，以有利于圆满地完成企业的市场营销计划。

由于企业内外因素变化的影响，在企业市场营销计划实施的过程中，可能会出现许多预料不到的情况。因此，企业需要运用营销控制系统来保证市场营销目标的实现。营销控制主要包括年度计划控制、盈利率控制和战略控制三种。通过这些控制系统可及时发现计划实施中存在的问题或计划本身的问题，诊断产生问题的原因并及时反馈给有关的决策者和管理者，以便采取适当的纠正措施。

总之，以上四大步骤就是企业市场营销管理的全过程，这些内容将在以后各节中分别进行论述。

第二节　目标市场策略

现代企业面对复杂多变、购买者众多、分布广泛、需求多样的市场，应在分析研究市场环境和消费者行为的基础上，有针对性地根据消费者的不同需求选择不同的营销战略，即在市场细分的基础上选择对本企业最有吸引力、可为之提供有效服务的市场部分作为目标市场，实行目标市场营销，并在目标市场上为产品确定适当的竞争地位。这是关系到企业生存和发展的重大战略决策，是实施各项具体营销策略的基本前提。

一、市场细分

(一)市场细分的概念和作用

所谓市场细分是指依据消费者需求和购买行为等方面的明显差异性，把某种产品的整体市场划分为不同类型顾客群，即若干同质细分市场(亦称子市场或亚市场)的过程。市场细分有利于企业分析、发掘新的市场机会，形成新的、富有吸引力的目标市场；有利于企业集中使用资源，增强企业市场竞争能力；有利于企业制定和调整市场营销组合策略，实现企业市场营销战略目标；有利于企业集中资源进行针对性营销，提高经济效益。

(二)市场细分的标准

市场细分是建立在市场需求差异性基础上的，因而形成需求差异性的因素就可以作为市场细分的标准或依据。由于市场类型不同，市场细分的标准也有所不同。

1. 消费者市场的细分标准

消费者市场的细分标准包括以下几种。

(1)地理细分。这是依据消费者居住的地理位置与自然环境不同来细分市场，具体变量包括国别、城市、乡村、气候、地形地貌等。采用地理因素作为市场细分的标准，是因为处于不同地区的消费者消费需要和消费行为特征有明显差别。

(2)人口细分。这是依据人口统计变量所反映的内容，如年龄、性别、家庭人数、家庭生命周期、收入、职业、文化水平、宗教信仰等因素，来细分市场，人口因素对消费者需求的影响是直接的、明显的。

(3)心理细分。这是依据消费者心理因素来细分市场，即根据消费者的个性、生活方式、购买动机、消费习惯等进行市场细分。

(4)行为细分。这是依据消费者购买行为的不同来细分市场，如消费者购买或使用某种产品的时机、消费者所追求的利益、使用者情况、使用频率、消费者对品牌的忠实程度等。

2. 组织市场的细分标准

由于组织市场的买主及其购买目的与消费者市场不同，所以组织市场细分的依据也与之有所区别。

(1)用户的行业类别。用户的行业类别包括农业、轻工、食品、纺织、机械、电子、冶金、汽车、建筑等。用户因行业不同而使需求有很大差异，企业应在市场细分的基础上采取不同的营销策略。

(2)用户规模。用户规模包括大型、中型、小型企业，或者大用户、小用户等。不同规模的用户，其购买力、购买批量、购买频率、购买行为和方式各不相同。一般来说，大用户数目少，但购买量大，对企业的销售有着举足轻重的作用，应予以特殊重视，可保持直接的、经常的业务联系；而小用户则相反，其数目众多，但单位购买量较小，企业可以更多地利用中间商进行产品推销工作。

(3)用户所处的地理位置。用户所处的地理位置对企业的营销工作，特别是产品的上门推销、运输、仓储等活动有很大的影响。按用户的位置细分市场，有助于企业将目标市场选择在用户集中地区；有利于提高销售量，节省推销费用，节约运输成本。

二、目标市场选择

市场细分的最终目的是选择和确定目标市场，也就是根据市场细分标准选择一个或一个以上的细分市场(子市场)，作为企业为之服务的营销对象。

(一)选择目标市场的条件

通常一个细分市场要成为企业的目标市场，应当具备以下几个条件。

(1)存在尚未满足的需求。这是选择目标市场时先要考虑的因素。需求是企业生产经营之本，企业只有选择的目标市场存在着尚未得到满足的需求，才有进入的价值。

(2)有足够的销售量。企业选择的目标市场不仅要有需求，而且还要有足够的销售量，也就是说，要有足够的消费者愿意并能够通过交换来满足这种需求。

(3)未被竞争者完全控制，有进入的余地。企业选择的目标市场，应该是没有完全被竞争者控制的市场。一般来说有两种可能性：一种是竞争尚不激烈，有进入的余地；另一种是表面上完全控制，但实际上仍有缝隙可钻。

(4)企业具备进入目标市场的能力。企业选择目标市场既要考虑外部条件，即目标市场情况，又要考虑企业自身主观条件，即是否具备足以满足目标市场需求的企业经营资源和市场营销能力等。

(二)目标市场营销策略

目标市场一旦确定，就需要根据目标市场的需求特点制定相应的市场营销策略。概括起来，目标市场营销策略大致可分为三种类型。

(1)无差异市场营销策略。无差异市场营销策略是指企业不考虑细分市场的差异性，把整体市场作为目标市场，对所有的消费者只提供一种产品，采用单一市场营销组合的目标市场策略。这种策略的优点是产品的品种、规格、款式简单，有利于标准化与大规模生产，有利于降低生产、存货、运输、研究、促销等成本费用。其主要缺点是单一产品要以同样的方式广泛销售并受到所有购买者的欢迎，几乎是不可能的，企业一般不宜长期采用。

(2)差异性市场营销策略。差异性市场营销策略是指在市场细分的基础上，企业以两个以上乃至全部细分市场为目标市场，分别为之设计不同产品，采取不同的市场营销组合，满足不同消费者需求的目标市场策略。采用这种市场营销策略的明显优点在于：第一，针对不同的目标市场，制订不同的市场营销方案，这种针对性较强的市场营销活动，能够分别满足不同顾客群的需求，市场营销活动易于收到较好的效果；第二，选择两个以上目标市场，还可以使企业取得连带优势，提高企业的知名度。当然，实行差异性市场营销策略，会使企业的生产成本、管理费用、销售费用等大幅度增加。因此，实施差异性市场营销策略要求所带来的收益超过所增加的成本、费用，并且要求企业具有较为雄厚的财力、物力和人力条件。

(3)集中性市场营销策略。集中性市场营销策略是指在市场细分的基础上，选择其中一个细分市场作为企业的目标市场，集中力量为该市场开发一种理想的产品，实行高度专业化的生产和销售。这种市场营销策略主要适用于资源有限的中小企业。中小企业无力与大企业抗衡，但在一些大企业尚未或不愿顾及的小细分市场上全力以赴，往往易于取得成功。这一策略的不足之处是风险较大，一旦目标市场发生变化，会对企业产生很大的有时甚至是致命的打击。因此，采用这一策略的企业，要密切注意目标市场的动向，提高应变能力。

三、市场定位

(一)市场定位的概念

市场定位是指根据消费者对产品或品牌心理知觉来确定产品或品牌在其心目中的地位，并塑造产品的良好形象。具体来说，就是企业根据竞争者现有产品在市场上所处的位置，针对消费者对该种产品某一属性或特征的重视程度，为产品创造、培养一定的特色，并通过一系列营销努力把这种个性或形象强有力地传递给购买者，从而使该产品在消费者心目中确定适当的位置。

(二)市场定位策略

市场定位策略实际是一种竞争策略，即根据产品的特点及消费者对产品的知觉，确定本企业产品与竞争者之间的竞争关系。企业常用的市场定位策略主要有以下三种。

(1)避强定位。避强定位是指避开强有力的竞争对手的市场定位。其优点是能避开与强大竞争对手的直接冲突，并在消费者心目中迅速树立起自己的形象。由于这种定位方式风险相对较小，成功率较高，因此常常为很多企业所采用。

(2)迎头定位。迎头定位是指与在市场上居支配地位的，亦即最强的竞争对手“对着干”的定位方式。这种方式风险较大，但一旦成功就会取得巨大的市场优势，因此对某些实力较强的企业有较大的吸引力。实行迎头定位，一方面要知己知彼，尤其要清醒地估计自己的实力；另一方面还要求市场有较大的容量。

(3)重新定位。重新定位是指企业变动产品特色，改变目标顾客对其原有的印象，使目标顾客对其产品的新形象有一个重新的认识过程。市场重新定位对于企业适应市场环境、调整市场营销战略是必不可少的。企业产品在市场上的定位即使很恰当，但在出现下列情况时也需考虑重新定位。第一，竞争者推出的产品市场定位于本企业产品的附近，侵占了本企业品牌的部分市场，使本企业品牌的市场占有率有所下降；第二，消费者偏好发生变化，即从喜爱本企业某品牌转移到喜爱竞争对手的某品牌。

第三节 市场营销组合策略

市场营销组合策略是指企业通过市场细分，在选定目标市场以后，将可控的产品、价格、分销渠道、促销等因素，进行最佳组合，使它们互相协调综合地发挥作用，从而达到企业市场营销的目标。

一、产品策略

产品是企业最重要的市场营销要素，是市场营销组合因素中的核心因素。产品的好坏决定着市场营销活动的内容，也决定着企业的销售额、利益和市场占有率等。

(一)产品的整体概念

现代市场营销学认为，产品是指提供给市场的、用于满足人们欲望和需要的一切物品和劳务。所以，产品是一个整体概念，主要包括三个层次，即核心产品、形式产品和附加产品(图 5-1)。

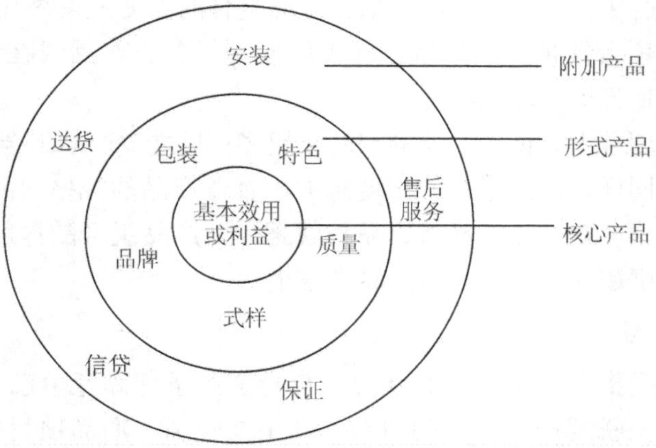

图 5-1　整体产品的三个层次

1. 核心产品

核心产品是指消费者购买某种产品时所追求的基本效用或利益。例如，人们购买电视机并不是为了得到装有某些电子零部件的物体，而是为了丰富文化生活；人们购买牙膏，并不是为了获得它的某些化学成分，而是为了通过使用牙膏起到洁齿、防蛀的效用。核心产品是产品整体概念中最基本、最主要的部分。

2. 形式产品

形式产品是指企业向消费者提供的产品实体和服务的外观，是核心产品的表现形式。形式产品主要包括品牌、质量、包装、式样、特色等要素。例如，奔驰轿车就是由著名的品牌名、精美造型、高质量、合理结构、乘坐舒适感及其他属性巧妙地构成的，从而给予消费者一种作为核心利益的满足感受和高地位象征。

3. 附加产品

附加产品是指顾客购买形式产品时所获得的全部附加服务和利益，包括送货、安装、售后服务、保证、信贷等。

(二)产品组合策略

1. 产品组合的相关概念

产品组合是指一个企业生产或经营的全部产品线和产品项目的结合方式，也即全部产品的结构。其中，产品线是指同一产品种类中密切相关的一组产品，又称产品系列或产品类别。所谓密切相关是指这些产品或者能满足同类需求，或者售于相同的顾客群，或者通过统一的销售渠道出售，或者属于同一价格范畴等。产品项目是指在同一产品线或产品系列下不同型号、规格、款式、质地、颜色的产品。例如，海尔集团生产冰箱、彩电、空调、洗衣机等，这就是产品组合；而其中冰箱或彩电等大类就是产品线，每一大类里包括的具体型号、规格、颜色的产品，就是产品项目。

产品组合包括四个变数，即产品组合的宽度、长度、深度和关联度。产品组合的宽度又称产品组合的广度，是指产品组合中所拥有的产品线的数目；产品组合的长度是指一个企业的产品组合中，产品项目的总数；产品组合的深度是指每一产品线中包括的不同品种规格的产品项目数量；产品组合的关联度是指各条产品线在最终用途、生产条件、分销渠道或其他方面关联的程度。

产品组合的宽度越大，说明企业的产品线越多；反之，产品组合的宽度越小，则企业的产品线越少。同样，产品组合的深度越大，企业产品的规格、品种就越多；反之，产品组合的深度越小，则产品的规格、品种就越少。产品组合的深度越浅，宽度越窄，则产品组合的关联度越大；反之，则关联度越小。

2. 产品组合策略

产品组合策略是指企业根据市场状况、自身资源条件和竞争态势对产品组合的宽度、长度、深度和关联度进行不同的组合。其主要包括：产品项目的增加、调整或剔除；产品线的增加、伸展和淘汰；产品线之间关联度的加强和简化；等等。可供企业选择的产品组合策略主要有以下几种。

(1)扩大产品组合策略。扩大产品组合策略是指扩大产品组合的宽度或深度，增加产品系列或项目，扩大经营范围，生产经营更多的产品以满足市场需要。对生产企业而言，扩大产品组合策略的方式主要有平行式扩展、系列式扩展和综合利用式扩展三种。

(2)缩减产品组合策略。缩减产品组合策略是指降低产品组合的宽度或深度，删除一些产品系列或产品项目，集中力量生产经营一个系列的产品或少数产品项目，提高专业化水平，力图从生产经营较少的产品中获得较多的利润。

(3)高档产品策略。高档产品策略是指在同一产品线内增加生产档次高、价格高的产品项目，以提高企业和企业产品的声望。

(4)低档产品策略。低档产品策略是指在同一产品线内增加生产中低档次、价格低廉的产品项目，以利用高档名牌产品的声誉，吸引因经济条件所限购买不起高档产品但又羡慕和向往高档名牌的顾客。

(三)产品生命周期

产品生命周期是指一种产品从开始进入市场到最终退出市场为止所经历的全部时间。产品的生命周期是产品的经济寿命，即在市场上销售的时间，而不是使用寿命。产品的使用寿命是指产品的自然寿命，即具体产品实体从开始使用到因消耗磨损而被废弃为止所经历的时间。

产品生命周期一般分为四个阶段，即投入期、成长期、成熟期和衰退期，如图 5-2

所示。由于产品生命周期各个阶段具有不同的市场特征，所以应当采取不同的营销策略。

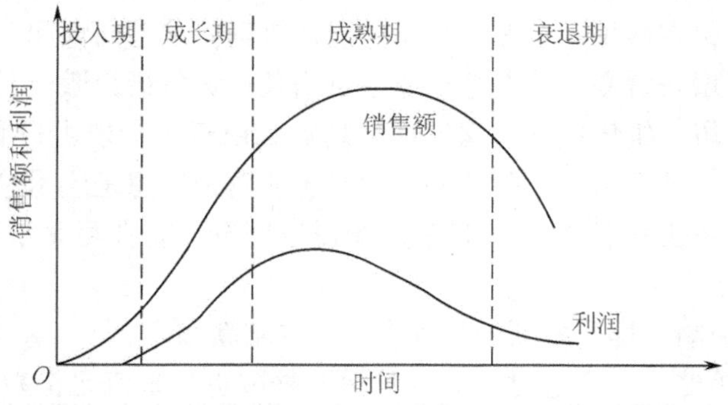

图 5-2　产品生命周期图

1. 投入期

投入期又称介绍期、试销期，一般是指产品从发明、投产到投入市场试销的阶段。这一阶段的主要特征包括：生产批量小，试制费用大，制造成本高；由于消费者对产品不熟悉，广告促销费较高，产品售价常常偏高，销售量增长缓慢，利润少，甚至发生亏损。

对于进入投入期的产品，企业总的策略思想是迅速扩大销售量，提高盈利，缩短投入期，尽快进入成长期。企业可采取的主要策略有以下几种。

(1)大量做广告，扩大宣传，重点是向消费者宣传介绍产品的性能、用途、质量，使消费者尝试使用新产品。

(2)根据市场具体情况，把促销与定价组合，运用和选择相应的策略：①迅速掠取策略，以高价格和高促销水平推出新产品的策略；②缓慢掠取策略，以高价格和低促销水平推出新产品的策略；③迅速渗透策略，以低价格和高促销水平推出新产品的策略；④缓慢渗透策略，以低价格和低促销水平推出新产品的策略。

2. 成长期

成长期又称畅销期，是指产品通过试销阶段以后，转入成批生产和扩大市场销售的阶段。其主要特征包括：销售量迅速增长；由于大批量生产经营，生产成本大幅度下降，利润迅速增长；同类产品、仿制品和替代品开始出现，市场竞争日趋激烈。

产品进入该阶段，销售额和利润都呈现出迅速增长的势头，故企业的策略思想是尽可能延长成长期时间，并保持旺销的活力。企业可采取的主要策略有以下几种。

(1)集中企业必要的人、财物、资源，改进和完善生产工艺，改进产品质量，增加花色品种，扩大产品批量。

(2)进一步细分市场，扩大目标市场。

(3)改变广告宣传目标，由以投入期提高知名度为中心转为树立企业和产品形象，为产品争创名牌。

(4)增加新的分销渠道或加强分销渠道。

3. 成熟期

成熟期又称饱和期，是指产品在市场上销售已经达到饱和状态的阶段。其主要特征包括：销售额虽然仍在增长，但速度趋于缓慢；市场需求趋向饱和，销售量和利润达到最高点，后期两者增长缓慢，甚至趋于零或负增长；竞争最为激烈。

产品进入该阶段，销售额和利润出现最高点。由于生产能力过剩，市场竞争加剧，销售增长速度缓慢，甚至出现下降趋势，此时企业营销思想是应尽量延长生命周期，使已处于停滞状态的销售增长率和利润率重新得以回升。企业可采取的主要策略有以下几种。

(1)市场改革策略，即开发新的目标市场，寻求新顾客。

(2)产品改革策略，即通过对产品自身做某种改进，来满足消费者的不同需要，从而为消费者寻求新用途，使产品销量得以回升。

(3)市场营销组合改革策略，即对产品、定价、分销渠道和促销这四个因素加以改革，以刺激销售额的回升。

4. 衰退期

衰退期又称滞销期，是指产品不能适应市场需求，逐步被市场淘汰或更新换代的阶段。其主要特点包括：产品需求量、销售量和利润迅速下降；新产品进入市场，竞争突出表现为价格竞争，且价格压到极低的水平。

产品进入这一阶段，企业可采取的营销策略有以下几种。

(1)维持策略，即仍用过去的策略，争取后期消费者购买，维持市场的销售，直到这种产品完全退出市场为止。

(2)集中策略，即把企业能力和资源集中在最有利的细分市场和分销渠道上，从而为企业创造更多的利润，同时也有利于缩短产品退出市场的时间。

(3)收缩策略，即大幅度降低促销水平，尽量降低促销费用，以维持目前的利润。这样可能会加速产品在市场上的衰退，但还可从忠实顾客中得到一定的利润。

(4)放弃策略，即对于衰退较快的产品，应当机立断，放弃经营。

二、定价策略

价格是企业促进销售、获取效益的关键因素之一。价格是否合理直接影响产品或服务的销售，其是竞争的主要手段，关系到企业营销目标的实现。

(一)影响定价的因素

企业进行价格决策时，先要对影响定价的因素进行分析。影响定价的因素是多方面的，包括产品成本、市场需求、竞争状况、顾客的消费心理、政策法规等。

(1)产品成本。产品的最低价格取决于该产品的成本费用，企业制定价格时必须估算成本。

(2)市场需求。产品成本是影响企业定价的最重要内部因素，它决定着产品价格的最低临界点，而市场需求是影响企业定价的最重要外部因素，它决定着产品价格的最高临界点。市场需求主要包括供求关系和需求弹性。

(3)竞争状况。竞争对手的数量和竞争的强度对企业确定合适的价格有着重要的影响。竞争越激烈，对价格的影响就越大，企业必须采取适当方式，了解竞争对手的价格和产品质量。

(4)顾客心理。企业定价必须考虑顾客的心理因素，制定出顾客愿意接受的价格。

(5)政策法规。由于价格是关系到国家、企业和个人三者之间的物质利益的重要因素，牵涉到各行各业和千家万户，与人们的物质生活息息相关，因此，国家在遵循价值规律的基础上，往往还通过制定物价工作方针和各项政策、法规来对价格进行管理，或利用税收、金融、海关等手段间接控制价格。因而，国家有关的政策、法规对产品价格的形成也有着重要的影响。

(二)定价方法

企业的定价方法有很多种，这里从价格制定的依据出发，把定价方法分为成本导向定价法、需求导向定价法、竞争导向定价法三种基本类型。

1. 成本导向定价法

成本导向定价法是指以产品成本为主要定价依据的方法。这种方法比较简单，应用范围比较广，在具体运用中包括成本加成定价法、目标利润定价法和盈亏平衡定价法三种。

1)成本加成定价法

成本加成定价法又称完全成本定价法，是指在单位产品成本上附加一定比例的利润作为单位产品价格。其计算公式为

$$单位产品价格=单位产品成本\times(1+成本加成率) \tag{5-1}$$

这种定价方法计算简单，简便易操作；缺点是没有考虑到不同价格需求量的变动情况，忽略了市场需求及竞争等因素，缺乏灵活性，对市场竞争的适应能力较差。

2)目标利润定价法

目标利润定价法也称投资收益定价法，是指根据企业的总成本和预计销售量，加上按投资收益率确定的目标利润额作为定价基础的一种方法。其计算公式为

$$\begin{aligned}单位产品价格&=(总成本+投资额\times投资收益率)/预计销售量\\&=单位产品成本+投资额\times投资收益率/预计销售量\end{aligned} \tag{5-2}$$

只有在总成本和预计销售量都比较准确的情况下，这种定价方法所制定出的价格才能保证企业达到预期的投资收益率。

3)盈亏平衡定价法

盈亏平衡定价法是指以企业总成本与总收入保持平衡为依据来制定价格的一种方法。其计算公式为

$$价格=总成本/盈亏平衡点产量 \tag{5-3}$$

这种定价方法比较简单，单位产品的平均成本就是其价格。在市场不景气的情况下，采用这种方法比较合适，因为保本经营比停业的损失要小，而且企业有较灵活的回旋余地。

2. 需求导向定价法

需求导向定价法是指以顾客需求和可能接受的价格作为定价依据的定价方法，主要有以下两种。

(1)认知价值定价法。认知价值定价法又称理解价值定价法，是指企业根据顾客对产品的认知价值来制定价格。企业必须进行市场调查和研究，准确地把握市场的认知价值，并以此为依据确定产品的价格。

(2)差别定价法。差别定价法是指企业根据顾客的购买能力、顾客对产品的需求状况、产品的型号及式样、顾客的购买时间和地点的不同，对同一产品定出不同的价格，包括地点差价、时间有效期价、款式差价、顾客差价等。

3. 竞争导向定价法

竞争导向定价法是指以市场上主要竞争对手同类产品的价格为定价依据的一种定价方法，包括随行就市定价法、投标定价法等。

(三)定价策略的种类

前述定价方法是依据成本、竞争和需求等因素决定产品价格的方法。根据这些方法所制定的产品价格是产品的基本价格，企业还需要根据不同的市场情况、产品条件和自身状况对基本价格进行适当调整或修正，形成产品最佳价格。这就需要运用适当的定价策略。

1. 新产品定价策略

新产品定价策略主要有以下几种形式。

(1)撇脂定价。撇脂定价是指在新产品投放市场之际，即产品生命周期的最初阶段，针对一些消费者追求时髦、猎奇的求新心理，把价格定得很高，以尽快取得最大利润，犹如从鲜奶中撇取奶油。

(2)渗透定价。渗透定价是指企业对新产品制定相对较低的价格，以吸引大量顾客，提高市场占有率。

(3)合理定价。合理定价是指介于撇脂定价和渗透定价之间的新产品定价，是一种居中价格策略。具体讲就是，当企业的新产品刚投放到市场时，企业所定价格使企业所获利润很少，或者有少量的亏本，待市场销路打开后，企业很快就能转亏为盈。

2. 心理定价策略

心理定价策略是指根据顾客的心理需求特征，制定适合顾客心理需求的价格，以激发顾客的购买动机，引发顾客的购买行为。常见的心理定价策略有以下几种形式。

(1)尾数价格。尾数价格又称零头价格，是指企业在制定产品价格时，以零头结尾，而不以整数结尾，这样给人以实惠便宜的感觉。

(2)整数价格。整数价格是指企业定价时只取整数，而不要零头，这样有利于提高产品的身价，树立高档名牌形象。

(3)声望价格。声望价格又称声誉价格或威望价格，是指企业对有较高声誉的名牌高档商品及在名店销售的产品，制定较高的价格，以满足顾客崇尚名牌的心理。

(4)招徕价格。招徕价格是指对少数几种商品制定特别低的价格，或采取由顾客自定价格等其他特殊的定价方法，以招徕顾客。

3. 折扣定价

折扣定价是指企业以折扣折让形式，降低产品价格，刺激顾客大量购买、长期购买、及时付款。该定价策略主要有以下几种形式。

(1)现金折扣。现金折扣是指企业对及时付清货款顾客的一种价格折扣。其目的是鼓励顾客提前付款，以加快企业资金周转，减少坏账损失，减少资金占用量。

(2)数量折扣。数量折扣是指企业按顾客购买数量的多少，分别给予不同的折扣。其目的是鼓励顾客大量购买。在实际运用中，数量折扣可分为累计折扣与非累计折扣两种。

(3)交易折扣。交易折扣又称功能折扣或业务折扣，是指根据中间商在市场营销中的不同功能及努力，给予不同的折扣。例如，给予批发商的折扣要大于零售商的折扣，以鼓励和刺激批发商大量进货，积极开展转售业务。

(4)季节折扣。季节折扣是指对购买淡季商品的顾客给予折扣，以鼓励顾客提前购买，使企业的生产和销售在一年四季保持相对稳定，同时减少仓储费用，加速资金的周转。

(5)价格折让。价格折让是减价的另一种形式，主要有促销折让和抵换折让。前者是给各类中间商减价，补偿他们的促销宣传费用，以鼓励他们积极开展销售推广活动。后者是在顾客购买一件新商品时，允许交换同类商品的旧货，在新货价格上给予折让。

4. 地理定价策略

地理定价也称地区定价，是指企业根据产销地的远近、交货时间的长短和运杂费用的分担所制定的不同价格策略。这一定价策略主要有以下几种形式。

(1)产地交货价格。产地交货价格是指卖方按照厂价交货或按产地某种运输工具交货的价格。

(2)买主所在地价格。买主所在地价格是指企业负责将产品运到买主所在地，并承担运输费和保险费等费用。

(3)统一交货价格。统一交货价格是指企业对于卖给不同地区顾客的某种产品都按照相同厂价(产地价格)加相同的运费(按平均运费)来定价。

(4)区域定价。区域定价是指把产品的销售市场分成几个价格区域，对于不同价格区域的顾客制定不同的价格，实行地区价格。

(5)基点定价。基点定价是指企业选定某些城市作为基点，然后按一定的厂价加基点(最靠近顾客所在地的基点)至顾客所在地的运费来定价，而不管货物是从哪个城市起运的。

(6)运费免收定价。运费免收定价是指企业替买主负责全部或部分运费。企业采用运费免收定价策略一般是为了与购买者加强联系或开拓市场，通过扩大销量来抵补运费开支。

三、分销渠道策略

大部分制造商不是将自己的产品直接销售给顾客，而是由众多的、执行不同职能的、具有不同名称的营销中介将产品转移到消费者手中，这些营销中介就形成了一条条分销渠道。建立一个有效的分销渠道网络，是企业在激烈的市场竞争中脱颖而出，并持续、稳定发展的关键因素之一。

(一)分销渠道的类型

分销渠道是指某种产品或服务从制造商向消费者(用户)转移时取得这种货物和劳务的所有权或帮助转移其所有权的所有企业和个人。它由位于起点的制造商、位于终点的消费者(用户)及位于两者之间的中间商组成。分销渠道可以概括为图 5-3 所示的基本类型。

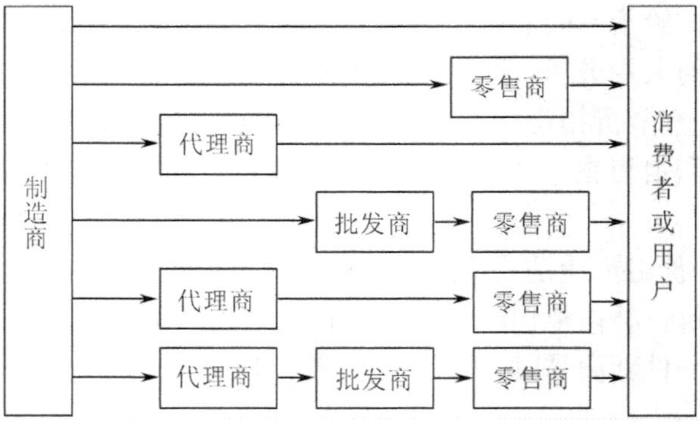

图 5-3　分销渠道的类型

(二)中间商

中间商是指处于生产者和消费者(用户)之间，参与产品交易活动，促进买卖行为发生和实现的经济组织或个人。

中间商按照职能划分，可分为批发商和零售商。

1. 批发商

批发商是指不直接服务于最终消费者和用户，只是为了转卖或为了实现商业用途而购买产品的机构和个人。批发商主要有商人批发商、代理商与经纪人、制造商销售分支机构三种类型。

(1)商人批发商。商人批发商又称独立批发商，是指独立经营、拥有产品的所有权并承担相应风险，将产品卖给其他批发商、工业品用户、零售商的商业企业。它是批发商的最主要类型。

(2)代理商与经纪人。代理商与经纪人不同于商人批发商，他们不拥有商品的所有权，而主要是促成商品交易并借此赚取佣金收入，一般是专门经营某条产品线，或者专门为某类顾客服务。代理商是代表买方或卖方的中间商，而经纪人是为交易的双方当事人充当媒介而获取佣金的中间商，具有独立的法律地位。

(3)制造商销售分支机构。批发商的第三种主要类型是制造商自行经营批发业务，即制造商设销售分支机构，包括销售分处和销售办事处。

2. 零售商

零售商是指专门为最终消费者服务的中间商，可分成商店零售商、非商店零售商和零售组织三种类型。

(1)商店零售商。商店零售商历史悠久，至今仍是零售商的主体。其形式多样，常见的有百货商店、专业商店、超级市场、方便商店、仓储商店、折扣商店、目录陈列室等。

(2)非商店零售商。尽管大多数货物(服务)是由商店销售的，但是非商店零售却比商店零售发展得更快，更富有挑战性。其主要形式包括直复营销、直接销售和自动售货。

(3)零售组织。随着市场环境的变化，零售业越来越多地采用某种团体零售形式，主要有团体联销商店、自愿联销商店、零售点合作社、消费合作社、特许专卖组织和销售联合大企业等。

(三)分销渠道的选择与管理

1. 影响分销渠道选择的因素

分销渠道的选择是一项繁杂的工作，制造商在选择时，通常要考虑以下因素。

(1)目标市场因素。目标市场是企业设计分销渠道时先应考虑的因素，也是影响分销渠道选择的最重要的因素之一。目标市场规模大且分布分散，宜采用长渠道；目标市场规模大且分布集中，宜使用直接分销的短渠道；目标市场用户购买量大，购买频率低，可采取直接销售渠道；目标市场用户购买量小，购买频率高，宜采用长渠道。此外，目标市场类型不同，所选择的分销渠道类型也随之不同。

(2)产品因素。不同产品特性影响分销渠道的选择。易腐、易损性产品，为了避免长渠道的流通时间过长和多次反复搬运装卸所造成的损失，宜选择直接分销；产品体积大搬运不便，应尽量减少搬运的次数，宜选择短渠道；产品标准化程度低，常选择直接分销；产品标准化程度高，宜采用中间商；产品技术含量、单位价值高，宜选择短渠道。另外，产品所处的生命周期不同，选择的销售渠道也不同。

(3)企业因素。企业因素是选择分销渠道的立足点。企业规模大、实力雄厚、管理能力强，宜选择较短渠道，甚至直销；企业产品组合宽度、深度较大，宜采用短渠道。

(4)中间商因素。不同类型的中间商在执行分销任务时各有优势和劣势，分销渠道选择须充分考虑不同中间商的特征。例如，选择经销商，回收货款快；选择代销商，产品可以以较低价格出售。

(5)环境因素。经济、技术、法律环境等营销环境的变化，都会影响对分销渠道的选择。当经济萧条时，制造商为了尽量减少流通环节、降低售价，会采取较短渠道；技术的革新，如信息技术的发展产生了网络营销，保鲜技术的发展延长了易腐产品的销售渠道；此外，渠道选择还会受到若干法律规范的限制，如专卖制度、反垄断法、税法等。因此，制造商在选择渠道时应注意相关的法律规定，避免与之相冲突。

2. 分销渠道的选择

分销渠道选择包括三个方面的决策，即确定渠道的长度、确定渠道的宽度、确定渠道成员的权利和责任。

(1)确定渠道的长度。制造商根据影响渠道选择因素、渠道目标，决定采取哪种类型的分销渠道，即是长渠道还是短渠道。现实中，很多企业并不乐于采用自己的销售分支结构，而宁愿选择中间商来分销。这是因为较长的分销渠道或不同类型的中间商，可以优势互补，更好地满足目标市场消费者群的需求，有效地提高营销绩效。

(2)确定渠道的宽度。确定渠道的宽度，即确定每个渠道层次使用多少中间商，有密集性分销、独家分销和选择性分销三种策略。

(3)确定渠道成员的权利和责任。制造商在决定使用间接渠道时，必须同渠道成员在价格政策、销售条件、区域权利及双方履行义务等方面达成共识。

3. 分销渠道的管理

渠道方案一旦确定，企业还必须要对渠道进行有效的管理，才能更好地发挥渠道的效用。

(1)渠道成员的选择。渠道成员的选择影响到企业分销效率与分销成本，也影响到企业在消费者和用户心目中的品牌形象与产品定位。渠道成员的选择一般要体现实力优先、业务对路、形象吻合和文化认同的原则。

(2)渠道成员的激励。渠道成员一经选定，为了使他们有良好的表现，应建立一套相对完善的激励机制以求得整体利益最大化。

激励中间商，获得中间商真诚合作，最有效的方法是尽量与中间商建立荣辱共存的长期合作(伙)关系。

(3)对渠道成员的绩效评估。对渠道成员的绩效评估是为了及时了解中间商的履约情况，肯定并鼓励先进、努力的中间商，鞭策落后的中间商。通过检查，发现问题、分析原因并采取相应的改进措施。对渠道成员的绩效评估标准有销售额和销售增长率、平均存货水平、交货速度、对损坏与遗失货品的处理、对顾客服务的表现、对厂商促销和训练方案的合作程度等。

四、促销策略

现代市场营销不仅要求企业开发适销对路的产品，制定有吸引力的价格，通过合适的渠道使目标顾客易于得到他们所需要的产品，而且还要求企业树立其在市场上的形象，加强企业与社会公众的信息交流和沟通工作，即进行促销活动。现代企业促销的手段与方式日新月异，由于各种手段和方式各具不同特点，因此需要在实际促销活动中组合运用，各种不同促销方式的有机组合形成了不同的促销策略。

(一)促销的概念

促销是指企业以各种有效的方式向目标市场传递有关信息，以启发、推动或创造对企业产品或服务的需求，并引起购买欲望和购买行为的一系列综合性活动。促销的本质是企业同目标市场之间的信息沟通。

(二)促销的基本方式及其组合

促销的基本方式有人员推销、广告、公共关系及营业推广四种。各种促销方式的优缺点见表5-1。企业根据促销的需要，对各种促销方式进行的适当选择和有机组合称为促销组合。

表5-1　各种促销方式的优缺点

促销方式	优点	缺点
人员推销	直接进行信息沟通，及时反馈，可当面促成交易	占用人员多，费用高，接触面窄
广告	传播面广，形象生动，节省人力	只能针对一般消费者，难以立即促成交易
公共关系	影响面广，信任程度高，可提高企业知名度	花费力量较大，效果难以控制
营业推广	吸引力大，激发消费者购买欲望，可促成消费者当即采取购买行动	接触面窄，有局限性，有时会降低商品的心理价值

(三)促销策略的类型

企业的促销策略可以归纳为两大类，即推式策略和拉式策略。

(1)推式策略。推式策略是指企业把产品推销给批发商，批发商再把产品推销给零售商，最后零售商把产品推销给消费者。在这种方式中，促销信息流向和产品流向是同方向的。因而人员推销和营业推广可以认为是“推”的方式。采用“推”的方式的企业，要针对不同的产品、不同的对象，采用不同的方法。

(2)拉式策略。拉式策略是指企业不直接向批发商和零售商做广告，而是直接向广大顾客做广告；把顾客的消费欲望刺激到足够的强度，顾客就会主动找零售商购买这些产品；购买这些产品的顾客多了，零售商就会去找批发商；批发商觉得有利可图，就会去找生产企业订货。在这种方式中，促销信息流向和产品流向是反向的。

推式策略和拉式策略都包含企业与消费者双方的能动作用。但前者的重心在推动，着重强调企业的能动性，表明消费需求是可以通过企业的积极促销而被激发和创造的；而后者的重心在拉引，着重强调消费者的能动性，表明消费需求是决定生产的基本原因。企业的促销活动必须顺乎消费需求，符合购买指向，才能取得事半功倍的效果。许多企业在促销实践中，都结合具体情况采取“推”“拉”组合的方式，既各有侧重，又相互配合。

(四)影响促销组合的因素

影响促销组合的因素包括以下几个。

(1)产品类型。顾客对于不同类型的产品具有不同的购买动机和购买行为，因此必须采用不同的促销组合策略。一般来说，由于消费品的顾客多、分布广、被购买频率高，因此，消费品的促销主要依靠广告，然后是营业推广、公共关系和人员推销；工业品每次的订货量相对较大，买主注重的是产品的技术、性能、售后服务、购买手续的复杂程度等，所以对它们的促销应以人员促销为主，然后才是营业推广和公共关系。

(2)市场特点。企业目标市场的不同特征也影响着不同促销方式的效果。在地域广阔、分散的市场，广告有着重要的作用。如果目标市场窄而集中，则可使用更有效的人员推销方式。此外，目标市场的其他特性，如消费者收入水平、风俗习惯、受教育程度等也都会对各种促销方式产生不同的影响。

(3)促销预算。促销预算直接影响促销手段的选择，预算少就不能使用费用高的促销手段。预算开支要视企业的实际资金能力和市场营销目标而定。不同的行业和企业，促销费用的支出也不相同。

(4)产品生命周期。在不同的生命周期阶段，企业的营销目标及重点不一样，因此，促销方式也不尽相同。在投入期，要让消费者认识、了解新产品，可利用广告与公共关系进行宣传，同时配合使用营业推广和人员推销的方式，鼓励消费者试用新产品；在成长期，要继续利用广告和公共关系来扩大产品的知名度，同时使用人员推销的方式来降低促销成本；在成熟期，竞争激烈，要通过广告及时介绍产品的改进，同时使用营业推广的方式来增加产品的销量；在衰退期，营业推广的作用更为重要，同时配合少量的广告来保持顾客的记忆。

复习思考题

1. 传统营销观念与现代营销观念的区别是什么?
2. 市场营销管理过程包括哪些步骤?
3. 什么是市场细分?主要细分标准有哪些?
4. 什么是产品的生命周期?产品生命周期各阶段企业相应的营销策略是什么?
5. 定价策略可以分为哪几类?每类各有哪几种具体定价策略?
6. 什么叫分销渠道?主要类型有哪些?
7. 促销的基本方式有哪些?每种促销方式的特点是什么?

第六章　企业生产管理

第一节　企业生产管理概述

一、企业生产管理的有关概念

(一)生产

生产是企业的一项最基本的活动，是企业一切活动的基础，是利用资源将输入转化为输出的活动过程。输入由输出决定，输入转化为输出是通过人的劳动实现的。

需要指出的是，生产过程的输出，不仅指有形的实物产品，还包括无形的产品服务。西方学者习惯将与工厂联系在一起的有形产品的制造称为生产，而将提供劳务的活动称为运作，或把两者结合起来并称为生产与运作。

(二)企业生产过程

1. 企业生产过程的概念

企业的生产过程有狭义和广义之分。狭义的生产过程是指从原材料投入生产开始，直到制成成品为止的全部过程；广义的生产过程是指从某种产品技术准备开始，直到产品制造完成为止的全部过程。

生产过程主要是劳动过程，是指劳动者在劳动分工和协作的条件下，利用劳动工具，按照一定的方法和步骤，直接或间接地作用于劳动对象，使之成为具有一定使用价值的产品的过程。但生产过程有时又表现为劳动过程和自然过程的统一，也就是指在某些生产技术条件下，生产过程的进行还要借助于自然力的作用使劳动对象发生物理的或化学的变化，如铸件、锻件热处理后的自然冷却，以及油漆的自然干燥等。

2. 企业生产过程的构成

企业生产过程一般由生产技术准备过程、基本生产过程、辅助生产过程和生产服务过程组成。

(1)生产技术准备过程。生产技术准备过程是指产品在投入生产前所进行的各种技术准备工作，如产品设计、工艺设计、工艺装备的设计和制造、标准化工作、物资定额和劳动定额的制定、设备的布置与调整、劳动组织的改善及新产品的试制与鉴定等。

(2)基本生产过程。企业产品包括基本产品和辅助产品。基本产品代表企业的专业方向。基本生产过程是指直接把劳动对象转变为企业基本产品的过程，如柴油机厂柴油机的生产，汽车制造厂汽车的生产，钢铁企业的炼钢、炼铁、轧钢等。

(3)辅助生产过程。辅助生产过程是指企业为保证基本生产过程的正常进行而从事的辅助产品的生产和劳动过程，如基本生产所需要的由本企业生产的电力、蒸汽、煤气、压缩空气和模具、夹具、刀具的制造及设备的维修与备件生产等。

(4)生产服务过程。生产服务过程是指为保证基本生产和辅助生产所进行的各种生产服务活动，如原材料和半成品的保管、运输等。

(三)生产管理

生产管理是指对企业生产活动进行的计划、组织和控制工作。由于生产活动可以包括不同的范围，因而生产管理有狭义、广义之分。

狭义的生产管理是指以生产产品或提供劳务的生产过程为对象的管理，即对原材料投入、工艺加工直至产品或劳务完工的具体活动过程所进行的管理。

广义的生产管理是指以工厂生产系统为对象，包括产品设计、生产工艺、试制鉴定、生产组织准备等过程的管理；也包括从原材料、设备、人力、资金等的输入开始，经过生产转换系统，直到产品、劳务输出为止的一系列管理工作。

(四)生产类型

生产类型是指企业根据产品结构、生产方法、设备条件、生产规模、专业化程度等方面的情况，按照一定的标准对生产过程进行的分类。生产类型可从多角度进行划分，具体为：①按生产性质分为物质生产型、劳动服务型；②按生产工艺特点分为流程型、装配型；③按物流特点分为连续型、离散型；④按组织生产的特点分为订货型、备货型；⑤按生产批量分为大量生产、成批生产、单件生产。

不同的生产类型其工作重点是不同的。现以物流特点分类(连续型、离散型)为例(表 6-1)，说明其工作重点。

表 6-1　生产系统按物流特点分类的工作重点

比较项目	离散型	连续型
组织特点的区别	复杂	一次性
工作重点的区别	提高柔性	设备预防
物料管理的重点	外协管理	采购管理
计划工作的重点	作业计划	主体计划
生产控制的重点	配套性	过程控制
库存控制的特点	重点在期	重点在量
重点控制的物料	半成品	成品

另外，通过表 6-2，以大量生产、成批生产、单件生产三种类型为例，可以较为详细地介绍不同生产类型的特点。

表 6-2　不同生产类型的特点

比较项目	大量生产类型	成批生产类型	单件生产类型
产品品种	单一或很少	较多	很多
产品产量	很大	较大	单个或很小

续表

比较项目	大量生产类型	成批生产类型	单件生产类型
工作地工序数目	一道或两道	较多	很多
设备布置	按对象原则，采用流水生产或自动线	既有按对象原则排列，又有按工艺原则排列	基本按工艺原则排列
生产设备	广泛采用专用设备	专用、通用设备并存	采用通用设备
设备利用率	高	较高	低
应变能力	差	较好	很好
劳动定额的制定	详细	有粗有细	粗略
劳动生产率	高	较高	低
计划管理工作	较简单	较复杂	复杂多变
生产控制	容易	难	很难
产品成本	低	较高	高
产品设计	易按“三化”设计	“三化”程度较低	按用户要求设计

（五）生产能力

企业的生产能力是指在一定时期内，企业的全部生产性固定资产，在一定的技术组织条件下，所能生产的一定种类和一定质量产品的最大数量，或者是能够加工处理一定原材料的最大数量。它是反映企业生产可能性的一个重要指标，是企业安排生产任务、制订生产计划的依据。目前，我国的生产能力主要从用途和结构角度进行分类。

1. 按用途划分

按用途可将生产能力划分为设计能力、查定能力和计划能力。

(1)设计能力是指企业在设计任务书和技术文件中所规定的、在正常条件下应达到的生产能力。

(2)查定能力是指经过技术改造或革新，原有设计能力发生实际变化，进行重新调查和核定后的生产能力。

(3)计划能力又称现实能力，是指在计划年度内，依据现有的生产技术组织条件，以及年度内能够实现的技术组织措施而实际能够达到的生产能力。计划能力是编制年度生产计划和各项指标的依据。

2. 按结构划分

按结构可将生产能力划分为单机生产能力、环节生产能力和综合生产能力

从结构上看，单机生产能力决定环节生产能力，环节生产能力决定综合生产能力，综合生产能力受环节中最薄弱部分生产能力的制约。

工业企业生产能力的大小取决于三个基本因素，即固定资产数量(包括生产设备数量及生产面积数量)的大小、固定资产工作时间的长短及固定资产工作效率的高低。

二、企业生产管理的内容、目标与基本问题

（一）企业生产管理的内容

广义的生产管理涉及企业全部的生产活动，按照管理的职能，它的内容可归纳为以

下几个方面。

(1)生产的决策和计划。生产的决策和计划主要是确定企业的生产方向、规模及具体安排，包括产品品种、数量、质量及生产方式的决策，生产计划、生产作业计划的制订，以及作业分配等。

(2)生产的组织和指挥。生产的组织和指挥是指生产的物质技术准备工作和组织工作，主要包括厂址的选择、工艺路线和工艺方法的制定、工厂布置、生产过程的组织、劳动力组织、生产指挥系统的组织和生产调度等。

(3)生产的控制和协调。生产的控制和协调是指围绕完成计划任务所进行的管理工作，主要包括生产作业控制、质量控制、物资消耗和库存控制、设备运作控制及生产协调等。

(二)企业生产管理的目标

企业生产管理的目标包括以下几个。

(1)保证实现企业的经营目标。组织生产过程按计划要求高效运行，全面完成产品品种、质量、产量、成本、交货期和环保与安全等各项要求。

(2)有效利用企业的制造资源。不断降低物耗，降低生产成本，缩短生产周期，减少在制品，压缩占用的生产资金，以不断提高企业的经济效益和竞争能力。

(3)适应市场、环境的迅速变化。要努力提高生产系统的应变能力，使企业根据市场需求不断推出新产品，并使生产系统适应多品种生产，能够快速地调整生产，进行品种更换。

简而言之，生产管理的目标就是高效、低耗、灵活、准时地生产合格产品或提供满意服务。

(三)企业生产管理的基本问题

企业生产管理的基本问题包括以下几个。

(1)如何保证和提高产品质量。质量包括产品的使用功能、操作功能、安全性能和保全性能等多方面含义。这些特性在企业生产管理中相应地转化为产品的设计质量、制造质量和服务质量问题——质量管理。

(2)如何保证适时、适量地将产品投放到市场。在现代化大生产中，生产所涉及的人员、物料、设备、薪酬等资源成千上万，如何将全部生产要素在需要它们的时候组织起来、筹措到位，是一项十分复杂的系统工程，也是生产管理所要解决的一个最重要的问题——产品数量与交货期管理。

(3)如何才能使产品价格既为顾客所接受，又为企业带来利润。这涉及人员、物料、设备、能源、土地等资源的合理配置和运用，涉及生产率提高，还涉及资金的运营和管理问题。总的来说，可以归结为一个问题：如何努力降低生产运作成本——成本管理。

(4)如何提供独具特色的附加服务。对于产品制造企业而言，随着产品技术含量、知识含量的提高，在产品销售过程和顾客的使用过程中，所需要的附加服务越来越多。当制造产品的硬技术基本相同时，企业通过提供独具特色的附加服务，就有可能赢得独特的竞争优势。对于服务业企业来说，在提供基本服务之外提供附加服务，也会赢得更多的客户。一些跨国公司，如 IBM、索尼等，就十分重视提供优良的服务，借此吸引大量的消费者。我国的企业，如海尔，也是通过大打服务牌赢得了消费者的青睐。

(5)如何保护环境和合理利用资源。企业在生产对社会有用产品的同时，也会生产出一些负产品，如废水、废气、废渣等，从而对环境造成污染。保护我们共同生存的环境，合理获取、节约利用资源，保持可持续发展，已经是人类当今所面临的重大课题，企业对此也责无旁贷。为了实现保护环境和合理利用资源的目标，企业应当在生产运作管理中注意兼顾经济效益、社会效益和生态效益，合理开发和利用资源。

以上五个问题构成了当今企业生产管理的基本问题。本章只介绍制造企业生产管理的内容。

第二节　生产过程组织

一、生产系统与生产管理系统

(一)生产系统

1. 生产系统的含义及构成要素

生产系统是由若干要素构成的，是将投入要素转换成某种产出要素的一个有机整体。它是企业的一个子系统，是支撑企业生产过程运行的物质基础。

生产系统由系统的硬件和软件两部分组成。

生产系统的硬件通常是指生产场地、厂房、机器设备、工位器具、运输工具及各种生产设施。它们构成生产系统的物质形式。这些硬件要按一定的数量比例和一定的空间布局进行配置。硬件要素的构成反映生产系统的工艺特征和技术水平，决定生产系统的功能特点和生产能力。

生产系统的软件是指生产组织形式、人员配备要求、工作制度、运行方式及管理上的各种规章制度。它是安排和控制生产过程顺利进行的规范和手段。建立生产系统的软件所需投资相对较少，承担的风险相对较小。但由于其组成因素比较复杂，实施时受人为因素的影响较大，产生的效果便会有很大的差异。这是软件系统的重要特点。

2. 生产系统的功能目标

如何构造企业的生产系统，取决于对系统提出什么样的功能要求。制造企业生产系统的主要功能是制造产品。要制造什么样的产品决定了需要什么样的生产系统。一个企业决定生产何种产品，受社会需求和市场竞争状况的影响，也取决于企业采用何种经营战略。所以，设计和构造一个生产系统，要求它具有什么样的功能，就取决于用户对产品的要求和企业的经营战略。

具体地说，用户需求就是用户对产品的各种要求。用户的需求归纳起来可以分为七个方面。

(1)品种款式。品种款式的表现形式为产品品种规格的特殊性、产品系列的宽度和纵深度、产品品种的新颖程度等。对品种款式的不同要求，反映了用户需求的多样性。

(2)质量。质量表现为产品的使用功能、外观、可靠性、寿命和经济性。对用户需求满足程度的大小是评价产品质量高低的标准。

(3)数量。用户对产品数量的需求是因时因地而变化的，这就形成了市场需求的波动起伏。

(4)价格。价格是指用户为获得产品的使用价值所需付出的代价，包括产品的销售价格，以及在产品使用过程中需要支出的各种费用(如消耗的动力、维修费用、占用的空间等)，还涉及与可替代产品的比价，与竞争对手的产品差价等。

(5)服务。服务是指售前、售后对用户提供的服务，如使用培训、安装服务、使用过程中提供的维修和保险等，以及在产品更新换代后为老产品提供的服务保障等。

(6)交货期。用户对产品有交货时间的要求，对于生产通用产品的企业而言，应有随时提供现货的能力；对于生产专用产品的企业而言，则通过合同与用户商定交货期限。

(7)环保与安全。产品在使用过程中应该为用户提供安全保障。有些产品在这方面有特殊的要求，如飞机、电梯、锅炉、儿童玩具等。环保的要求是指在产品的生产过程、使用过程及其报废时，不对环境产生污染。

用户对产品提出的上述七个方面的要求，是通过企业生产系统加工出相应的产品来得到满足的。为了使产品能满足用户提出的各种要求，生产系统就需要具有相应的功能。因此，企业的生产系统就应该具备满足以上七个方面的功能，形成生产系统基本的功能目标体系，具体功能主要有以下七个方面。

(1)创新。创新是指生产系统开发新产品的能力，对产品系列宽度和深度的扩展能力。创新能力还表现为对新技术、新工艺的采用吸收能力、应用能力和系统自我完善的能力。

(2)质量保证。质量保证是指生产系统对产品质量的保证能力。生产系统从产品设计、制造工艺、原材料供应和作业过程等多方面来控制产品的质量，使之达到规定的标准，使顾客满意，并能保持质量的稳定性。

(3)柔性。柔性是指生产系统对产品品种款式和生产数量变化的应变能力。由于市场需求多变，而且变化的速度大大加快，因此对生产系统的柔性要求将越来越高。

(4)成本。成本是指生产系统对产品制造成本的控制能力。保持低的成本水平，企业在价格上才有竞争优势。

(5)继承性。产品升级或更新换代的速度加快，为了使用户在产品升级后减少损失，就要求所生产的产品有继承性、可扩展性和兼容性。

(6)按期交货。产品能否按期交货，取决于产品的生产技术准备周期和制造周期。缩短准备周期和制造周期，提高按期交货的保证能力，与生产系统的组织形式及所采用的计划控制方式有密切关系。

(7)环保与安全。要使产品满足环保与安全的需要，就要求企业的生产系统成为绿色生产系统，在产品生产和使用过程中不对环境产生污染，生产的产品符合安全要求。

以上七项功能就是生产系统的功能目标体系。它们是一个整体，只有每一项功能都达到当时社会要求的基准水平，生产系统生产出的产品才能在市场上销售。

用户的需求通过产品转化为对生产系统的功能要求，在这一转化过程中还受到企业经营战略的影响，如图 6-1 所示。由于用户需求的差异性，在激烈的市场竞争条件下，企业为了争夺市场，常常采用市场细分化的经营策略。此时，企业已不满足于自己的产品达到上述七个方面的基准要求，而且还要求产品具有一定的特色，即能满足目标市场中用户提出的特殊需求。

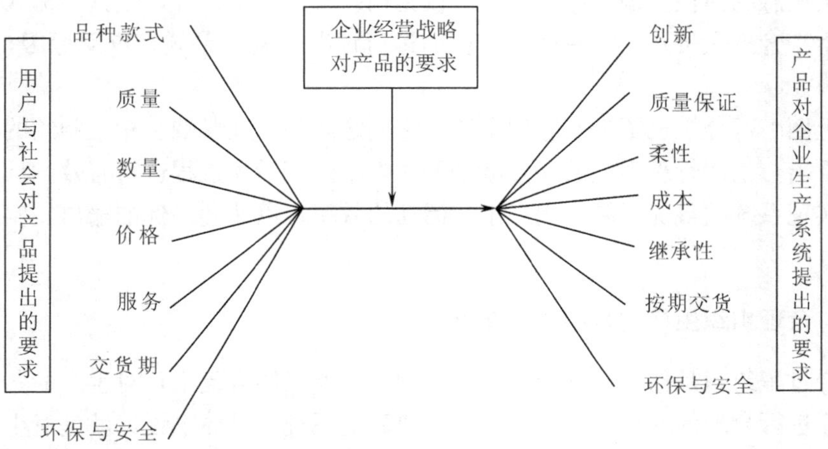

图 6-1　用户需求与生产系统功能目标的关系图

(二)生产管理系统

企业的生产管理系统是指把企业生产过程中所需要的劳动力、设备、材料、资金、生产信息等要素及其活动作为一个系统，对产品或劳务的生产全过程进行合理的计划、组织和控制，以达到最优输出，保证实现预期生产目标的一种组织管理系统。这个系统由输入、转换、输出和反馈四个部分组成。

1. 输入——生产要素

输入的要素一般包括以下四个部分。

(1)人。人是指劳动力，即具有一定智力和体力的劳动者。这是生产的第一要素。

(2)物。物是指劳动手段和劳动对象。劳动手段包括各种机器设备、工艺装备、仪器仪表等劳动工具和厂房建筑物，以及其他物质技术的辅助条件；劳动对象包括原材料、辅助材料及零件、部件等。

(3)财。财是指资金。资金是劳动手段和劳动对象的货币表现。从价值形态看，现代企业的生产活动过程实际上也就是资金运动和价值增值的过程。

(4)信息。信息是指生产计划、工艺图纸、技术情报、科技档案及各种数据等。

2. 转换——生产过程

对于生产企业来说，生产过程就是产品的制造过程，即输入生产所需要的各种要素后，劳动者按照一定的工艺步骤，利用劳动手段对劳动对象进行加工，使物质要素不断流动的过程。

3. 输出——产品、劳务和信息

产品是指新制造的、具有一定使用价值的成品或半成品；劳务是指为恢复或提高原有产品的使用价值或承做个别工序而进行的工业生产活动的成果；信息包括产量、质量、消耗、进度、成本等。

4. 反馈——输出信息的回授

输出信息的回授把输出端的信息回授到输入端或转换过程，使其与输入的信息相比较，使生产管理人员及时掌握生产过程的运行情况，发现差异，查明原因，采取措施，予以解决。

以上四个部分构成了生产管理系统，它们之间是相互影响、相互制约的。从运行规律可以看出，生产管理系统的任务就是要对整个生产活动过程进行有效的计划、组织和控制，实现系统的最优运转，提高生产活动的效率，以达到最优的输出，实现最佳的经济效益。

二、合理组织生产过程的基本要求

生产过程组织是指以最佳的方式将各种生产要素结合起来，对生产的各个阶段、环节、工序进行合理的安排，使其形成一个协调的系统。具体来说，就是对生产过程中的劳动者、劳动工具、劳动对象，以及生产过程的各个环节、阶段、工序的合理安排，使其在空间上衔接、时间上紧密配合，形成一个协调的产品生产系统。它的基本任务是保证产品制造的流程最短、时间最少、耗费最省，并按照计划规定的产品品种、质量、数量、期限等生产出社会需要的产品。合理组织生产过程的基本要求包括以下七个方面。

1. 连续性

生产过程的连续性包括空间上的连续性和时间上的连续性。空间上的连续性是指要求生产过程的各个环节在空间布置上合理紧凑，使加工对象所经历的生产流程路线短，没有迂回往返的现象；时间上的连续性是指生产对象在加工过程中各工序的安排上紧密衔接，消除生产中断和不应有的停顿、等待现象。

2. 比例性

生产过程的比例性是指生产过程各阶段、各工序之间，在生产能力上要保持一定的比例关系，以适应产品生产的要求。这表现在各个生产环节的工人人数、设备数量、生产速率、开动班次等都必须互相协调配套上。比例性是保证生产连续性的前提，并有利于充分利用企业的设备、作业空间、人力和资金。

3. 均衡性

生产过程的均衡性是指要求生产过程的各个基本环节和各个工序在相同的时间间隔内，生产相同或者稳定递增数量的产品，每个工作地的负荷经常保持均匀，不出现前松后紧或时紧时松的现象，保持有节奏的均衡生产。这有利于提高产品质量，降低产品成本，保证企业正常、安全生产；而生产不均衡会造成忙闲不均，既浪费资源，又不能保证产品质量，还容易引发设备、人身事故。

4. 平行性

生产过程的平行性是指物料在生产过程中实行平行交叉作业。平行作业是指相同的零件同时在数台相同的机器上加工。交叉作业是指同一批零件在上道工序还未加工完成时，将已完成的部分零件转到下道工序加工。也就是生产过程的各工艺阶段、各工序在时间上实行平行作业，产品各零部件的生产能在不同空间进行。平行交叉作业可以大大缩短产品的生产周期，提高产品生产量。平行性是生产过程连续性的前提。

5. 精确性

保证零部件在生产过程中以最准确的时间、最准确的数量到达最准确的位置，并实现指定的加工。

6. 适应性

适应性是指企业生产过程能够适应外界环境变化的要求，及时调整生产组织形式。

7. 经济性

经济性是指在生产过程中，以最少的物化劳动和活劳动的消耗及资金的占用，获得尽可能多的符合社会需要的生产成果。因此，在生产环节上要实现电子计算机控制和管理，提高设备自动化程度，以提高生产和管理的效率。

合理组织生产过程的各项要求是相互联系、相互影响的，在生产过程的组织、计划、控制过程中，要根据具体情况综合考虑时间、资金占用、有关费用等多项因素，统筹安排，提高经济效益。

三、生产过程组织的基本内容

生产过程的组织包括生产过程的空间组织和生产过程的时间组织。

(一)生产过程的空间组织

生产过程的空间组织就是企业生产系统的布置，是指应用科学的方法和手段对组成企业的各个部分、各种物质要素(设施、设备等)进行合理的配置和空间及平面布置，使之形成有机的系统，以最经济的方式和较高的效率为企业的生产经营服务。生产过程的空间组织有以下两种典型的形式。

1. 工艺专业化形式

工艺专业化又称为工艺原则，是指按照生产过程中各个工艺阶段的工艺特点来设置生产单位。在工艺专业化的生产单位内，集中着同种类型的生产设备和同工种的工人，完成各种产品的同一工艺阶段的生产。也就是说加工对象是多样的，但工艺方法是同类的，每一生产单位只完成产品生产过程的部分工艺阶段和部分工序的加工任务，产品的制造完成需要各单位的协同努力。例如，机械制造业中的铸造车间、机加工车间，以及车间中的车工段、铣工段等，都是工艺专业化生产单位。

工艺专业化形式的优点是：①由于设备不是针对某一产品配置的，而是根据多种产品某一工艺阶段的特点配置的，故对品种变化有较强的适应能力；②由于同种设备集中在一起，故有利于组织设备维修，便于对工人进行技术指导和技术培训，从而提高设备的利用率；③由于车间仅有一类工程的工艺，故有利于提高工艺管理的水平。

工艺专业化形式的缺点是：①产品加工过程中运输路线长，运输数量大，停放、等待的时间长，生产周期长；②增加了在制品数量和占用资金；③生产单位间的协作复杂，生产作业计划管理、在制品管理、成套性进度管理等诸项管理工作，量大而且复杂。

工艺专业化形式适用于企业产品品种多、变化大、产品制造工艺不确定的单件小批生产类型的企业。它一般表现为按订货要求组织生产，特别适用于新产品的开发试制。

2. 对象专业化形式

对象专业化又称对象原则，是指按照加工对象的不同来设置生产单位，即根据生产的产品来确定车间的专业分工，每个车间完成其所负担的加工对象的全部工艺过程，工艺过程是封闭的。在对象专业化生产单位(如汽车制造厂的发动机车间、底盘车间，机床厂的齿轮车间、底盘车间等)里，集中了不同类型的机器设备、不同工种的工人，对同类产品进行不同的工艺加工，独立完成一种或几种产品(零件、部件)的全部或部分的工艺过程，而不用跨越其他的生产单位。

对象专业化形式的优点是：①生产比较集中，生产周期短，运输路线短，周转量小；②计划管理、库存管理相对简单；③在制品占用量少，资金周转快，协作关系少，有利于强化质量责任和成本责任，便于采取流水生产等先进生产组织形式，提高生产效率。

对象专业化形式的缺点是：①对市场需求变化适应性差，一旦因市场不再需求生产的产品而进行新产品生产，设备调整代价大；②设备投资大(由于同类设备的分散使用，会出现个别设备负荷不足、生产能力不能充分利用的现象)；③不利于开展专业化技术管理。

对象专业化形式适用于企业的专业方向已定、产品品种稳定、工艺稳定的大批量生产，如家电、汽车、石油化工品生产等。

由于工艺专业化和对象专业化两种形式各有优缺点，因此在实际生产中，企业具体采用哪一种组织形式组织生产，应从企业自身的条件出发，全面分析、比较各种组织形式的利弊和技术经济效果。既要考虑当前需要，又要考虑长远发展；既可以采用其中的一种形式，又可以把两种专业化形式结合起来应用。例如，在对象专业化形式基础上，局部采用工艺专业化形式；在工艺专业化形式基础上，局部采用对象专业化形式。

(二)生产过程的时间组织

合理组织生产过程，不仅要求生产单位在空间上密切配合，而且要求劳动对象和机器设备在时间上紧密衔接，以实现有节奏的连续生产，达到提高劳动生产率和设备利用率、减少资金占用、缩短生产周期的目的。生产过程在时间上的衔接程序，主要表现在劳动对象在生产过程中的移动方式。劳动对象的移动方式，与一次投入生产的劳动对象数量有关。以加工零件为例，当一次生产的零件只有一个时，零件只能按顺序经过各道工序，而不可能同时在不同的工序上进行加工。而如果一次投产的零件有两个或两个以上，工序间就有不同的移动方式。一批零件在工序间存在着三种移动方式，即顺序移动、平行移动、平行顺序移动。

【例 6-1】 生产 3 件某产品，经 4 道工序加工，每道工序加工的单件工时分别为 10 分钟、5 分钟、20 分钟、10 分钟。现按三种移动方式计算其生产周期。

1. 顺序移动方式

顺序移动方式是指一批零件在前一道工序全部加工完毕后，整批转移到下一道工序进行加工的移动方式。其特点是一道工序在工作，其他工序都在等待。

若将各工序间的运输、等待加工等停歇时间忽略不计，则该批零件的加工周期 $T_{顺}$ 的计算公式为

$$T_{顺}=n\sum_{i=1}^{m}t_i \tag{6-1}$$

其中，n 为该批零件数量；m 为工序数；t_i 为第 i 道工序的单件加工时间。

顺序移动方式的优点是：一批零件连续加工，集中运输，有利于减少设备调整时间，便于组织和控制。其缺点是：零件等待加工和等待运输的时间长，生产周期长，流动资金周转慢。顺序移动方式如图 6-2 所示。

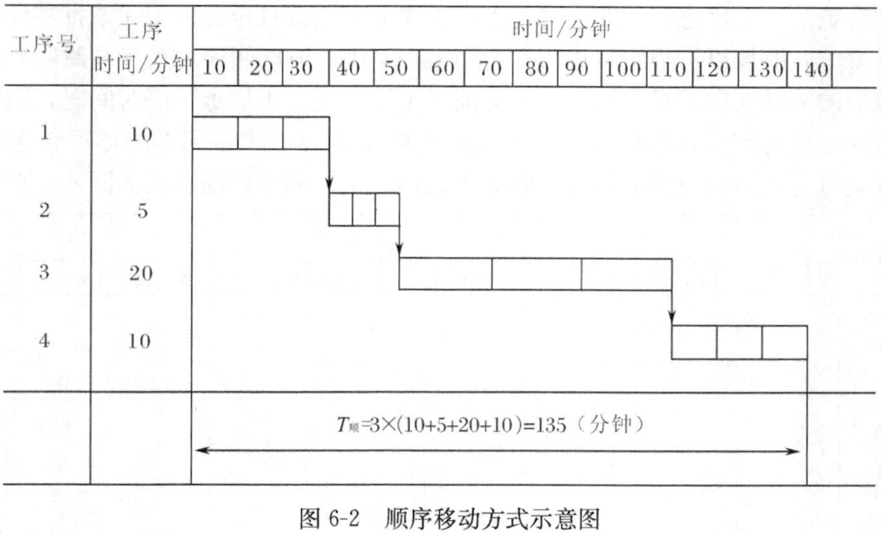

图 6-2　顺序移动方式示意图

2. 平行移动方式

平行移动方式是指一批零件中的每个零件在每道工序加工完毕以后，立即转移到后道工序进行加工的移动方式。其特点是：一批零件同时在不同工序上平行进行加工，因而缩短了生产周期。其加工周期的计算公式为

$$T_{平移}=(n-1)t_{长}+\sum_{i=1}^{m}t_i \tag{6-2}$$

其中，$t_{长}$ 为各加工工序中最长的单件工序时间。

采用这种移动方式，不会出现零件等待运输的现象，所以整批零件加工时间最短；但由于前后工序时间不等，当后道工序时间小于前道工序时间时，后道工序在每个零件加工完毕后，都有部分间歇时间。平行移到方式如图 6-3 所示。

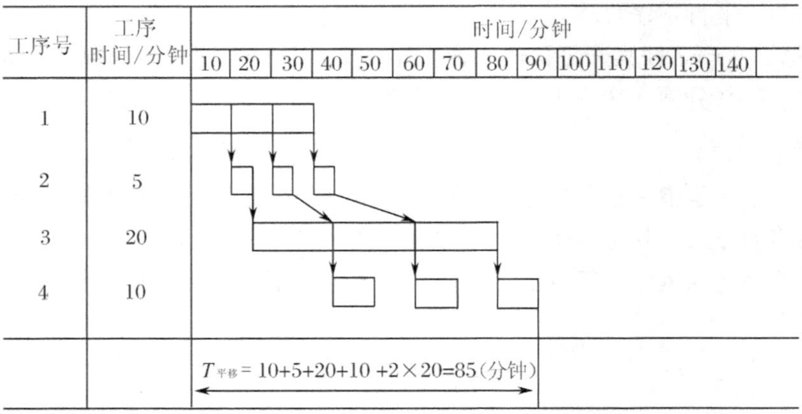

图 6-3　平行移动方式示意图

3. 平行顺序移动方式

平行顺序移动方式吸收了上述两种移动方式的优点，避开了其缺点，但组织和计划工作比较复杂。其特点是：当一批零件在前道工序上尚未全部加工完毕，就将已加工的部分零件转到下道工序进行加工，并使下道工序能够连续且全部加工完该批零件。为了达到这一要求，要按以下规则运送零件：当前一道工序时间短于后道工序时间时，前道工序完成后的零件立即转送下道工序；当前道工序时间长于后道工序时间时，则要等待前一道工序完成的零件数足以保证后道工序连续加工时，才将完工的零件转送后道工序。这样就可将人力及设备的零散时间集中使用。平行顺序移动方式如图 6-4 所示。

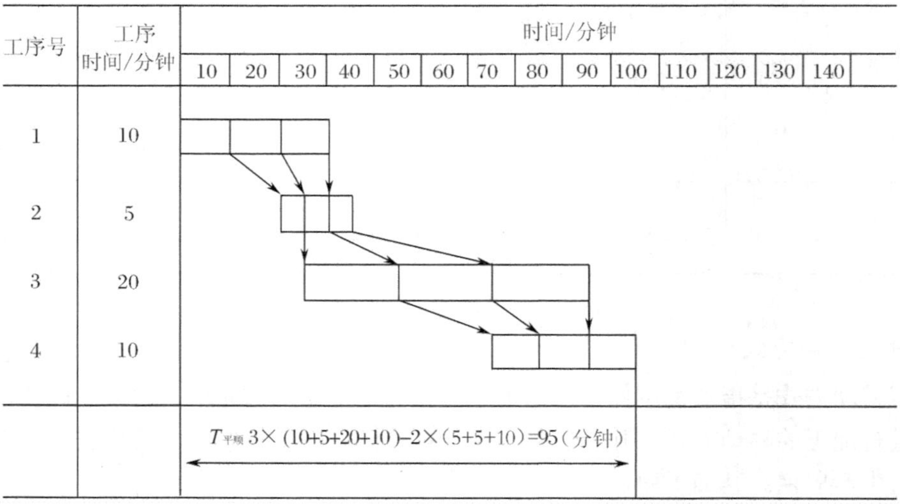

图 6-4　平行顺序移动方式示意图

平行顺序移动方式的生产周期 $T_{平顺}$ 在以上两种方式之间，计算公式为

$$T_{平顺}=n\sum_{i=1}^{m}t_i-(n-1)\sum_{i=1}^{m-1}t_{i较短} \tag{6-3}$$

其中，$t_{i较短}$ 为每相邻两道工序中较短的单件工序时间。

在选择移动方式时，应结合具体情况，灵活运用。一般对批量小或重量轻且加工时间短的零件，宜采用顺序移动方式；反之宜采用另外两种移动方式。按对象专业化形式设置的生产单位，宜采用平行顺序移动方式或平行移动方式；按工艺专业化形式设置的生产单位，宜采用顺序移动方式；对于生产中的缺件、急件，则可采用平行移动方式或平行顺序移动方式。

四、生产过程的组织形式

研究分析生产过程的基本目的在于寻求高效、低耗的生产组织形式，将生产过程的空间组织与时间组织有机地结合。企业必须根据生产目的和条件，采用适合自身生产特点的生产组织形式。

(一)流水生产组织

流水生产是对象专业化组织形式的进一步发展，是一种高效率的生产组织形式。它是大量大批生产类型企业通常采用的一种生产组织形式。随着技术的进步，特别是成组技术、加工中心、计算机及自动控制技术的广泛应用，为适应市场要求的变化和满足敏捷生产的要求，流水生产正向着多品种、小批量、适应性强的方向发展。

1. 流水生产的特征

流水生产是指劳动对象按照一定的工艺路线顺序通过各个工作地，并按照统一的节拍连续不断完成工序作业的一种生产组织形式。它的主要特征是：①在流水线上固定生产一种或少数几种产品，在每个工作地固定完成一道或少数几道工序，工作地的专业化程度高；②各工作地按劳动对象加工的工艺顺序排列；③按规定的节拍或时间间隔出产产品；④各道工序的加工时间之间有着相等或倍比的关系；⑤生产过程具有高度的连续性。

2. 流水生产线的种类

流水生产线按生产对象移动方式不同，可分为固定流水线和移动流水线；按生产对象的数目不同，可分为单一对象流水线和多对象流水线；按生产对象轮换方式不同，可分为不变流水线和可变流水线；按生产过程连续程度不同，可分为连续流水线和间断流水线；按流水线节奏性不同，可分为强制节拍流水线和自由节拍流水线；按流水线的机械化程度不同，可分为手工流水线、机械流水线和自动生产流水线。

3. 组织流水生产的条件

组织流水生产须具备以下主要条件：①产品结构和工艺相对稳定。在产品结构方面，要求所设计的结构能反映现代科学技术成就，并基本定型，有良好的工艺性和互换性。在工艺方面，要求工艺规程稳定、保证产品质量。②工艺过程能根据工序同期化的要求把某些工序适当合并和分解。③制品的产量要足够大，单位劳动量也较大，以保证流水线各工作地有足够的负荷。④厂房建筑和生产面积允许安装流水线的设备、工装和运输传送装置。

4. 流水生产线的组织设计

以单一品种流水线为例，说明流水线组织设计工作的步骤。

第一步，确定流水线的节拍。

节拍是指流水线上连续出产前后两件产品(或零件)之间的时间间隔。它表明流水线生产速度的快慢或生产效率的高低。

流水线节拍计算公式如下：

$$r=\frac{T_{效}}{Q} \tag{6-4}$$

其中，r 为流水线的节拍；$T_{效}$ 为计划期有效工作时间；Q 为计划期产量。

计划期有效工作时间＝计划期(制度)工作时间×时间有效利用系数。按照目前我国法律制度规定，每年制度工作天数为 250 天。计划期的产量包括计划出产量和预计废品量。计划期有效工作时间要用制度规定的工作时间减去必要的停歇时间，如维修设备、更换工具、工人休息等的时间。计划期有效工作时间与计划期(制度)工作时间之比为时间有效利用系数。

【例 6-2】 某流水线年生产某种零件 10 万件，废品率为 2%，两班制生产，时间有效利用系数为 90%。则在上述条件下这条流水线生产该种零件的节拍为

$$r=\frac{250\times8\times2\times60\times90\%}{100\,000\times(1+2\%)}=2.12\text{ 分钟/件}$$

如果计算出来的节拍很小，产品的体积、重量也小，不便于按件运输，则可以等加工到一定数量后，成批地进行运输。这时，流水线上前后出产两批相同产品(或零件)之间的时间间隔称为节奏，它等于流水线节拍与运输批量的乘积，即

$$r_0=n_{运}\times r \tag{6-5}$$

其中，r_0 为流水线节奏；$n_{运}$ 为流水线运输批量。

第二步，组织工序同期化。

工序同期化是组织连续流水线的必要条件，也是提高劳动生产率、使设备负荷充分和缩短产品生产周期的重要方法。所谓工序同期化是指根据流水线节拍的要求，采取各种技术的和组织的措施来调整各工作地的单位作业时间，使它们等于节拍或节拍的倍数。

组织工序同期化的方法是将整个作业任务细分为许多小工序(或称工步)，然后将有关的小工序组合成大工序，并使这些大工序的单件作业时间接近于节拍或节拍的整数倍(工序的分解与合并在手工操作为主的装配流水线上比较容易实现，而在以机器工作为主的流水线上则较难实现)。通过对工序的分解与合并，可达到初步同期化。在此基础上，为了进一步提高工序同期化水平，在有关工序上还可采取以下措施：①提高设备的机械化、自动化水平，采用高效率工艺设备，减少工序的作业时间；②改进操作方法和工作地的布置，减少辅助作业时间；③提高工人的操作水平和工作效率，改进劳动组织；④建立在制品储备制度；⑤对作业时间长而又不能分解的工序，增设工作地，组织平行作业。

第三步，计算流水线的设备(工作地)数和设备负荷系数。

每道工序的设备(工作地)数量应等于工序时间与流水线节拍之比。其计算公式如下：

$$S_{计i}=\frac{t_i}{r} \tag{6-6}$$

其中，$S_{计i}$为流水线第 i 道工序所需设备数；t_i 为流水线第 i 道工序的单件时间定额。

根据式(6-6)计算出的设备(工作地)数量，可能有小数，所以在实际确定设备(工作地)时，应取接近于计算数的整数值，以 $S_{实i}$表示，则工序的设备负荷系数 η_i 为

$$\eta_i=\frac{S_{计i}}{S_{实i}} \tag{6-7}$$

整条流水线平均设备负荷系数 $\eta_{平}$ 为

$$\eta_{平}=\frac{\sum S_{计i}}{\sum S_{实i}} \tag{6-8}$$

第四步，计算工人人数。

以手工劳动为主的流水线，工人数可按式(6-9)计算，即

$$P_i=S_{实i}\times G\times W \tag{6-9}$$

其中，P_i 为第 i 道工序的工人人数；G 为每日工作班次；W 为第 i 道工序每台设备同时工作的人数。

整条流水生产线的工人数是所有工序工人人数之和。

第五步，选择运输装置。

流水线上采用的运输工具种类很多，采用何种工具主要取决于加工对象的重量与外形尺寸、流水线的类型和实现节拍的方法等。通常在连续流水线上，工序间的传送采用传送带。传送带长度的计算公式为

$$L=2(I_1+I_2)+I_3 \tag{6-10}$$

其中，L 为传送带长度；I_1 为工作地长度之和；I_2 为工作地之间距离和；I_3 为技术上需要的长度。

传送带速度的计算公式为

$$V=\frac{I}{r} \tag{6-11}$$

其中，V 为传送带的速度；I 为相邻两个工作地的中心距离；r 为节拍。

第六步，进行流水线的平面布置。

平面布置应当有利于工人操作，使零件的运输线路最短及有效利用生产面积。流水线上工作地排列要符合工艺路线顺序，整条流水线布置符合产品总流向，以尽可能缩短运输路线，减少运输工作量。

(二)成组技术和成组加工单元

随着社会经济的发展，社会需求出现多品种、多变化的趋势。为提高多品种、小批量生产的效率，出现了成组技术，使多品种、小批量生产能获得流水线生产的高效率和低成本效果。成组技术是一种以零部件的相似性(主要指零件的材质结构、工艺等方面)和零件类型分布的稳定性、规律性为基础，对其进行分类、归并成组，并进行编码制作，以提高加工的批量，获得较好的经济效益的技术。在应用成组技术中，采用了一具

多用的成组夹具，一组成组夹具一般可用于几种甚至几十种零件的加工。成组技术根本改变了传统的生产组织方法，它不是以单一产品为生产对象，而是以“零件组”为对象编制成组工艺过程和成组作业计划。

成组加工单元是指使用成组技术，以“组”为对象，按照对象专业化布局的方式，在一个生产单元内配备不同类型的加工设备，完成一组或几组零件全部工艺的生产组织。采用成组加工单元时，加工顺序可在组内灵活安排，多品种、小批量生产可获得接近于大量流水生产的效率和效益。目前，成组技术主要应用于机械制造、电子、兵器等领域，它还可以应用于具有相似性的众多领域，如产品设计和制造、生产管理等。

(三)柔性制造单元

柔性制造单元是指以数控机床或数控加工中心为主体，依靠有效的成组作业计划，利用机器人和自动运输小车，实现工件和刀具的传递、装卸及加工过程的全部自动化和一体化的生产组织。它是成组加工系统实现合理化的最高级形式。它具有机床利用率高、加工制造与研制周期短、在制品及零件库存量低的优点。柔性制造单元与自动化立体仓库、自动装卸站、自动牵引车等结合，由中央计算机控制进行加工，就形成了柔性制造系统；柔性制造单元与计算机辅助设计功能的结合，则成为计算机一体化制造系统。

总之，上述技术的出现改变了单件小批量生产的生产过程的组织形式和物流方式，使企业获得了接近于大量流水生产的技术经济效益，符合市场需求的多样化、小批量和定制方向的趋势，代表了现代制造技术的发展方向。

第三节　生产计划与生产作业计划

一、生产计划

(一)生产计划的三个层次

制造企业的生产计划一般分为综合计划、主生产计划和物料需求计划三种。

1. 综合计划

综合计划又称生产大纲。它是对企业未来较长一段时间内资源和需求之间平衡所做的概括性设想，是根据企业所拥有的生产能力和市场需求，对企业未来较长时间内出产内容、出产量、劳动率水平、库存投资等问题所做出的决策性描述。综合计划并不具体制定每一品种的生产数量、生产时间和每一车间及人员的具体工作任务，而是按照以下方式对产品、时间和人员做出安排。

(1)产品。按照产品的需求特性、加工特性、所需人员和设备的相似性等，将产品综合为几大系列，以系列为单位来制订综合计划。例如，服装厂根据产品的需求特性分为女装、男装和童装三大系列。

(2)时间。综合计划的计划期通常是年，因此有些企业也把综合计划称为年度生产计划或年度生产大纲。在该计划期内，使用的计划时间单位是月或季。对于采用滚动计划方式的企业，还有可能未来3个月的计划时间单位是月，其余9个月的计划时间单位是季等。

(3)人员。综合计划可采用几种不同的方式来考虑人员安排问题。例如，将人员按照产品系列分成相应的组，分别考虑所需人员的水平，或将人员根据产品工艺的特点和人员所需的技能水平分组等。综合计划中还应考虑需求变化所引起的人员数量的变化，以决定是采取加班还是增加聘用人数。

2. 主生产计划

主生产计划要确定每一具体的最终产品在每一具体时间段内的生产数量。

这里的“最终产品”是指对企业而言，必须最终完成，可以马上出厂的完成品，它可以是直接用于消费的消费产品，也可以作为其他企业产品的部件或配件。

这里所指的“具体时间段”，通常以周为单位，有时也可能以日、旬或月为单位。

3. 物料需求计划

主生产计划确定后，生产管理部门下一步要做的事情是，保证完成主生产计划所规定的最终产品所需的全部物料(原材料、零件、部件等)及其他资源的供应。物料需求计划就是要制订这些原材料、零件、部件等的生产采购计划，包括外购什么、生产什么、什么物料必须在什么时间订货或开始生产、每次订多少、生产多少等。也就是说，物料需求计划所要解决的是与生产计划规定的最终产品相关物料的需求问题，而不是对这些物料独立的、随机的需求问题。

(二)生产计划的主要指标

生产计划是企业经营计划的重要组成部分，是企业在经营计划期间内完成生产目标的行动纲领，是企业生产管理的依据，也是企业编制物资供应、财务、劳动等其他计划的主要依据。

生产计划的主要指标包括产品的品种、质量、产量与产值等。它们各有不同的经济内容，从不同的侧面反映企业计划期内生产活动的要求。

1. 品种指标

产品的品种指标是指企业在计划期内规定生产的产品名称、型号、规格、种类和数量。确定品种指标是编制生产计划的首要问题，关系到企业的生存和发展。品种指标反映了企业的专业化协作水平、技术水平和管理水平。

2. 质量指标

产品的质量指标是指企业在计划期内生产的产品应达到的质量标准，反映了产品的内在质量和外观质量。它是衡量产品使用价值的重要标志，也综合反映了企业的技术水平和管理水平。产品的质量指标包括两大类：一类是反映产品本身内在质量的指标，主要是产品平均技术性能、产品质量等级；另一类是反映产品生产过程中工作质量的指标，如质量损失率、废品率、成品返修率等。

3. 产量指标

产品的产量指标是指企业在计划期内出产的符合产品质量要求的实物数量和工业性

劳务的数量，是表示企业生产成果的一个重要指标，反映了企业向社会提供的使用价值的数量及企业的生产发展水平。

4. 产值指标

产品的产值指标是用货币表示的产量指标，能够综合反映企业生产经营活动成果，以便进行不同行业间的比较。根据具体内容与作用不同，它分为商品产值、总产值和净产值三种形式。

上述各项生产计划指标的关系十分密切。既定的产品品种、质量和产量指标，是计算各种产值指标的基础，而各种产值指标又是企业生产成果的综合反映。企业在编制生产计划时，应首先落实产品的品种、质量与产量指标；其次据此计算产值指标。

(三)生产计划工作的原则

1. 以需定产，以产促销

以需定产，以产促销是指要求企业的生产计划既要根据预测的市场需求和订货合同中规定的产品品种、规格、质量、数量作为制订生产计划的依据，又要结合企业专长，充分发挥企业的人才、技术和管理等资源方面的优势，开发新产品或生产具有一定特色的优质产品，唤起新需求，指导销售。

2. 合理利用生产能力

企业的生产计划同企业的能力相适应，因而要求企业的生产计划必须做到以下几点。

(1)生产计划安排产品的生产工艺过程必须同企业设备性能相一致。

(2)生产计划安排产品的产量必须同企业生产能力相一致。

(3)生产计划安排出产进度均匀，使设备均匀负荷。

(4)生产计划必须与销售计划、人员计划、库存计划、物资供应计划、设备计划、资金计划相衔接，协调一致。

3. 进行综合平衡

因生产计划的确定不是孤立的，而是受各方面因素制约的，既涉及产供销，又涉及人财物，所以必须对它们进行综合平衡。只有进行综合平衡后的生产计划指标，才是先进的、切合实际的。

4. 生产计划安排最优化

生产计划安排最优化的主要内容包括两个方面。

(1)在资源一定的条件下，企业生产的各种产品的产量应有取得经济效益最高的产品数量组合方案，这是一种静态的最优化方案。

(2)在其他条件不变的条件下，根据用户和市场对各种产品的数量及交货时间要求的变化，而对生产计划从动态上进行的最优安排。

(四)生产计划工作的主要内容

1. 做好编制生产计划的准备工作

这项准备工作是预测计划期内的市场需求，核算企业自身的生产能力，为确定生产计划提供外部需要和内部可能的依据。

(1)生产预测。生产预测属于市场预测的范畴，是一种侧重(年度和年度以内)以一个企业作为基本出发点的微观预测。在预测时，要重视对计划期需求特征的描述，分清是线性趋势还是季节性变化，是独立需求还是从属需求；不仅如此，还要选择比较经济、准确的预测方法。

(2)核定生产能力。生产能力是生产系统内部各种资源能力的综合反映，直接关系到能否满足市场需求，所以在制订生产计划前，必须核定企业的生产能力。

2. 确定生产计划指标

根据满足市场需要、充分利用各种资源和提高经济效益的原则，在综合平衡的基础上，确定和优化生产计划指标。

3. 安排产品的生产进度

在编制完生产计划和确定全年总的产量任务后，企业要进一步将全年的生产任务具体安排到各个季度和各个月，这就是安排产品的生产进度。安排产品生产进度的总原则是：保证交货期，实现均衡生产，注意和企业技术准备工作及各项技术组织措施的衔接。不同类型的企业生产特点不同，安排产品生产进度的方法也不同。

1)大批量生产企业产品生产进度的安排

大批量生产企业的产品品种单一、产量大、生产稳定。这类企业安排产品生产进度的主要内容是将全年生产任务均衡地按季、按月分配，以便充分利用生产能力，增加产量，更好地满足社会需求。均衡地分配，并不等于各季各月的平均日产量绝对相等，而是可以采用以下几种分配形式。

(1)平均分配，即全年生产任务等量分配，各季各月的平均日产量相等。这种形式适合于市场对该种产品需要比较稳定而企业生产过程自动化程度比较高的情况。

(2)分期递增，即全年生产任务分期分阶段增长，每隔一段时间，平均日产水平就有所增长，但在每段时期内平均日产水平大致相同。

(3)小幅度连续递增，即全年生产任务在各月连续地、小幅度均匀增长。它和分期递增都适合于市场对该产品需要量不断增加而企业的劳动生产率稳步提高的情况。

(4)抛物线形递增，即将全年生产任务按照开始增长较快，以后增长逐渐缓慢，形成“抛物线”的形状安排各月生产任务。这种方式适合于新产品生产任务的安排且市场对该产品需要不断增长的情况。

2)成批生产企业产品生产进度的安排

成批生产企业，由于品种多、各种产品交替生产，所以在安排生产进度时，不仅要合理分配产品产量，而且要合理组织不同时期(季、月)内各种产品之间的搭配生产。这是安排产品生产进度的关键。具体安排时，应充分考虑以下几个问题。

(1)对于产量较大的、市场需求比较稳定的产品，可采取“细水长流”的办法，在全年各季各月做比较均衡的安排，以保证企业生产的稳定性。

(2)对于产量分淡季、旺季或同系列的产品，可采取集中生产或集中轮番生产的方式，这样可以扩大批量、减少同期生产品种、简化组织工作。

(3)新产品和老产品的生产要合理搭配。新产品品种的上市，要考虑到技术准备工作的可能。复杂产品和简单产品、劳动量大与劳动量小的产品，以及需要关键设备加工的产品，应合理搭配，均衡地分配到各个时期。这样有利于技术力量、劳动力、设备和占用空间得到均衡负荷、合理利用。

(4)要尽可能地使各季各月的产品产值同该产品生产的批量相等或成整倍数，以便简化计划组织工作，提高工作效率。

3)单件小批生产企业产品生产进度的安排

单件小批生产企业的产品品种繁多，每种产品产量很少，甚至是一次性生产，技术准备工作量较大又复杂，许多订货来得迟、要得急、变动多。这类企业在安排产品进度时，应注意以下几个问题。

(1)先安排已经明确的订货任务，尚未明确的生产任务，用概略的计算单位做粗略的安排。待接到订货任务后，再按订货合同的要求，做详细的安排。

(2)新产品和需要关键设备加工的产品，在满足订货要求的前提下，尽可能按季分配，交错安排，以免生产技术准备工作和关键设备忙闲不均。

(3)小批生产的产品，要集中轮番生产，尽量把通用件多的产品，安排在同一时期内生产，以减少同一时期内生产的品种，简化组织工作，提高经济效益。

企业在安排产品生产进度的同时，还要安排各车间的生产任务，即把全年的生产任务具体落实到各个车间，使各车间做好技术准备工作，平衡生产任务和生产能力，使企业内部各主要环节的生产任务在产品品种、数量和时间上相互协调，确保企业的产品生产进度按计划进行。

二、生产作业计划

生产作业计划是生产计划的具体执行计划。它把生产计划中规定的月度生产任务具体分配到各车间、工段、班组甚至每个工作地和个人，规定他们在月、旬、周、日甚至轮班和小时内的具体生产任务，并按日历顺序安排生产进度，从而保证按品种、质量、数量、期限等要求完成企业的生产任务。生产作业计划是建立企业正常生产秩序和管理秩序的主要手段，是企业计划管理的重要环节。

(一)作业计划标准

作业计划标准又称期量标准，是指为制造对象(如产品、部件、零件等)在生产期限和生产数量方面所规定的标准数据。期量标准是编制生产作业计划的重要依据和组织均衡生产的有力工具。企业的生产类型不同，生产过程组织也不同，因而形成了不同的期量标准。

大量流水生产的期量标准有节拍、流水线工作指示图表、在制品定额等。

成批生产的期量标准有批量、生产间隔期、生产周期、生产提前期、在制品定额等。

单件生产的期量标准有产品生产周期、生产提前期等。

1. 节拍

节拍是指流水线上前后两件相同制品出产的时间间隔。其计算公式为

$$节拍=\frac{计划期有效工作时间}{计划期制品的投入量} \tag{6-12}$$

2. 批量和生产间隔期

批量是指一次投入(出产)相同制品的数量。生产间隔期是指相邻两批同种制品投入(出产)的时间间隔。两者之间的关系可以表示为

$$批量=生产间隔期\times平均日产量 \tag{6-13}$$

$$生产间隔期=\frac{批量}{平均日产量} \tag{6-14}$$

其中，平均日产量等于计划期产量除以计划期工作日数。

3. 生产周期

生产周期是指产品或零件从原材料投入生产起，一直到成品出产为止所经历的全部时间。它是确定产品在各个工艺阶段的投入期和出产期的主要依据。产品的生产周期由各个工艺阶段的生产周期组成。

4. 生产提前期

生产提前期是指产品(或零件)在各个工艺阶段出产(投入)的日期比成品出产日期要提前的时间。生产提前期有投入提前期和出产提前期。提前期是编制生产作业计划、保证按期交货、履行订货合同的重要期量标准。

提前期是根据车间和生产间隔期计算的，同时要考虑一个保险期。提前期是按反工艺顺序连续计算的，计算公式为

$$某车间投入提前期=本车间出产提前期+本车间生产周期 \tag{6-15}$$

$$本车间出产提前期=后车间投入提前期+保险期 \tag{6-16}$$

5. 在制品定额

在制品定额是指在一定技术组织条件下，为了保证生产连续而均衡地进行所必需占用的最低限度的在制品数量。一定数量的在制品是保证生产正常进行的客观需要。但在制品过多，就会增加占用面积和占用资金，影响经济效益；如果在制品过少，往往导致生产脱节，设备停歇。因此，必须把在制品定额控制在适当的水平上。在制品、库存半成品定额计算公式为

$$车间在制品定额=平均每日出产量\times车间生产周期+保险储备量 \tag{6-17}$$

$$库存半成品定额=后车间平均每日需要量\times库存定额天数+保险储备量 \tag{6-18}$$

(二)生产作业计划的编制

编制生产作业计划包括编制分车间的作业计划及分工段或分小组的作业计划。这两步工作的方法原理是相同的，区别是计划编制的详细程度和责任单位有所不同。分车间的作业计划由厂部编制，解决车间与车间之间生产数量及时间衔接等平衡问题。对于对象专业化车间，因各个车间平行地完成各种不同产品的生产任务，按照车间的产品分工、生产能力和各种具体生产条件，将任务直接分配给各车间；对于工艺专业化车间，因各个车间之间依次提供半成品，则应根据生产类型和其他情况采用下列方法。

1. 在制品定额法

在制品定额法适用于大批量生产企业。这类企业生产的产品品种比较单一，产量比较大，工艺和各车间的分工协作关系密切稳定，只要把在制品控制在定额水平上，就可以保证生产过程协调正常地进行。采用在制品定额法，就是运用预先制定的在制品定额，按照产品的反工艺顺序，从出产成品的最后车间开始，连续地计算各车间的出产量和投入量。其计算公式为

某车间出产量＝后车间投入量＋本车间半成品外售量
＋(库存半成品定额－期初库存半成品预计结存量)　(6-19)

某车间投入量＝本车间出产量＋本车间计划废品量
＋(车间在制品定额－期初车间在制品预计结存量)　(6-20)

2. 提前期法

提前期法适用于成批生产的企业。这类企业轮番生产各种产品，各个生产环节结存的在制品的品种和数量经常不一致；但各种主要产品的生产间隔期、批量、生产周期和提前期都比较固定。因此，可以采用提前期法来规定车间的生产任务。所谓提前期法是指通过将预先制定的提前期标准转化为提前量，来规定车间的生产任务，使车间之间由“期”的衔接变为“量”的衔接。其计算公式为

提前量＝提前期×平均日产量　(6-21)

采用提前期法，对生产的产品应实行累计编号，所以又称累计编号法。所谓累计编号是指从年初或从开始生产这种产品起，依成品出产的先后顺序，为每一单位产品编上一个累计号码。最先生产的那一单位产品编为1号，以此类推，累计编号。因此，在同一时间上，越是靠近生产完工阶段的产品，其编号越小；越是靠近生产开始阶段的产品，其累计编号越大。在同一时间上，产品在某一生产环节上的累计号数，同成品出产累计号数相比，相差的号数就叫提前量。

3. 生产周期法

生产周期法适用于单件小批生产企业。这类企业的生产任务多数是根据订货合同来确定的，生产的产品品种、数量和时间都很不稳定，产品是一次性生产或不定期重复生产。因此，各车间的生产在数量上衔接比较简单，关键是合理搭配订货，调整处理类似品种多变与保持车间均衡负荷之间的矛盾。

采用生产周期法规定车间的生产任务，就是根据订货合同规定的交货期限，为每批订货编制出产品生产周期进度表，然后根据各种产品的生产周期进度表，确定各车间在计划月份应该投入和出产的订货项目，以及各项订货在车间投入和出产的时间。通过产品投入和出产进度表，就可以保证各车间的衔接，协调各种产品的生产进度和平衡车间的生产能力。

三、生产作业控制

生产作业控制是指按照生产计划的要求，组织生产作业计划的实施，全面掌握企业的生产情况，了解计划与实际之间的差异及原因，及时调整生产进度，调配劳动力，合

理利用生产设备，控制物料供应、储存及厂内外物料的运输工作，并统一组织力量，做好生产服务工作。生产作业控制是实现生产作业计划的重要保证，是整个生产过程的一个重要组成部分。

(一)实施作业控制的两个重要环节

实施作业控制的两个重要环节为产前控制和产中控制。

1. 产前控制

产前控制是生产过程控制的开始，主要是指对投产前各项准备工作的控制，包括技术、物资、设备、动力、劳动力等的准备，以保证投产后整个生产过程能均衡、协调、连续地进行。

2. 产中控制

产中控制即投入出产控制，是指在投料运行后对生产过程的控制。它具体分为投入控制和出产控制两个方面。投入控制(又称投入进度控制)是指按计划要求对产品开始投入的日期、数量、品种的控制，是预先性的控制。出产控制(又称出产进度控制)是指对产品(包括零件、部件)的出产日期、生产提前期、出产数量、出产均衡性和成套性的控制。

产中控制主要是从生产进度与计划进度的对比中发现偏差，观察生产运行状态，分析研究其原因，并采取相应措施纠正偏差。其通常是根据企业不同生产类型，通过一系列进度控制图表加以控制的。

(二)作业控制的手段

作业控制的手段包括生产调度工作、生产作业核算和在制品管理。

1. 生产调度工作

生产调度工作是指组织执行生产作业计划的工作。它包括检查、督促、协助有关部门做好生产作业计划准备工作，检查、了解、控制生产环节的生产进度(投入进度、出产进度、工序进度)，对计划完成情况进行统计分析。

2. 生产作业核算

生产作业核算是指在实施生产作业计划过程中，对生产各阶段、各环节中的原材料投入、在制品流转和产品出产，以及设备运转、维修时间消耗、分析检验等所进行的核算，是为保证作业计划的实现而进行的日常统计、汇总、对比分析工作。

3. 在制品管理

在制品管理是生产作业控制的辅助性手段，是指对在制品的计划、协调和控制工作的总称。它起着调节各车间、工作地、工序之间连续、协调、平稳生产的重要作用。在制品管理工作体现在对在制品的投入、出产、领用、发放、保管、周转等方面，要做到“有数、有据、有手续、有制度、有秩序”。

第四节 网络计划技术

网络计划技术是一种组织生产和进行计划管理的技术与方法，是指应用网络图的形式来表达计划项目或任务的进度安排及其各项工作间的相互关系，并在此基础上进行网络分析，计算网络时间，确定关键路线，进而利用时差不断改善网络计划，选择最优方案并付诸实践，使项目在工期、成本、资源利用等方面达到预定目标。

网络计划技术最适用于大型而复杂的一次性工程，也适用于企业的新产品研制、生产技术准备、机器维修和生产安排等。

一、网络图

(一)网络图的构成

网络图从左到右表示一项工程从开工到完工的整个计划，用箭头直观地反映组成工程的各项活动及相互间的内在关系，故网络图也称工序流程图。

网络图由实箭线“→”、结点“○”、虚箭线“⋯→”及结点和箭线连成的线路构成。

1. 箭线

一条实箭线代表一项作业(工序或活动)。它是劳动过程或消耗时间和资源的行动。箭头方向表示作业进行的方向。一般在箭线上方标明作业的名称，下方标明完成这项作业所需要的时间。虚箭线代表作业之间的关系，但不消耗时间和资源。在网络图中任意两个相邻的箭线，前者为紧前作业，后者为紧后作业。

2. 结点

结点又称节点或事项。它是两项作业的连接点，标志着一项或多项作业的开始或结束，既不占用时间，也不占用资源，仅仅表示作业发生变化的瞬时状态。一般一项工程只有一个总开始事项和一个总结束事项，分别称为始点事项和终点事项。除此之外，其他各事项为中间事项。

3. 路线

路线又称线路或路径。在网络图中，路线是指从始点事项开始沿着箭线方向，连续不断地到达终点事项为止的一条通道。在一个网络图中，一般有多条路线，其中所需时间最长的路线叫做关键路线。关键路线决定着整个项目或工程的工期。

(二)绘制网络图的原则

绘制网络图时，要遵守以下五个方面的原则。

(1)一个网络图只能有一个始点事项和一个终点事项。

(2)网络图的建立一般是从左到右，结点编号不能重复且沿箭线方向由小到大。

(3)相邻两个事项中间只能有一条箭线存在。

(4)在网络图中不允许出现循环路线。

(5)网络图要能正确反映工艺流程，不允许出现没有紧前作业或没有紧后作业的中间事项。

二、网络图时间的计算

(一)作业时间

作业时间是指在一定的条件下，完成一项作业所需要的时间，也称工序时间、工作时间。作业时间的确定有以下两种方法。

1. 单一时间估计法

对作业完成所需要的时间，要凭经验或统计资料，结合现实生产条件，确定一个时间。这种方法适用于不可知因素较少、有先例可循的情况。

2. 三点时间估计法

三点时间估计法对完成一项作业估计以下三种时间。

(1)最乐观时间(最短时间)。其是指在最有利的情况下，完成该项作业可能需要的最短时间，以 a 表示。

(2)最保守时间(最长时间)。其是指在最不利的情况下，完成该项作业可能需要的最长时间，以 b 表示。

(3)最可能时间(正常时间)。其是指在正常情况下，完成该项作业可能需要的时间，以 c 表示。

则该项作业完成时间的平均值(T)为

$$T=\frac{a+4c+b}{6} \tag{6-22}$$

该方法适用于具有随机性、不可控因素较多、没有先例可循的情况，如研究、试验计划，新产品开发项目等。

(二)结点时间参数的计算

1. 结点最早开始时间(T_i^E)

结点最早开始时间是指从该结点开始的各项作业最早可能开始工作的时间。结点最早开始时间从网络图始点开始计算，一般将始点的最早开始时间规定为零，然后按结点编号顺序依次计算其他各结点的最早开始时间，直至终点。其计算公式为

$$T_j^E=\max\{T_i^E+T_{ij}\} \tag{6-23}$$

其中，T_j^E 为结点 j 的最早开始时间；T_i^E 为结点 i 的最早开始时间；T_{ij} 为作业 $i\sim j$ 的作业时间。

2. 结点最迟结束时间(T_i^L)

结点最迟结束时间是指进入该结点的所有作业最迟必须完成的时间。在此时间如果没有完成作业，就会影响后续作业的按时开工。

结点最迟结束时间的计算是从网络图最后一个结点开始，逆箭线方向依次计算。而网络图终点的最迟结束时间就等于它的最早开始时间。结点最迟结束时间的计算公式为

$$T_i^L=\min\{T_j^L-T_{ij}\} \tag{6-24}$$

其中，T_i^L 为结点 i 的最迟结束时间；T_j^L 为结点 j 的最迟结束时间；T_{ij} 为作业 $i\sim j$ 的作业时间。

在网络图中，一般用“□”表示结点最早开始时间，用“△”表示结点最迟结束时间，如图 6-5 所示。

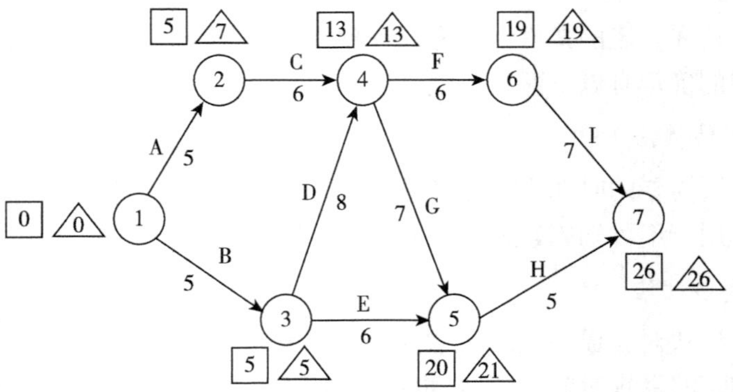

图 6-5　网络图及结点时间计算

(三)作业时间参数的计算

1. 作业的最早开始时间(T_{ES}^{ij})

作业的最早开始时间是指作业最早可以在什么时间开始，其大小等于代表该项作业箭线的箭尾结点的最早开始时间，计算公式为

$$T_{\mathrm{ES}}^{ij}=T_i^E \tag{6-25}$$

2. 作业的最早结束时间(T_{EF}^{ij})

作业的最早结束时间是指作业最早可以在什么时间结束，其大小等于代表该项作业箭线的箭尾结点的最早开始时间加上该项作业本身的作业时间，计算公式为

$$T_{\mathrm{EF}}^{ij}=T_{\mathrm{ES}}^{ij}+T_{ij} \tag{6-26}$$

3. 作业的最迟结束时间(T_{LF}^{ij})

作业的最迟结束时间是指该项作业最迟在什么时间结束，其大小等于代表该项作业箭线的箭头结点的最迟结束时间，即

$$T_{\mathrm{LF}}^{ij}=T_j^{\mathrm{L}} \tag{6-27}$$

4. 作业的最迟开始时间(T_{LS}^{ij})

作业的最迟开始时间是指该项作业最迟应在什么时间开始，其大小等于代表该项作业箭线的箭头结点的最迟结束时间减去该项作业本身的作业时间，计算公式为

$$T_{\mathrm{LS}}^{ij}=T_{\mathrm{LF}}^{ij}-T_{ij} \tag{6-28}$$

(四)时差的计算

作业的时差是指在不影响整个工程项目完工的条件下，某些活动在开工时间安排上可以机动使用的时间，即宽裕的时间。作业的总时差等于作业的最迟开始时间与最早开始时间之差，或者等于作业的最迟结束时间与最早结束时间之差，计算公式为

$$R_{ij}=T_{\mathrm{LS}}^{ij}-T_{\mathrm{ES}}^{ij} \tag{6-29}$$

或

$$R_{ij}=T_{LF}^{ij}-T_{EF}^{ij} \tag{6-30}$$

（五）关键路线的确定

关键路线上各项作业时间之和构成整个工程项目的工程周期。因此，关键路线的长度(时间)决定了工程的工期。如果要缩短整个工程的工期，就必须采取措施，缩短关键路线上某些作业的作业时间。关键路线的确定一般有以下三种方法。

1. 周期比较法

周期比较法是指从网络图始点到终点有多条路线，而延续时间周期最长的路线就是关键路线。

2. 时差法

在网络图中，计算各项作业的时差时，时差为零的作业就是关键作业，而由这些时差为零的关键作业组成的路线即为关键路线。

3. 破圈法

从网络图的始点出发，沿着箭线方向到达另一结点，若存在两条路线就形成了一个封闭的环，即形成一个圈。如果形成圈的两条路线的作业时间不等，可以将其中作业时间较短的一条路线删去，剩下作业时间较长的路线，这个过程叫做破圈。破圈从始点开始，一直到终点为止，最后剩下的就是关键路线。

【例 6-3】 某企业一个工程项目包括九项作业，已知作业时间(单位：天)，则计算结果如表 6-3 所示。

表 6-3　计算结果　　单位：天

作业名称	紧后作业	作业时间	T_{ES}^{ij}	T_{EF}^{ij}	T_{LS}^{ij}	T_{LF}^{ij}	R_{ij}	关键路线
A	C	5	0	5	2	7	2	
B	D、E	5	0	5	0	5	0	√
C	F、G	6	5	11	7	13	2	
D	F、G	8	5	13	5	13	0	√
E	H	6	5	11	15	21	10	
F	I	6	13	19	13	19	0	√
G	H	7	13	20	14	21	1	
H	—	5	20	25	21	26	1	
I	—	7	19	26	19	26	0	√

根据表 6-3 的计算结果，该工程项目的关键路线由关键作业 B、D、F、I 组成，工程的总工期为 5＋8＋6＋7＝26 天。

三、网络计划技术的评价

网络计划技术虽然需要大量而烦琐的计算，但在计算机广泛运用的时代，这些计算大都已程序化。这种技术之所以被广泛地运用，是因为它有一系列的优点。

(1)该技术能清晰地表明整个工程各个项目的时间顺序和相互关系，并指出完成任务的关键环节和路线。因此，管理者在制订计划时可以统筹安排，全面考虑，又不失重点。在实施过程中，管理者可以进行重点管理。

(2)可对工程的时间进度与资源利用实施优化。在计划实施过程中，管理者调动非关键路线上的人力、物力和财力从事关键作业，进行综合平衡。这既可节省资源，又能加快工程进度。

(3)可事先评价达到目标的可能性。该技术指出计划实施过程中可能发生的困难点，以及这些困难点对整个任务产生的影响，有利于管理者准备好应急措施，从而减少完不成任务的风险。

(4)便于组织与控制。管理者可以将工程，特别是复杂的大项目，分成许多支持系统来分别组织实施与控制，这种既化整为零又聚零为整的管理方法，可以达到局部和整体的协调一致。

(5)易于操作，并具有广泛的应用范围，适用于各行各业及各种任务。

复习思考题

1. 举例说明什么是大量生产、成批生产、单件小批生产，并分别描述其特点。

2. 组织生产过程的基本要求是什么？

3. 企业生产管理的目标和基本问题是什么？

4. 生产过程的空间组织有哪几种形式？各有何特点？

5. 某零件批量为 6 件，共有 5 道加工工序，各工序单件加工时间分别为 20 分钟、25 分钟、5 分钟、20 分钟、15 分钟。试计算该批零件在各种移动方式下的加工周期，并作图说明。

6. 某工程作业明细、各项作业的相互关系及各项作业的时间如表 6-4 所示。

表 6-4 各项作业相互关系及时间 单位：天

作业名称	A	B	C	D	E	F	G	H	I	J
紧前作业	—	—	—	—	A	B	B	C	B、D、E	F、H
作业时间	4	5	2	3	3	4	6	5	2	4

要求：①绘制网络图；②计算结点的最早开始时间和最迟结束时间；③计算各项作业的最早开始时间、最早结束时间、最迟开始时间和最迟结束时间；④计算各项作业的总时差，确定关键路线和工程工期。

第七章　企业人力资源管理

第一节　人力资源管理概述

一、人力资源的概念和特征

（一）人力资源的概念

人力资源是指在一定区域范围内具有智力劳动能力和体力劳动能力的人的总和。对于企业而言，人力资源是指在生产过程中投入的具有劳动能力的人的总量。人力资源作为一种经济资源，包括体能和智能两个基本方面。体能即人的身体素质，智能包括智力、知识技能等。

（二）人力资源的特征

人力资源的特征包括以下几点。

(1)人力资源的能动性。这是人力资源区别于物力资源的一个重要特征，也是人和动物的本质区别。人做任何事情总是有目的的，因此在劳动过程中，人力资源始终处于主动地位，可以有效地对自身活动做出选择，调节自身与外部的关系；人还是支配其他一切资源的主导力量，既可以改变劳动对象，也可以创造和使用劳动工具，从而推动社会的发展变化。物力资源正好相反，它在劳动中处于被改造被利用的地位，物力资源服从于人力资源。

(2)人力资源的时效性。人力资源是以人为载体的，因此它与人的生命周期是紧密相连的。人能从事劳动、能被开发利用的时间被限制在生命周期的中间一段时期，当人进入老年期，由于体力和智力的不断衰退，已不适合劳动，就不能再称为人力资源了。当然，在生命的每一阶段，个体所拥有的人力资源有很大的差异性，在管理上，要把握员工的最佳工作状态，使其发挥最好的作用。

(3)人力资源的可再生性。人力资源是一种可再生资源，一方面通过人类的自身繁殖再生；另一方面人可以通过学习、教育或培训得到进一步的提高和再生。随着知识信息时代的到来，以及终身学习理念的广泛传播，人力资源的再生性优势愈发明显。

(4)人力资源的两重性。人力资源的两重性表现在人既是生产者，又是消费者。人是物质财富的创造者，同时其为了维持生存还必须进行物质的消费。生产与消费是相辅相成、密不可分的，它们共同推动社会生产的进一步发展。

(5)人力资源的社会性。人都是生活在一定的历史条件下和社会环境中的，人力资源能力的发挥除了受到自身和组织因素的影响外，还会受到社会环境的影响。社会政治、经济、文化和意识形态的不同，必然导致人力资源总体素质的不同。

二、人力资源管理的概念和内容

(一)人力资源管理的概念

人力资源管理是指对人力资源的取得、开发、保持和利用等方面所进行的计划、组织、指挥、控制和协调的活动。与传统的人事管理相比较，现代人力资源管理以人为核心，将人力资源放在战略的高度，强调人与人关系的调整和人与事的配合，以充分发挥人的潜能，调动人的积极性和创造性，提高工作效率，实现组织的战略目标。

(二)人力资源管理的内容

人力资源管理的基本任务，就是根据企业发展的战略目标，通过人力资源规划、调配、招聘等方式，获得一定数量和质量的各类专业人员，并采取各种措施做好员工的培训和开发，实现人力资本的增值；同时对员工进行选拔、使用、考核和奖励，做到人尽其才、才尽其用，激发员工的工作积极性。具体地说，人力资源管理主要包括以下内容。

(1)进行人力资源规划。其是指对一定时期内的人力资源的需求和供给做出预测，然后根据预测的结果制订出平衡供需的计划等。

(2)工作分析与设计。其主要包括两方面的内容：一是对工作做出明确的规定，确定工作的任务、责任、职权；二是确定各职位任职人员所具备的资格，如学历、专业、年龄、技能、工作经验等。工作分析的结果要利用工作说明书来进行描述。

(3)人力资源的招聘。其是指通过各种途径发布信息，吸引应聘者，录用所需员工。员工的招聘包括两个环节：一是招聘环节，即通过各种手段宣传组织形象，达到吸引应聘者的目的；二是录用环节，即从应聘者中挑选出符合组织要求的人选。

(4)人力资源的培训和开发。其包括建立培训体系、确定培训计划、组织实施培训。通过对员工的知识培训、技能培训、潜能开发和综合素质提升等方式，可以实现员工人力资本的增值。

(5)人力资源的绩效考核和薪酬管理。根据科学合理的评价标准，对员工的工作绩效进行客观、准确、公平的评价，根据评价结果对员工进行不同的奖惩。

第二节　工作分析

一、工作分析的含义

工作分析，也叫职务分析、岗位分析，是指对工作做出明确规定，确定工作的任务、责任、职权，并确定该工作承担者应具备的资格、条件的过程。换言之，工作分析就是全面收集某一工作的相关信息，对该工作岗位从七个方面(简称6W1H)进行调查研究，即对工作人员(who)、工作内容(what)、工作时间(when)、工作岗位(where)、工作服务对象(for who)、如何工作(how)、为什么要进行这项工作(why)进行书面描述，据此制定工作说明书，对该工作做出明确的规定。

工作分析是人力资源管理工作的基础，工作分析的结果是形成书面的工作说明书，工作说明书包括工作描述和工作规范。

(1)工作描述。工作描述是指描述有关工作特征和环境特性的规范性文件，包括职务名称、工作职责与任务、工作权限、工作环境、绩效标准、聘用条件等。

(2)工作规范。工作规范即任职说明，反映了任职资格要求。工作规范说明和规定了从事某工作的员工应具备的知识、技能和能力等内容，主要包括：①一般要求，指年龄、性别、学历、工作经验、工作能力及工作态度等；②生理要求，指健康状况、灵活性、敏感性等；③心理要求，指性格、爱好、观察能力、理解能力等。

二、工作分析的作用

工作分析是人力资源管理活动中的一项重要基础工作，同人力资源管理的其他各项工作有着密不可分的联系，主要表现在以下几个方面。

(1)工作分析为人力资源规划提供了必要信息。通过工作分析，人力资源管理部门才能对各个生产单位、职能科室的工作任务和人力资源的安排与使用有较为精确的统计和计量，从而为人力资源的规划提供了可靠的依据。

(2)工作分析为人员的招聘录用提供了标准。由于工作分析对担任某职位的人员应具备的任职资格做了详尽的规定和说明，组织在招聘录用中就有了明确的标准，减少了盲目性，在一定程度上保证了招聘录用的质量。

(3)工作分析有利于科学评价工作绩效。工作分析使每一职位的工作内容及要达到的标准都有了明确的界定，它既是对员工的要求和指导，又是对员工进行考核的依据，减少了绩效考核的主观因素，提高了考核的科学性。

(4)工作分析有利于制定公平合理的薪酬制度。工作分析对各个职位承担的责任、从事的活动、人员应具备的资格等进行了具体的描述，这样企业就可以根据各个职位在企业中重要性的大小确定不同的报酬，从而确保薪酬的公平性。

(5)工作分析有利于调动员工的工作积极性。在调动员工工作的积极性、主动性方面，工作分析起着重要的推动作用。工作描述是对员工的工作指导，使员工明确自己的工作职责、权限、工作方法和绩效评价标准等；工作规范有助于员工不断审查自己的工作内容和工作行为，主动寻找工作中存在的问题并圆满解决，以提高工作效率。

三、工作分析的步骤

工作分析的步骤如下。

(1)确定工作分析的目标。了解企业的策略、目标，以确定企业工作设定的重点。要明确分析资料到底是用来做什么的，是要解决什么问题的，其目的是对工作分析提出一个主要方向，据此可以确定资料收集的内容和工作分析方法、工作分析的人员。

(2)收集背景资料。对企业所处产业、企业竞争策略、文化、组织结构、职业分类、现有工作描述等因素加以分析，以了解上下隶属关系和左右的平行协作工作关系。但是在使用这些资料时要注意根据企业的具体情况，有选择地加以利用。

(3)选择具有代表性的工作进行分析，即对每个职位系列或类别的工作，找出具有代表性的工作进行分析。

(4)确定资料收集和分析方法，并收集工作分析信息。运用某些方法收集有关工作活动、工作条件、工作人员要求等方面的信息，来进行实际的工作分析。有多种方法可获得工作分析所需要的信息，如观察法、访问法、问卷法等。每一种方法都有优缺点和适用范围，应根据具体情况选择使用。

(5)编写工作说明书。工作说明书也称职位说明书，它在企业管理中的作用非常重要，不但可以帮助任职人员了解其工作，明确其责任范围，还可为管理者的决策提供参考。一般而言，工作说明书由工作描述和工作规范两部分组成。工作描述是指对有关工作职责、工作内容、工作条件及工作环境等工作自身特征所进行的书面描述。而工作规范则描述了工作对人的学历、专业、能力、品格、年龄、工作经历、工作经验、工作能力及工作态度等方面的要求。

四、工作分析方法

在实践中，经过人力资源专家与组织的多年努力，已经形成许多较为成熟的、实用性较强的工作分析方法。常用的工作分析方法主要有以下几种。

1. 访谈法

访谈法是指通过与工作人员本人或其主管进行面谈来收集信息的一种方法。它既可以与每个雇员进行个人访谈，也可以对做同种工作的雇员群体进行访谈，还可以对完全了解被分析的工作的主管人员进行访谈。访谈一般围绕以下内容进行，即工作目标、工作内容、工作的性质和范围、员工在组织中的作用、员工的行动对组织产生的后果等。

访谈法的优点是：访谈法是工作分析中一种应用最广泛的方法，通过与雇员进行访谈，可以发现一些在其他情况下不可能了解到的工作活动和行为；访谈还为组织提供了一个解释职务分析的必要性及其功能的机会。另外，访谈还能使被访者释放对组织的不满，讲出一些平时不被重视的看法；访谈法相对比较简单，效率高，可以迅速收集所要调查的信息。访谈法最主要的问题是：被访者可能出于自身利益的考虑，会采取不合作的态度或有意无意地夸大自己工作的重要性，造成信息的扭曲；工作分析人员对某一工作固有的观念也会影响其做出正确的判断。因此，访谈法一般不单独作为工作分析的方法，而适合与其他方法一起使用。

2. 观察法

观察法是指工作分析人员到现场去查看员工的实际操作情况，予以记录、分析、归纳，并整理为适用的文字资料的方法。使用观察法时要注意，观察人员尽可能不要使被观察者分心，不要干扰其正常工作；还要注意所选择工作样本的代表性。

观察法是一种最简单的方法，对工作者的直接观察使所获得的信息比较客观准确。观察法适用于那些工作内容主要是由体力劳动来完成且重复性较大的工作。其缺点是不适用于以脑力劳动为主或者处理紧急情况的间歇性工作。此外，针对一些员工从事的一些只是偶然发生却非常重要的工作活动，观察法也会失效。

3. 工作日志法

工作日志法是指由任职者本人按时间顺序记录工作过程，然后经过归纳提炼，取得所需工作信息的一种方法。这种方法如果运用得当，可以获取更为准确且全面的信息，并且信息一般不容易遗漏。其缺点是使用范围小，信息缺乏条理，归纳工作烦琐，并且任职者在记录时可能会夸大某些活动，也会对某些活动低调处理，从而影响工作分析的结果。

4. 问卷调查法

问卷调查法是指通过将问题制成问卷发给员工，要求员工在一定的时间内填写，以获取有关信息的方法。调查的问题一般集中于各种工作的性质、工作的特征、工作人员的特征和业绩评价标准等方面。问卷调查表主要有两种：一种是内容具有普遍性，适合于各种职务；另一种是专门为特定的工作职务设计的。

问卷调查法的优点包括：速度快，能迅速得到进行工作分析所需的资料；成本低，比较节省工作分析人员的时间和经费；调查数据可以量化，通过计算机来处理；调查范围广，样本量大，适用于对很多工作者进行调查的情况。其缺点包括：设计理想的调查表需要较大的成本；被调查者可能不积极配合和认真填写调查表，或由于其耐心、文化水平、理解能力等因素，会影响调查的质量。

5. 关键事件法

关键事件法是指工作分析的调查人员、本岗位员工或与本岗位有关的员工，将劳动过程中的关键事件加以记录，在收集大量信息之后对岗位的特征和要求进行分析研究的方法。这种方法主要是认定员工与职务有关的行为，并选择其中最重要、最关键的部分来评定其结果。关键事件记录包括以下几个方面：①导致事件发生的原因和背景；②典型行为的后果；③员工可以控制的范围及努力程度的评估。关键事件法既能获得有关工作的静态信息，也能获得有关工作的动态信息。

关键事件法的优点是：由于研究的中心是在某些关键行为上，而这些行为是可观察和可测量的，所以对职务行为的描述和行为标准的确立可以更加准确。其缺点是比较费时，需要花大量时间去搜集那些关键事件，并加以概括和分类。

第三节　人力资源规划

一、人力资源规划的含义

人力资源规划有时也叫人力资源计划，是指一个组织为了实现自身发展目标，而对所需人力资源进行供求预测，并据此制订或调整相应的政策和实施方案，以确保组织在恰当的时间、恰当的岗位上获得恰当人选的动态过程。

人力资源规划的目标是：确保企业在适当的时间和不同的岗位获得适当的人选，满足企业对人力资源的需求；最大限度地开发利用企业内部现有人员的潜力，使企业及员工的需要得到充分满足。

二、人力资源规划的作用

人力资源规划的作用包括以下几点。

(1)人力资源规划有利于企业发展战略的制定。企业的发展战略是未来的一种规划，它先要考虑的是企业可以挖掘的各种潜在的资源，其中尤以自身的人力资源状况作为重点加以考虑，如果人力资源供给无法满足未来目标，那么就需要对战略进行调整。因此，人力资源规划与战略目标存在着密切的联系：一方面，人力资源规划以企业的战略目标为宗旨；另一方面，人力资源规划又有助于企业战略目标的制定，并最终促使企业实现整体目标。

(2)人力资源规划有助于满足企业对人力资源的需求。任何组织都处于复杂多变的内外环境之中，企业为了自身的生存和发展，必须随着环境的变化进行相应的调整，如改变组织结构等。另外，组织内部其他因素也在发生着变化，如员工的辞职、岗位的调动、职务的升降等。这些调整和变化必将影响到人力资源的数量和结构的变化。企业如果不能事先对人力资源的状况进行分析，采取有效措施，必然会使企业面临人员供给不足的问题，直至陷入窘境。因此企业为了保证人员的供给，就必须提前了解这些变化，并制定出相应的措施，以实现企业的最终目标。

(3)人力资源规划可以降低企业人工成本。人力资源在为企业创造价值的同时，也给企业带来一定的成本开支，由于市场竞争和通货膨胀等因素，人力资源成本有可能使企业的负担大大加重。而企业是以实现利润最大化为主要目标的，应避免出现人员的浪费和成本的加大，所以不可能使拥有的人力资源超出自己的要求。企业通过人力资源规划，预测组织员工的数量变化和结构变化，并做出调整，就可以将员工的数量和质量控制在合理的范围内，从而减少人工成本的支出。

(4)人力资源规划有助于调动员工的积极性、创造性，满足员工需求。现代人力资源管理要求企业在实现战略目标的同时，尽可能满足员工的多层次需求。人力资源规划展示了未来的发展机会，使员工明确自己未来可以得到的满足程度，这样员工的工作积极性才会被调动起来，才能充分发挥每个人的主动性和创造性；否则，员工看不到自己的前途，他们的积极性就会受到不同程度的削弱和抑制，长此以往，将导致人员的流失。流失的人员过多，就会大大削弱组织的整体实力，使企业的发展陷入恶性循环。

三、人力资源规划的分类

在实践中，人力资源规划存在着不同的形式，按照规划的时间、范围和性质，人力资源规划可以分为以下几种。

(1)按照规划的时间划分，人力资源规划可分为短期规划、中期规划和长期规划。短期规划是指时间在一年以内的规划，此类规划时间短，目标明确，内容具体，操作性较强。长期规划是指时间在五年以上的规划，由于时间长，很多因素不能准确预测，因此具有指导性，应随着具体现实情况的变化而不断调整。中期规划介于短期规划和长期规划之间，一般指一年以上五年以内的规划。

(2)按照规划的范围划分，人力资源规划可分为整体的人力资源规划、部门的人力资源规划及某项任务或工作的人力资源规划。整体的人力资源规划是指在整个企业范围内进行的人力资源规划，它将企业的所有部门都纳入规划的范围之内。部门的人力资源规划是指在某个或几个部门内进行的人力资源规划。某项任务或工作的人力资源规划是指企业为了完成某项工作或任务而制定的人力资源规划。

(3)按照规划的性质划分，人力资源规划可分为战略性人力资源规划和战术性人力资源规划。前者具有整体性、全局性和粗线条性，后者一般更具体和更详细。

四、人力资源规划的内容

人力资源规划的内容包括两个方面：一方面是人力资源总体规划；另一方面是人力资源业务规划。人力资源总体规划是关于组织在规划期内人力资源开发和利用的战略目标、政策的总体筹划安排。而人力资源业务规划是总体规划的分解和具体落实，大致包括以下几个方面。

(1)人员补充更新规划。人员补充更新规划是指在企业内外部环境和条件发生变化的情况下，通过对人力资源供给与需求状况的分析，预测职位可能出现的空缺，并采取相应措施的一种动态的规划过程。人员补充更新规划可以改变企业内部人力资源配置与企业总体目标不相适应的情况，是企业总体规划的一个重要组成部分。

(2)人力资源管理制度建设规划。人力资源管理制度是企业人力资源管理系统有效运行的基本保证，企业要保证人力资源总体规划目标的实现，就必须不断建立、健全和完善企业人力资源管理的制度体系，使人力资源管理的吸引、录用、维持、评价发展等基本职能得到充分的发挥。

(3)人员变动规划。根据组织管理机构的需求和员工的表现，及时对有特殊才能的人给予晋升，而对不能胜任岗位的工作人员进行解聘或内部调整，以实现企业人员的最佳配置。

(4)培训开发规划。为了使员工与工作岗位相适应，必须制定相应的培训和开发规划。它包括企业全员培训开发规划、员工职业技能的培训计划、专门人才的培养计划等。通过培训，端正员工的工作态度，树立良好的工作作风，提高员工的个体素质和企业整体素质，增强企业智力资本的竞争优势。

五、人力资源规划的步骤

制定人力资源规划通常包括以下几个步骤。

(1)分析人力资源规划的前提条件。人力资源规划的前提条件分为内部条件和外部条件。内部条件是指组织结构、组织的发展战略、企业的技术设备特点、产品的销售状况、员工的知识能力、价值取向等；外部环境是指组织的外部经营环境和市场环境，如人力资源市场的供求状况、劳动者的文化素质水平、本地区的工资水平、人们的择业偏好、国家的法律政策等。这些内外部条件不同程度地影响着人力资源规划，应当对它们有明确的认识和科学的分析。

(2)分析组织人力资源现有状况。按照组织战略和目标，对当前现有人力资源的整体状况进行全面系统的分析，包括人力资源数量、质量，员工调整流动情况，员工的薪酬福利待遇水平，人力资源结构比例等。充分挖掘现有的人力资源潜力，满足组织人力资源的需求，并找出人力资源的实际状况与理想状况之间的差距。

(3)人力资源供求状况预测。人力资源供求状况预测是人力资源规划中技术性较强的工作，企业人力资源部要运用各种定量和定性的分析手段和方法，预测企业各个部门未来人力资源需求和供给状况，为制定科学的人力资源规划奠定基础。

(4)制定人力资源规划。根据以上分析和预测，制定人力资源总体规划和各项业务规划，并明确规划完成的期限。同时要注意协调人力资源规划与内部各项业务规划之间的关系，以确保各规划之间的互相衔接和平衡，实现人力资源规划的预期目标。

(5)执行人力资源规划。人力资源规划制定后就要全力以赴地执行，同时要设置执行过程中的监督和控制机制，以保证人力资源规划的实施。

(6)设置人力资源规划的评估和反馈系统。当人力资源规划执行完毕时，要及时评估有关规划的效果，评估者可以来自执行者或部门的上级和平级，找出规划的不当之处并做适时修正，从而确保规划的可操作性和连续性。

第四节　人力资源招聘与培训

一、人力资源的招聘

人力资源的招聘是指企业为了发展的需要，根据人力资源规划和工作分析的要求，寻找、吸引、选拔、录用企业所需人员的过程。

(一)招聘程序

人员的招聘一般经过以下程序。

(1)制订招聘计划。招聘计划要以企业的实际情况和人员的增补计划为依据，主要包括以下几个内容，即发布招聘信息的时间和方式、招聘的地域和时间范围、招聘小组人选及负责人、招聘测试的方法、应聘者的条件、招聘经费预算等。

(2)发布招聘信息。招聘信息的发布要广泛及时。可选择在人才市场或报纸、杂志、广播、电视、互联网等媒体发布招聘信息。

(3)人员选拔。人员选拔的目的是从应聘者中选出符合组织需要的各类人才。人员选拔过程一般包括初选和精选两部分。初选包括人员的登记、求职者的背景和资格的审查及初步面试；精选包括笔试、面试、体检等。在选拔中根据不同情况采用不同的测试技术，主要有心理测试、知识考试、情景模拟、面试等。

(4)人事决策。人事决策是招聘的最后一个环节，根据测试结果确定人选，订立聘用合同，并进行试用和培训。

(二)招聘途径

人员招聘的途径包括两个方面，即内部招聘和外部招聘。招聘不都是对外的，事实上，企业内部人员也是空缺岗位的后备人选，而且有越来越多的企业开始注重从内部招聘人员。

内部招聘与外部招聘各有利弊，两者基本上是互补的，企业可以根据企业的战略、企业经营环境和岗位的重要程度及招聘职位的紧急程度来确定具体的招聘途径。内部招聘与外部招聘各有利弊，其优缺点分析见表7-1。

表7-1 内部招聘与外部招聘优缺点分析

比较内容	内部招聘	外部招聘
来源	内部公开招募	推荐
	内部提拔	自荐
	岗位轮换	职业介绍机构
	横向调动	各类学校和人才培养机构
	返聘	
招聘方法	发布内部招聘广告	发布招聘广告
	查阅档案材料	借助中介机构
	员工推荐	校园招募
	管理层指定	参加人才交流会
	执行晋升规划	网上招聘
优点	了解全面，准确性高	人员来源广，选择范围大，有利于招到一流人才
	可鼓舞企业员工士气，激励员工进取	新雇员能带来新思路和新方法
	应聘者可更快地适应工作	可以平缓内部竞争者的矛盾
	选择费用低	
缺点	来源局限于企业内部，选择面窄	新雇员不了解企业情况，进入角色慢
	容易造成近亲繁殖	易出现选拔失误
	可能会引起内部竞争者之间的矛盾	内部员工的士气受到打击

二、人力资源培训

企业中的人员培训是指企业为了实现企业自身和员工个人的发展目标，有计划地对全体或部分工作人员进行培养和训练的管理活动。

(一)培训的意义

有计划的人力资源培训的意义包括以下几个方面。

(1)员工培训是增强企业竞争力的有效途径。随着知识和技术更新速度的加快，企业需要不断创新和引进新设备、新技术、新工艺、新知识，这就要不断地对员工进行培训。通过培训可以增强员工对企业决策的理解和执行能力，使员工掌握先进的管理方法、技术，不断提高企业的市场竞争力。

(2)员工培训是提高企业员工素质、调动员工积极性的一个重要渠道。在现代企业中，培训已经成为激励员工的一项重要手段。加强对员工的培训，可以提高员工的专业技能与综合素质，极大地开发员工的潜能，最大限度地调动员工的工作积极性，不断提高员工的工作效率和工作质量。

(3)员工培训是建立优秀组织文化的一个有效方式。每个组织都有自己的文化、价值观、基本行为准则，员工培训的重要目标就是要通过对组织中各个成员，特别是对新聘管理人员的培训，使他们能够根据环境和组织的要求转变观念，逐步了解并融于组织文化之中，形成统一的价值观，按照组织中普遍的行为准则来从事管理工作，与组织目标同步。

(二)培训的基本程序

从人力资源的开发与管理来看，员工培训通常分为培训需求分析、培训计划的制订与实施、培训效果评估三个阶段，如图 7-1 所示。

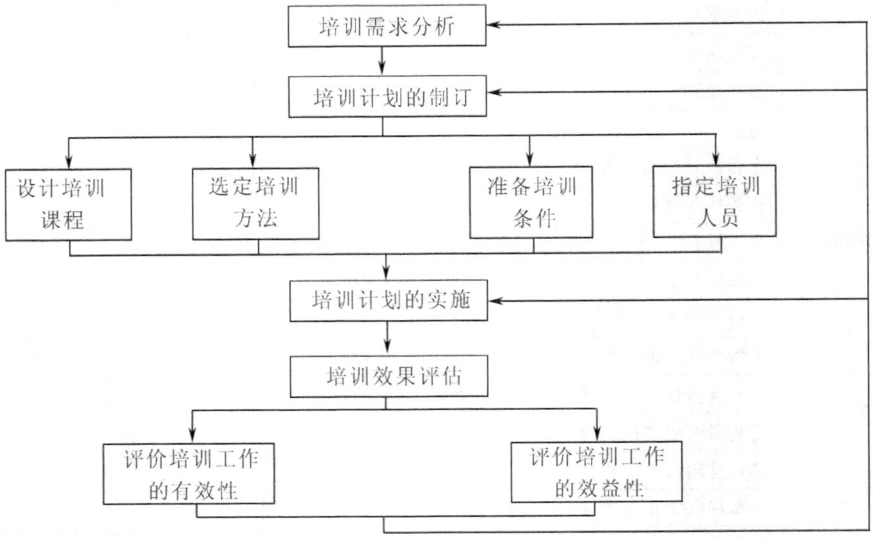

图 7-1　员工培训的基本程序

(三)培训的基本方法

培训的基本方法包括以下几个。

(1)授课法。授课法是指由培训者向众多学员讲解培训内容，培训者一般是该方面的专家。这种方法可以在同一时间内培训许多人，成本比较低，而且对于智力活动多一些的工作，用讲授的方式更现实、更有效。授课过程中，可广泛采用现代视听技术、网络技术等媒体，采用案例教学、研讨会等多种形式进行培训。

(2)学徒制。"师傅带徒弟"是一种古今中外都流行的培训方法。师傅对徒弟的培训内容包括技术、工艺、操作、服务技巧、办事方法等。这种方法通常能节省成本，因为学徒工的工资报酬相对较低，但该方法对师傅的能力素质要求比较高。

(3)工作轮换。这是一种在职培训的方法，目的在于扩展员工的知识和技能，使其胜任多方面的工作，同时增加工作的挑战性和乐趣，企业因此会在人员调配上获得更大的灵活性。

(4)外派学习。这是企业对某些员工指定外出学习培训的方法，一般是指定到公司总部或其他企业、学校进行有目的的学习。这种培训一般是为了另行安排员工的工作岗位。

(5)自学。集体培训应当与自学相结合。除员工自发地自主学习外，企业也可指定甚至提供学习资料，提倡或要求员工利用业余时间自学。不少企业还用支付部分学费的方法鼓励员工自行参加社会组织的教育或培训。

第五节　绩效考核

绩效一般包括两方面的含义：一方面是指员工的工作结果；另一方面是指影响员工工作结果的行为、表现及素质等。所谓绩效考核，就是根据人力资源管理的需要，考核员工的工作结果及影响其工作结果的行为、表现和素质特征的活动。其本质是考核组织成员对组织的贡献和态度，或者对组织成员进行价值评估。它是管理者与员工之间为提高员工能力、改进企业绩效、实现组织目标而进行的一种管理沟通活动。因此，绩效考核本身不是目的，而是手段。

一、绩效考核的作用

绩效考核作为人力资源管理的一个职能，为各项人事决策提供客观依据，其主要作用包括以下几个方面。

(1)为员工薪酬管理提供依据。绩效考核为每一位员工得出一个考核结果，这个考核结果无论是描述性的，还是量化的，都可以作为员工的薪酬调整和奖金发放的重要依据。由于考核结果是公开的，要获得员工的认同，因此以它作为依据是有说服力的。

(2)为员工职务调整提供依据。员工的职务调整包括晋升、降职、调岗，甚至辞退。绩效考核的结果会客观地对员工是否适合该岗位做出明确的评判。基于这种评判而进行的职务调整，往往会让员工本人和其他员工接受和认同。

(3)为员工培训提供依据。有效的员工培训必须针对员工目前的行为、绩效及素质同其职务规范、组织发展要求方面的差距来进行，以确定培训目标、内容及方式。这样可以发现员工的长处与短处、优势与劣势，从而制订具体的培训计划。

(4)为员工奖惩提供依据。为了真正地鼓励员工向优秀者学习，防止不负责任的现象蔓延，要对忠于职守、踏实工作、成绩优秀者给予精神或物质的奖励，对不负责任、偷工减料、绩效低劣者给予惩戒。对员工绩效考核的结果则是管理者执行奖惩的重要依据。

(5)能帮助和促进员工自我成长。员工在工作中取得成绩和进步，通过绩效考核，得到组织的承认和主管领导的肯定，这可以更好地激励其发挥技能和潜力。另外，员工可以通过绩效考核认识到自己的缺点和不足，从而对其起到鞭策的作用。

(6)能改进管理者与员工之间的关系。在绩效考核活动中，主管领导将考核与测评的情况，通过面谈和其他途径向员工反馈，并听取员工的看法，了解彼此对工作的期望，这样可以促进管理者与员工之间的沟通，进一步融洽双方的工作关系。

二、绩效考核的内容

绩效考核的具体内容取决于绩效考核活动的目的。在企业中，绩效考核的典型做法是围绕员工的德、能、勤、绩四个方面来进行考核。

(1)德主要是指员工的道德品质、思想觉悟、政治倾向和价值取向等。

(2)能主要是指员工从事工作的实际能力，包括技能、学识、智能和体能等。

(3)勤主要是指员工的工作态度和表现，包括出勤率、纪律性、干劲和主动性等。

(4)绩主要是指员工的工作效率及效果，包括员工完成工作的数量、质量、速度及效益等。绩与德、能、勤之间有着内在的因果关系，绩是企业对员工的最终期望，是考核的根本内容。

在实际工作中，企业的绩效考核一般主要围绕三个方面进行，即个人特征、工作行为和工作结果，具体内容见表 7-2。

表 7-2　企业绩效考核内容三要素

个人特征	工作行为	工作结果
职务知识	执行任务	销售额
强项	服从指导	生产水平
眼手协调	汇报问题	生产质量
商业知识	维护设备	损耗量
成就需要	维修记录	事故次数
社交需要	遵循规则	设备修理次数
独立能力	正常出勤	服务的顾客数
忠诚心	递交建议书	顾客满意度
正直	工作时不吸烟	
创造力		
领导能力		

三、绩效考核的一般程序

绩效考核的效果很大程度上取决于考核系统的设计、考核方法的选择和实施过程的安排。一般而言，完整的绩效考核程序必须包括以下步骤。

(1)规划和设计。一旦要对员工进行考核，单位领导人和人事主管部门应着手制定考核活动的实施规划，明确考核的目的、要求和内容，设计考核方案和具体执行办法，发布相应的文件。

(2)组织和动员。成立相应的组织机构和工作小组，指定工作人员，明确职权划分。在考核对象或全体工作人员范围内进行实际操作前的动员，说明考核的目的、内容、方法、要求及考核结果的运用方式，以使工作人员端正态度，消除其有意无意的抵制行为和抗拒心理。

(3)技术准备和人员培训。根据工作(职务)分析的结果，确定具体的考核标准，制备考核所需的各种表格和工具。对考核工作人员进行特别的培训，提高他们的业务能力，减少考核评定中人为的非正常误差。

(4)收集绩效信息和填报表格。按照拟订的考核方案，收集考核所必需的绩效信息(其中包括日常工作记录等资料)；安排有关人员填写各种考核表格，以期全面反映考核对象的绩效情况。

(5)审核。对收集和填报的初始信息资料进行审查与核实，剔除虚假信息，修正有误差的资料。

(6)分项统计与评定。对不同的考核指标，按标准或专门设计的方法进行分项计数或计量统计计数。而对不可直接统计分析的指标项目，由特定的评议委员会按照标准系统设计的规则和数据加以评定。

(7)信度检验。对分项统计和评定质量进行检查和验证，提高统计的准确性和评定的一致性。若发现统计和评定质量不符合要求，应及时反馈调整，复核统计或重新评定。

(8)数据处理和排序。按一定的规划，将分项统计和评定的结果加以综合运算，利用运算结果区分绩效水平的优劣、等级，并将其作为相关决策的依据。

(9)考核结果的确认和通告。对排序得出的人员考核初步结果加以确认，对不合理的考核结果与排序需通过复议予以调整或重新评定和分析。然后将最终结果在一定的范围(大到全体员工，小到考核对象本人)进行通告。

(10)结果运用。按最终确定的考核结果，对考核对象的服务、职称、工资、奖惩、培训等做出合理的安排。

绩效考核的一般程序如图 7-2 所示。

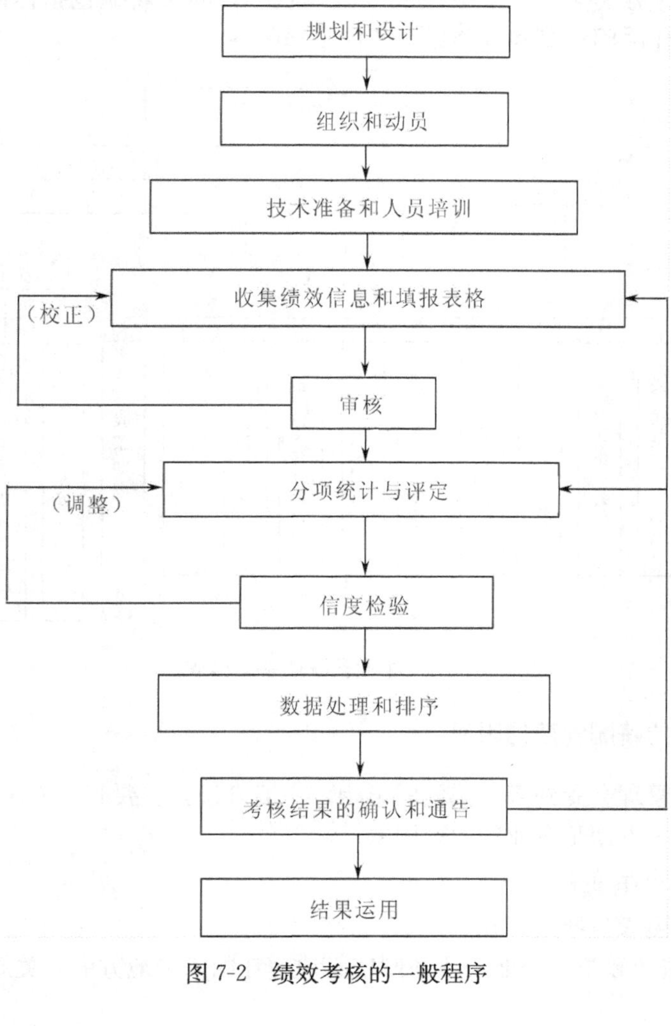

图 7-2　绩效考核的一般程序

第六节　薪酬管理

一、薪酬的含义及其内容

从广义来理解，薪酬是指员工为企业付出的劳动的回报。员工在组织中工作所得到的回报包括组织支付给员工的工资和所有其他形式的奖励，内容非常复杂。其中既包括以货币收入形式来表现的外在报酬，也包括以非货币收入形式表现的内在报酬。在这种内在报酬中，包括参与决策、较大的工作自主权、较大的责任、有兴趣的工作、个人成长的机会和活动的多元化等。

薪酬体系的基本内容可以概括为图 7-3。在人力资源管理中，我们把外在报酬作为员工薪酬体系研究的重点。从概念上讲，员工的外在报酬是指由于就业关系的存在，员工从企业得到的各种形式的财务收益、服务和福利。通常意义上的薪酬是指这种外在报酬，也就是狭义的薪酬。它可以分为直接薪酬和间接薪酬。直接薪酬包括基本工资、加班及假日津贴、绩效奖金、利润分享和股票期权等。间接薪酬包括休闲设施及额外津贴、假日等非工作时间付酬和各类保险和社会保障等。

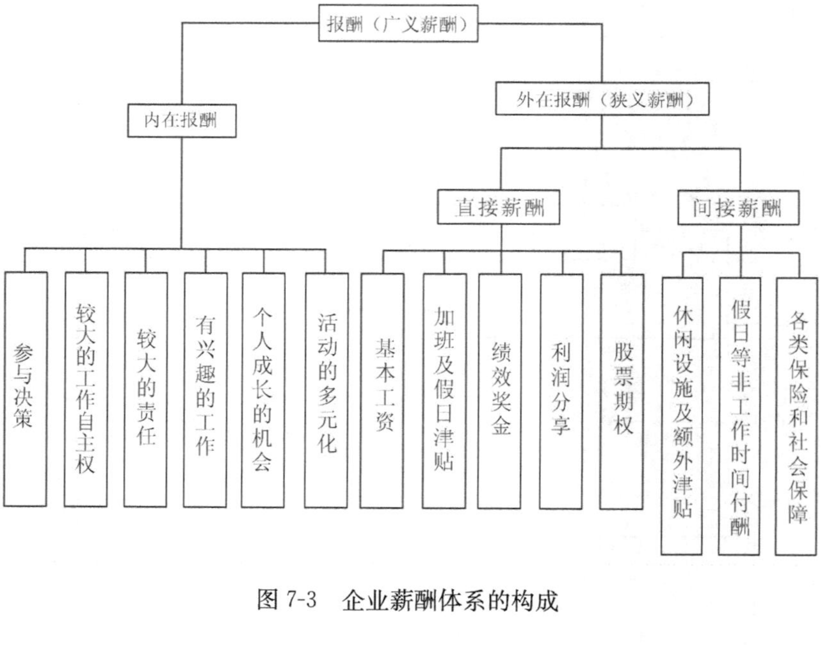

图 7-3　企业薪酬体系的构成

二、影响企业薪酬管理的因素

企业的薪酬管理会受到多种因素的影响，一般来说，主要有两方面：一方面是企业的外部因素；另一方面是企业的内部因素。

(一)企业的外部因素

企业的外部因素包括以下几点。

(1)国家的法律政策。企业薪酬的制定必须遵守国家和地方的有关规定。例如，《中华人民共和国劳动法》(简称《劳动法》)中的最低工资制规定了企业支付薪酬的下限。国家的一些政策，如财政政策、货币政策等，对企业的薪酬水平也会产生影响。

(2)劳动力市场上的供求状况。劳动力市场上的供求变化，影响了企业薪酬水平的变化。在企业需求一定的情况下，当劳动力供大于求时，员工可以接受较低的薪酬；当劳动力供不应求时，企业只有提高薪酬，才能吸引和留住人才。

(3)当地的生活水平。当企业进行薪酬管理时，必须考虑当地的生活水平，以维持和保障员工的生活。随着生活水平和物价水平的提高，企业的薪酬水平也应该提高。

(4)行业薪酬水平。当其他行业或本行业的其他企业的薪酬水平上升时，为了保障外部的公平性，本企业也要提高薪酬水平，以防止人员的流失。

(二)企业的内部因素

企业的内部因素包括以下几点。

(1)企业经济效益。企业经济效益影响到企业的支付能力，当企业经济效益较好时，可以适当提高员工薪酬；当企业经营状况不佳时，则可能倾向于降低薪酬，以降低企业经营成本。

(2)劳动差别。劳动差别主要表现在岗位劳动差别和个体劳动差别上。岗位劳动差别主要是指各岗位在工作难易、责任轻重、危险高低及环境好坏等方面的差异。个体差别主要是指个人的学历、工作经验、对企业的贡献等方面的差别。

(3)员工特征。员工特征决定了各个不同员工的薪酬水平和薪酬体系的构成。这些个人因素主要有教育程度、年龄构成、资历因素、发展潜力、特定人力资源的稀缺性等。

(4)组织规模。组织规模考虑的是因规模原因而造成的员工薪酬等级的差别，规模较小的企业就不必将员工的薪酬划分为许多的等级，因为比较容易了解员工的需求，能方便地设计出有针对性的薪酬方案。相反，规模较大企业的薪酬等级较多，员工的复杂程度也较高，所以薪酬体系设计起来就比较复杂。

(5)企业的发展阶段。企业处于不同的发展阶段，经营的特点是不同的，薪酬水平也是不同的。一般在企业的发展成熟期，薪酬水平较高；而在企业的开创期和衰退期，薪酬水平较低。

三、常见的薪酬制度

薪酬制度是指由企业根据劳动的复杂程度、精确程度、负责程度、繁重程度和劳动条件等因素，将各类薪酬划分等级，按等级确定薪酬的一种制度。常见的薪酬制度有技术等级薪酬制、职务等级薪酬制、岗位等级薪酬制、结构薪酬制、岗位技能薪酬制、年薪制等。

(1)技术等级薪酬制是指按劳动技术的复杂程度等因素划分为不同的等级，并规定相应的薪酬，然后再对员工的技术水平进行评价，确定其薪酬水平的薪酬制度。这是一种适用于技术工人的薪酬制度。

(2)职务等级薪酬制是指根据员工所履行职务的种类与完成某一特定职位工作能力等级确定薪酬等级的一种薪酬制度。这种薪酬制度往往较多地在管理技术岗位上使用。

(3)岗位等级薪酬制是指按照员工在生产中的工作岗位确定薪酬等级和薪酬标准的

一种薪酬制度。这种薪酬制度多用于企业工人岗位的薪酬管理。

(4)结构薪酬制是指按照薪酬的各种职能将其分为相应的几个组成部分，分别确定薪酬额的一种薪酬制度，一般包括基本工资、年终工资、职位工资、效益工资、技能工资等。

(5)岗位技能薪酬制是指以岗位的劳动技能、劳动责任、劳动强度和劳动条件为基础而确定薪酬的一种基本制度。它建立在岗位评价的基础上，充分突出薪酬中岗位和技能这两个结构单元的特点。

(6)年薪制是指以企业的有关经营业绩指标为依据，确定经营者年度薪酬的一种制度。它以企业会计年度为时间单位计发工资，主要用于公司经理和高层管理人员。

四、激励性薪酬计划

薪酬的支付方式决定了企业能不能通过薪酬激励员工，以充分发挥他们的最大能力。战略性的薪酬管理越来越要求企业为员工提供多样化的、非结构化的变动式薪酬，这种激励性薪酬计划主要考虑的是薪酬与员工绩效的联系和员工薪酬与企业目标相结合两大问题。通过激励性薪酬计划的实施，企业希望使员工明白什么对企业来说是很重要的，即什么是对企业有利的态度、行为和结果，以强化员工在特定绩效目标上的努力，增强员工的责任感和主体意识，将员工成果与企业利益有机地联系起来。企业确定的薪酬水平不应该完全服从于市场价格，而应该取决于对以下三种因素的综合评价。

(1)企业能够吸引并保留适当人员所必须支付的薪酬水平。

(2)企业有能力支付的薪酬水平。

(3)实现企业的战略目标所要求的薪酬水平。

在那些处于迅速成长阶段的企业中，经营战略是以投资来促进企业成长的。为了与这个经营战略保持一致，企业的薪酬策略应该刺激企业形成一个有魄力的创业型的管理团队。要做到这一点，企业应该着重使高额薪酬与高中等程度的刺激和鼓励相结合，因为风险越大，薪酬应越高。在处于成熟阶段的企业中，经营战略基本上是以保持利润和保护市场为目标，因此，薪酬策略应该是基本工资和福利要大于市场水平。在处于衰退阶段的企业中，经营战略是收获利润开发新领域投资，要实现这样一种战略目标，就必须使标准福利和低于中等水平工资相结合，并且重视成本控制，配合适当的刺激和奖励政策。表 7-3 描述了薪酬策略与企业发展阶段的关系。

表 7-3 薪酬策略与企业发展阶段的关系

组织特征	企业发展阶段			
	初创阶段	成长阶段	成熟阶段	衰退阶段
人力资源管理特点	创新、吸引关键人才、刺激创业	招聘培训	保持一致性、奖励管理创新	减员管理、强调成本控制
经营战略	以投资促发展	以投资促发展	保持利润和保护市场	收获利润并开展新领域投资
风险水平	高	中	低	中—高
薪酬策略	个人激励	个人—集体激励	个人—集体激励	奖励、成本控制
短期激励	股票奖励	现金奖励	利润分享、现金奖励	
长期激励	股票期权(全面参与)	股票期权(有限参与)	股票购买	

续表

组织特征	企业发展阶段			
	初创阶段	成长阶段	成熟阶段	衰退阶段
基本工资	低于市场水平	等于市场水平	高于/等于市场水平	低于/等于市场水平
福利	低于市场水平	低于市场水平	高于/等于市场水平	低于/等于市场水平

复习思考题

1. 人力资源的含义是什么？它有哪些特征？
2. 工作分析包括什么方法？
3. 企业进行人力资源规划有什么作用？
4. 人力资源招聘有哪些方式？企业应如何吸引应聘者？
5. 企业如何对员工进行绩效考核？
6. 影响薪酬管理的因素是什么？

第八章　企业财务管理

第一节　财务管理概述

一、财务管理的概念

企业财务是指企业在生产经营过程中的资金运动及其所体现的经济利益关系。它包括财务活动和财务关系两个密切联系的方面。企业财务管理是指基于企业再生产过程中客观存在的财务活动和财务关系产生的，利用价值形式对企业进行生产经营管理，是组织财务活动、处理企业同各方面财务关系的一项综合性管理工作。因此，要理解企业财务管理的概念，就必须了解企业再生产过程中的资金运动，以及由此引起的企业同各有关方面发生的经济利益关系。

（一）企业的资金运动

资金运动是指企业在生产经营过程中，现金变为非现金资产，非现金资产又变为现金，这种周而复始的流转过程。资金运动表现为资金的循环和周转。

工业企业的资金随着生产经营活动的进行，不断地改变形态，经过供应、生产、销售三个过程，周而复始地进行循环和周转。

在供应过程中，企业以货币资金购买原材料等各种劳动对象，为进行生产储备必要的物资，货币资金就转化为流动资金中的储备资金。

在生产过程中，工人利用劳动资料对劳动对象进行加工。这时，企业的资金由原来的储备资金转化为产品形式的生产资金。同时，在生产过程中，一部分货币资金由于用于支付职工的工资和其他费用而转化为产品，成为生产资金。此外，在生产过程中，企业以货币资金购买的厂房、机器设备等固定资产因使用而磨损，这部分磨损的价值通常成为折旧，转移到产品的价值中，也构成生产资金的一部分。当产品制造完成时，生产资金又转化为成品资金。

在销售过程中，企业将产品销售出去获得销售收入，并通过银行结算取得货币资金，成品资金又转化为货币资金。企业再将收回的货币资金的一部分重新投入生产，继续进行周转。

企业资金从货币资金开始，经过供、产、销三个阶段，依次表现为固定资金、生产储备资金、在产品资金、成品资金等各种不同的形态，然后又回到货币资金的过程，就是资金的循环；不断重复的资金循环就是资金的周转。

企业资金流动既表现为资金形态的变化过程，即资金的循环和周转，又包含特定的经济内容。

企业资金运动的过程，如图 8-1 所示。

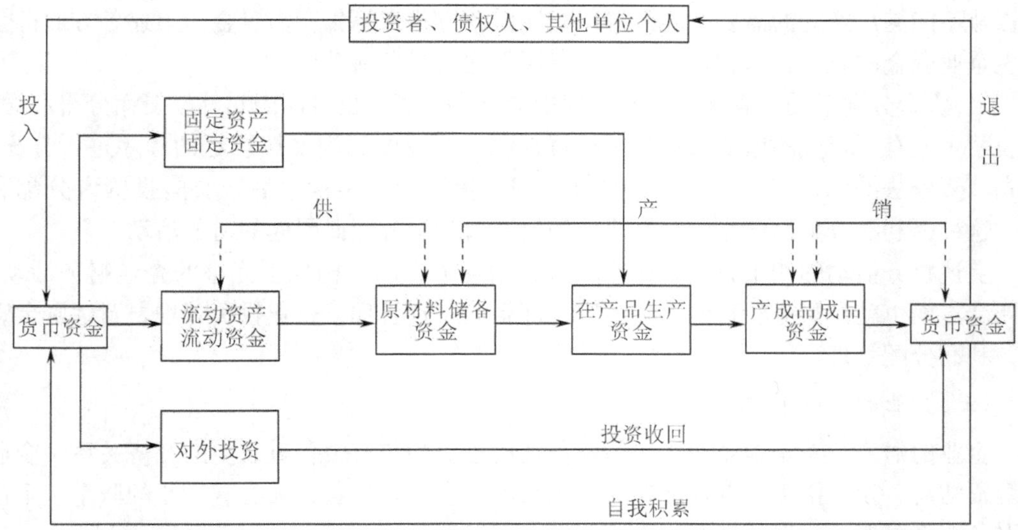

图 8-1　企业资金运动的过程

注：图中虚线代表供产销的形态

(二)企业财务活动

企业财务活动是企业资金收支活动的总称。资金运动过程的各阶段总是与一定的财务活动相对应的，或者说，资金运动形式是通过一定的财务活动内容来实现的。从生产企业来看，资金运动的经济内容包括资金的筹集、投放、耗费、收入和分配。因此，财务活动也指企业资金的筹集、投放、使用、收回及其分配等一系列行为。从整体上讲，企业财务活动可分为以下四个方面。

(1)筹资活动。企业要进行生产活动，先必须从各种渠道筹集资金。企业的资金来源主要有两种：一是企业的自有资金，可通过向投资者吸收直接投资、发行股票、企业内部留存收益等方式取得。二是企业的债务资金，可通过从银行借款、发行债券、利用商业信用等方式取得。企业通过发行债券或股票等方式筹资会产生资金的流入。而支付利息、股利等会产生资金的流出。这种因为资金筹集而产生的资金收支，便是由企业筹资而引起的财务活动。

(2)投资活动。企业取得资金后必须将资金投入使用，以谋求最大的经济效益。企业资金投放可分为对内和对外两种方式。企业把筹集到的资金投资于企业内部用于购置固定资产、无形资产等，便形成企业的对内投资；企业把筹集到的资金用于购买其他企业的股票、债券或与其他企业联营进行投资，便形成企业的对外投资。无论是企业购买内部所需各种资产，还是购买各种证券，都需要支出资金。而当企业变卖对内投资的各种资产或收回对外投资时，则会产生资金的流入。这种因企业投资而产生的资金的收支，便是由投资而引起的财务活动。

(3)资金营运活动。企业在正常的经营过程中，会产生一系列的资金收支。首先，企业要采购材料或商品，以便从事生产和销售活动，同时，还要支付工资和其他营业费用；其次，当企业把产品或商品售出后，便可取得收入，收回资金；最后，如果企业现有资金不能满足经营的需要，还需采取短期借款方式来筹集所需资金。上述各方面都会产生企业资金的收支，这就是因企业经营而引起的财务活动。

(4)资金分配活动。企业在经营过程中会产生利润，也可能因对外投资而分得利润，这表明企业有了资金的增值或取得了投资报酬。企业的利润要按规定的程序进行分配。首先，要依法纳税；其次，要用来弥补亏损，提取公积金；最后，要向投资者分配利润。这种因利润分配而产生的资金收支便属于由利润分配而引起的财务活动。

上述财务活动的四个方面是相互联系、相互依存的，构成了完整的企业财务活动，这四个方面也就是财务管理的基本内容，即企业筹资管理、企业投资管理、营运资金管理、利润分配管理。

(三)企业的财务关系

企业的财务关系是指企业在组织财务活动过程中与有关各方发生的经济关系，企业的筹资活动、投资活动、营运活动、分配活动与企业内外各方面有着广泛的联系，企业的财务关系可概括为以下几个方面。

(1)企业与国家之间的财务关系。企业与国家之间的财务关系主要体现在两方面：一方面是国家为实现其职能，凭借政治权利，无偿参与企业收益的分配，企业必须按照税法规定向国家缴纳各种税金，包括所得税、流转税、资源税、财产税和行为税等；另一方面是国家作为投资者，通过授权部门以国有资产向企业投入资本金，依据投资比例参与企业利润的分配。前者体现的是强制和无偿的分配关系，后者体现的是所有权性质的投资与受资关系。

(2)企业与其他投资者之间的财务关系。企业为了满足生产经营的需要，经国家有关部门批准，还可以依法向社会其他法人、个人及外商筹集资本金，从而形成企业与其他投资者之间的财务关系。这种财务关系体现了所有权性质的投资与受资关系。

(3)企业与债权人之间的财务关系。企业与债权人之间的财务关系主要是指企业向债权人借入资金，并按借款合同的规定按时支付利息和本金所形成的经济关系。企业的债权人主要有债券持有人、银行信贷机构、商业信用提供者、其他出借资金给企业的单位和个人。企业与债权人的财务关系在性质上属于债务与债权关系。

(4)企业与受资者之间的财务关系。企业与受资者之间的财务关系主要是指企业以购买股票或直接投资的形式向其他企业投资所形成的经济关系。企业与受资者的财务关系也是体现所有权性质的投资与受资关系。

(5)企业与债务人之间的财务关系。企业与债务人之间的财务关系主要是指企业将资金以购买债券、提供借款或商业信用等形式出借给其他单位所形成的经济关系。企业与债务人的财务关系体现的是债权与债务关系。

(6)企业内部各单位之间的财务关系。企业内部各单位之间的财务关系主要是指企业在内部各单位之间在生产经营各环节中相互提供产品或劳务所形成的经济关系。这种在企业内部形成的资金结算关系体现了企业内部各单位之间的利益关系。

(7)企业与职工之间的财务关系。企业与职工之间的财务关系主要是指企业在向职工支付劳动报酬的过程中所形成的经济关系。这种与职工之间的结算关系体现着按劳分配关系。

二、财务管理的内容及特点

财务管理的内容即资金运动的经济内容，主要包括筹资管理、投资管理、资金营运管理及收益分配管理。此外，企业设立、合并、分立、解散的财务处理是财务管理的特殊范畴。它们是构成企业财务管理不可分割的统一体。企业生产经营活动的复杂性，决定了企业管理必须包括多方面的内容，如生产管理、技术管理、劳动人事管理、设备管理、销售管理、财务管理等。上述各项工作是相互联系、紧密配合的，同时又有科学的分工，具有各自的特点。财务管理作为企业管理的子系统，主要利用资金、成本、收入、利润等价值指标来组织企业中价值的形成、实现和分配，并正确处理这种价值运动中的财务关系。所以，财务管理与其他管理的主要区别在于：财务管理是一种价值管理，是对企业再生产过程中的价值运动所进行的管理。其特点表现在以下几个方面。

1. 综合性强

财务管理主要是利用价值形式对企业经营活动实施管理。通过价值形式，把企业的一切物质条件、经营过程和经营结果都合理地加以规划和控制，达到企业效益不断提高、股东财富不断增加的目的。以价值形式表现出来的财务状况和经营成果具有很强的综合性。企业各方面生产经营活动的质量和效果，大都可从资金活动中综合反映出来。财务管理能综合反映企业生产经营各方面的工作质量。透过财务信息把企业生产经营的各种因素及其相互影响综合全面地反映出来，并有效地反作用于企业各方面的活动，是财务管理的一个突出特点。因此，财务管理既是企业管理的一个独立方面，又是一项综合性的管理工作。

2. 涉及面广

企业中，一切涉及资金的收支活动，都与财务管理有关。财务管理自始至终渗透到企业经济活动的各个方面，企业购、产、销、运、技术、设备、人事、行政等各部门业务活动的进行，无不伴随着企业资金的收支，财务管理的触角必然要伸向企业生产经营的各个角落。每个部门都会通过资金的收支，与财务管理部门发生联系。因此，财务管理与企业各方面具有广泛联系。

3. 灵敏度高

财务管理能迅速反映企业生产经营状况。财务管理能迅速提供反映生产经营状况的财务信息。企业的财务状况是经常变动着的，具有很强的敏感性。各种经济业务的发生，特别是经营决策的得失，经营行为的成败，会及时在财务状况中表现出来。财务部门应通过自己的工作，向企业管理当局及时通报有关财务指标的变化情况，以便把各部门的工作都纳入提高经济效益的轨道，努力实现财务管理的目标。

三、财务管理的目标

财务管理的目标是指企业进行财务活动所要达到的根本目的，又称理财目标，它决定着企业财务管理的基本方向。财务管理的目标主要有以下三种观点。

(一)利润最大化

利润是指企业在一定期间全部的收入与全部费用的差额。企业的一切财务活动，如资金的筹集、投资项目的选择、资本预算、资金结构的优化、股利政策的制定等，其成果在一定程度上最终都归结到利润水平上。

利润可以直接反映公司创造的价值，可以从一定程度上反映经济效益的高低和对社会贡献的大小，利润是公司补充资金、扩大经营规模的主要源泉之一。

追求利润最大化的同时，应避免企业承担过大的风险，避免导致企业的短期行为。

(二)每股利润最大化

资本利润率是指利润额与资本额的比率。每股利润是利润额与普通股数的比值，这里的利润额是净利润。所有者作为企业的投资者，其投资目标是取得资本收益，具体表现为净利润与出资额或股份份数(普通股)的对比关系。这个目标是把企业实现的利润额同投入的资本或股本数进行对比，能够说明企业的盈利水平，可以在不同资本规模的企业或同一企业不同时期之间进行比较，揭示其盈利水平的差异。

(三)股东财富最大化

股东创办企业的目的是扩大财富，他们是企业的所有者，企业价值最大化就是股东财富最大化。有观点认为，股东财富最大化就是股东所持有股票的市值最大化。这种观点是以在比较完善的资本市场中，股票可以自由买卖为前提的。企业的价值，不是指企业账面资产总价值，而是指全部财产的市场价值，它反映了企业潜在或预期的获利能力。因为企业的价值同商品的价值一样，只有投入市场，才能通过价值表现出来。股价在一定程度上反映了广大投资者对企业价值的评价，并受今后每年的净利润及其增长趋势与风险的影响。

股东财富最大化目标的主要优点是：考虑了货币的时间价值和投资的风险价值；有利于克服企业的短期行为，讲究信誉，注意企业形象；有利于社会资源的合理配置。

股东财富最大化目标的主要缺点是：对于非上市公司，企业价值不易衡量；对企业其他有关人员(企业的债权人、职工及政府)的利益重视不够；上市公司股票的市值有时并不能真正反映企业的价值。

第二节　筹资管理

企业筹资是指企业向外部有关单位或个人及从企业内部筹措和集中生产经营所需资金的财务活动。筹资是企业资金运动的起点，是决定资金运动规模和生产经营发展程度的重要环节。通过一定的筹资渠道，采取一定的筹资方式，组织资金的供应，保证企业生产经营活动的需要，是企业财务管理的一项重要内容。

一、企业筹资的分类

(一)按资金使用期限的长短，分为短期资金和长期资金

短期资金是指供一年以内使用的资金。短期资金主要投资于现金、应收账款、存货

等，一般在短期内可收回。短期资金常采用商业信用、银行短期借款等方式来筹集。

长期资金是指供一年以上使用的资金。长期资金主要投资于新产品的开发和推广、生产规模的扩大、厂房和设备的更新，一般需几年或十几年才能收回。长期资金通常采用吸收投资、发行股票、发行债券、长期借款、融资租赁、留存收益等方式来筹集。

（二）按资金的来源渠道，分为权益资金和负债资金

权益资金是指企业通过发行股票、吸收投资、内部积累等方式筹集的资金，属于企业的所有者权益，所有者权益不用还本，因而又称为企业的自有资金、主权资金。

负债资金是指企业通过发行债券、向银行借款、融资租赁等方式筹集的资金，属于企业的负债，到期要归还本金和利息，因而又称为企业的借入资金。

（三）按照是否通过金融机构，分为直接筹资和间接筹资

直接筹资是指资金供求双方通过一定的金融工具直接形成债权债务关系或所有权关系的筹资形式。直接筹资的工具主要是商业票据、股票、债券，如企业直接发行股票和债券就是一种直接筹资。

间接筹资是指资金供求双方通过金融中介机构间接实现资金融通的活动。典型的间接筹资是向银行借款。

二、企业筹资的渠道与方式

筹资渠道是指筹集资金的来源。目前我国企业的筹资渠道主要有国家财政资金、银行信贷资金、非银行金融机构资金、其他企业资金、居民个人资金、企业自留资金等。

筹资方式是指企业筹集资金所采用的具体形式。目前我国企业的筹资方式主要有以下几种，即吸收直接投资、发行股票、银行借款、发行债券、商业信用、融资租赁。

（一）筹资渠道和筹资方式的对应关系

筹资渠道解决的是资金来源问题，筹资方式解决的是通过何种方式取得资金的问题，它们之间存在一定的对应关系。一定的筹资方式可能只适用于某一特定的筹资渠道，但是同一渠道的资金往往可采用不同的方式取得，它们之间的对应关系可用表 8-1 表示。

表 8-1　筹资方式与筹资渠道对应表

筹资方式 / 筹资渠道	吸收直接投资	发行股票	银行借款	发行债券	商业信用	融资租赁
国家财政资金	√	√				
银行信贷资金			√			
非银行金融机构资金	√	√	√	√		√
其他企业资金	√	√		√	√	√
居民个人资金	√	√		√		
企业自留资金	√	√				
外商	√	√				√

(二)企业筹资方式分类

企业筹集资金有一定的使用目的，为了使筹集的资金与使用的资金在数量、类型上相匹配，可将资金按使用时间长短分为长期资金和短期资金，以此来确定筹资方式，参见表 8-2。

表 8-2　企业筹资方式分类表

资金分类	筹资方式	筹资渠道	协助单位
长期资金	长期银行借款	债权人投资	银行
	企业债券	债权人投资	证券市场
	企业股票	股东投资	证券市场
	融资租赁	出租人信用	租赁公司
	其他外部投资	有关部门或单位投资	有关部门或单位
短期资金	短期银行借款	债权人信用	银行
	商业信用	客户信用	客户

(三)选择筹资方式的基本原则

综合影响筹资的各种因素，企业可按下述顺序选择筹资方式。

(1)先选择内部积累。因为这种方法筹资阻力小，保密性好，风险小，不必支付发行成本，为企业保留更多的借款能力。

(2)当从外部筹资时，可首先考虑各金融机构贷款，一般来说，贷款的资金成本低于公司债券；其次考虑公司债券；最后才考虑发行普通股票，因为普通股票的发行成本高于债券发行成本。

(3)企业在解决短期资金需求时，可采用出售短期金融资产、借入短期债务等手段来弥补资金缺口。

三、负债资金的筹集

企业负债资金的筹集方式主要有银行借款、发行公司债券、融资租赁、商业信用等。

(一)银行借款

银行借款是指企业根据借款合同向银行(或其他金融机构)借入的需要还本付息的款项。利用银行的长期和短期借款是企业筹集资金的一种重要方式。

银行借款的种类很多，按不同的标准可进行不同的分类。

(1)按借款的期限可分为短期借款、中期借款和长期借款。其中短期借款期限在 1 年以内，中期借款期限在 1～5 年，长期借款期限在 5 年以上。

(2)按借款的条件可分为信用借款、担保借款和票据贴现。信用借款是指以借款人的信用为依据而获得的借款，企业取得这种借款不用以财产抵押。担保借款是指以一定的财产做抵押或以一定的保证人做担保为条件而获得的借款。它分为三类，即保证借款、抵押借款和质押借款。票据贴现是指企业以持有的未到期的商业票据向银行贴付一定利息而获得的借款。

(3)按借款的用途不同可分为基本建设借款、专项借款和流动资金借款。

(4)按提供贷款的机构可分为政策性银行贷款和商业银行贷款。

(二)发行公司债券

公司债券是指公司按照法定程序发行的、约定在一定期限还本付息的有价证券。发行公司债券是公司筹集负债资金的重要方式之一。

1. 债券的种类

按发行主体的不同，债券可分为政府债券、金融债券、公司债券；按有无抵押担保，债券可分为信用债券、抵押债券、担保债券；按债券是否记名，债券可分为记名债券、无记名债券。

2. 债券的发行条件

根据《公司法》和《中华人民共和国证券法》(简称《证券法》)的规定，发行公司债券，必须具备以下条件：股份有限公司的净资产额不低于 3 000 万元，有限责任公司的净资产额不低于 6 000 万元；累计债券总额不超过公司净资产额的 40%；最近三年平均可分配利润足以支付公司债券一年的利息；所筹集资金的投向符合国家产业政策；债券的利率不得超过国务院限定的利率水平；国务院规定的其他条件。

公开发行公司债券筹集的资金，必须用于核准的用途，不得用于弥补亏损和非生产性支出。

(三)融资租赁

租赁是指出租人在承租人给予一定报酬的条件下，授予承租人在约定的时间内占有和使用财产权利的一种契约性行为。租赁的种类很多，目前我国主要有经营租赁和融资租赁。

经营租赁是指由租赁公司在短期内向承租单位提供设备，并提供维修、保养、人员培训等的一种服务性业务，又称服务性租赁。经营租赁的主要目的是解决企业短期、临时的资产需求问题。

融资租赁是指由租赁公司按承租单位要求出资购买设备，在较长的契约或合同期内提供给承租单位使用的信用业务。融资租赁是融资与融物相结合、带有商品销售性质的借贷活动，是企业筹集资金的一种方式。融资租赁的主要特点有：租赁期较长，一般长于资产有效使用期的一半，在租赁期间双方无权取消合同；由承租企业负责设备的维修、保养和保险，承租企业无权拆卸改装；租赁期满，按事先约定的方法处理设备，包括退还租赁公司、继续租赁、企业留购。

(四)商业信用

商业信用是企业在进行商品交易时由于延期付款或延期交货所形成的借贷关系。企业乐意使用商业信用，是因为提供商业信用的企业实际上提供了两项服务：第一，销售商品；第二，短期借款。

1. 商业信用的形式

(1)赊购商品，是由于延期付款形成的。

(2)预收货款，是由于延期交货形成的。购买单位对紧俏商品乐意采用这种形式，飞机、轮船等生产周期长、售价高的商品也采用这种形式先订货，以缓解资金占用过多的矛盾。

(3)商业汇票，是一种期票，是反映应付账款和应收账款的书面证明，分为商业承兑汇票和银行承兑汇票。对于商品买卖关系中的买方(延迟付款方)来说，它是一种短期融资方式。

2. 商业信用条件

所谓商业信用条件是指销货人对付款时间、现金折扣和折扣期限做出的具体规定，主要有预收货款、延期付款但不提供现金折扣、延期付款但早付款有现金折扣。

四、权益资金的筹集

权益资金的筹集方式主要有吸收直接投资、发行股票、企业内部积累等。

(一)吸收直接投资

吸收直接投资是指企业按照“共同投资、共同经营、共担风险、共享利润”的原则直接吸收国家、法人、个人投入资金的一种筹资方式。出资者都是企业的所有者，各方可按出资额的比例分享利润、承担损失。

吸收直接投资的种类有吸收国家投资、吸收法人投资及吸收个人投资。

吸收直接投资中的投资者主要采用以下形式向企业投资：可以用货币出资；也可以用实物、知识产权、土地使用权等作价出资。

(二)发行股票

股票是股份公司为筹集自有资金而发行的有价证券，是投资人投资入股及取得股利的凭证，它代表了股东对股份公司的所有权。

根据《公司法》和《证券法》的相关规定，公司公开发行新股，应当符合下列条件：具备健全且运行良好的组织机构；具有持续盈利能力，财务状况良好；最近三年财务会计文件无虚假记载，无其他重大违法行为；经国务院批准的国务院证券监督管理机构规定的其他条件。

上市公司非公开发行新股，应当符合经国务院批准的国务院证券监督管理机构规定的条件，并报国务院证券监督管理机构核准。

(三)企业内部积累

企业内部积累主要是指企业税后利润进行分配所形成的公积金。企业的税后利润并不全部分配给投资者，而应按规定的比例提取法定盈余公积金，有条件的还可提取任意盈余公积金。此项公积金可用以购建固定资产、进行固定资产更新改造、增加流动资产储备、采取新的生产技术措施和试制新产品、进行科学研究和产品开发等。因此，税后利润的合理分配也关系到企业筹资问题。

五、风险报酬与资金成本

(一)资金的时间价值

在经济活动中，一定量的货币资金在不同的时间上具有不同的价值。例如，企业将一定量的货币转化为资源，投入生产经营活动中，在正常情况下，经过一段时间后，所取得的价值量高于原来投入的价值量，货币会发生增值。通常把货币在周转使用中由于时间因素而形成的差额价值，称为资金的时间价值。

由于资金具有时间价值的特性，所以，生产经营者向资本所有者借入货币进行生产经营活动，会带来利润，实现增值。经营者就应从资金增值额中分出一部分给资本所有者，作为借入货币的报酬，即支付利息。利息的大小通常用利息率表示。经营者借入货币的利息率应以资金利润率为界限，不能高于资金利润率，否则就会亏本。

通常情况下，资金的时间价值被认为是没有风险和没有通货膨胀条件下的社会平均资金利润率。

(二)风险报酬

风险是指事件本身的不确定性。企业在投资活动和经营活动中存在着很多不确定因素，即存在风险。企业如果冒着风险进行投资或经营，就要求获得超过时间价值的收益，这种冒着风险进行投资或经营而取得的利润，就是风险报酬，又称风险价值。

在不考虑物价变动的情况下，投资收益率包括两部分：一部分是资金时间价值，由于它是不存在风险而得到的价值，又称无风险价值，即无风险收益率；另一部分是风险价值，即风险补偿收益率。

投资者总希望冒着较小的风险，得到尽可能大的投资收益率，至少是所冒风险同所得收益率相当，这就需要衡量风险程度和计算风险收益率。对风险程度的衡量，通常采用概率的方法进行。

(三)资金成本

资金成本是指企业筹集和使用资金而付出的代价，资金成本包括资金筹集费用和资金使用费用两部分。

资金筹集费是指筹集过程中支付的各项费用，如发行股票、债券支付的印刷费，发行手续费、律师费、资信评估费、公证费等。资金使用费用是指使用资金支付的费用，如股票的股利、银行借款利息、债券利息等。

相比之下，资金筹集费用是一次性发生的，因此在计算资金成本时可作为筹资金额的一项扣除。资金成本一般用相对数表示，即资金成本率。资金成本率的计算公式为

$$资金成本率=资金使用费/(筹资总额-资金筹集费) \quad (8\text{-}1)$$

资金成本是筹资决策的重要依据。由不同渠道取得的资金，其成本是不同的。为了以最少的资金耗费取得企业所需的资金，就必须分析各种资金来源、资金成本的高低，以便合理地加以配置。

资金成本也是评价企业经营成果的依据。资金成本作为一种投资报酬，是企业最

低限度的投资收益水平。在实际生产经营中，资金成本率就成为衡量企业投资收益率的最低标准；如果投资收益率低于资金成本率，就表示企业经营不利，应改善经营管理。

第三节 投资管理

一、企业投资概述

企业投资是指企业将资金投入生产经营过程，期望从中取得收益的一种行为。在市场经济条件下，企业作为独立的经济实体，为追求利润的最大化和企业价值的增长，总是通过投资行为来不断地扩大经营规模和经营范围，不断地寻找新的收入和利润来源，并通过投资来分散经营风险。所以，投资活动在企业的经营活动中占据重要地位，投资管理是企业财务管理的重要工作。根据不同的分类标准，企业的投资可以分为直接投资与间接投资、长期投资与短期投资、对内投资与对外投资等。直接投资是指把资金投放于生产经营性资产，以便获取利润的投资。在一般的工业企业里，直接投资占有很大的比重。间接投资又称有价证券投资，是指把资金投放于证券等金融资产，以便取得股利或利息收入的投资。根据投资回收时间的长短，投资分为长期投资和短期投资。长期投资是指在一年以上或长于一年的一个营业周期以上才能收回的投资，主要包括对厂房、机器设备等固定资产的投资，也包括对无形资产和长期有价证券的投资。短期投资又称流动资产投资，是指能够在一年或者在少于一年的一个营业周期里收回的投资，主要指对现金、应收账款、存货、短期有价证券等的投资。根据投资的方向，投资可分为对内投资和对外投资两类。对内投资又称内部投资，是指将资金投放在企业内部，用于购置各种生产经营用的资产。对外投资是指企业以现金、实物、无形资产等方式或是以购买股票、债券等有价证券的方式对其他单位的投资。

企业投资的根本目的是谋取利润，提高企业价值。企业的投资受到经济、政治、文化、法律、市场、技术等各种环境因素的影响，是一个复杂的、充满不确定性的管理过程。企业要搞好投资管理，需要认真进行市场调查，把握好投资机会，做好项目的可行性分析，建立科学的决策程序，控制好投资项目的风险，并做好资金规划和管理。

二、内部长期投资

企业把资金投放到企业内部生产经营所需的长期资产上，称为内部长期投资。内部长期投资主要包括固定资产投资和无形资产投资。

(一)固定资产投资

固定资产是指使用年限在一年以上，单位价值在规定的标准以上，并且在使用过程中保持原来物质形态的资产，如厂房、机器设备、运输设备、办公设施等。固定资产投资具有回收时间长、变现能力差、投资次数较少、投资规模较大等特点。固定资产的投资管理包括投资项目的提出、投资项目的评价、投资项目的决策、投资项目的执行和投资项目的再评价等工作。一般的固定资产投资项目由基层和中层人员提出，经主管部门组织论证后实施。重要的固定资产投资项目，一般由企业的高层提出，并且成立专门的项目小组进行方案设计、论证和实施。

(二)固定资产投资决策

固定资产投资决策是指对是否进行固定资产投资，以及选择什么样的固定资产投资方案所作的决策。固定资产投资决策需要综合考虑固定资产投资的技术性和经济性，在保证技术先进的同时，追求最大的投入产出效益，并尽可能地控制投资风险。对固定资产投资项目的分析，一般采用折现现金流的方法，即通过对投资方案投入和产出的预测，估计投资方案的现金流，根据现金流计算折现现金流指标，然后根据决策结构进行固定资产的投资决策。现金流量是指由于固定资产投资引起的企业在一定时点上现金的流入和流出，现金流入减去现金流出就是净现金流，净现金流的大小和分布决定了投资的经济效果指标的大小。因此，投资分析的基础是估计固定资产投资的现金流量。固定资产投资开始时会导致现金流出，如购买设备、建造厂房等，固定资产投资完成交付使用可能会导致配套的流动资产投资的增加，同时还会发生相应的营业成本，这些会导致现金的流出；固定资产的投资会提高产量或改善产品质量，通过销售或提供劳务获得收益，这会形成现金的流入，另外，在固定资产达到使用年限，进行报废和回收时，还可能取得变价收入，形成现金流入。常用的折现现金流量指标有净现值(net present value，NPV)、内部收益率(internal rate of return，IRR)等。

1. 净现值

净现值是指在考虑资金时间价值的基础上，将固定资产使用年限内的净现金流量折现到当前时刻的资金价值。它综合地反映了投资项目在整个寿命期内的盈利能力。净现值越大，固定资产投资的效果越好。净现值计算公式如下：

$$\mathrm{NPV}=\sum_{i=0}^{n}\mathrm{NCF}_t(1+i_0)^{-t} \tag{8-2}$$

其中，NPV 为净现值；i_0 为基准折现率；n 为项目寿命期；NCF_t 为第 t 年的净现金流。

2. IRR

IRR 是指使投资项目净现值等于零时的折现率。IRR 反映了投资项目的真实报酬，是进行项目投资决策的一个主要评价指标。IRR 的计算公式如下：

$$\mathrm{NPV}=\sum_{i=0}^{n}\mathrm{NCF}_t(1+\mathrm{IRR})^{-t}=0 \tag{8-3}$$

其中，NPV 为净现值；n 为项目寿命期；NCF_t 为第 t 年的净现金流。

IRR 是根据式(8-3)，即净现值等于零的方程求解得到的，一般采用插值法近似计算。当折现率已知时，如果净现值大于零，则 IRR 大于基准折现率，如果净现值小于零，则 IRR 小于基准折现率。

如果计算得到项目的净现值和 IRR 指标，再结合具体的决策结构，就可以进行方案的评价和决策。如果是决定一个投资方案是否可行，只需要计算该方案的净现值或 IRR 指标即可。如果在一定的基准折现率下计算的净现值大于零，或者计算的 IRR 大于基准折现率，则方案可行；反之，方案不可行。如果从多个方案中选择一个最优的方案，则需要计算所有方案的净现值，从净现值大于零的方案里选择最大的方案为最优方案。

(三)无形资产投资

无形资产是指企业所拥有的没有物质实体且可使企业长期获得超额收益的资产。随着技术和知识等生产要素在生产中作用的提高及竞争的加剧，无形资产的投资和管理成为企业一项重要的财务管理工作。无形资产一般包括专利权、专有技术、专营权、场地使用权、商标权、商誉等。企业可以通过购买或自己开发等方式进行无形资产的投资。对无形资产投资决策一般也采用折现现金流的方法，利用净现值或 IRR 等指标进行评价。和固定资产投资相比，无形资产投资的收益估计和预测更加困难，且面临更大的不确定性。

三、对外长期投资

企业对外投资是指将资金投放于企业外部以获取投资收益的行为。企业对外投资具有多种目的，通过对外投资，企业可以优化资源配置，提高资产的利用效率。企业可以把多余的资金或闲置的资产通过直接或间接投资的方式投资于其他企业，提高资源的利用率。企业的对外投资形式多样，程序复杂，投资的收益和风险变动较大，回收时间比较长，变现能力比较差。因此，企业进行对外投资时需要兼顾投资的效益性、安全性和流动性，在保证投资的安全性、流动性的基础上，追求比较高的效益性。

企业的对外投资包括对外的直接投资和对外的间接投资。对外的直接投资是指企业利用现金、实物资产和无形资产等对其他企业进行投资，如建立合资企业、合作企业、联营企业等。对外间接投资主要是对外证券投资，企业通过购买其他企业的有价证券进行投资，包括股票投资、债券投资和基金投资等。股票投资是指购买其他企业发行的股票，通过获得股利或资产增值取得收益。股票投资的风险比较高，收益比较大。债券投资就是企业购买由政府或其他公司发行的债券。债券分为政府债券、金融债券和公司债券。政府债券是指由中央政府或地方政府发行的债券，如国库券、国家重点建设债券、特种国债等。金融债券是指由银行或非银行金融机构等为筹集信贷资金而向投资者发行的债券。公司债券是指股份有限公司和有限责任公司为了募集长期资金而发行的债券。和股票投资相比，债券投资的收益率和风险都相对较低。基金投资在我国是一种新型的投资方式，它的收益和风险都居于股票投资和债券投资之间。

第四节 资产管理

企业筹集到的资金，只有投入生产经营活动中，才能求得增值。资金投入生产经营活动后，不同占用形式就表现为不同形式的资产。

资产是指由于过去的交易或事项所引起的、企业拥有或者控制的、能给企业带来未来经营利益的经济资源。资产按其流动性一般分为流动资产、长期投资、固定资产、无形资产和其他资产。

一、流动资产管理

流动资产是指可以在一年内或者超过一年的一个营业周期内变现或者运用的资产，包括货币资金、短期投资、应收及预付款项和存货等。流动资产是企业进行生产经营活动的必备条件，其数额大小及构成情况，在一定程度上制约着企业的财务状况，反映了企业支付能力与短期偿债能力。

(一)货币资金

货币资金在此是指企业在生产经营活动中停留于货币形态的流动资产，主要包括现金和各种银行存款。

现金的流动性最大，可以随时用于购买所需的物资、支付有关费用、偿还债务，也可随时存入银行。各种银行存款是企业存入银行的各种款项，可以用于企业各种经济往来的结算、发放工资及补充库存现金等。

企业的现金和各种存款管理，应严格遵守国家的各种结算方法等规定，并按实际发生数计价入账。同时，企业还应当建立健全相应的内部控制制度，如实行钱账专人分管、现金日清月结、各种存款账目与银行定期核对、保证现金和各种存款账实相符等。根据中国人民银行的规定，企业目前可以采用的结算方式有银行汇票、商业汇票、汇兑、支票、委托收款和异地托收承付等。

(二)应收及预付款项

应收及预付款项是指企业生产经营活动中发生的应收取而尚未收到的被购货单位、供应单位及其他单位和本企业职工暂时占用的款项，具体包括应收票据、应收账款、其他应收款、预付账款和待摊费用。

1. 应收票据

应收票据是指企业采用商业汇票结算方式时，因销售商品等而收到的商业汇票。企业应当按其账面价值计价。如果企业在应收票据未到期前，急需资金，也可以向开户银行申请贴现，银行要收取相应的贴现利息。企业贴现的利息支出，应当计入当期财务费用。

2. 应收账款

应收账款是指企业通过销售产品、提供劳务所形成的尚未收回的被购货单位、接受劳动单位所占有的本企业的资金。企业只有实现销售并取得货币资金，才能补偿生产经营中的各种耗费，确保资金的循环周转。因此，企业应控制应收账款的数额和收回的时间，采取有效的催收措施，避免企业资金被其他单位长期占用。

3. 其他应收款

其他应收款是指企业在应收票据、应收账款之外的应收或者暂被其他单位和个人占用的款项，包括应收的各项赔偿、罚款、出租包装物租金及应向职工收取的各种暂付款项等。其他应收款一般与企业主营业务没有直接关系，但也是本企业的资金，应及时组织结算和催收。

4. 预付账款和待摊费用

预付账款是指企业因购买材料、物资和接受劳务供应而预付给其他单位的款项。待摊费用是指企业已经支出但应分期摊入当期和以后各期成本费用的各项费用，应当作为流动资产管理。

(三)短期投资

短期投资是指各种能够随时变现、持有时间不准备超过一年的有价证券及不超过一年的其他投资。短期投资的购入计价有成本法、市价法和成本与市价孰低法三种。当转让或出售发生损益时，其应作为投资收益或损失处理。

(四)存货

存货是指企业在生产经营过程中为销售或者耗用而储备的各种物资。它是流动资产所占比重最大的项目，包括各种原材料、燃料、包装物、低值易耗品、在产品、外购商品、协作件、自制半成品、产成品等。

企业物资是否为企业的存货应以所有权为依据。凡在盘存日所有权属于企业的一切物资，无论其存放何处都应当作为企业的存货；相反，如果所有权已经转移，即使存放在企业仓库中，也不应视为企业的存货。具体管理时，应核准存货取得和发出的计价，这有助于准确计算采购和生产成本；同时要加速存货周转，降低资金占用，这有助于提高资金效率和效益。

二、固定资产管理

固定资产是指为生产商品、提供劳务、出租或经营管理而持有的使用寿命超过一个会计年度的有形资产。

(一)固定资产的计价

对固定资产的正确计价，是准确、真实反映企业资产的必要条件，也是计提折旧的前提。常用的计价方法有两种。

(1)原始价值。原始价值又称原值，是指企业在购置或建造某项固定资产时所支付的全部货币支出，包括固定资产购买价款、相关税费、运输费、装卸费、安装费等。此计价方法具有客观性和可验证性的特点，因而它是固定资产的基本计价标准。

(2)折余价值。折余价值又称净值，是指固定资产原始价值减去已提折旧后的余额。它反映固定资产的现在价值，通过与原始价值比较，可了解固定资产的新旧程度。

(二)固定资产折旧的计算方法

固定资产在使用过程中损耗的价值就是固定资产折旧。固定资产的价值转移，不仅要考虑使用过程的有形损耗，而且还要考虑随着技术进步所造成的无形损耗，即生产同样固定资产所花费的劳动更少和由于技术革新使原有固定资产相对贬值，经济寿命缩短，要求提前报废更新的问题。

企业应当对所有固定资产计提折旧，企业应当根据与固定资产有关的经济利益的预期实现方式，合理选择固定资产折旧方法。企业可选用的折旧方法包括年限平均法、工作量法、双倍余额递减法和年数总和法。

固定资产折旧一般采用年限平均法。企业内部专业车队的汽车、大型设备可以采用工作量法。在国民经济中具有重要地位，技术进步较快的电子、船舶、机床、飞机、汽车、化工、医药生产企业及其他经财政部门批准的特殊行业企业的机器设备，可以采用双倍余额递减法或年数总和法。关于固定资产的折旧年限，财政部分类规定了最低和最高年限，企业根据规定，有权选用具体的折旧方法和折旧年限，报主管财政机关备案。

(1)年限平均法。年限平均法是指把应提折旧总额按折旧年限平均分摊于每个年度的一种折旧计算方法。它的特点是每年折旧额相等，一般企业都采用这种方法。

(2)工作量法。工作量法是指把应提折旧总额按该项固定资产所完成的工作量平均分摊的一种折旧计算方法。它的特点是单位工作量的折旧额相等。

(3)双倍余额递减法。双倍余额递减法是一种折旧率按平均年限法的双倍、折旧基数按折余价值进行计算的快速折旧方法。这种方法第一年提取的折旧额等于平均年限法的双倍，以后随着折余价值的减少而逐年递减下来，折旧年限到期前两年，要把固定资产原值扣除预计净残值后的净额在两年内平均分摊。这种折旧计算方法与年数总和法同属快速折旧法。

(4)年数总和法。年数总和法又称变率递减法，它是一种折旧基数不变、折旧率采用一个变率分数的快速折旧方法。这个变率分数的分母是折旧年限各年序数总和，分子是折旧年限各年序数，最大的序数在前，逐年递减。用这种方法计算的年折旧额也是开始很大，以后逐年递减下来。

第五节 利润分配管理

分配是指对投资收入和利润进行分割和分派的过程，所以广义来看它包括对收入的分配和对利润的分配，狭义而言仅指利润分配。利润分配过程实际上是利益在国家、企业、投资者之间的划分。这种划分既要遵守法律、章程，又要结合企业当时的外部环境和内部条件来决定留存比例。在利润分配决策过程中应明确两点：一是利益分配过程与企业后续的投资和筹资紧密关联；二是分配的数额与方式会影响到股票价格和人们对公司的预期。

一、利润及其构成

企业取得的收入，先要用以弥补生产经营耗费，缴纳流转税，其余部分为企业的营业利润；营业利润与投资净收益、营业外收支净额等构成企业的利润总额。用公式表示为

$$利润总额=营业利润+投资收益+营业外收入-营业外支出 \tag{8-4}$$

$$利润总额-所得税额=净利润额 \tag{8-5}$$

利润总额先要按国家规定缴纳所得税，净利润要提取公积金，用于扩大积累和弥补亏损，其余利润作为投资者的收益分配给投资者，或暂时留存企业，或作为投资者的追加投资。

(一)营业利润

营业利润是企业利润总额的主要组成部分，可以用式(8-6)来表示

营业利润＝主营业务利润＋其他业务利润－销售费用－财务费用－管理费用　(8-6)

其中，

主营业务利润＝销售净收入－销售成本－销售税金及附加

其他业务利润＝其他销售收入－其他销售成本－其他销售税金及附加

销售净收入＝销售收入－销售退回－销售折让－销售折扣

销售收入是指企业销售产品、提供劳务时取得的收入。销售退回、销售折让是指由于供货企业的原因，买方将产品退回企业(销售退回)或要求折价处理(销售折让)。

销售税金及附加是指销售产品、提供劳务应负担的税费，包括消费税、资源税、城市维护建设税和教育费附加等，不包括增值税。

(二)投资净收益

投资净收益是投资收益与投资损失的差额。它包括下述内容。

(1)对外投资分得的利润，即企业以现金、实物或无形资产的形式对外投资或与其他单位联营合作分得的利润。

(2)股利。股利是指以购买其他单位股票形式进行对外投资而获得的股息和红利收入。

(3)债券利息。债券利息是指以购买债券的形式对外投资获得的利息收入。

(4)收回或转让投资实际取得价款与账面价值的差额。若差额为正，表现为投资收益；若差额为负，表现为投资损失。

(5)按权益法确认的投资收益或损失。当被投资企业盈利表现为净利润额增加时，投资企业将按出资比例相应增加投资收益；反之，当被投资企业亏损时，投资企业也要按出资比例分担投资损失。

二、利润分配

利润分配是指企业利润在国家、投资者、企业之间的分配。企业的利润总额应依法缴纳所得税，税后利润在弥补以前年度亏损、提取公积金以后，按投资协议、合同、法律、法规规定在投资者之间进行分配。

(一)利润总额的调整

为了避免双重课税，同时也为了使经营亏损的弥补落到实处，企业利润应做相应调整，以调整后的利润作为缴纳所得税的依据。

对利润总额的调整有三项：弥补以前年度的亏损；剔除投资收益中已缴纳了所得税的项目；剔除只需要按规定补缴所得税的项目。

对于亏损弥补的具体做法是：企业发生的年度亏损，用下一年的税前利润弥补；下一年度税前利润不足弥补的，可以在五年内连续弥补；五年内不足弥补的，用税后利润或盈余公积金弥补。

(二)利润分配顺序

企业的税后利润按下列顺序分配。

(1)补偿被没收财物损失、违反税法规定支付的滞纳金和罚款。

(2)弥补企业以前年度亏损。如果不能在五年之内弥补亏损，就只能以税后利润先行弥补；以前年度损失未弥补之前，企业不得提取公积金。

(3)提取法定公积金。法定公积金的提取体现了企业的资本保全制度。

(4)向投资者分配利润。一般按出资比例分配。

(三)利润分配政策

企业经常采用的利润分配政策主要有以下几种。

1. 剩余政策

剩余政策是指企业较多地考虑将净利润用于增加投资者权益(即增加资本或公积金)；只有当增加的资本额达到预定的目标资金结构(最佳资金结构)时，才将剩余的利润用于向投资者分配。

这种政策主要是考虑未来投资机会的影响，即当企业面临良好的投资机会时，在目标资金结构的约束下，最大限度地使用留存收益来满足投资方案所需的自有资金数额。其优点是能充分利用筹资成本最低的资金来源，保持理想的资金结构，使综合资金成本最低。

2. 固定股利政策

在这种政策下，公司在较长时期内都将分期支付固定的股利额，股利不随经营状况的变化而变动，除非公司预期未来收益将会有显著的、不可逆转的增长而提高股利发放额。

这种策略的优点是：有利于公司股票价格的稳定，从而增强投资者对公司的信心；有利于投资者安排收入与支出，特别是那些对股利有着很强依赖性的股东。这种策略的主要缺点在于股利支付与公司盈利能力相脱节，当盈利较低时仍要支付较高的股利，容易引起公司资金短缺，导致财务状况恶化。

3. 固定股利比例政策

公司每年按固定的股利支付比例从净利润中支付股利。由于公司的盈利能力在年度间是经常变动的，因此每年的股利也应随着公司收益的变动而变动。保持股利与利润间的一定比例关系，体现了风险投资与风险收益的对等。这种策略的不足之处是不利于股票价格的稳定与上涨。

4. 正常股利加额外股利政策

企业每年按一定的数额向股东支付正常股利；当企业年景好、盈利有较大幅度增加时，再根据实际需要，向股东临时发放一些额外股利。这种政策的优点是具有较大的灵活性，可给企业较大的弹性。在企业的净利润与现金流量不够稳定时，采用这种股利政策对企业和股东都是有利的。

(四)股利支付形式

非股份制企业投资分红一般采用现金股利，此外还存在其他几种股利支付形式。

(1)现金股利形式。它是指以现金支付股利的形式，是企业最常见的、最易被投资者接受的股利支付方式。采用现金股利形式时，企业必须具备两个基本条件：一是企业要有足够的未指明用途的留存收益(未分配利润)；二是企业要有足够的现金。

(2)股票股利形式。企业将应分配给股东的股利以股票的形式发放。目前，我国上市公司发放股票股利时，一般按股权登记日的股东持股比例来分配，将股东大会决定用于分配的资本公积金、盈余公积金和可供分配利润转为股本，并通过中央结算登记系统按比例增加各个股东的持股数量。

股票股利是一种比较特殊的股利，它不会引起公司资产的流出或负债的增加，而只涉及股东权益内部结构的调整。采用这种方式有以下好处：一是企业发放股票股利可免付现金，保留下来的现金，可用于追加投资，扩大企业经营；二是股票变现能力强，易流通，股东乐于接受。

发放股票股利会因普通股股数的增加而引起每股利润的下降，每股市价有可能因此而下跌。但发放股票股利后股东所持股份比例并未改变，因此，每位股东所持股票的市场价值总额仍能保持不变。

第六节　财务分析

财务分析是指以财务报告和其他相关资料为依据和起点，采用专门方法，系统分析和评价企业过去和现在的经营成果、财务状况及其变动的一种方法，目的是了解过去，评价现在，预测未来，帮助利益关系集团改善决策。财务分析的最基本功能是将大量的报表数据转换成对特定决策有用的信息，减少决策的不确定性。

一、财务报表

财务报表是指反映企业一定时期财务状况、经营成果和现金流动状况的总结性书面文件，包括财务报表、财务报表附注和财务状况说明书。其中财务报表体系主要由资产负债表、利润表和现金流量表三张主要报表构成。

(一)资产负债表

资产负债表是指总括反映企业在一定日期的资产、负债及所有者权益情况的财务报表。资产负债表是根据“资产＝负债＋所有者权益”这一基本会计恒等式，按照一定分类标准和一定次序，把企业特定日期的资产、负债及所有者权益三项要素所属项目予以适当排列编制而成的，其主要目的是反映企业在一定日期的财务状况。因此，资产负债表又叫做“财务状况表”。所谓财务状况通常是指企业在某一时点资产、负债及所有者权益的构成及其相互关系。它表明企业在某一特定日期所拥有或控制的经济资源、所承担的现有义务和所有者对净资产的要求权。资产负债表的作用可概括如下：反映企业拥有的经济资源及其分布情况；反映企业财务结构状况及其负债经营的合理程度；通过分析表内有关项目的构成比例，观察企业的偿债能力与筹资能力；通过分析评价企业经营业绩，预测企业未来的财务状况。

总之，企业过去的经营、投资和筹资等活动的结果都会反映在资产负债表上。可以说，资产负债表在一定程度总括地反映了企业全部交易、事项与情况的影响，这对财务报告分析者了解和把握企业的财务状况信息将有很大的帮助。

（二）利润表

利润表是指反映企业某一会计期间经营成果的财务报表，又叫损益表。利润表的编制是依据权责发生制原则和配比原则，将企业在一定时间内的经营活动绩效按照“利润＝收入－成本费用”计算得出。利润表的作用可概括如下：揭示了企业生产经营活动的主要成果及获利能力；有助于考核企业管理人员的经营业绩；有助于企业管理者做出正确的经营决策；有助于评价、预测企业未来的现金流量及长期偿债能力。

（三）现金流量表

现金流量表是指以现金为基础编制的，反映企业在一定期间内由于经营、投资、筹资活动所形成的现金流量情况的会计报表。现金流量表通过反映企业现金的来源、运用、金额的增减等信息，有助于信息使用者了解企业现金的流动性，为信息使用者提供一定期间内企业的现金来源、用途及现金余额变动原因等信息，其作用可概括如下：可以评估企业在未来创造净现金流量的能力；可以评估企业偿还债务、分派股利、对外融资等能力；可以确定净利润与相关现金流量所产生差异的形成原因；便于评估当期的现金与非现金投资活动和重要理财活动对公司财务状况的影响。

二、财务比率分析

财务分析常用的方法有三种，即比率分析法、因素分析法和趋势分析法。比率分析法是用来分析同一期间财务指标相对关系的情况，以判断财务和经营等方面状况的方法，是财务分析中最基本、最重要的方法。因素分析法是对一些综合性指标，如利润分解为原始的影响因素，从而明确指标完成好坏的原因和责任的方法。趋势分析法是指根据连续几期报表提供的数据，比较其前后的增减数额和幅度，从而分析财务和经营上的变化及其发展趋势的方法。

比率分析的指标主要有三类，即偿债能力指标、营运能力指标和盈利能力指标。

（一）偿债能力分析

企业偿债能力是反映企业财务状况和经营能力的重要标志。企业偿债能力低不仅说明企业资金紧张，难以支付日常经营支出，而且说明企业资金周转不灵，难以偿还到期债务，甚至面临破产危险。企业偿债能力分析包括短期偿债能力分析和长期偿债能力分析。

1. 短期偿债能力分析

企业短期债务一般要用流动资产来偿付，短期偿债能力是指企业流动资产对流动负债及时足额偿还的保证程度，其是衡量流动资产变现能力的重要标志。企业短期偿债能力的衡量指标主要有流动比率、速动比率和现金比率。

1)流动比率

流动比率是企业流动资产与流动负债之比。其计算公式为

$$流动比率=流动资产\div流动负债\times100\% \tag{8-7}$$

一般认为生产企业合理的最低流动比率是2。这是因为流动资产中变现能力最差的存货金额约占流动资产总额的一半，剩下的流动性较大的流动资产至少要等于流动负债，企业短期偿债能力才会有保证。

2)速动比率

速动比率是企业速动资产与流动负债之比。速动资产是指流动资产减去变现能力较差且不稳定的存货、待摊费用等后的余额。由于剔除了存货等变现能力较差的资产，速动比率能够比流动比率更准确、可靠地评价企业资产的流动性及偿还短期债务的能力。其计算公式为

$$速动比率=速动资产\div流动负债\times100\% \tag{8-8}$$

一般认为速动比率为1较合适。速动比率过低，企业面临偿债风险；但速动比率过高，会因占用现金及应收账款过多而增加企业的机会成本。

3)现金比率

现金比率是企业现金类资产与流动负债之比。现金类资产包括企业所拥有的货币资金和持有的有价证券(即资产负债表中的短期投资)，它是速动资产扣除应收账款后的余额。速动资产扣除应收账款后计算出来的金额，最能反映企业直接偿付流动负债的能力。一般认为现金比率在20%以上为好。但这一比率过高，就意味着企业流动负债未能得到合理运用，而现金类资产获利能力低，这类资产金额太高会导致企业机会成本增加。现金比率的计算公式为

$$现金比率=(货币资金+有价证券)\div流动负债\times100\% \tag{8-9}$$

2. 长期偿债能力分析

长期偿债能力是指企业偿还长期负债的能力。其分析指标主要有三项，即资产负债率、产权比率和利息保障倍数。

1)资产负债率

资产负债率是企业负债总额与资产总额之比。其计算公式为

$$资产负债率=负债总额\div资产总额\times100\% \tag{8-10}$$

资产负债率反映债权人所提供的资金占全部资金的比重，以及企业资产对债权人权益的保障程度。这一比率越低(50%以下)，表明企业的偿债能力越强。事实上，对这一比率的分析，还要看站在谁的立场上。从债权人的立场看，资产负债率越低越好，企业偿债有保证，贷款不会有太大风险；从股东的立场看，在全部资本利润率高于借款利息率时，资产负债率越高越好，因为股东所得到的利润就会加大。从财务管理的角度看，在进行借入资本决策时，企业应当审时度势，全面考虑，充分估计预期的利润和增加的风险，权衡利害得失，做出正确的分析和决策。

2)产权比率

产权比率又称资本负债率，是负债总额与所有者权益之比，它是企业财务结构稳健与否的重要标志。其计算公式为

$$产权比率=(负债总额\div所有者权益)\times100\% \tag{8-11}$$

产权比率不仅反映了由债务人提供的资本与所有者提供的资本的相对关系，而且反映了企业自有资金偿还全部债务的能力，因此它又是衡量企业负债经营是否安全有利的重要指标。一般来说，这一比率越低，表明企业长期偿债能力越强，债权人权益保障程度越高，承担的风险越小，一般认为这一比率为1∶1，即100%以下时，企业应该是有偿债能力的，但还应该结合企业的具体情况加以分析。当企业的资产收益率大于负债成本率时，负债经营有利于提高资金收益率，获得额外的利润，这时的产权比率可适当高些。产权比率高，是高风险、高报酬的财务结构；产权比率低，是低风险、低报酬的财务结构。

产权比率与资产负债率对评价偿债能力的作用基本一致，只是资产负债率侧重于分析债务偿付安全性的物质保障程度，产权比率则侧重于揭示财务结构的稳健程度及自有资金对偿债风险的承受能力。

3)利息保障倍数

利息保障倍数是指企业息税前利润与利息费用之比，又称已获利息倍数，用以衡量偿付借款利息的能力。其计算公式为

$$利息保障倍数=息税前利润\div利息费用 \tag{8-12}$$

息税前利润是指利润表中未扣除利息费用和所得税前的利润。利息费用是指本期发生的全部应付利息，不仅包括财务费用中的利息费用，还应包括计入固定资产成本的资本化利息。资本化利息虽然不在利润表中扣除，但仍然是要偿还的。利息保障倍数的重点是衡量企业支付利息的能力，没有足够大的息税前利润，利息的支付就会产生困难。

利息保障倍数不仅反映了企业获利能力的大小，而且反映了获利能力对偿还到期债务的保证程度，它既是企业举债经营的前提依据，也是衡量企业长期偿债能力的重要标志。要维持正常偿债能力，利息保障倍数至少应大于1，且比值越高，企业长期偿债能力越强。

(二)营运能力分析

企业的经营活动离不开各项资产的运用，对企业营运能力的分析，实质上就是对各项资产的周转使用情况进行分析。一般而言，资金周转速度越快，说明企业的资金管理水平越高，资金利用效率越高。企业营运能力分析主要包括流动资产周转情况分析、固定资产周转率和总资产周转率三个方面。

1. 流动资产周转情况分析

反映流动资产周转情况的指标主要有应收账款周转率、存货周转率和流动资产周转率。

1)应收账款周转率

应收账款在流动资产中有着举足轻重的地位，及时收回应收账款，不仅增强了企业的短期偿债能力，也反映出企业管理应收账款的效率。

应收账款周转率(次数)是指一定时期内应收账款平均收回的次数，是一定时期内商品或产品销售收入净额与应收账款平均余额的比值。其计算公式为

应收账款周转次数＝销售收入净额÷应收账款平均余额 (8-13)

应收账款周转天数＝计算期天数÷应收账款周转次数

＝计算期天数×应收账款平均余额÷销售收入净额 (8-14)

其中，

销售收入净额＝销售收入－销售折扣与折让

应收账款平均余额＝(期初应收账款＋期末应收账款)÷2

应收账款周转率计算公式中的应收账款包括会计报表中“应收账款”和“应收票据”等全部赊销账款在内，且其金额应为扣除坏账后的金额。

应收账款周转率的高低反映了企业应收账款周转速度的快慢及企业对应收账款管理效率的高低。在一定时期内周转次数多、周转天数少表明：企业收账迅速，信用销售管理严格；应收账款流动性强，企业短期偿债能力增强；可以减少收账费用和坏账损失，相对增加企业流动资产的投资收益。

2)存货周转率

在流动资产中，存货所占比重较大，存货的流动性将直接影响企业的流动比率。因此，必须特别重视对存货的分析。存货流动性的分析一般通过存货周转率来进行。

存货周转率(次数)是指一定时期内企业销售成本与存货平均余额的比率，是衡量和评价企业购入存货、投入生产、销售收回等各环节管理效率的综合性指标。其计算公式为

存货周转次数＝销货成本÷存货平均余额 (8-15)

存货平均余额＝(期初存货＋期末存货)÷2 (8-16)

存货周转天数＝计算期天数÷存货周转次数

＝计算期天数×存货平均余额÷销货成本 (8-17)

一般来讲，存货周转速度越快，存货占用水平越低，流动性越强，存货转化为现金或应收账款的速度就越快，这样会增强企业的短期偿债能力及获利能力。通过对存货周转速度进行分析，有利于找出存货管理中存在的问题，尽可能降低资金占用水平。

3)流动资产周转率

流动资产周转率是反映企业流动资产周转速度的指标。流动资产周转率(次数)是一定时期销售收入净额与企业流动资产平均占用额之间的比值。其计算公式为

流动资产周转次数＝销售收入净额÷流动资产平均占用额 (8-18)

流动资产周转天数＝计算期天数÷流动资产周转次数

＝计算期天数×流动资产平均占用额÷销售收入净额 (8-19)

其中，

流动资产平均余额＝(期初流动资产＋期末流动资产)÷2。

在一定时期内，流动资产周转次数越多，表明以相同的流动资产完成的周转额越多，流动资产利用效果越好。流动资产周转天数越少，表明流动资产在经历生产销售各阶段所占用的时间越短，可相对节约流动资产，增强企业盈利能力。

2. 固定资产周转率

固定资产周转率是指企业年销售收入净额与固定资产平均净值的比值。它是反映企业固定资产周转情况，从而衡量固定资产利用效率的一项指标，其计算公式为

固定资产周转率＝年销售收入净额÷固定资产平均净值　(8-20)

其中，

固定资产平均净值＝(期初固定资产净值＋期末固定资产净值)÷2

固定资产周转率高，说明企业固定资产投资得当，结构合理，利用效率高。

3. 总资产周转率

总资产周转率是企业销售收入净额与企业资产平均总额的比值。其计算公式为

总资产周转率＝销售收入净额÷资产平均总额　(8-21)

这一比率用来衡量企业全部资产的使用效率，如果该比率较低，说明企业全部资产营运效率较低；如果该比率较高，说明资产周转快，销售能力强，资产运营效率高。

(三)盈利能力分析

盈利能力是指企业获取利润、资金不断增值的能力。反映企业盈利能力的指标主要有销售毛利率、销售净利率、成本利润率、总资产报酬率、净资产收益率和资本保值增值率。

1. 销售毛利率

销售毛利率是销售毛利与销售收入净额之比。其计算公式如下：

销售毛利率＝销售毛利÷销售收入净额×100％　(8-22)

其中，

销售毛利＝销售收入净额－销售成本

销售收入净额是指产品销售收入扣除销售退回、销售折扣与折让后的净额。销售毛利率反映了企业的销售成本与销售收入净额的比例关系，销售毛利率越大，说明在销售收入净额中销售成本所占比重越小，企业通过销售获取利润的能力越强。

2. 销售净利率

销售净利率是净利润与销售收入之比。其计算公式为

销售净利率＝净利润÷销售收入×100％　(8-23)

销售净利率表明企业每1元销售收入可实现的净利润是多少，它可以评价企业通过销售赚取利润的能力。

3. 成本利润率

成本利润率是反映盈利能力的另一个重要指标，是利润与成本之比，成本有多种形式，但这里的成本主要指经营成本。其计算公式如下：

经营成本利润率＝主营业务利润÷经营成本×100％　(8-24)

其中，

经营成本＝主营业务成本＋主营业务税金及附加

4. 总资产报酬率

总资产报酬率是企业息税前利润与企业资产平均总额的比值。由于资产总额等于债权人权益和所有者权益的总额，所以该比率既可以衡量企业资产综合利用的效果，又可以反映企业利用债权人及所有者提供资本的盈利能力和增值能力。其计算公式为

$$总资产报酬率=\frac{息税前利润}{资产平均总额}=\frac{净利润+所得税+利息费用}{(期初资产+期末资产)\div 2}\times 100\% \quad (8\text{-}25)$$

该指标越高，说明资产利用效率越高，说明企业在增加收入、节约资金使用等方面取得了良好的效果；该指标越低，说明企业资产利用效率越低，应分析差异原因，提高销售利润率，加速资金周转，提高企业经营管理水平。

5. 净资产收益率

净资产收益率又叫自有资金利润率或权益报酬率，是净利润与平均所有者权益的比值，它反映企业自有资金的投资收益水平。其计算公式为

$$净资产收益率=(净利润\div 平均所有者权益)\times 100\% \quad (8\text{-}26)$$

净资产收益率是一个综合性很强的评价指标。一般认为，企业净资产收益率越高，企业自有资本获取收益的能力越强，运营效益越好，对企业投资人和债权人的保证程度越高。

6. 资本保值增值率

资本保值增值率是期末所有者权益与期初所有者权益之比。其计算公式为

$$资本保值增值率=(期末所有者权益\div 期初所有者权益)\times 100\% \quad (8\text{-}27)$$

如果企业盈利能力提高，利润增加，必然会使期末所有者权益大于期初所有者权益，所以该指标也是衡量企业盈利能力的重要指标。当然，这一指标的变化，除了受企业经营成果的影响外，还受企业利润分配政策的影响。

复习思考题

1. 试分析企业资金运动的基本过程。
2. 什么是财务管理？财务管理的主要目标是什么？
3. 财务管理的主要内容是什么？财务管理有哪些特点？
4. 企业筹资渠道有哪些？
5. 选择筹资方式的基本原则是什么？
6. 企业筹集负债资金有哪些方式？
7. 企业筹集权益资金有哪些方式？
8. 什么是资金的时间价值？
9. 什么是风险报酬？
10. 什么是资金成本？
11. 什么是投资？
12. 流动资产主要包括哪些内容？
13. 常用的固定资产计价方式有哪两种？固定资产折旧有哪几种？

14. 企业利润分配顺序是怎样的？
15. 什么是财务分析？为什么要进行财务分析？
16. 企业主要的财务报表有哪些？分别报告什么？
17. 对企业偿债能力分析时，主要使用哪些指标？

第四篇　技术经济分析

第九章　技术经济学概述

第一节　技术经济学的含义及其研究内容

技术经济学是我国学者在总结中国经济建设的实践经验、广泛吸收国外相关学科有用成分的基础上，于20世纪50年代至60年代创立并发展起来的一门新兴学科。自创立以来，技术经济学为我国的经济建设实践做出重要贡献。

一、技术经济学的相关概念

(一)技术

很多学者所采纳的技术的定义：一是广义的技术包括硬技术和软技术两个方面；二是技术是指把科学知识、技术能力和物质手段等要素结合起来所形成的一个能够改善自然的运动系统。

徐寿波认为，硬技术是根据劳动经验和自然科学原理发展形成的各种操作技巧能力及相应的劳动生产资料，软技术主要是根据工作经验和自然科学、社会科学原理发展形成的组织和管理社会、经济和科技文化的技能方法及相应的劳动资料；而傅家骥认为，体现为机器、设备、基础设施等生产条件和工作条件的物质技术称为硬技术，体现为工艺、方法、程序、信息、经验、技巧和管理能力的非物质技术称为软技术。

由硬技术和软技术构成了一个完整的改善自然的运动系统。

因此，在“技术经济学”中，技术一词的含义是整个技术的运动系统。

(二)经济

关于“经济”这个名词，其含义大致有以下几种。第一种含义是，经济是指生产关系，如“经济基础”“政治经济学”这些名词中的“经济”就是这一种含义；第二种含义是，经济是指社会生产和再生产的整个过程，如“国民经济”“人类经济活动”等名词中的“经济”就是这一种含义；第三种含义是，经济是指节约，如“经济不经济”这种说法中的“经济”就是指节约。

基于上面对“经济”范畴的认识，关于技术经济(学)这个名词中的“经济”的含义，在技术经济学界早期和现在的认识也是不同的。早期(这里主要指1990前)主要认为技术经济(学)中的“经济”主要是指节约，而现在人们对“经济”的认识，除了节约外还有其他两种含义。

(三)技术经济学

“技术经济”这个名词在我国最早见于《机械工业》杂志于1953年第9期上发表的前苏联学者尤力耶夫著、冯城译的文章《定额—技术生产财务计划的技术经济基础(上)》中。同样是在1953年，在我国的各种报刊上，出现了对技术进步、技术改造、厂址选择、技术措施等技术经济问题进行研究的文章，这些文章中，既有介绍前苏联学者研究成果或实践经验的文章，又有我国学者发表的文章。

1963年在技术经济学发展史上是具有特殊意义的一年，这一年我国制定并颁布了《1963—1972年科学技术发展规划纲要》。这个规划纲要除前言和结束语外共分十章，各章的题目依次是"发展科学技术的目标"、"发展科学技术的方针"、"自然条件和资源的调查研究"、"农业科学技术"、"工业科学技术"、"医学科学技术"、"技术经济"、"技术科学"、"基础科学"和"措施"，其中"技术经济"是该纲要的第七章。《1963—1972年科学技术发展规划纲要》的第七章"技术经济"明确指出，对各项技术的具体内容进行经济效果的计算和分析比较，即进行技术经济的研究，是科学技术工作的一个重要组成部分。

1987年9月，国家计划委员会(简称国家计委)发布了《建设项目经济评价方法与参数》，填补了我国投资建设项目经济评价方法的空白，开辟了我国投资建设项目经济评价理论应用的阶段。2006年7月，国家发展和改革委员会(简称国家发改委)、建设部发布了《建设项目经济评价方法与参数》(第三版)，该版借鉴了世界银行、亚洲开发银行和英国财政部发布的经济评价的指导手册和研究成果，使经济评价与国家财税制度相匹配，又与国际投资建设项目经济评价做法接轨，使经济评价工作更具有操作性。这是一部面向各行各业的指导性、规范性文件，顺应了投资体制改革的需要，促进了社会主义市场经济的发展。

技术经济学是一门工程技术科学与经济学、管理学相互交叉渗透的学科，是研究工程技术领域经济问题和经济规律、研究技术进步与经济增长之间相互关系的科学，是研究工程技术领域中资源的最佳配置，寻找工程项目、技术方案和技术政策与经济的最佳结合以求可持续发展的科学。

二、技术经济学的研究对象

作为一门独立的学科，必须有自己特有的研究对象和独立于其他学科的理论方法体系，学者们关于技术经济学研究对象的主要论点归纳如下。

(1)效果论。技术经济学研究工程技术活动的经济效果或研究各种技术方案、技术政策、技术措施的经济效果，并对其进行分析评价，简称"效果论"。

(2)关系论。技术经济学研究技术与经济相互关系及其矛盾对立统一规律，它通过对各种实践活动的技术分析、经济比较和效益评价，寻求技术与经济的最佳结合，确定技术先进、经济合理的最优经济界限。这种观点为"关系论"或"矛盾论"。

(3)因素论。技术经济学研究技术与经济诸因素的内在联系，它通过对经济效果的计算、评价，从而选择出技术先进、经济合理的最佳方案，称为"因素论"。

(4)问题论。技术经济学研究生产、建设中各种技术经济问题，称为"问题论"。

(5)结合论。应该在重视技术规律和经济规律应用的前提下研究技术与经济结合规律，这才是技术经济学研究的对象，简称"结合论"。

(6)增长论。认为技术经济学是一门研究如何最有效地利用技术资源促进经济增长规律的科学，简称"增长论"。

(7)系统论。认为技术经济学的研究对象是技术—经济—生态—社会—价值(文化)系统的要素、结构、运行、功能及其规律性，简称“系统论”。

根据2003年出版的《技术经济学前沿问题》，傅家骥教授等将技术经济学的研究对象界定在三大领域、四个层次、三个方面，这可以看做对上述观点的归纳、扬弃和提高。他认为，技术经济学的研究领域主要包括：①技术领域的经济活动规律；②经济领域的技术发展规律；③技术发展的内在规律。前面两个研究领域涵盖了技术经济学2/3的研究对象，但显然是不够的。因为理解清“技术发展的内在规律”是基础，如果理解不清“技术发展的内在规律”，我们就不可能真正理解清“技术领域的经济活动规律”和“经济领域的技术发展规律”。对这三大领域，技术经济学要研究四个层次的问题：①工程项目层面的技术经济问题；②企业层面的技术经济问题；③产业层面的技术经济问题；④国家层面的技术经济问题。

在上述三大领域、四个层次之中，要研究三个方面的技术经济问题：①技术经济学科的基础理论；②技术经济学科的基本方法；③技术经济学科的基础理论、基本方法在现实技术经济活动中的应用问题。例如，项目财务评价、技术创新、技术整合等理论与方法在现实中的应用。

技术经济学主要研究内容可以概括为：①技术实践的经济效果，寻求提高经济效果的途径方法；②研究项目的可行性，即在调查研究基础上，通过市场分析、技术分析、财务分析和国民经济分析，对各种投资项目的技术可行性和经济合理性进行综合评价；③研究在我国国情条件下如何运用技术进步促进经济增长的规律和方法。

三、技术经济的发展历程及学习必要性

(一)技术经济学的发展历程

技术经济学的发展大致可划分为四个时期，即初创期、停滞期、发展期和调整发展期。

1. 初创期：20世纪50年代中期至1965年

新中国的第一个五年计划，即“一五”期间(1953—1957年)，在基本建设上，全国完成投资总额为550亿元，新增加固定资产460亿元，相当于1952年年底全国固定资产原值的1.9倍。五年内施工的工矿建设项目达一万多个，其中大中型项目有921个，比计划规定的项目增加227个，到1957年年底，全部建成投入生产的项目有428个，部分投入生产的项目有109个。苏联帮助我国建设的156个项目，到1957年年底，有135个已施工建设，有68个已全部建成和部分建成投入生产。可以说，“一五”计划的顺利实施为新中国的经济发展做出重大贡献。值得一提的是，为了科学地制订好“一五”计划，我国的经济工作者从当时国家的人力物力财力状况、空间布局、技术选择等宏观方面进行了实事求是、周密细致的分析论证，而且对项目具体的选址、产品、规模、原料燃料供应、劳动组织、工艺流程和工艺参数及设备等也都做了可靠的技术经济分析评价。这些做法为未来技术经济理论的形成积累了很多实践经验。

于光远等学者敏锐地认识到技术经济分析在经济建设实践中的重要性，积极倡议建

立技术经济学。中央对此也非常重视，1963 年国家制定的《1963—1972 年科学技术发展规划纲要》中，提出技术经济学的概念，并将技术经济学作为重点发展的七门学科之一。这标志着中国技术经济学的正式诞生。

2. 停滞期：1966～1976 年

1966 年，“史无前例”的“文化大革命”开始。在这一时期，刚刚得以恢复的技术经济工作又遭到严重破坏，技术经济学受到批判，技术经济研究机构全部被撤销，技术经济队伍被拆散下放，技术经济学科的发展全部停顿。因此，这一时期是技术经济研究工作被摧残的阶段，一些重大项目的建设出现严重失误。

3. 发展期：1976 年至 20 世纪 90 年代初

1976 年粉碎“四人帮”后，特别是 1978 年 12 月党的十一届三中全会以后，我国实行了改革开放的新政策，党的工作重点转移到以经济建设为中心的轨道上来，从而为技术经济学的发展创造了极为有利的条件。在国家制定的《1978 年—1985 年科学技术发展规划》中，将技术经济与管理现代化理论与方法的研究列为 108 项重大研究课题之一。

1978 年年底，在于光远等学者倡导和主持下，重建了技术经济研究队伍，成立了中国技术经济研究会。1980 年，中国社会科学院成立了中国第一个技术经济研究所(现为数量经济与技术经济研究所)。大多数省市成立了技术经济专门研究机构，许多高校设立了技术经济及相关专业，相继建立了技术经济与管理硕士专业和博士专业，培养了一大批从事技术经济分析的专门人才。

此时的技术经济学科呈现出百家争鸣的学术气氛，吸收了一些西方现代经济理论和先进的评价方法，总结了实际经济建设中的经验，技术经济学在经济建设的宏观项目评价和微观项目评价中得到了广泛应用。

1983 年国家计委颁布了《关于建设项目进行可行性研究的试行管理办法》，把可行性研究列为基本建设中一项不可缺少的重要程序，规定工业投资项目必须进行可行性研究和编制可行性研究报告，否则一律不予审批。1987 年国家计委和建设部发布了《建设项目经济评价方法与参数》，以后又进行了两次修订，第三版于 2006 年正式颁布。这标志着我国常规工程项目的技术经济分析的理论和方法已逐步走向成熟。

4. 调整发展期：20 世纪 90 年代中后期

1992 年，党的十四大确定了我国改革目标模式是建立社会主义市场经济，其后我国经济进入一个持续增长的新时期。为适应这一新时期经济技术发展需要，技术经济学研究领域不断深化和扩展。例如，新型工业化与技术创新关系的理论研究；知识经济研究；循环经济研究；能源技术经济研究；可持续发展研究；区域经济研究；信息化理论和应用研究；高新技术发展及产业化研究；建设项目的社会经济评价；科学发展观与创新型国家研究；等等。

各种技术经济学的专著和论文大量出现，在数量上远超过前一时期，其中不乏重要的文献。例如，《建设项目经济评价方法与参数》(第三版)的修订出版；而以“技术经济学”为名的专著累计达到 100 余种；全国科技大会召开后，有关技术创新的论文数以千计。同时，技术经济学研究队伍经历更新换代，一批学术新秀开始涌现。

(二)理工科学生学习技术经济学的必要性

技术和经济是紧密联系的，作为一个现代的工程技术人员，不仅需要精通本专业的技术，同时必须具有经济头脑。强调这一点，对我国的理工科高等院校学生尤为重要。

在企业中工作的工程技术人员，最终的发展方向可能有三个，即管理人员、专业技术人员或学者。从国内外的实际情况看，工程师们存在着担任企业高层领导职务的广泛可能性。已有越来越多的工程师成为公司的负责人、关键部门的领导人或决策者最亲近的参谋人员，工程师们必须克服单纯技术观点，学习经济知识，掌握进行经济分析和经济决策的本领。

经济分析是为经济决策服务的，决策是一个过程，它包括提出问题、制定目标、拟订方案、分析评价，最后从若干个备选的方案中选出最佳的或比较理想的方案。在经济工作和技术工作中做到决策科学化是时代提出的要求，要达到这一要求，未来的工程师或管理者必须做到以下几点。

1. 正确了解国家的经济、技术发展战略和有关政策

国家的发展战略和有关政策牵动全局，影响长远。其中，国民经济发展战略是在各项具体工作中确定决策目标的依据。没有明确的目标，拟订方案就是盲目的，分析评价就没有正确的标准，也就谈不上决策的科学化。技术政策表明了国家对技术发展方向与发展重点的总体要求。只有在各项经济技术工作中都严格执行国家的产业政策和技术政策，才能保证整个国民经济的健康发展。国家的各项税收政策、金融政策、物价政策、外资政策、外贸政策、外汇政策等也都会对具体的经济技术决策产生实际的影响。所以，正确了解国家的发展战略和有关政策是实现决策科学化的重要前提。

2. 要会做预测工作

在复杂的经济和技术工作中，对经济和技术的未来发展情况做出准确的预测，无疑就能为我们做出正确的决策提供依据，减少或避免发生决策失误，少犯错误。所以，对任何决策来说，预测都是一个关键问题。所谓预测是指对与决策问题有关的各种内部外部情况所进行的预计，是对尚未发生的或目前还不明确的事物所进行的事先估计和推测，是对事物发展将要导致的结果进行探讨和研究。科学的预测是决策科学化的一个重要组成部分，是科学化决策的一项重要工具。

3. 要学会拟订多种替代方案，并从中选择最优方案

在决策过程中只有拟订一定数目的、具有一定质量的备选方案，进行对比选择，才能保证决策的科学性。只有一个方案的决策是很危险的。在构思出多种方案之后，还要进一步确定各个方案的细节，估计各个方案的执行结果。这就要求将预计到的各个方案影响决策目标的全部后果，毫无遗漏地揭示出来，客观地加以描述。这里自然应该既考虑直接后果，又考虑间接后果，既考虑有形后果，又考虑无形后果，既考虑有利方面，又考虑不利方面，通过综合比较从中选出最好的方案。

4. 要善于把定性分析和定量分析结合起来

以定性分析为主的传统的决策方法是一种在占有一定资料的基础上，根据决策人员

的经验、直觉、学识、洞察力和逻辑推理能力来进行决策的方法。这种决策方法具有主观性，属于经验型决策。

随着应用数学和计算机信息管理技术的发展，在经济决策中引入更多的定量分析方法，做出相对准确的判断，便于决策者选择。因此可以说，定量分析使决策的质量更能得到保证。

科学的决策应把定量分析和定性分析结合起来，同时加强调查研究，提高定性分析的客观性，减少主观成分。

综上所述，学一点技术经济学、树立经济观点、建立经济意识、掌握经济分析和经济决策的方法与技能、提高解决实际的技术经济问题的能力对理工科大学生和工程技术人员来说是十分必要的。这是社会主义现代化建设对新一代工程师提出的要求。

第二节　技术经济评价的基本要素

一、经济效果

(一)经济效果的概念

所谓经济效果是指人们在经济实践活动中取得的劳动成果与劳动耗费之比，或产出的经济成果与投入的资源总量(包括人力资源、物力资源、财力资源)之比，亦可简称“成果与消耗之比”“所得与所费之比”“产出与投入之比”。

经济效果概念中的劳动成果是指对社会有用的劳动产出。经济效果概念中的劳动耗费包括技术方案消耗的全部人力、物力、财力，即包括生产过程中的直接劳动消耗、劳动占用、间接劳动消耗三部分。直接劳动消耗是指技术方案在生产运行中所消耗的原材料、燃料、动力、生产设备等物化劳动消耗及劳动力等活劳动消耗。这些单项消耗指标都是产品制造成本的构成部分，因而产品制造成本是衡量劳动消耗的综合性价值指标。劳动占用通常是指技术方案为正常进行生产而长期占用的用货币表现的厂房、设备、资金等，通常分为固定资产和流动资金两部分。投资是衡量劳动占用的综合性指标。间接劳动消耗是指在技术方案实施过程中社会发生的消耗。

(二)经济效果的表达方式

经济效果的表达方式是定量计算经济效果的最一般形式，它有以下三种数学表示方法。

1. 差额表示法

差额表示法是用有效劳动成果与劳动耗费之差表示经济效果，此时经济效果是个绝对量指标。其表达式是

$$E=B-C \tag{9-1}$$

其中，E 为经济效果；B 为有效劳动成果；C 为劳动耗费。

式(9-1)中的 B 和 C 必须使用相同的计量单位，其差额大于零是技术方案可行的经济界限。当二者都以货币单位计量时，所计算的经济效益称为净收益。采用差额表示法

的指标有利润额、利税额、国民收入、净现值等。差额表示法一般不宜用来衡量技术装备水平和内外部条件差别较大的技术方案，如规模不同的企业不能仅仅用净收益来评价经济效果的优劣。

2. 比值表示法

比值表示法是用有效劳动成果与劳动消耗之比表示经济效果，此时经济效果是个相对量指标。其表达式是

$$E=\frac{B}{C} \tag{9-2}$$

式(9-2)中 B 和 C 的计量单位可以相同，也可以不同。当计量单位相同时，其比值大于1是技术方案可行的经济界限。采用比值表示法的指标有投资收益率，劳动生产率，单位产品原材料、燃料、动力消耗水平等。

3. 差额—比值表示法

差额—比值表示法是指用差额表示法与比值表示法结合起来使用的表示方法。其表达式是

$$E=\frac{B-C}{C} \tag{9-3}$$

式(9-3)表示单位劳动消耗所取得的净收益，如成本利润率、投资利润率等，其更能准确地反映经济活动的经济效益好坏，在技术经济分析中也经常使用。其值大于零是技术方案可行的经济界限。

以上三种经济效果表示方法是建立经济效果评价指标的基础上的，也是定量分析经济效果的重要依据，一般应结合起来加以使用。

二、技术经济效果的评价指标体系

反映客观事物某一方面情况的数字叫指标，任何一个指标都是由指标名称和指标数值组成的。任何一项单一的指标都只能反映方案的一个方面。要客观地反映一个方案的全部情况，就需要一组指标。这些指标相互联系、相互制约，构成一个整体，这就是所谓的指标体系。

根据经济效果的表达式，构成技术经济效果指标体系的指标有三方面，即反映劳动成果(有用效果)的指标、反映劳动耗费的指标和反映技术经济效果的指标。

(一)反映劳动成果的指标

劳动成果是重要的技术经济指标，表示劳动成果的指标通常有数量指标、质量指标、品种指标及时间因素指标等。

1. 数量指标

它表明技术方案对社会需要在数量上的满足，如产品产量、产品产值等，均是数量指标。前者是以实物形式说明技术方案有用效果的指标，我们称为实物量指标；后者是通过价值的形式说明技术方案有用效果的指标，它们都统一在货币的基础上，我们称为价值量指标。实物量指标不能准确反映出一个产出几种产品方案的价值量，而价值量指

标能做到这一点。

2. 质量指标

它是表明技术方案的劳动成果特性与外部质量特性。产品内在质量特性包括产品构造、精度、纯度、机械性能、物理性能及化学性能与化学成分等；产品的外部质量特性包括外观、形状、尺寸、色泽、气味、手感等。由于不同的产品，其质量特性不同，因而反映产品质量的指标不能直接比较，在实际工作中，通常采用间接的质量评价指标，如优质品率、一级品率、废品率、返修率等。

3. 品种指标

它是衡量技术水平和满足需要程度的重要标志，用来反映具有相同经济用途而实际使用价值不同的产品种类的多少。由于新品种有全新的功能和更广阔的使用范围，这就相当于创造了一种新的有用效果。

表明产品品种的指标主要有产品品种数量、新产品品种数量、尖端产品品种数量及它们在产品品种总数中所占比重等。

4. 时间因素指标

它是表明使用价值需要多少时间可以试制和生产出来，从而发挥其使用价值作用的指标。在科学技术突飞猛进的时代，考虑时间指标是很有必要的。缩短时间，既可改善技术方案的经济效果指标，又可减少因新技术的出现而使原技术方案相对贬值所引起的损失。时间因素指标有技术方案的建设周期、从投产至达到设计产量的时间、产品生产周期、设备成套周期等。

(二)反映劳动耗费的指标

技术方案的劳动耗费是指在技术方案实施过程中消耗的全部人力、物力、财力。物化劳动耗费转移到劳动成果的形式分为多次转移和一次性转移两类，活劳动是劳动者在生产过程中脑力与体力的消耗。因此，技术方案的劳动耗费主要包括三个方面，即物化劳动消耗、物化劳动占用和活劳动耗费。

1. 物化劳动消耗的指标

物化劳动消耗可用原材料、燃料动力等的实物消耗量和价值消耗量来表示。

2. 物化劳动占用的指标

劳动占用是指有一部分劳动产品必须参加生产经营过程，虽然它们有的还没被消耗，但却是生产经营过程的正常进行必不可少的、已被生产经营过程占用了的劳动产品，这种被占用了的劳动产品就被称为劳动占用。生产经营活动中的劳动占用通常包括以下几个方面：一是机器设备、仪器仪表中扣除折旧后的价值；二是厂房、建筑物等扣除折旧后的价值；三是处于储备状态中的原材料、燃料、动力等物化劳动产品；四是处于生产过程和流通领域中的在制品、已完工验收入库待销售产品、已销售发货但未收回货款的产品、银行存款和库存现金等货币资金。

上述一、二两部分是作为劳动手段而被占用的固定资产，三、四两部分是作为劳动对象而被占用的流动资产。

3. 活劳动耗费的指标

活劳动耗费指劳动力的耗费。活劳动耗费可分为生产中直接的活劳动耗费与间接的活劳动耗费(如生产管理工作的活劳动耗费)。而直接的活劳动耗费又可分为各道工序的活劳动耗费。对各道工序的活劳动耗费通常可以用工时这个指标来衡量。此外，当经济论证的对象是一个企业的设计方案时，实现方案所需的活劳动耗费指标还有职工总数、生产工人总数、工资总额和平均工资等。

4. 劳动耗费的综合指标

反映劳动耗费的综合指标有两个：一是基本建设投资指标；二是年经营费用指标。综合指标只能以价值形态指标表示。

(三)反映技术方案经济效果的指标

技术方案的经济效果是由技术方案实施全过程中劳动耗费与劳动成果的比较来定义的。由于反映劳动耗费与劳动成果对比关系的形式及经济效果指标的作用不同，技术经济效果指标分为两类：一类是绝对经济效果指标；另一类是相对经济效果指标。

1. 绝对经济效果指标

表示技术方案自身的劳动成果与劳动耗费对比关系的指标称为绝对经济效果指标。绝对经济效果指标主要用于说明技术方案本身的经济效果，是评价技术方案经济合理性及可行性的主要依据。例如，净现值、IRR 等动态经济效果指标，以及投资收益率、投资回收期等静态指标，均是绝对经济效果指标。此外，像财务分析中计算的资金利润率、成本利润率和单位产品原材料消耗量等也均属于绝对经济效果指标。

2. 相对经济效果指标

这类指标主要用于说明一个技术方案比另一个技术方案的经济性优劣的情况。换句话说，相对经济效果指标是用来从各参加比较的方案中择优的经济效果指标。相对经济效果指标是由绝对经济效果指标派生出来的。例如，增量内部收益率、增量净现值等，相对经济效果指标只能从一个方面反映技术方案的经济性，用来判断方案之间的优劣，并不能判断技术方案本身的经济可行性。

绝对经济效果指标和相对经济效果指标是技术经济评价的基础和主要内容，也是我们学习和掌握的重点。

第三节　现金流量及其构成

一、现金流量的概念

项目建设过程可以从物质形态和货币形态两个方面进行考察。从物质形态来看，项目建设表现为人们使用各种工具、设备，消耗一定量的能源，生产某种产品和提供某种服务；从货币形态来看，项目建设表现为投入一定量的资金，花费一定量的成本，通过产品销售获取一定量的货币收入。

对于一个项目的建设，其投入的资金、花费的成本、得到的收益，都可以看成是以货币形式体现的现金流出或现金流入，把各个时点上实际发生的现金流入或现金流出称为现金流量，流出系统的资金称为现金流出，流入系统的资金称为现金流入，现金流入与现金流出的差额称为净现金流量。

项目经济评价的目的就是要考察特定经济系统的净现金流量的大小，从而评估项目各方案的经济效果，选择最佳方案。

对一项经济活动现金流量的考察与分析，因考察角度和所研究系统的范围不同，会有不同的结果。例如，国家对企业经济活动征收的税金，从企业角度看是现金流出；从整个国民经济的角度看既不是现金流出也不是现金流入，而是在国家范围内资金分配权与使用权的一种转移。在技术经济分析中，必须在明确考察角度和系统范围的前提下正确区分现金流入与现金流出。

二、现金流量的构成

对于一个投资项目来说，投资、成本、销售收入、税金和利润等经济量是构成经济系统现金流量的基本要素，也是进行技术经济分析最重要的基础数据。下面分别加以阐述。

(一)投资

1. 投资的基本概念

广义的投资是指人们的一种有目的的经济行为，即以一定的资源投入某项计划，以获取所期望的报酬。投资可分为生产性投资和非生产性投资，所投入的资源可以是资金，也可以是人力、技术或其他资源。本章所讨论的投资是狭义的，其是指人们在社会经济活动中为实现某种预定的生产、经营目标而预先垫支的资金。

对于一般的工业投资项目来说，总投资包括项目建设投资和生产经营所需要的流动资金。如果建设投资所使用的资金中含有借款，则建设期的借款利息也应计入总投资。

项目建设投资最终形成相应的固定资产、无形资产和递延资产。

固定资产是指使用期限较长(一般在一年以上)，单位价值在规定标准以上，在生产过程中为多个生产周期服务，在使用过程中保持原来物质形态的资产，包括房屋及建筑物、机器设备、运输设备、工具器具等。无形资产是指企业长期使用，能为企业提供某些权利或利益但不具有实物形态的资产，如专利权、非专利技术、商标权、版权、土地使用权、商誉等。递延资产是指集中发生但在会计核算中不能全部计入当年损益，应当在以后年度内分期摊销的费用，包括开办费、租入固定资产的改良支出等。

流动资金是指在工业项目投产前预先垫付，在投产后的生产经营过程中用于购买原材料、燃料动力、备品备件，支付工资和其他费用，以及被在产品、半成品、产成品和其他存货占用的周转资金。在生产经营活动中，流动资金以现金及各种存款、存货、应收和预付款项等流动资产的形态出现。在整个项目寿命期内，流动资金始终被占用并且周而复始地流动。到项目寿命期结束时，全部流动资金才能退出生产与流通，以货币资金的形式被回收。

2. 投资构成与资产价值

项目总投资包括建设投资和流动资产投资。项目建成后，建设投资转化为固定资产、无形资产和递延资产；项目总投资中的流动资金形成项目运营过程中的流动资产。

在会计核算中，购建固定资产的实际支出(包括建设期借款利息、外币借款汇兑差额)即为固定资产的原始价值，简称固定资产原值。同样，获取无形资产的实际支出即为无形资产的原始价值。在项目筹建期内实际发生的各项费用，除应计入固定资产和无形资产价值者外，均应计入开办费，视为递延资产。

固定资产使用一段时间后，原值扣除累计的折旧费总额称为当时的固定资产净值。

折旧费是按国家的有关规定计算的。在许多情况下，由于各种原因，固定资产净值往往不能反映当时的固定资产真实价值，需要根据社会再生产条件和市场情况对固定资产的价值重新进行评估，重新评估所确定的固定资产价值称为重估值。对固定资产价值进行重新评估时，往往需要估算在当前情况下重新购建该固定资产所需要的全部费用，所估得的重新购建费用称为固定资产的重置成本或重置值。

项目寿命期结束时固定资产的残余价值称为期末残值，从原理上讲，期末残值是指当时市场上可实现的价值。对于项目投资者来说，固定资产期末残值是一项在期末可回收的现金流入。

与固定资产类似，无形资产通常也有一定的有效服务期，无形资产的价值也要在服务期内逐步转移到产品价值中去。无形资产的价值转移是以无形资产在其有效服务期内逐年摊销的形式体现的。递延资产也应在项目投入运营后的一定年限内平均摊销。无形资产和递延资产的摊销费均计入产品成本。

项目投资中流动资金数额的大小，主要取决于生产规模的大小、生产技术的好坏、原材料及燃料动力消耗指标的大小和生产周期的长短等。此外，原材料和燃料动力的供应条件、产品销售条件、运输条件及管理水平等也都会影响流动资金的占用额。项目运营过程中，供、产、销形势的变化还会引起流动资金占用额的波动。

项目总投资、建设投资、流动资产投资的构成如图 9-1 所示。

(二)费用和成本

1. 费用和成本的概念及构成

在生产经营活动中，费用泛指企业在生产经营过程中发生的各项耗费；成本通常是指企业为生产商品和提供劳务所发生的各项费用。

项目运营过程中的总成本费用按其经济用途与核算层次可分为直接费用、制造费用(间接费用)和期间费用。总成本费用的构成如图 9-2 所示。

(1)直接费用包括直接材料费用、直接工资和其他直接费用。直接材料是指在生产中用来形成产品主要部分的材料，直接工资是指在产品生产过程中直接对材料进行加工使之变成产品的人员的工资。

(2)制造费用是指为组织和管理生产所发生的各项间接费用，包括生产单位(车间或分厂)管理人员工资、职工福利费、折旧费、租赁费、修理费及其他制造费用(办公费、差旅费、劳动保护费等)。

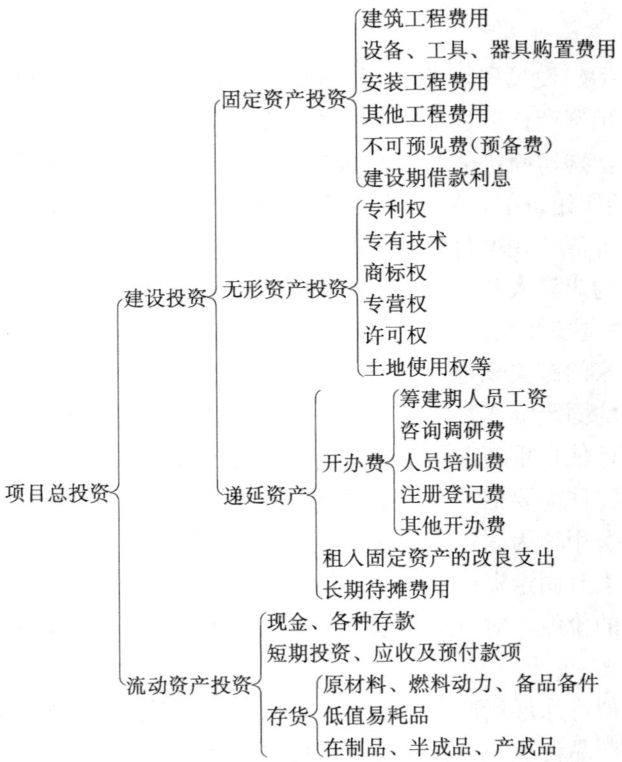

图 9-1　项目总投资的构成

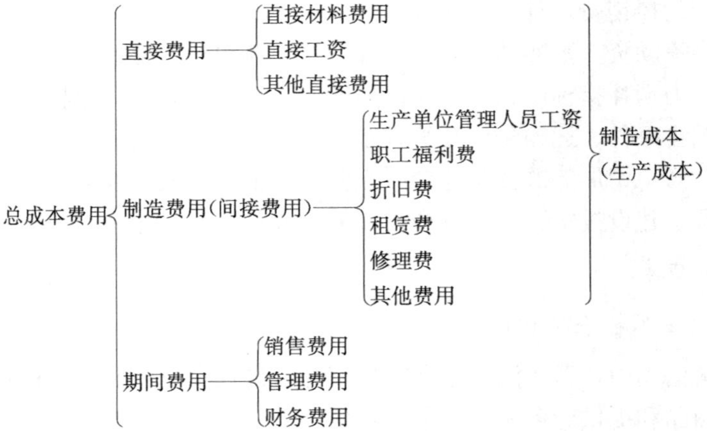

图 9-2　总成本费用构成

直接费用和相应的制造费用构成产品生产成本。已销售产品的生产成本通常称为商品销售成本。

(3)期间费用包括销售费用、管理费用和财务费用。销售费用是指在销售商品过程中发生的费用，包括应由企业负担的运输费、装卸费、包装费、保险费、差旅费、广告费，以及专设销售机构的人员工资及福利费、折旧费和其他费用。管理费用是指企业行政管理部门为管理和组织经营活动发生的各项费用，包括管理部门人员工资及福利费、折旧费、修理费、物料消耗、办公费、差旅费、保险费、工会经费、职工教育经费、技术开发费、咨询费、诉讼费、房产税、车船税、土地使用税、无形资产摊销、开办费摊销、业务招待费及其他管理费用。财务费用是指企业在筹集资金等财务活动中发生的费用，包括生产经营期间发生的利息净支出、汇兑净损失、银行手续费及为筹集资金发生的其他费用。

在技术经济分析中，为了便于计算，通常按照各费用要素的经济性质和表现形态将其归并，把总费用分成九项：①外购材料(包括主要材料、辅助材料、半成品、包装物、修理用备件和低值易耗品等)费用；②外购燃料费用；③外购动力费用；④工资及福利费；⑤折旧费；⑥摊销费；⑦利息支出；⑧修理费；⑨其他费用。

在技术经济分析中，对费用和成本的理解与企业财务会计中的理解不完全相同，主要表现在三个方面：其一，财务会计中的费用和成本是对企业经营活动和产品生产过程中实际发生的各种耗费的真实记录，所得到的数据是唯一的；而技术经济分析中使用的费用和成本数据是在一定的假定前提下对拟实施投资方案未来情况预测的结果，带有不确定性。其二，会计中对费用和成本的计量分别针对特定会计期间的企业生产经营活动和特定产品的生产过程；而技术经济分析中对费用和成本的计量则一般针对某一投资项目或技术方案的实施结果。其三，技术经济分析强调对现金流量的考察分析，在这个意义上费用和成本具有相同的性质，在本书后面的叙述中，如无特殊说明一般不严格区分费用和成本的概念；另外，为了分析与计算的方便，还要引入财务会计中不常使用的一些费用和成本概念，这些费用和成本的经济含义有别于会计中的费用和成本。

2. 费用和成本中的折旧与摊销

项目投入运营之后，固定资产在使用过程中会逐渐磨损和贬值，其价值逐步转移到产品中去。这种伴随着固定资产损耗发生的价值转移称为固定资产折旧。转移的价值以折旧费的形式计入产品成本，并通过产品的销售以货币形式收回到投资者手中。

与固定资产类似，无形资产通常也有一定的有效服务期，无形资产的价值也要在服务期内逐步转移到产品价值中去。无形资产的价值转移是以无形资产在有效服务期内逐年摊销的形式体现的。递延资产也是在项目投入运营后的一定年限内摊销的，无形资产和递延资产的摊销费一般应计入当期损益(管理费用)。

企业常用的计算、提取折旧的方法有年限平均法、工作量(或产量)法和加速折旧法等。我国企业一般采用年限平均法或工作量法，在符合国家有关规定的情况下，经批准也可采用加速折旧法。

1)年限平均法

年限平均法也称直线折旧法，是使用最广泛的一种折旧计算方法。按照年限平均法，固定资产年折旧额的计算公式为

$$年折旧额=\frac{固定资产原值-固定资产净残值}{折旧年限} \tag{9-4}$$

固定资产净残值是指预计的折旧年限终了时的固定资产残值减去清理费用后的余额。固定资产净残值与固定资产原值之比称为净残值率，净残值率一般为3%～5%。

各类固定资产的折旧年限由财政部统一规定。

实际工作中常用折旧率计算固定资产折旧额，年折旧率的计算公式为

$$年折旧率=\frac{年折旧额}{固定资产原值}\times 100\%=\frac{1-预计净残值率}{折旧年限} \tag{9-5}$$

2)工作量法

工作量法一般用于计算某些专业设备和交通运输车辆的折旧，是以固定资产完成的工作量(行驶里程、工作小时、工作台班、生产的产品数量)为单位计算折旧额。其计算公式为

$$单位工作量折旧额=\frac{固定资产原值-固定资产净残值}{预计使用期限内可以完成的工作量}$$

$$年折旧额=单位工作量折旧额\times 年实际完成工作量 \tag{9-6}$$

3)加速折旧法

加速折旧的目的是使固定资产在使用年限内加快得到补偿。加速折旧的方法有多种，使用较多的有年数总和法和双倍余额递减法。

采用年数总和法计算折旧，折旧率是逐年递减的，年折旧率的计算公式为

$$年折旧率=\frac{折旧年限-固定资产已使用年数}{折旧年限\times(折旧年限+1)\div 2}\times 100\% \tag{9-7}$$

式(9-7)的分子是固定资产尚可使用的年数，分母是固定资产折旧年限内各年年数总和。例如，若固定资产折旧年限为 5 年，则年数总和为

$$1+2+3+4+5=\frac{5\times(5+1)}{2}=15$$

第三年的折旧率为

$$\frac{5-2}{15}\times 100\%=20\%$$

按照年数总和法，各年固定资产折旧额的计算公式为

$$年折旧额=(固定资产原值-固定资产净残值)\times 当年折旧率 \tag{9-8}$$

按双倍余额递减法计算各年折旧额是在不考虑固定资产净残值的情况下，用年初固定资产净值(即固定资产价值余额)乘以直线折旧率的 2 倍，计算公式为

$$年折旧率=\frac{2}{折旧年限}\times 100\% \tag{9-9}$$

$$年折旧额=固定资产净值\times 年折旧率 \tag{9-10}$$

折旧年限到期前的最后两年，年折旧额的计算公式为

$$年折旧额=\frac{固定资产净值-固定资产净残值}{2} \tag{9-11}$$

采用加速折旧法，并不意味着固定资产提前报废或多计折旧。无论采用何种方法计提折旧，在整个固定资产折旧年限内，折旧总额都是一样的。采用加速折旧法只是在固定资产使用前期计提折旧较多而使用后期计提折旧较少。一般来说，加速折旧有利于企业进一步发展。

无形资产使用寿命是有限的，应当在使用寿命内系统合理摊销，使用寿命不确定的

无形资产不应摊销。对无形资产的摊销方法有直线法、产量法和加速摊销法。

对于递延资产中的开办费，企业可以在开始经营之日的当年一次性扣除，也可以作为长期待摊费用的支出，自支出发生月的次月起，分期摊销，摊销年限不低于三年，租入固定资产改良支出应按照剩余租赁期限进行摊销。

固定资产折旧费与无形资产、递延资产摊销费在技术经济分析中具有相同的性质。虽然在会计中折旧费与摊销费被计入费用和成本，但在作现金流量分析时，折旧费与摊销费既不属于现金流出，也不属于现金流入。

3. 经营成本、沉没成本与机会成本

技术经济分析中常常用到经营成本这一概念。简单地说，经营成本是指为了使经济分析方便从总成本费用中分离出来的一部分费用。经营成本的计算公式为

经营成本＝总成本费用－折旧与摊销费－借款利息支出　　(9-12)

在对项目或技术方案进行技术经济分析时，必须考察特定经济系统的现金流出与现金流入。按照会计核算方法，总成本费用(包括产品生产成本和期间费用)中含有既不属于现金流出也不属于现金流入的折旧费与摊销费。因此，要计算项目运营期间各年的现金流出，必须从总成本费用中将折旧费与摊销费剔除。借款利息是指使用借贷资金所要付出的代价，对于企业来说是实际的现金流出。但在评价项目全部投资的经济效果时，并不考虑资金来源问题，也不将借款利息计入现金流量。为了计算与分析的方便，技术经济分析中通常将经营成本作为一个单独的现金流出项。如果分析中需要考虑借款利息支出，则另列一个现金流出项。

技术经济分析中有时还用到沉没成本与机会成本的概念。

沉没成本是指以往发生的与当前决策无关的费用。经济活动在时间上是具有连续性的，但从决策的角度来看，以往发生的费用只是造成当前状态的一个因素，当前状态是决策的出发点，当前决策所要考虑的是未来可能发生的费用及所能带来的收益，不考虑以往发生的费用。

机会成本是指将一种具有多种用途的有限资源置于特定用途时所放弃的在其他用途中可能获得的最高收益。当一种有限的资源具有多种用途时，可能有许多个投入这种资源获取相应收益的机会，如果将这种资源置于某种特定用途，必然要放弃其他的资源投入机会，同时也放弃相应的收益，在所放弃的机会中最佳的机会可能带来的收益，就是将这种资源置于特定用途的机会成本。

显然，在技术经济分析中，沉没成本不会在现金流量中出现，而机会成本则会以各种方式影响现金流量。

(三)销售收入和利润

1. 销售收入

销售收入是指向社会出售商品或提供劳务的货币收入。销售收入的计算公式为

销售收入＝商品销售量×商品单价　　(9-13)

企业的销售收入与总产值是有区别的。总产值是指企业生产的成品、半成品和处于加工过程中的在制品的价值总和，可按当前市场价格或不变价格计算。而销售收入是指

出售商品的货币收入，是按出售时的市场价格计算的。企业生产的产品只有能够在市场上被出售，才能成为给企业和社会带来收益的有用的劳动成果。因此，销售收入才是反映经济投资项目真实收益的经济参数。技术经济分析中将销售收入作为现金流入的一个重要项目。

2. 利润

利润是企业经济目标的集中表现。投资项目投产后所获得的利润可分为销售利润和税后利润两个层次。其计算公式为

销售利润＝销售收入－销售成本－销售费用
－管理费用－财务费用－销售税金及附加 (9-14)

税后利润＝销售利润－所得税 (9-15)

对于企业来说，除国家另有规定者外，税后利润一般按下列顺序进行分配。

(1)弥补以前年度亏损。

(2)提取法定公积金，法定公积金用于弥补亏损及按照国家规定转增资本金等。

(3)向投资者分配利润。

(四)税金

税金是指国家依据法律对有纳税义务的单位和个人征收的财政资金。国家采用的这种筹集财政资金的手段叫税收。税收是国家凭借政治权力参与国民收入分配和再分配的一种方式，具有强制性、无偿性和固定性的特点。税收不仅是国家取得财政收入的主要渠道，也是国家对各项经济活动进行宏观调控的重要杠杆。

我国各类企业应当缴纳的税有多种，可以分为以下五大类。

1. 流转税类

流转税类是指以商品生产、商品流通和劳务服务的流转额为征税对象的各种税，包括增值税、消费税和营业税。

1)增值税

增值税以商品生产、流通和劳务服务各个环节的增值额为征税对象，在我国境内销售货物或者提供加工、修理修配劳务及进口货物的单位或个人，都应缴纳增值税。增值税的计税依据为纳税人销售货物或者提供应税劳务的销售额。增值税是价外税，销售价格内不含增值税款。按销售额和规定的税率计算出的增值税额称为销项税额，由纳税人向购买方在销售价格外收取。

销项税额＝销售额×税率 (9-16)

增值税的税率一般为 17%。在计算纳税人的应纳增值税额时，采取购进扣税法，即允许在规定的范围内从当期销项税额中抵扣纳税人购进货物或者提供应税劳务时所支付或者所负担的增值税额(即进项税额)。

应纳税额＝当期销项税额－当期进项税额 (9-17)

进口货物按组成计税价格和规定的税率计算应纳税额，不得抵扣任何税额。

组成计税价格＝关税完税价格＋关税＋消费税 (9-18)

应纳税额＝组成计税价格×税率 (9-19)

小规模纳税人销售货物或者应税劳务，按照销售额和规定的征收率计算应纳税额，不得抵扣进项税额。

$$应纳税额=销售额\times征收率 \tag{9-20}$$

由于增值税是价外税，既不计入成本费用，也不计入销售收入，从企业角度进行投资项目现金流量分析时，可不考虑增值税。

2)消费税

消费税的纳税人为在我国境内生产、委托加工和进口某些消费品的单位和个人。征收消费税的消费品大体分五类：第一类是一些过度消费会对人类健康、社会秩序、生态环境等造成危害的特殊消费品，如烟、酒、鞭炮等；第二类是奢侈品、非生活必需品；第三类是高能耗及高档消费品；第四类是不可再生稀缺资源消费品；第五类是消费普遍、税基宽广、征税不会明显影响人民生活水平但有一定财政意义的产品。消费税的计税依据是应税消费品的销售额或者销售量，税率或单位销售量税额依不同消费品类别分若干档次，采用从价定率计税和从量定额计税两种办法。

从价定率计税时，消费税的应纳税额为

$$应纳税额=应税消费品销售额\times消费税税率 \tag{9-21}$$

从量定额计税时，消费税的应纳税额为

$$应纳税额=应税消费品销售数量\times消费税单位税额 \tag{9-22}$$

消费税是价内税，同增值税是交叉征收的，即对于应税消费品，既要征消费税，又要征增值税。

3)营业税

营业税是指对于在我国境内提供规定的劳务、转让无形资产、销售不动产等业务的单位和个人，就其营业收入或转让收入征收的一种税。不同行业采用不同的适用税率。营业税的应纳税额的计算公式为

$$应纳税额=营业额\times税率 \tag{9-23}$$

对于符合国家规定的出口产品，国家免征或退还已征的增值税、消费税及为出口产品支付的各项费用中所含的营业税。

2011 年财政部、国家税务总局印发《营业税改征增值税试点方案》的通知，要求在交通运输业、部分现代服务业等生产性服务业开展试点，逐步推广至其他行业。税率是在现行增值税 17%标准税率和 13%低税率基础上新增 11%和 6%两档低税率。租赁有形动产等适用 17%税率，交通运输业、建筑业等适用 11%税率，其他部分现代服务业适用 6%税率。

2. 资源税类

资源税类是指以被开发或占用的资源为征税对象的各种税，包括资源税、土地使用税等。

1)资源税

资源税对在我国境内开采石油、天然气、煤炭、其他非金属矿原矿、黑色金属矿原矿、有色金属矿原矿及生产盐的单位和个人征收。征收资源税的主要目的在于调节因资源条件差异而形成的资源级差收入，促使国有资源的合理开采与利用，同时为国家取得

一定的财政收入。资源税的应纳税额按照从价定率或从量定额的办法计征。

应纳税额＝销售额×适用税率　(9-24)

或

应纳税额＝销售量×适用税额　(9-25)

国家依照产品类别和不同的资源条件规定相应的从价定率或者从量定额。

2)土地使用税

土地使用税是指国家在城市、县城、建制镇和工矿区，对使用土地的单位和个人征收的一种税。土地使用税以纳税人实际占用的土地面积为计税依据，按大中小城市和县城、建制镇、工矿区、农村分别规定单位面积年税额。

应纳税额＝使用土地面积×单位面积税额　(9-26)

国家规定对农、林、牧、渔业的生产用地，以及国家机关、人民团体、军队及事业单位的自用土地免征土地使用税。对一些重点发展产业，国家也有相应的减免税规定。

3. 所得税类

所得税类是指以单位或个人在一定时期内的纯所得额为征税对象的各个税种，包括企业所得税及个人所得税。

1)企业所得税

企业所得税的纳税人是在我国境内实行独立经济核算的企业。纳税人每一纳税年度的收入总额减去准予扣除项目后的余额为应纳税所得额。收入总额包括生产经营收入、财产转让收入、利息收入、租赁收入、特许权使用费收入、股息收入及其他收入，准予扣除的项目是指与纳税人取得收入有关的成本、费用和损失，计算公式如下：

应纳税所得额＝利润总额±税收调整项目金额　(9-27)

其中，

利润总额＝产品销售利润＋其他业务利润＋投资净收益
＋营业外收入－营业外支出　(9-28)

税收调整项目是指将会计利润转换为应纳税所得额时按照税法规定应当调整的项目。企业所得税税率为25％。

应纳所得税额＝应纳税所得额×税率。　(9-29)

2)个人所得税

个人所得税的征税对象是个人取得的应税所得，包括工资薪金、个体工商户的生产经营所得、劳务费报酬所得、稿酬所得、利息股息所得、财产租赁所得及其他所得。

个人所得税按超额累进税率和比例税率两种方式计税。

4. 财产税类

财产税类是指以法人和自然人拥有及转移的财产价值或增值额为征税对象的各种税，主要包括车船税、房产税、遗产税、契税和土地增值税等。一般采用比例税率计税。

5. 特定目的税类

特定目的税类是指国家为达到某种特定目的而设立的各种税，主要有城市维护建设税、车辆购置税、耕地占用税等，按照不同行业的具体规定计算税额。

复习思考题

1. 简述技术与经济的概念及相互关系。
2. 简述技术经济学的含义及学科特点。
3. 简述技术经济学的研究对象及其分析程序。
4. 简述技术经济学的发展过程。
5. 如何正确理解经济效果的科学含义？
6. 提高经济效果的途径有哪些？
7. 下列哪些指标属于经济效果指标，哪些属于劳动耗费指标，哪些属于劳动成果指标。

   投资　资金利润率　销售收入　劳动生产率　利息　利率　物资消耗定额
8. 固定资产投资与流动资产投资的主要区别是什么？
9. 什么是机会成本、经济成本、沉没成本、固定成本、变动成本？试举例说明。
10. 何为经营成本？经营成本与总成本费用有何区别？
11. 增值税、资源税、所得税的征税对象是什么？

第十章　资金的时间价值及等值计算

第一节　资金的时间价值

资金的时间价值是技术经济分析的基本概念，是采用动态分析方法对投资方案进行科学评价的基础。在进行技术经济分析时，为了保证各投资方案在不同的时间上所发生的费用及收益具有可比性，因而引进资金的时间价值概念，消除各方案的费用及收益在时间上的差异，使之具有可比性。

一、资金的时间价值的概念

任何投资项目的建设与运行，任何技术方案的实施，都有一个时间上的延续过程。对于投资者来说，资金的投入与收益的获取往往构成一个时间上有先有后的现金流量序列。要客观地评价投资项目或技术方案的经济效果，不仅要考虑现金流出与现金流入的数额，还必须考虑每笔现金流量发生的时间。

资金的时间价值是指不同时间发生的等额资金在价值上的差别。其价值上的差别可以从两个方面理解。

首先，随着时间的推移，资金的价值会增加，这种现象叫资金增值。资金是属于商品经济范畴的概念，在商品经济条件下，资金是不断运动着的。资金的运动伴随着生产与交换的进行，生产与交换活动会给投资者带来利润，表现为资金的增值。资金增值的实质是劳动者在生产过程中创造了剩余价值。从投资者的角度来看，资金的增值特性使资金具有时间价值。

其次，资金一旦用于投资，就不能用于现期消费。牺牲现期消费是为了能在将来得到更多的消费，个人储蓄的动机和国家积累的目的都是如此。从消费者的角度来看，资金的时间价值体现为对放弃现期消费的损失所应做的必要补偿。

资金的时间价值的大小取决于多方面的因素，从投资角度来看主要有：①投资收益率，即单位投资所能取得的收益；②通货膨胀因素，即对因货币贬值造成的损失所应做的补偿；③风险因素，即对因风险的存在可能带来的损失所应做的补偿。

在技术经济分析中，资金的时间价值的计算方法与银行利息的计算方法相同。实际上，银行利息也是一种资金的时间价值的表现方式。

在商品经济高度发达的今天，自觉地运用资金在生产、流通过程中的增值原理，即资金时间价值的基本思想，在各项基本建设投资中重视资金的时间价值，尽力缩短建设周期，加速资金的周转，可以取得更大的投资经济效果。

二、利息与利率

（一）利息和利率的概念

利息是指占用资金所付的代价（或放弃使用资金所得的补偿）。如果将一笔资金存入银行，这笔资金就称为本金。经过一段时间之后，储户可在本金之外再得到一笔利息，这一过程可表示为

$$F_n = P + I_n$$

其中，F_n 为到期之后的本利和；P 为本金；I_n 为到期所得利息；下标 n 表示计算利息的周期数。计息周期是指计算利息的时间单位，如“年”“月”等。

利息是衡量资金的时间价值的绝对尺度。

利率是在一个计息周期内所得的利息额与借贷金额（即本金）之比，一般以百分数表示。用 i 表示利率，其表达式为

$$i = \frac{I_1}{P} \times 100\%$$

其中，I_1 为一个计息周期的利息。

上式表明，利率是单位本金经过一个计息周期后的增值额。

利率是衡量资金的时间价值的相对尺度，i 越大，表明资金增值速度越快。

（二）单利和复利

利息的计算有单利计算和复利计算之分。

1. 单利

单利法仅以本金为基数计算利息，利息不再产生利息。资金随时间推移呈线性变化。

单利的本利和计算公式为

$$F_n = P(1 + i \times n), \qquad I_n = P \times i \times n \tag{10-1}$$

其中，F_n 为 n 年末本利和；P 为本金；i 为单位计息周期的利率，是利息占本金的百分比，是相对值；I_n 为 n 年后的利息额；n 为计息周期数。

【例 10-1】 一笔 10 000 元借款，单利年利率为 10%，借期两年。

解：两年后应付利息为

$$I = P \times i \times n = 10\ 000 \times 10\% \times 2 = 2\ 000(\text{元})$$

两年后应偿还的总金额为

$$F = P + I = 10\ 000 + 2\ 000 = 12\ 000(\text{元})$$

或用式(10-1)，即单利的本利和计算，则公式为

$$F_2 = P(1 + i \times n) = 10\ 000(1 + 10\% \times 2) = 12\ 000(\text{元})$$

应注意，10 000 元第一年年末应付的利息为

$$I = 10\ 000 \times 10\% \times 1 = 1\ 000(\text{元})$$

在第二年年末应付的利息为 2 000 元，而第 1 年新增的利息 1 000 元并未产生利息。

2. 复利

复利是用本金和前期累计利息总额之和进行计息，即除最初的本金要计算利息外，

每一计息周期的利息都要并入本金，再生利息，即所谓的"利滚利"。资金随时间的推移成指数曲线变化。

复利计算的本利和公式为

$$F_n = P(1+i)^n \tag{10-2}$$

仍以借期两年、10 000 元贷款、年利率 10%为例。当以复利计算时，其计算方法如表 10-1 所示。

表 10-1　复利的计算　　单位：元

年份	年初所欠金额	年末应付利息	年末所欠金额
1	10 000	10 000×10%=1 000	10 000+1 000=11 000
2	11 000	11 000×10%=1 100	11 000+1 100=12 100

同样是一笔年利率为 10%、10 000 元两年期的贷款，用复利计算支付的利息比单利支付的利息多 12 100−12 000=100 元。这 100 元利息正好是第一年所得利息 1 000 元在第二年所产生的利息。

用式(10-2)的复利计算，则公式为

$$F_2 = P + P\times i + (P + P\times i)i = (P + P\times i)(1+i) = P(1+i)^2$$
$$= 10\,000\times(1+10\%)^2 = 12\,100(\text{元})$$

资金随时间的变化规律如图 10-1 所示。

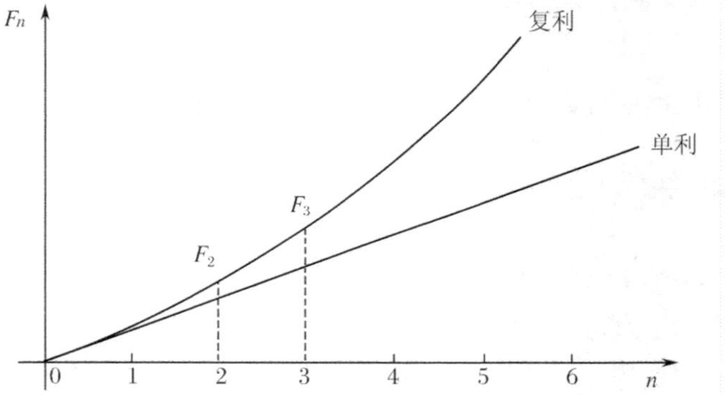

图 10-1　资金随时间的变化规律曲线

【例 10-2】 某人借入资金 5 000 元，年利率为 10%，借款期限为 5 年，分别以单利法和复利法计算 5 年后应归还的本利和为多少？

解：(1)单利法计算，5 年后的本利和为

$$F = P(1+i\times n) = 5\,000\times(1+10\%\times5) = 7\,500(\text{元})$$

5 年中每年年末应付利息及本利和如表 10-2 所示。

表 10-2　单利计息应付利息及本利和　　单位：元

时间	年初欠款	每年应付利息	年末应偿还本利和
1	5 000	5 000×10%=500	5 500
2	5 500	5 000×10%=500	6 000

续表

时间	年初欠款	每年应付利息	年末应偿还本利和
3	6 000	5 000×10%=500	6 500
4	6 500	5 000×10%=500	7 000
5	7 000	5 000×10%=500	7 500

(2)复利法计算，5 年后的本利和为

$$F=P(1+i)^n$$
$$=5\ 000\times(1+10\%)^5$$
$$=8\ 052.55(\text{元})$$

5 年中每年年末应付利息及本利和如表 10-3 所示。

表 10-3　复利计息应付利息及本利和　　单位：元

时间	年初欠款	每年应付利息	年末应偿还本利和
1	5 000	5 000×10%=500	5 500
2	5 500	5 500×10%=550	6 050
3	6 050	6 050×10%=605	6 655
4	6 655	6 655×10%=665.5	7 320.5
5	7 320.5	7 320.5×10%=732.05	8 052.55

从表 10-3 可以看出，对于同一笔借款，在 i、n 相同的情况下，用复利法计算的利息金额及应偿还的本利和比用单利法计算的大。当本金越大、利率越高、计息周期越长时，用两种方法计算的结果差距就越大。

较单利法而言，虽然复利法的计算复杂一些，但就资金在整个社会生产过程中运动的实际情况看，复利计息比较符合资金在社会再生产中的实际状况，即 5 000 元的资金在一年内生产的增值，这增值的 500 元资金不会闲置起来，将会继续投入生产领域，又会继续产生增值。资金在社会的生产过程中总是不断地运动着，总是在不停地产生增值。因此，在技术经济学中，对资金的时间价值计算多采用复利计算方法。

(三)名义利率和实际利率

在实际经济活动中，计息周期有年、半年、季、月、周、日等多种。我们将计息周期实际发生的利率称为计息周期实际利率，计息周期实际利率乘以每年计息周期数就得到名义利率。

假如按月计算利息，月利率为 1%，通常称为“年利率 12%，每月计息一次”。这个年利率 12%称为“名义利率”。按单利计息，名义利率与实际利率是一致的。但是，按复利计算，上述“年利率 12%，每月计息一次”的实际年利率则不等于名义利率，而是比 12%略大的一个数。

名义利率显然没有考虑资金的时间因素，是一种单利计算法。当按照复利法计息，即考虑资金时间因素时，则年实际利率的计算如下。

设 r 为名义利率，i 为年实际利率，m 为每年的计息周期数，则一年后的本利和应为

$$F=P(1+r/m)^m \tag{10-3}$$

按利率定义得年实际利率 i 为

$$i=(F-P)/P=(1+r/m)^m-1 \tag{10-4}$$

由式(10-4)解得名义利率 r 为

$$r=m[(1+i)^{1/m}-1] \tag{10-5}$$

【例 10-3】 半年计算 1 次利息，利率为 4%，1 年计息周期数为 2，则年名义利率为 4%×2=8%，通常称为“年利率为 8%，按半年利息”。这里的年利率为 8%，就是名义利率。

如果将 100 元存入银行，年利率为 8%，那么第一年年末的本利和是

$$F=100\times(1+8\%)=108(\text{元})$$

若假定计息周期是半年，则半年后，储户得到的利率是 4%，而不是 8%。存款在第一年年末的本利和是

$$F=100\times\left(1+\frac{8\%}{2}\right)^2=108.16(\text{元})$$

以上两终值的差异 0.16 元是前半年的利息(100×4%=4 元)在第二个半年中的利息。1 年中的计息次数越多，在给定 1 年年末的本利和就越大。

【例 10-4】 设季度为计息周期，i 为 2%，年初存款 400 元的年末终值为多少？

解：

$$F=400\times(1+2\%)^4=433(\text{元})$$

$$i_{\text{年实}}=(1+2\%)^4-1=8.24\%$$

$$F=400\times(1+8.24\%)=433(\text{元})$$

年名义利率 $r=4\times2\%=8\%$。

当 $m=1$，即计息周期为 1 年(1 年中只计息一次)，则 $i=r$，即实际年利率与名义利率相等。当 $m>1$，即计息周期次数大于 1 时，则 $i>r$，即年实际利率将大于名义利率。特别地，当 $m\to\infty$时，即 1 年中无限多次计息，称为连续复利计息，连续复利计息的实际年利率为

$$i=\lim_{m\to\infty}\left[\left(1+\frac{r}{m}\right)^m-1\right]=\lim_{m\to\infty}\left[\left(1+\frac{r}{m}\right)^{\frac{m}{r}}\right]^r-1=\mathrm{e}^r-1$$

下面以 12%的名义利率为例，计算比较名义利率、实际年利率及连续复利，结果如表 10-4 所示。

表 10-4 名义利率、实际年利率及连续复利率的比较

计息周期	一年内计息周期数(m)	年名义利率(r)/%	各期利率(r/m)/%	年实际利率(r)/%
年	1		12	12.000
半年	2		6	12.360
季	4	12.0	3	12.551
月	12	(已知)	1	12.683
周	52		0.230 77	12.736
日	365		0.032 88	12.748
连续	∞		—	12.750

第二节　现金流量图和资金等值计算

一、现金流量图

一个投资项目的实施，往往要延续一段时间。在项目寿命期内，各种现金流入和现金流出的数额和发生的时间都不尽相同，为了便于分析，通常采用表格和图的形式表示特定系统在一段时间内发生的现金流量。本节着重介绍现金流量图。

现金流量图如图 10-2 所示。图 10-2 中的横轴是时间轴，向右延伸表示时间的延续。轴线等分成若干间隔，每一间隔代表一个时间单位，通常是“年”(在特殊情况下也可以是季或半年等)。时间轴上的点称为时点，时点通常表示的是该年的年末，同时也是下一年的年初。零时点即为第一年开始的时点。整个横轴又可看做我们所考察的“系统”。

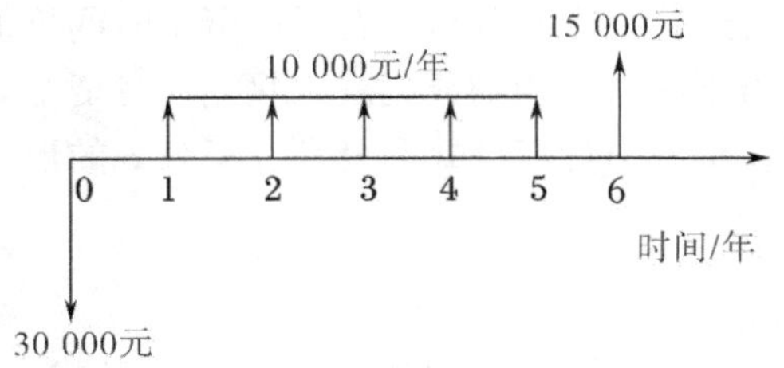

图 10-2　现金流量图

与横轴相连的垂直线代表流入或流出这个“系统”的现金流量。垂直线的长度根据现金流量的大小按比例画出。箭头向下表示现金流出；箭头向上表示现金流入。现金流入和现金流出亦可分别称为正现金流量和负现金流量。现金流量图上还要注明每一笔现金流量的金额。

二、资金等值计算的相关概念

资金等值是指在考虑资金的时间价值因素后，不同时点上数额不等的资金在一定利率条件下具有相等的价值。例如，现在的 1 000 元与一年后的 1 100 元，其数额并不相等，但如果年利率为 10%，则两者是等值的。因为现在的 1 000，在 10%利率下，一年后的本金与资金的时间价值两者之和为 1 100 元。同样，一年后的 1 100 元在年利率为 10%的情况下等值于现在的 1 000 元。不同时点上数额不等的资金如果等值，则它们在任何相同时点上的数额必然相等。

影响资金等值计算的要素有三个：①资金的金额；②资金发生的时间；③计算的利率。在已定资金额及时点情况下，利率是决定资金等值的主要因素。

为了计算资金的时间价值，利用现金流量图对现金流量进行分析和计算，需掌握资金的时间价值的相关概念。

1. 贴现与贴现率

把将来某一时点的资金金额换算成另一时点的等值金额称为贴现。贴现时所用的利率称贴现率或折现率。

2. 现值

发生在时间序列起点处的资金值称为资金的现值。时间序列的起点通常是评价时刻的点，即现金流量图的零点处，用符号 P 表示。注意，现值是一个相对的概念，一笔资金被称为现值是相对将来某个时刻而言的。

3. 年值

年值是指分期等额收支的资金，用符号 A 表示。

4. 终值

终值是指现值在未来时点上的等值资金，用符号 F 表示。

三、资金等值计算公式

在技术经济分析中，为了考察投资项目的经济效果，必须对项目寿命期内不同时间发生的全部费用和全部收益进行计算和分析。在考虑资金时间价值的情况下，不同时间发生的收入或支出，其数值不能直接相加或相减，只能通过资金等值计算将它们换算到同一时间点上进行分析。资金等值计算公式和复利计算公式的形式是相同的。关于主要计算公式的介绍如下。

(一)一次支付类型

一次支付又称整付，是指所分析系统的现金流量，无论是流入还是流出，均在一个时点上一次发生。其典型现金流量图如图 10-3 所示。

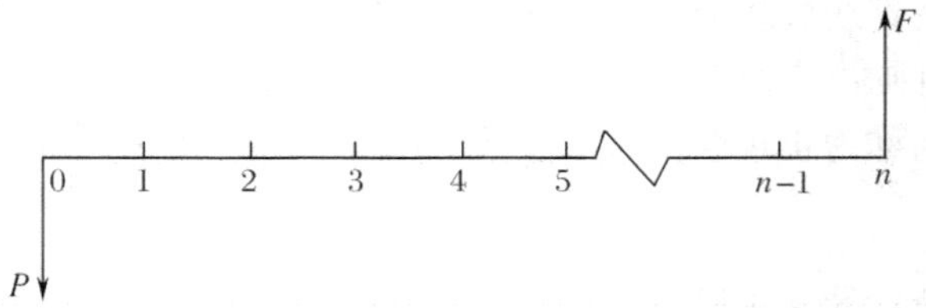

图 10-3　一次支付现金流量图

对于所考虑的系统来说，如果在考虑资金时间价值的条件下，现金流入恰恰能补偿现金流出，则 F 与 P 就是等值的。

一次支付的等值计算公式有以下两个。

1. 一次支付终值公式

一次支付终值公式为

$$F=P(1+i)^n \tag{10-6}$$

式(10-6)与复利计算的本利和公式，即式(10-2)是一样的。但在等值计算中，一般称 P 为现值；F 为终值；i 为折现率；n 为时间周期数。此公式表示在折现率为 i、周期数为 n 的条件下，终值 F 和现值 P 之间的等值关系。系数 $(1+i)^n$ 称为一次支付终值系数，也可用符号 $(F/P，i，n)$ 表示。其中，斜线右边字母表示已知的数据与参数，左边表示欲求的等值现金流量。$(F/P，i，n)$ 可由附表查出。

【例 10-5】 某企业为开发新产品，向银行借款 100 万元，年利率为 10%，借期 5 年，问 5 年后一次归还银行的本利和是多少?

解：5 年后归还银行的本利和应与现在的借款金额等值，折现率就是银行利率。由式(10-6)可得

$$F = P(1+i)^n = 100 \times (1+0.1)^5$$
$$= 100 \times 1.611 = 161.1(\text{万元})$$

也可以查复利系数表(见本书附录)，当折现率为 10%时，$n=5$ 的一次支付终值系数$(F/P，10\%，5)$为 1.611。故

$$F = P(F/P，i，n) = 100(F/P，10\%，5)$$
$$= 100 \times 1.611 = 161.1(\text{万元})$$

2. 一次支付现值公式

这是已知终值 F 求现值 P 的等值公式，是一次支付终值公式的逆运算。由式(10-6)可直接导出，即

$$P = F\left[\frac{1}{(1+i)^n}\right] \tag{10-7}$$

符号意义同前。系数$\frac{1}{(1+i)^n}$称为一次支付现值系数，亦可记为$(P/F，i，n)$，$(P/F，i，n)$的值可查附录，它和一次支付终值系数$(1+i)^n$互为倒数。

【例 10-6】 如果银行利率为 12%，假定按复利计息，为在 5 年后获得 10 000 元款项，现在应存入银行多少本金?

解：由式(10-7)可得

$$P = F(1+i)^{-n} = 10\,000 \times (1+0.12)^{-5}$$
$$= 10\,000 \times 0.567\,4 = 5\,674(\text{元})$$

或先查表求出一次支付现值系数，再做计算，即

$$P = F(P/F，i，n) = 10\,000(P/F，12\%，5)$$
$$= 10\,000 \times 0.567\,4 = 5\,674(\text{元})$$

(二)等额分付类型

等额分付是多次支付形式中的一种。多次支付是指现金流入和流出在多个时点上发生，而不是集中在某个时点上。现金流数额的大小可以是不等的，也可以是相等的。当现金流序列是连续的且数额相等时，称之为等额序列现金流。下面介绍等额序列现金流的四个等值计算公式。

1. 等额分付终值公式

如图 10-4 所示，从第一年年末至第 n 年年末有一等额的现金流序列，每年的金额均为 A，称为等额年值。如果在考虑资金的时间价值的条件下，n 年内系统的总现金流出等于总现金流入，则第 n 年年末的现金流入 F 应与等额现金流出序列等值，F 相当于等额年值序列的终值。

若已知每年的等额年值 A，欲求终值 F，依据图 10-4，可把等额序列视为 n 个一

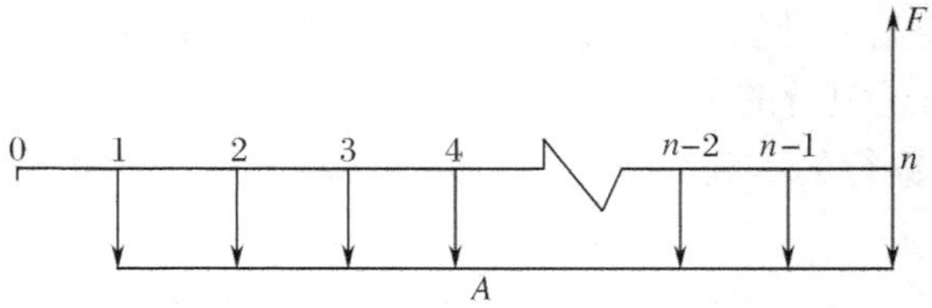

图 10-4　等额序列现金流量图之一

次支付的组合，利用一次支付终值公式推导出等额分付终值公式，即

$$F=A+A(1+i)+A(1+i)^2+\cdots+A(1+i)^{n-2}+A(1+i)^{n-1}$$
$$=A[1+(1+i)+(1+i)^2+\cdots+(1+i)^{n-2}+(1+i)^{n-1}]$$

利用等比数列求和公式，得

$$F=A\left[\frac{(1+i)^n-1}{i}\right] \tag{10-8}$$

式(10-8)即为等额分付终值公式。$\frac{(1+i)^n-1}{i}$称为等额分付终值系数，亦可记为$(F/A，i，n)$，其值可查书后的附录。

【例 10-7】 某公司为设立退休基金，每年年末存入银行 2 万元，若存款利率为 10%，按复利计息，第 5 年年末基金总额为多少?

解：由式(10-8)可得

$$F=A\left[\frac{(1+i)^n-1}{i}\right]=2\times\left[\frac{(1+0.1)^5-1}{0.1}\right]$$
$$=2\times6.105=12.21(\text{万元})$$

2. 等额分付偿债基金公式

等额分付偿债基金公式是等额分付终值公式的逆运算，即已知终值 F，求与之等价的等额年值 A。由式(10-8)可直接导出：

$$A=F\left[\frac{i}{(1+i)^n-1}\right] \tag{10-9}$$

式(10-9)中系数$\frac{i}{(1+i)^n-1}$称为等额分付偿债基金系数，也可以用符号记为$(A/F，i，n)$，其值可查书后的附录。

利用式(10-8)和式(10-9)进行等值计算时，必须注意的一点是，这两个公式适用于图 10-4 所示的现金流量图。如果现金流量图是图 10-5 的形式，则不能直接套用式(10-8)、式(10-9)，而是必须进行一定的变换。

【例 10-8】 某公司打算在 5 年后购置一固定资产，所需资金估计为 150 万元。该公司计划从当年开始于每年年末向银行等额存入资金，若年利率为 6%，在复利计息条件下，该公司 5 年中每年年末应向银行存入多少钱?

解：由式(10-9)可直接求得

$$A=F(A/F，i，n)=150\times(A/F，6\%，5)$$
$$=150\times0.1774=26.61(\text{万元})$$

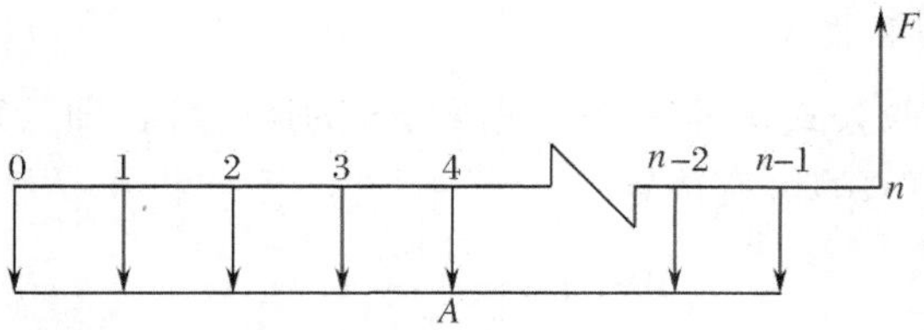

图 10-5　等额序列现金流量图之二

即每年年末应等额存入银行 26.61 万元。

3. 等额分付现值公式

等额分付现值公式推导时所依据的现金流量图见图 10-6。如果在考虑资金时间价值的条件下，n 年内系统的总现金流出等于总现金流入，则第 0 年年末的现金流出 P 应与从第一年年末到第 n 年年末的等额现金流入序列等值，P 就相当于等额年值序列的现值。

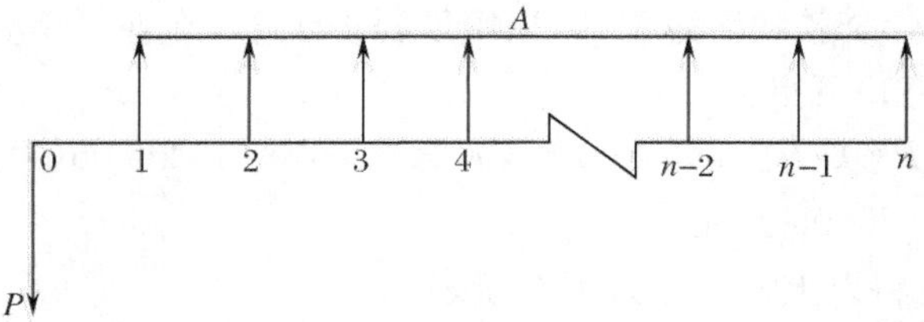

图 10-6　等额序列现金流量图之三

将式(10-8)两边各乘以$\frac{1}{(1+i)^n}$，可得

$$P=A\left[\frac{(1+i)^n-1}{i(1+i)^n}\right] \tag{10-10}$$

式(10-10)即为等额分付现值公式。$\frac{(1+i)^n-1}{i(1+i)^n}$称为等额分付现值系数，也可记为$(P/A，i，n)$，其值可查书后的附录。式(10-10)表示在折现率为 i 时，n 个等额年值 A 与期初现值 P 的等价关系，适用于已知 A 求 P 的情况。

【例 10-9】 某公司要设立一项基金，计划在从现在开始的 10 年内，每年年末从基金中提取 50 万元，若已知年利率为 10%，问现在应存入基金多少钱？

解：根据式(10-10)可得

$$P=A(P/A，10\%，10)=50\times6.1446=307.23(\text{万元})$$

现在应一次性存入 307.23 万元。

由于

$$\lim_{n\to\infty}\frac{(1+i)^n-1}{i(1+i)^n}=\frac{1}{i}$$

当周期数 n 足够大时，可近似认为：

$$P=\frac{A}{i}$$

4. 等额分付资金回收公式

等额分付资金回收公式是等额分付现值公式的逆运算，即已知现值，求与之等价的等额年值 A。由式(10-10)可直接导出：

$$A=P\left[\frac{i(1+i)^n}{(1+i)^n-1}\right] \tag{10-11}$$

其中，$\frac{i(1+i)^n}{(1+i)^n-1}$称为等额分付资金回收系数，亦可记为$(A/P,\ i,\ n)$，其值可查书后的附录。这是一个重要的系数，对工业项目进行技术经济分析时，它表示在考虑资金时间价值的条件下，对应于工业项目的单位投资，在项目寿命期内每年至少应该回收的金额。如果对应于单位投资的实际回收金额小于这个值，在项目的寿命期内就不可能将全部投资收回。

资金回收系数与偿债基金系数之间存在如下关系。

$$(A/P,\ i,\ n)=(A/F,\ i,\ n)+i$$

【例 10-10】 某企业向银行贷款 100 万元，银行要求该企业在随后的五年中每年等额偿还本利和。若银行年贷款利率为 8%，采用复利法计息，企业每年应偿还银行多少钱?

解：根据式(10-11)可得

$$A=P(A/P,\ 8\%,\ 5)=100\times 0.250\ 46=25.05(\text{万元})$$

企业每年应偿还银行 25.05 万元。

为了便于理解，将以上六个公式汇总于表 10-5

表 10-5　六个常用资金等值公式

类别		已知	求解	公式	系数名称及符号	现金流量图
一次支付	终值公式	现值 P	终值 F	$F=P(1+i)^n$	一次支付终值系数 $(F/P,\ i,\ n)$	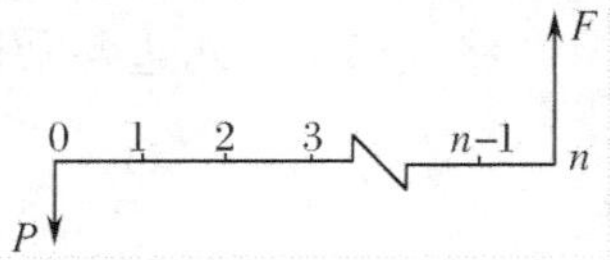
	现值公式	终值 F	现值 P	$P=\frac{F}{(1+i)^n}$	一次支付现值系数 $(P/F,\ i,\ n)$	
等额分付	终值公式	年值 A	终值 F	$F=A\times\frac{(1+i)^n-1}{i}$	等额分付终值系数 $(F/A,\ i,\ n)$	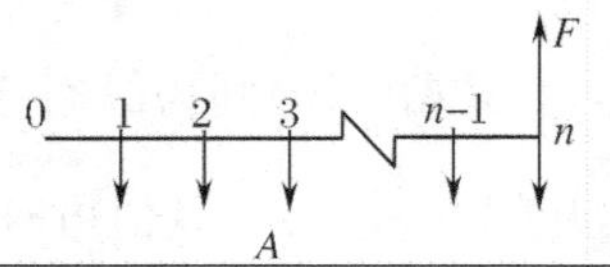
	偿债基金公式	终值 F	年值 A	$A=F\times\frac{i}{(1+i)^n-1}$	等额分付偿债基金系数 $(A/F,\ i,\ n)$	
	现值公式	年值 A	现值 P	$P=A\times\frac{(1+i)^n-1}{i(1+i)^n}$	等额分付现值系数 $(P/A,\ i,\ n)$	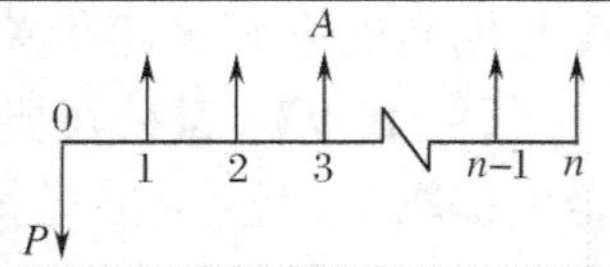
	资金回收公式	现值 P	年值 A	$A=P\times\frac{i(1+i)^n}{(1+i)^n-1}$	等额分付资金回收系数 $(A/P,\ i,\ n)$	

(三)等差序列现金流的等值计算

等差序列现金流量如图 10-7 所示。

等差序列现金流量的通用公式为

$$A_t=(t-1)G,\ t=1,\ 2,\ \cdots,\ n \tag{10-12}$$

其中，G 为等差额；t 为时点。

等差序列现金流 n 年年末的终值为

$$F=\sum_{t=1}^{n}A_t(1+i)^{n-t}$$

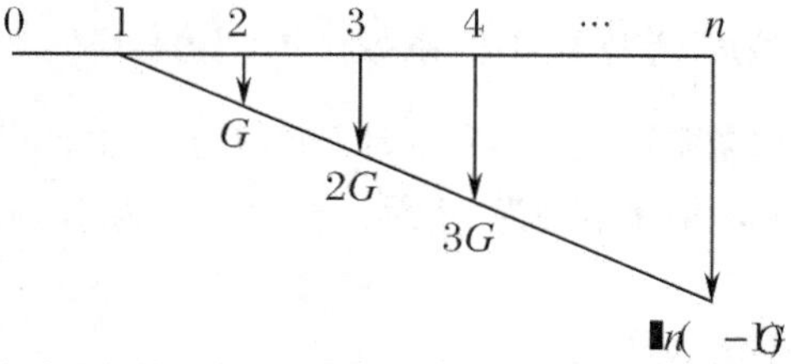

图 10-7　等差序列现金流量

F 也可以看做 $n-1$ 个等额序列现金流的终值之和，这些等额序列现金流的年值均为 G，年数分别为 1，2，…，$n-1$，即

$$F=\sum_{j=1}^{n-1}G\times\frac{(1+i)^j-1}{i}$$

$$=G\left[\frac{(1+i)-1}{i}+\frac{(1+i)^2-1}{i}+\cdots+\frac{(1+i)^{n-1}-1}{i}\right]$$

$$=\frac{G}{i}[(1+i)+(1+i)^2+\cdots+(1+i)^{n-1}-(n-1)]$$

$$=\frac{G}{i}[1+(1+i)+(1+i)^2+\cdots+(1+i)^{n-1}]-\frac{n\times G}{i}$$

故

$$F=\frac{G}{i}\left[\frac{(1+i)^n-1}{i}\right]-\frac{n\times G}{i}$$

或

$$F=\frac{G}{i}\left[\frac{(1+i)^n-1}{i}-n\right] \tag{10-13}$$

其中，$\frac{1}{i}\left[\frac{(1+i)^n-1}{i}-n\right]$称为等差序列终值系数，可记为$(F/G，i，n)$。

式(10-13)两端乘以系数$(1+i)^{-n}$，则可得等差序列现值公式，即

$$F\left[\frac{1}{(1+i)^n}\right]=\frac{G}{i}\left[\frac{(1+i)^n-1}{i}-n\right]\times\frac{1}{(1+i)^n}$$

即

$$P=G\left[\frac{1}{i^2}-\frac{(1+in)}{i^2(1+i)^n}\right]$$

或

$$P=G\left[\frac{(1+i)^n-in-1}{i^2(1+i)^n}\right] \tag{10-14}$$

其中，$\frac{(1+i)^n-in-1}{i^2(1+i)^n}$称为等差序列现值系数，可记为$(P/G，i，n)$。

等差序列现金流与等额序列现金流之间存在以下关系：

$$A=P(A/P，i，n)=G(P/G，i，n)(A/P，i，n)=G\left\{\frac{(1+i)^n-in-1}{i[(1+i)^n-1]}\right\}$$

其中，$\frac{(1+i)^n-in-1}{i[(1+i)^n-1]}$称为等差序列年值系数，可记为$(A/G，i，n)$。

【例 10-11】 某设备起初购置及安装费共计 50 000 元，估计可使用 6 年，第 1 年的维修费为 200 元，之后逐年递增，年递增额为 70 元，若年利率为 10%，求该设备总费用现值为多少?

解：现金流量图如图 10-8 所示。

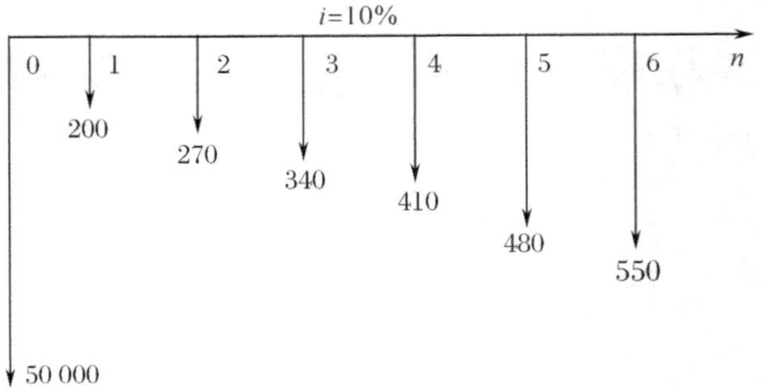

图 10-8 例 10-11 的现金流量图

此为等差递增数列求现值，利用式(10-14)可得

$$
\begin{aligned}
P &= 50\ 000+200(P/A，10\%，6)+70(P/G，10\%，6)\\
&= 50\ 000+200\times 4.355\ 3+70\times 9.684\ 2\\
&= 51\ 548.95(\text{元})
\end{aligned}
$$

因此，设备总费用现值为 51 548.95 元。

(四)等比序列现金流的等值计算

等比序列现金流量是在一定的基础数值上逐期等比增加或逐期等比减少的现金流量序列。其现金流量如图 10-9 所示。

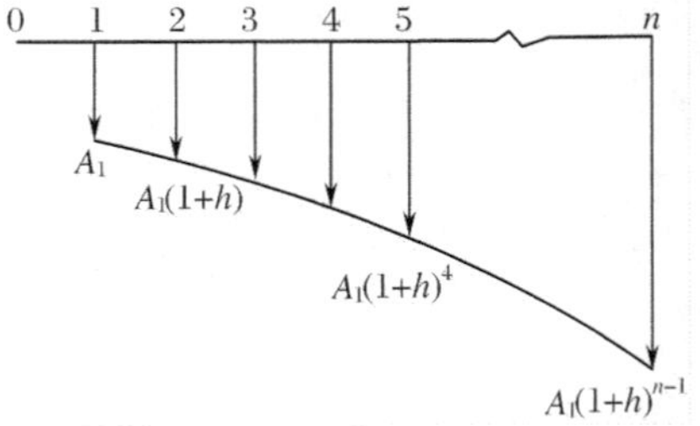

图 10-9 等比序列现金流量图

等比序列现金流的通用公式为

$$A_t=A_1(1+h)^{t-1}，t=1，2，\cdots，n \tag{10-15}$$

其中，A_1 为定值；h 为等比系数。

因此，等比序列现金流的现值为

$$P=\sum_{t=1}^{n}A_1(1+h)^{t-1}(1+i)^{-t}$$

$$=\frac{A_1}{1+h}\sum_{t=1}^{n}\left(\frac{1+h}{1+i}\right)^t$$

利用等比序列求和公式可得

$$P=\begin{cases}A_1\left[\dfrac{1-(1+h)^n(1+i)^{-n}}{i-h}\right], & i\neq h\\ \dfrac{nA_1}{1+i}, & i=h\end{cases}\tag{10-16}$$

式(10-16)即为等比序列现金流量现值公式。式(10-16)中$\frac{1-(1+h)^n(1+i)^{-n}}{i-h}$称为等比序列现值系数，可记为$(P/A_1, i, h, n)$。故式(10-16)可简化为

$$P=A_1(P/A_1, i, h, n)$$

同理可得等比序列现金流量终值公式和年值公式。

等比序列现金流量终值公式为

$$F=A_1\left[\frac{1-(1+h)^n(1+i)^{-n}}{i-h}\right](1+i)^n, \quad i\neq h\tag{10-17}$$

式(10-17)中$\left[\frac{1-(1+h)^n(1+i)^{-n}}{i-h}\right](1+i)^n$称为等比序列终值系数，可记为$(F/A_1, i, h, n)$。故式(10-17)可简化为$F=A_1(F/A_1, i, h, n)$。

等比序列现金流量年值公式为

$$A=A_1\left[\frac{1-(1+h)^n(1+i)^{-n}}{i-h}\right]\times\frac{i(1+i)^n}{(1+i)^n-1}, \quad i\neq h\tag{10-18}$$

式(10-18)中$\left[\frac{1-(1+h)^n(1+i)^{-n}}{i-h}\right]\times\frac{i(1+i)^n}{(1+i)^n-1}$称为等比序列年值系数，可记为$(A/A_1, i, h, n)$。故式(10-18)可简化为$A=A_1(A/A_1, i, h, n)$。

【例 10-12】 某企业需要一块土地建造生产车间。如果是租赁，目前每亩地年租金为5 000元，预计租金水平在今后20年内每年上涨6%；如果将该土地买下来，每亩地为70 000元，需要一次性支付，但估计20年后还可以以原价格的两倍出售。若投资收益率设定为15%，问是租赁合算还是购买合算？

解：如果租赁土地，20年内每亩地年租金的现值是

$$P_1=A_1\left[\frac{1-(1+h)^n(1+i)^{-n}}{i-h}\right]$$

$$=5\,000\times\frac{1-(1+6\%)^{20}(1+15\%)^{-20}}{15\%-6\%}=44\,669(\text{元})$$

如果购买土地，每亩地全部费用的现值是

$$P_2=70\,000-2\times70\,000(P/F, 15\%, 20)$$

$$=70\,000-140\,000\times0.061\,1=61\,446(\text{元})$$

由于$P_1<P_2$，所以租赁更合算。

四、应用举例

【例 10-13】 某人计划在未来10年于每年年初向银行存入资金1 000元，若银行的

年利息率为5%，采用复利法计息，求到第10年年末的本利和为多少?

解：画出现金流量图，如图10-10所示。

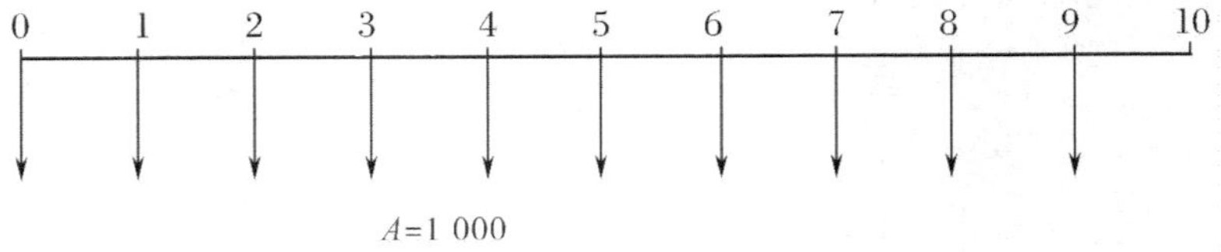

图10-10　例10-13的现金流量图

方法一

$F=1\ 000(F/P, 5\%, 10)+1\ 000(F/A, 5\%, 9)(F/P, 5\%, 1)$

$=1\ 000\times 1.629+1\ 000\times 11.027\times 1.050=13\ 207.35$(元)

方法二

$F=1\ 000(F/A, 5\%, 10)(F/P, 5\%, 1)=1\ 000\times 12.578\times 1.050=13\ 206.9$(元)

方法三

$F=1\ 000(F/A, 5\%, 11)-1\ 000=1\ 000\times 14.207-1\ 000=13\ 207$(元)

注：三种方法得数上的微小差别是由于计算过程中数字的四舍五入造成的。

【例10-14】 某企业拟购买一台大型设备，价值500万元，有两种付款方式可供选择：一种是一次性付款，优惠12%；另一种是分期付款，不享受优惠，首期支付40%，第一年年末支付30%，第二年年末支付20%，第三年年末支付10%。假若企业购买设备所用资金是自有资金，自有资金的机会成本为10%，问应选择哪种付款方式?又假设企业用借款购买设备，借款的利率为15%，则应选择哪种付款方式?

解：通过比较两种付款方式所支付货款的现值大小来选择付款方式。设 P_1 为一次性付款方式的现值，P_2 为分期付款方式的现值，则

(1)若资金的成本为10%，则

$$P_1=500\times(1-12\%)=440(\text{万元})$$

$P_2=500\times 40\%+500\times 30\%(P/F, 10\%, 1)+500\times 20\%\times(P/F, 10\%, 2)$

$+500\times 10\%\times(P/F, 10\%, 3)$

$=200+150\times 0.909\ 1+100\times 0.826\ 4+50\times 0.751\ 3$

$=456.57$(万元)

(2)若资金成本为15%，则

$$P_1=500(1-12\%)=440(\text{万元})$$

$P_2=500\times 40\%+500\times 30\%(P/F, 15\%, 1)+500\times 20\%(P/F, 15\%, 2)$

$+500\times 10\%(P/F, 15\%, 3)$

$=200+150\times 0.869\ 6+100\times 0.756\ 1+50\times 0.657\ 5=438.925$(万元)

答：对该企业来说，若资金利率为10%，则应选择一次性付款方式；若借款利率为15%，则应选择分期付款方式。

【例10-15】 某人向银行贷款10万元，银行要求每年偿还1万元，若银行的贷款年

利率为 5%，用复利法计息，问多少年后才能把贷款还完？

解：设 n 年后才能把贷款还完，根据已知条件可建立如下等式：

$$10=1\times(P/A,\ 5\%,\ n)$$
$$(P/A,\ 5\%,\ n)=10$$

方法一，由 5%的复利系数表可知，n 介于 14 和 15 之间，可用试算内插法求出 n 的近似值。

当 $n=14$ 时，$(P/A,\ 5\%,\ 14)=9.898\ 6$

当 $n=15$ 时，$(P/A,\ 5\%,\ 15)=10.379\ 7$

$$n=14+\frac{15-14}{10.379\ 7-9.898\ 6}\times(10-9.898\ 6)=14.21(\text{年})$$

方法二，$(P/A,\ 5\%,\ n)$所代表的实际意义是

$$\frac{(1+i)^n-1}{i(1+i)^n}=\frac{(1+5\%)^n-1}{5\%(1+5\%)^n}$$

所以有

$$\frac{(1+5\%)^n-1}{5\%(1+5\%)^n}=10$$

解此方程，得 $n=14.207$(年)

【例 10-16】 某债券是一年前发行的，面额为 1 000 元，年限为 5 年，年利率为 10%，每年支付利息，到期还本，若投资者要求在余下的 4 年中的年收益率为 8%，问该债券现在的价格低于多少时，投资者才会买入？

解：根据题意画出该债券在未来 4 年的现金流量，如图 10-11 所示。

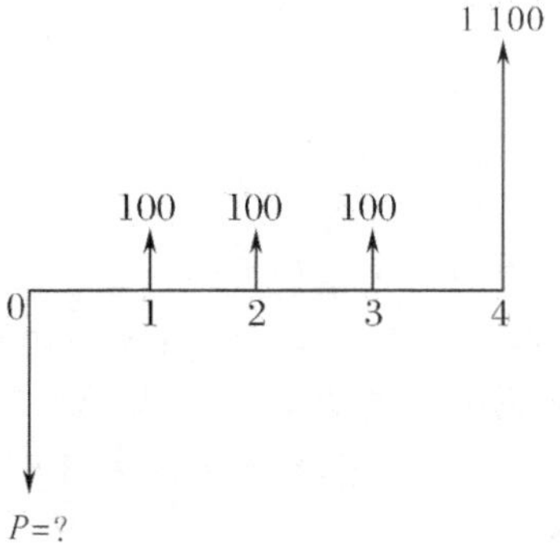

图 10-11　例 10-16 的现金流量图

$$\begin{aligned}P&=100\times(P/A,\ 8\%,\ 4)+1\ 000\times(P/F,\ 8\%,\ 4)\\&=1\ 066.2(\text{元})\end{aligned}$$

答：该债券现在价格低于 1 066.2 元时，投资者才会买入。

复习思考题

1. 什么是资金的时间价值？

2. 试述单利法和复利法的主要区别。

3. 如何理解资金等值的概念?

4. 什么是现金流量? 怎样绘制现金流量图?

5. 试解释名义利率和实际利率及两者的关系。

6. 现金流量图(下图)中，考虑资金的时间价值后，总现金流出等于总现金流入。试利用各种资金等值计算系数，用已知项表示未知项。

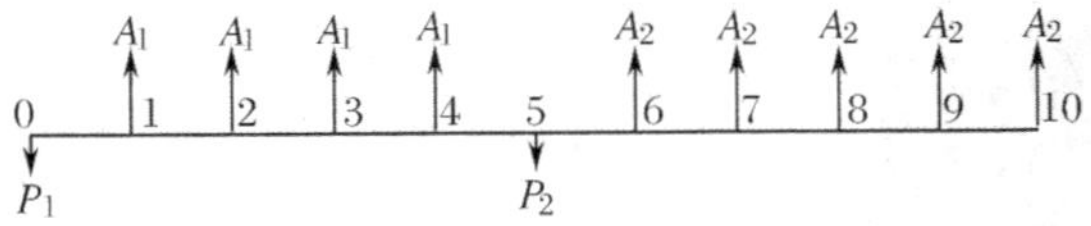

(1)已知 A_1、A_2、P_1、i，求 P_2。

(2)已知 A_1、P_2、P_1、i，求 A_2。

(3)已知 P_2、A_2、P_1、i，求 A_1。

7. 某企业拟向银行借款 1 500 万元，5 年后一次还清。甲银行贷款年利率为 17%，按年计息；乙银行贷款年利率为 16%，按月计息。问企业应向哪家银行贷款较为经济?

8. 某企业获得 10 万元贷款，偿还期为 5 年，年利率为 10%，试就下面 4 种还款方式，分别计算 5 年还款总额及还款额的现值。

(1)每年年末还 2 万元本金和所欠利息。

(2)每年年末只还所欠利息，本金在第 5 年年末一次还清。

(3)每年年末等额偿还本金和利息。

(4)第 5 年年末一次还清本金和利息。

9. 期初存入银行 1 000 元，试按名义利率为 12%，求 7 年后的本利和。

(1)每年复利一次。

(2)每半年复利一次。

(3)每季复利一次。

(4)每月复利一次。

10. 试证 $(A/P, i, n)-(A/F, i, n)=i$。

11. 某企业年初从银行借款 1 200 万元，并商定从第二年开始每年年末偿还 250 万元，若银行按 12%的年利率计复利，那么该企业大约在第几年可还清这笔贷款?

12. 某永久性投资项目，预计建成后年净收益为 5 600 万元，若期望投资收益率为 12%，求允许的最大投资现值为多少?

第十一章　投资项目经济效果的评价方法

工程技术方案经济性评价的核心内容就是经济效果的评价。为了确保经济决策的正确性和科学性，研究经济效果评价的指标和方法是十分必要的。

经济效果评价的指标是多种多样的，它们从不同角度反映出工程技术方案的经济性。投资者可以根据不同的评价深度要求和可获得的资料的多少，以及项目本身和所处条件的不同，选用不同的评价指标和方法。

项目经济性评价的基本方法包括确定性评价方法和不确定性评价方法两类。对同一个项目必须同时进行确定性评价和不确定性评价。

若根据是否考虑资金时间价值，可将常用方法分为静态评价方法和动态评价方法。前者不考虑资金时间价值，后者则考虑资金时间价值。

本章主要介绍评价工程技术方案经济效果的各类指标、方法和标准，项目的决策结构与评价方法，以及项目的不确定性评价方法。

第一节　投资项目常用评价指标

若根据项目对资金的回收速度、获利能力和资金的使用效率进行分类，项目经济性评价指标可以分为三类：一是以时间作为计量单位的时间型指标；二是以货币单位计量的价值型指标；三是反映资源利用效率的效率型指标。

一、时间型经济评价指标

投资项目的投资回收期是最常用的时间型指标，采用投资回收期指标作为投资项目经济性评价指标的方法即投资回收期法，又叫投资返本期法或投资偿还期法。所谓投资回收期是指以项目净现金流入回收全部投资所需的时间，一般以年为计算单位，并从项目投建之年算起。如果是从投产年算起，应予以注明。

(一)静态投资回收期

1. 概念

静态投资回收期是指在不考虑资金时间价值的条件下，以项目净现金流入回收项目全部投资所需要的时间，是反映项目方案在财务上投资回收能力的重要指标，是考察项目投资盈利水平的经济效益指标。

2. 计算

静态投资回收期(T_P，以年表示)的计算公式是

$$\sum_{t=0}^{T_P}(\mathrm{CI}-\mathrm{CO})_t=0 \tag{11-1}$$

其中，CI 为现金流入量；CO 为现金流出量；$(\mathrm{CI}-\mathrm{CO})_t$ 为第 t 年的净现金流量；T_P

为静态投资回收期(年)。

式(11-1)是求解静态投资回收期的理论公式，不容易直接求解，静态投资回收期通常用列表法求得，通过累计净现金流量的计算可以求得 T_P 值，其实用公式为

$$T_P=\frac{\text{累计净现金流量开始出现正值的年份数}}{}-1+\frac{\text{上年累计净现金流量的绝对值}}{\text{当年净现金流量}} \tag{11-2}$$

3. 判别准则

用投资回收期评价投资项目时，需要将计算所得的投资回收期与同类项目的历史数据或投资者意愿确定的基准投资回收期相比较。设基准投资回收期为 T_b，判别准则为：当 $T_P \leqslant T_b$ 时，项目可以考虑接受；当 $T_P > T_b$ 时，项目应予以拒绝。

【例 11-1】 某项目的现金流量表如表 11-1 所示，试计算其静态投资回收期，若标准投资回收期 $T_b=4$ 年，判断其在经济上的合理性。

表 11-1　例 11-1 现金流量表

项目/万元 \ 时间/年	0	1	2	3	4	5
总投资	4 000	500				
销售收入		1 700	2 000	2 000	2 000	2 000
经营成本		500	500	500	500	500
净现金流量	−4 000	700	1 500	1 500	1 500	1 500
累计净现金流量	−4 000	−3 300	−1 800	−300	1 200	2 700

解：根据表 11-1 可得

$$T_P=4-1+\frac{300}{1\ 500}=3.2(\text{年})<4\ \text{年}$$

因为 $T_P<T_b$，故该投资方案在经济上可行。

4. 指标评价

当然，投资方案的回收期越短越好，作为一种判据，基准投资回收期没有绝对的标准，它取决于投资项目的规模、行业的性质、资金来源的情况、投资环境的风险及投资者的主观期望，要根据具体情况进行分析。显然，重点是回收期不能长于项目的计算期，否则到计算期期末，投资项目连初始投资都收不回来。另外，该指标没有考虑投资回收以后的经济效果，不能全面反映项目在寿命期内的真实效果。

(二)动态投资回收期

为了克服静态投资回收期方法未考虑资金时间价值的缺点，可采用动态投资回收期指标来评价项目的经济性。

1. 概念

所谓动态投资回收期是指在考虑资金时间价值，即按设定的基准收益率条件下，以项目的净现金流入收回全部投资所需的时间，它克服了静态投资回收期未考虑时间因素的缺点。

2. 计算

动态投资回收期可由式(11-3)求得，即

$$\sum_{t=0}^{T_P^*}(\mathrm{CI}-\mathrm{CO})_t(1+i_0)^{-t}=0 \tag{11-3}$$

其中，T_P^* 为动态投资回收期；i_0 为折现率。

动态投资回收期 T_P^* 的计算也常采用列表法，计算动态投资回收期的实用公式见式(11-4)。

$$T_P^*=\frac{\text{累计净现金流量折现值}}{\text{开始出现正值年份数}}-1+\frac{\text{上年累计净现金流量折现值的绝对值}}{\text{当年净现金流量折现值}} \tag{11-4}$$

3. 判别准则

用动态投资回收期评价投资项目的可行性，需要与基准动态投资回收期相比较。设基准动态投资回收期为 T_b，则判别准则为：当 $T_P^*\leqslant T_b$ 时，项目可以被接受；当 $T_P^*>T_b$ 时，项目应予以拒绝。

【例 11-2】 资料同例 11-1，基准折现率为 10%，求动态投资回收期。

解：现金流量表如表 11-2 所示。

表 11-2　例 11-2 现金流量表

项目 \ 时间/年	0	1	2	3	4	5
总投资/万元	4 000	500				
销售收入/万元		1 700	2 000	2 000	2 000	2 000
经营成本/万元		500	500	500	500	500
净现金流量/万元	− 4 000	700	1 500	1 500	1 500	1 500
折现系数(i_0=10%)	1.000 0	0.909 1	0.826 4	0.751 3	0.683 0	0.620 9
净现金流折现值/万元	− 4 000	636.4	1 239.6	1 127.0	1 024.5	931.4
累计净现金流折现值/万元	− 4 000	− 3 363.6	−2 124.0	−997	27.5	958.9

$$T_P^*=4-1+\frac{997}{1\ 024.5}=3.97(\text{年})<4\ \text{年}$$

可知该方案的动态投资回收期为 3.97 年。因为 $T_P^*<T_b$，所以该投资方案在经济上可行。

投资回收期指标直观、简单，尤其是静态投资回收期，表明投资需要多少年才能回收，便于为投资者衡量风险。投资者关心的是用较短的时间回收全部投资，减少投资风险。但是，投资回收期指标最大的缺点是没有反映投资回收期以后方案的情况，因而不能全面反映项目在整个寿命期内真实的经济效果。所以投资回收期一般用于粗略评价，并且需要和其他指标结合起来使用。

二、价值型经济评价指标

(一)净现值

净现值指标是动态评价最重要的指标之一。它不仅考虑了资金的时间价值，而且考察了项目在整个寿命期内的全部现金流入和现金流出。

1. 概念与计算

所谓净现值是指按设定的折现率，将技术方案计算期内各个不同时点的净现金流量折现到计算期期初的累计值。其计算公式为

$$NPV = \sum_{t=0}^{n} (CI_t - CO_t)(1 + i_0)^{-t} \tag{11-5}$$

其中，NPV为净现值；CI_t 为第 t 年的现金流入；CO_t 为第 t 年的现金流出；n 为项目寿命年限；i_0 为基准折现率。

2. 判别准则

对于单一项目方案而言，若 NPV≥0，则项目应被接受；若 NPV<0，则项目应被拒绝。

因为当 NPV>0 时，方案的收益率不仅能达到设定的基准折现率水平，而且还能取得超额收益现值；当 NPV=0 时，方案的收益率恰好达到设定的基准折现率要求的水平；当 NPV<0 时，方案的收益率未达到设定的基准折现率要求的水平。

多方案比选时，净现值越大的方案越优(净现值最大准则)。

【例 11-3】 某设备的购价为 40 000 元，每年的运行收入为 15 000 元，年运行费用为 3 500 元，4 年后该设备可以按 5 000 元转让，如果基准收益率 $i_0=20\%$，问此项投资是否值得?

解：用净现值指标进行评价，根据题意画出现金流量图见图 11-1。

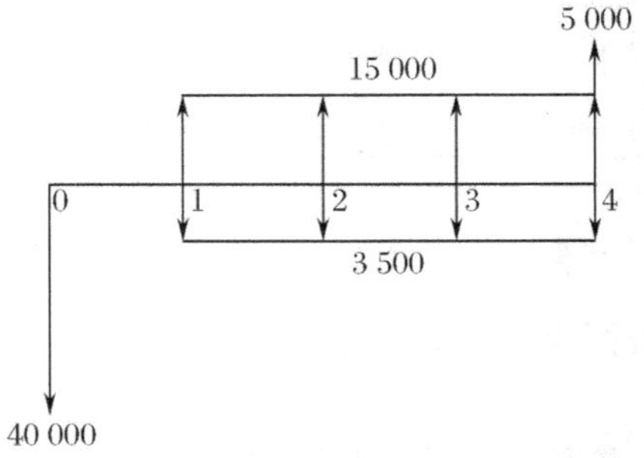

图 11-1　例 11-3 现金流量图

$$\begin{aligned}NPV(20\%) &= -40\,000 + (15\,000 - 3\,500)(P/A, 20\%, 4) + 5\,000(P/F, 20\%, 4)\\ &= -40\,000 + 11\,500 \times 2.589 + 5\,000 \times 0.482\,3 = -7\,815(元)\end{aligned}$$

由于 NPV(20%)<0，此投资经济上不合理。

【例 11-4】 在例 11-3 中，若其他情况相同，而基准收益率 $i_0=5\%$，问此项投资是否值得?

解：计算此时的净现值，即

$$\begin{aligned}NPV(5\%) &= -40\,000+(15\,000-3\,500)(P/A,\ 5\%,\ 4)+5\,000(P/F,\ 5\%,\ 4)\\ &= -40\,000+11\,500\times 3.546+5\,000\times 0.822\,7\\ &= 4\,892.5(\text{元})\end{aligned}$$

NPV(5%)>0，这意味着若基准收益率为5%，则此项投资是值得的。

显然，净现值的大小与基准收益率 i_0 有很大关系，当 i_0 变化时，NPV 也随之变化，两者呈非线性关系：$NPV(i_0)=f(i_0)$。

一般情况下，同一净现金流量的净现值随着折现率 i 的增大而减少，故基准折现率 i_0 定得越高，能被接受的方案越少，如图 11-2 所示。

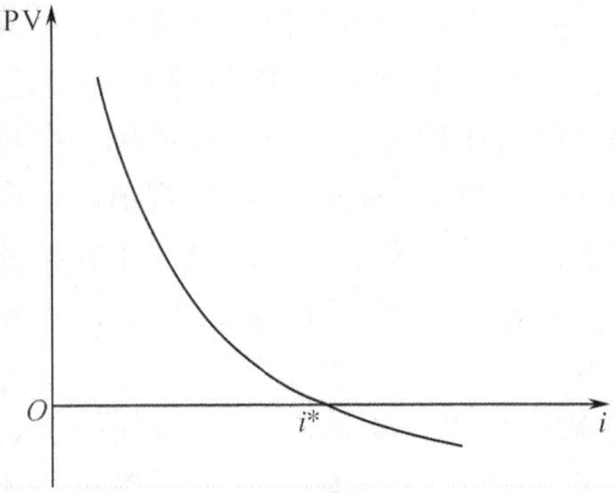

图 11-2　净现值与折现率的关系

在图 11-2 中，在某一个 i^* 值上，净现值曲线与横坐标相交，表示该折现率下的净现值 NPV=0，且当 $i_0<i^*$ 时，$NPV(i_0)>0$；当 $i_0>i^*$ 时，$NPV(i_0)<0$。i^* 是一个具有重要经济意义的折现率临界值，被称为内部收益率，后面将作详细分析。

NPV 之所以随着 i 的增大而减小，是因为一般投资项目正的现金流入(如收益)总是发生在负的现金流出(如投资)之后，这使得随着折现率的增加，正的现金流入折现到期初的时间长，其现值减小得多，而负的现金流出折现到期初的时间短，相应现值减小得少，这样现值的代数和就减小。

这里也可以看出，规定的折现率 i_0——基准收益率——对方案的评价起重要的作用。i_0 定得较高，计算的 NPV 比较小，易小于零，使方案难以通过评价标准，从而投资方案容易被否定；反之，i_0 定得较低，计算的 NPV 比较大，不易小于零，使方案容易通过评价标准，从而投资方案容易被接受。因此，国家正是通过制定并颁布各行业的基准收益率，作为投资调控的手段。国家有关部门按照企业和行业的平均投资收益率，并考虑产业政策、资源劣化程度、技术进步和价格变动等因素，分行业确定并颁布基准收益率。

(二)净年值

1. 概念与计算

净年值(net annual value，NAV)是指按给定的基准折现率，通过等值换算将方案计算期内各个不同时点的净现金流量分摊到计算期内各年的等额年值。

其计算公式为

$$\mathrm{NAV}=\left[\sum_{t=0}^{n}(\mathrm{CI}_t-\mathrm{CO}_t)(1+i_0)^{-t}\right](A/P,\ i_0,\ n) \\ =\mathrm{NPV}(A/P,\ i_0,\ n) \tag{11-6}$$

其中，NAV为净年值；$(A/P,\ i_0,\ n)$为资金回收系数；其余符号意义同式(11-5)。

2. 判别准则

对于单一项目方案而言，若NAV≥0，则项目在经济效果上可以被接受；若NAV<0，则项目在经济效果上不可被接受。多方案比选时，净年值越大的方案越优(净年值最大准则)。

将净年值的计算公式及判别准则与净现值的计算公式及判别准则做一比较可知，由于$(A/P,\ i_0,\ n)>0$，故净年值与净现值在项目评价的结论上总是一致的。因此，就项目的评价结论而言，净年值与净现值是等效评价指标。净现值给出的信息是项目在整个寿命期内获取的超出最低期望盈利的超额收益的现值，而净年值给出的信息是寿命内每年的等额超额收益。由于信息的含义不同，而且由于在某些决策结构形式下，采用净年值比采用净现值更为简便和易于计算(后面再详述)，故净年值指标在经济效果评价指标体系中占有相当重要的地位。

【例11-5】 某设备的购价为40 000元，每年的运行收入为15 000元，年运行费用为3 500元，4年后该设备可以按5 000元转让，如果基准折现率为5%，试用净年值法判断此项设备投资是否值得？(该题为用净年值指标对例11-4中的决策问题进行评价)

解：根据题意画出现金流量图见图11-1，直接计算净年值，得

$$\mathrm{NAV}=-40\ 000(A/P,\ 5\%,\ 4)+15\ 000-3\ 500+5\ 000(A/F,\ 5\%,\ 4) \\ =-40\ 000\times0.282+11\ 500+5\ 000\times0.232 \\ =1\ 380(\text{元})$$

或者根据例11-4的结果NPV=4 892.5元，得

$$\mathrm{NAV}=\mathrm{NPV}(A/P,\ i,\ n)=\mathrm{NPV}\times(A/P,\ 5\%,\ 4) \\ =4\ 892.5\times0.282 \\ =1\ 380(\text{元})$$

由于NAV>0，故此项投资是值得的。这与用净年值指标的评价结论是一致的。

(三)费用现值(PC)和费用年值(AC)

在对多个方案进行比较选优时，如果诸方案产出价值相同，或者诸方案能够满足同样需要但其产出效益难以用价值形态(货币)计量(如环保、教育、保健、国防)时，可以通过对各方案费用现值或费用年值的比较进行选择。

费用现值的计算公式为

$$\mathrm{PC}=\sum_{t=0}^{n}\mathrm{CO}_t(P/F,\ i_0,\ t) \tag{11-7}$$

费用年值的计算公式为

$$AC = \left[\sum_{t=0}^{n} CO_t (P/F, i_0, t)\right](A/P, i_0, n) = PC(A/P, i_0, n) \tag{11-8}$$

其中，PC 为费用现值；AC 为费用年值；CO_t 为第 t 年的费用(包括投资和经营成本等)；其余符号的意义同式(11-5)。

费用现值和费用年值指标只能用于多个方案的比选，其判别准则为：费用现值或费用年值最小的方案为优。

【例 11-6】 某项目有两个工艺方案 A、B，均能满足同样的需要。其费用数据如表 11-3所示。在基准折现率 $i_0 = 10\%$的情况下，试用费用现值和费用年值确定最优方案。

表 11-3　两个工艺方案的费用数据表　　单位：万元

方案	总投资(第 0 年年末)	年运营费用(第 1～10 年)
A	200	60
B	300	35

解：两方案的费用现值计算如下：

$$PC_A = 200 + 60(P/A, 10\%, 10) = 568.64(\text{万元})$$

$$PC_B = 300 + 35(P/A, 10\%, 10) = 515.04(\text{万元})$$

两方案的费用年值计算如下：

$$AC_A = 200(A/P, 10\%, 10) + 60 = 92.55(\text{万元})$$

$$AC_B = 300(A/P, 10\%, 10) + 35 = 83.82(\text{万元})$$

根据费用最小的选优准则，费用现值和费用年值的计算结果都表明，方案 B 优于方案 A。

费用现值与费用年值的关系恰如前面所述的净现值和净年值的关系一样，所以就评价结论而言，二者是等效评价指标。二者除了在指标含义上有所不同外，就计算的方便简易而言，在不同的决策结构下，二者各有所长。

三、效率型经济评价指标

(一)IRR

1. IRR的概念与判别准则

IRR 又称内部报酬率，它是经济评价中重要的动态评价指标之一。所谓 IRR 是指使方案在寿命期内的净现值为零时的折现率。

判别准则为：设基准折现率为 i_0，若 $IRR \geq i_0$，则项目在经济效果上可以被接受；若 $IRR < i_0$，则项目在经济效果上不可被接受。

2. IRR 的计算方法

按照 IRR 的定义，其表达式为

$$NPV(IRR) = \sum_{t=0}^{n} (CI_t - CO_t)(1 + IRR)^{-t} = 0 \tag{11-9}$$

其中，IRR 为内部收益率；其他符号意义同式(11-5)。

式(11-9)是一个高次方程，不容易直接求解，通常采用试算内插法求 IRR 的近似解，其原理如图 11-3 所示。

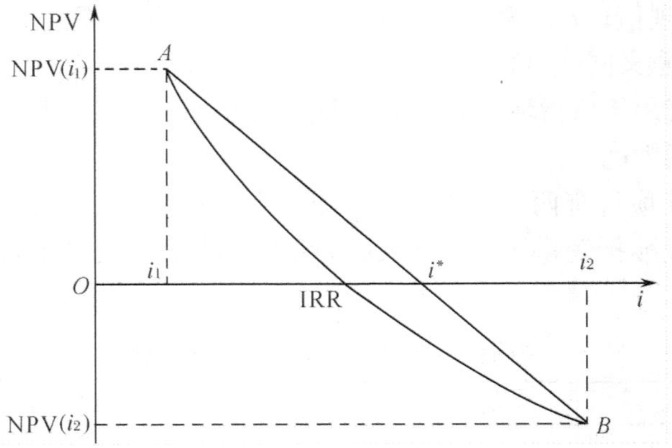

图 11-3 用内插法求 IRR 的示意图

从图 11-3 可以看出，IRR 在 i_1 与 i_2 之间，用 i^* 近似代替 IRR，当 i_2 与 i_1 的距离控制在一定范围内时，可以达到要求的精度。具体计算步骤如下。

(1)设初始折现率值为 i_1，一般可以先取行业的基准收益率 i_0 作为 i_1，并计算对应的净现值 NPV(i_1)。

(2)若 NPV(i_1)≠0，则根据 NPV(i_1)是否大于零，再设 i_2。若 NPV(i_1)>0，则设 $i_2>i_1$。若 NPV(i_1)<0，则设 $i_2<i_1$。i_2 与 i_1 的差距取决于 NPV(i_1)的绝对值，较大的绝对值可以取较大的差距；反之，取较小的差距。计算对应的 NPV(i_2)。

(3)重复步骤(2)，直到出现 NPV(i_1)>0、NPV(i_2)<0，用试算内插法求得 IRR 近似值，即

$$\mathrm{IRR} \approx i^* = i_1 + \frac{\mathrm{NPV}(i_1)}{\mathrm{NPV}(i_1) + |\mathrm{NPV}(i_2)|}(i_2 - i_1) \tag{11-10}$$

其中，i^* 为近似的 IRR；i_1 为试算用的较低折现率；i_2 为试算用的较高折现率；NPV(i_1)为用较低折现率计算的净现值(应为正值)；NPV(i_2)为用较高折现率计算的净现值(应为负值)。

应当指出，用试算内插法计算式(11-10)的误差(i^*－IRR)与估计选用的两个折现率的差额(i_2-i_1)的大小有直接关系。为了控制误差，试算用的两个折现率之差(i_2-i_1)一般不应超过 5%。

式(11-10)可利用图 11-3 证明如下。

在图 11-3 中，当 i_2-i_1 足够小时，可以将曲线段 AB 近似看成直线段 $\overline{AB}$，$\overline{AB}$ 与横坐标交点处的折现率 i^* 即为 IRR 的近似值。因为三角形 Ai^*i_1 相似于三角形 Bi^*i_2，故有

$$\frac{\mathrm{NPV}(i_1)}{|\mathrm{NPV}(i_2)|} = \frac{i^* - i_1}{i_2 - i^*}$$

从上式中解得

$$i^*=i_1+\frac{NPV(i_1)}{NPV(i_1)+|NPV(i_2)|}(i_2-i_1)$$

【例 11-7】 某项工程方案的现金流量表如表 11-4 所示，设其行业基准收益率为 10%。试用 IRR 法分析判断方案是否可行。

表 11-4　某项工程方案的现金流量表

时间(年末)/年	0	1	2	3	4	5
现金流量/万元	−2 000	300	500	500	500	1 200

解：该方案的净现值表达式为

$$NPV=-2\,000+300(P/F,\ i,\ 1)+500(P/A,\ i,\ 3)(P/F,\ i,\ 1)+1\,200(P/F,\ i,\ 5)$$

第一次试算，取 $i_1=12\%$ 代入上式求得

$$\begin{aligned}NPV(i_1)&=-2\,000+300(P/F,\ 12\%,\ 1)+500(P/A,\ 12\%,\ 3)(P/F,\ 12\%,\ 1)+1\,200(P/F,\ 12\%,\ 5)\\&=-2\,000+300\times0.892\,9+500\times2.402\times0.892\,9+1\,200\times0.567\,4\\&=21(万元)>0\end{aligned}$$

第二次试算，取 $i_2=15\%$ 代入上式求得

$$\begin{aligned}NPV(i_2)&=-2\,000+300(P/F,\ 15\%,\ 1)+500(P/A,\ 15\%,\ 3)(P/F,\ 15\%,\ 1)+1\,200(P/F,\ 15\%,\ 5)\\&=-2\,000+300\times0.869\,6+500\times2.283\times0.869\,6+1\,200\times0.497\,2\\&=-150(万元)<0\end{aligned}$$

可见，IRR 必然为 12%～15%，代入试算内插法计算式(10-10)可求得

$$\begin{aligned}IRR&=i_1+\frac{NPV(i_1)}{NPV(i_1)+|NPV(i_2)|}(i_2-i_1)\\&=12\%+\frac{21}{21+|-150|}\times(15\%-12\%)=12.4\%\end{aligned}$$

因为 $IRR=12.4\%>i_0=10\%$　所以该方案可行，可以被接受。

3. IRR 的经济含义

一般来讲，IRR 就是投资(资金)的收益率，它表明了项目对所占用资金的一种恢复(收回)能力，项目的 IRR 越高，其经济性也就越好。因此，IRR 的经济含义是：在项目的整个寿命期内，如果按利率 $i=IRR$ 计算各年的净现金流量，会始终存在着未能收回的投资，只有到了寿命期末时投资才能被全部收回，此时的净现金流量刚好等于零。换句话说，在寿命期内各个时点，项目始终处于“偿还”未被收回的投资状态，只有到了寿命期结束的时点，才偿还完全部投资。将项目 IRR 的这种投资“偿还”过程和结果按 IRR 折现为净现值时，则项目的净现值必然等于零。

4. IRR 方程多解的讨论

IRR 方程式(11-9)是一元高次(n 次)方程。如果令 $(1+IRR)^{-1}=\frac{1}{(1+IRR)}=X$，

$C_t=(CI_t-CO_t)(t=0，1，2，\cdots，n)$，则 IRR 方程式可改写为如下形式：

$$C_0+C_1X+C_2X^2+\cdots+C_nX^n=0$$

这是一元 n 次多项式，是 n 次方程。n 次方程应该有 n 个解，即有 n 个根(包括重根)。其中正实数根才可能是项目的 IRR，而负根无经济意义。如果只有一个正实数根，则其应当是该项目的 IRR；如果有多个正实数根，则须经过检验符合 IRR 的经济含义的根才是项目的 IRR。

对投资方案 IRR 的计算，隐含着一个基本假定，即项目寿命期内所获得的净收益全部可用于再投资，再投资的收益率等于项目的 IRR。这种隐含假定是由现金流计算中采用复利计算方法导致的。

(二)净现值指数

前面介绍的净现值指标虽然能够直接反映出技术方案的盈利总额，但它没有反映资金的利用效率。换句话说，净现值只是一个绝对经济效益指标，它没有反映方案的相对经济效益。多方案比较时，如果它们的投资额不相等，此时若以各方案净现值的大小来决定方案的取舍，则可能导致相反的结论。这时可以采用净现值指数(net present value index，NPVI)作为净现值指标的辅助指标来评价方案。

1. 概念及计算

净现值指数是技术方案的净现值与其投资总额现值之比。其经济含义是单位投资现值所能带来的净现值。净现值指数又被称作净现值率(net present value ratio，NPVR)。

净现值指数的计算公式为

$$\mathrm{NPVI}=\frac{\mathrm{NPV}}{K_P}=\frac{\sum_{t=0}^{n}(\mathrm{CI}_t-\mathrm{CO}_t)(1+i_0)^{-t}}{\sum_{t=0}^{n}K_t(1+i_0)^{-t}} \tag{11-11}$$

其中，K_P 为项目总投资现值；K_t 为第 t 年的投资额；其他符号的意义同式(11-5)。

2. 判别准则

对于单一项目而言，若 NPV$\geqslant 0$，则 NPVI$\geqslant 0$(因为 $K_P>0$)；若 NPV<0，则 NPVI<0。故用净现值指数评价单一项目经济效果时，判别准则与净现值相同。

多方案比选时，如果被选方案的投资额相近，则净现值指数最大的方案，投资收益大，即该方案为最佳方案。

值得注意的是，在进行多方案比选时，以净现值指数最大为准则，有利于投资偏小的项目。所以净现值指数指标仅适用于投资额相近的方案比选。

(三)投资收益率

投资收益率是投资经济效果的综合评价指标，它一般是指项目达到设计生产能力后的正常生产年份的年净收益与项目总投资之比。对于生产期内各年的净收益变化幅度较大的项目，应计算生产期年平均净收益与总投资的比率。其计算公式为

$$R=\frac{\mathrm{NB}}{K} \tag{11-12}$$

其中，K 为投资总额，$K=\sum_{t=0}^{m}K_t$，K_t 为第 t 年的投资额，m 为完成投资的年份，根据不同的分析目的，K 可以是全部投资额，也可以是投资者的权益投资额；NB 为正常年份的净收益，根据不同的分析目的，NB 可以是利润，可以是利润税金总额，也可以是年净现金流入等；R 为投资收益率，根据 K 和 NB 的具体含义，R 可以表现为各种不同的具体形态。

投资收益率常见的具体形式有

$$全部投资收益率=\frac{年利润+折旧与摊销+利息支出}{全部投资额}$$

$$权益投资收益率=\frac{年利润+折旧与摊销}{权益投资额}$$

$$投资利税率=\frac{年利润+税金}{全部投资额}$$

$$权益投资利润率=\frac{年利润}{权益投资额}$$

对于权益投资收益率和权益投资利润率来说，还有所得税前与所得税后之分。

投资收益率指标未考虑资金的时间价值，而且舍弃了项目建设期、寿命期等众多经济数据，故一般仅用于技术经济数据尚不完整的项目初步研究阶段。

用投资收益率指标评价投资方案的经济效果，需要与根据同类项目的历史数据及投资者意愿等确定的基准投资收益率作比较。设基准投资收益率为 R_b，判别准则为：若 $R\geqslant R_b$，则项目可以考虑接受；若 $R<R_b$，则项目应予以拒绝。

第二节　投资项目的决策结构与评价方法

如果对于任何投资决策，都能简单地采用前述经济评价指标以决定项目的取舍，则投资决策就会变得简单易行。可是在实践中，由于决策结构的复杂性，如果仅仅掌握几种评价指标，而不掌握正确的评价方法，就不能达到正确决策的目的。因此，本节在划分决策类型的基础上，讨论如何正确运用前面讲过的各种评价指标进行项目评价与选择。

一、投资项目的决策结构类型及项目比较原则

对项目投资方案进行经济评价，通常有两种情况：一是单方案评价，即投资项目只有一种技术方案或独立的项目方案可供评价；二是多方案评价，即投资项目有几种可供选择的技术方案。对单方案的评价，一般采用前述的经济评价指标就可以决定项目的取舍。但应该指出的是，在实际项目评价中，由于决策类型的复杂性、决策结构的多样性，往往只有对多方案进行比较评价，才能判断出技术先进、经济合理、社会效益好的最优方案。

(一)投资项目的决策结构类型

多方案动态评价方法的选择与各备选项目方案的不同决策结构类型，即项目方案之

间的相互关系有关。项目方案之间的相互关系可分为如下三种类型。

1. 独立型

独立型是指各个方案的现金流量是独立的，不具有相关性，且任一方案的被采用与否都不影响其他方案是否被采用的决策。如果决策的对象是单一方案，则可认为是独立方案的特例。

2. 互斥型

互斥型是指各方案之间存在着互不相容、互相排斥的关系，在对多个互斥方案进行比选时，最多只能选取其中之一，其余方案必须放弃。

3. 混合型

混合型是指独立方案与互斥方案混合的情况，即各方案之间既有独立关系，又有互斥关系。

(二)多方案项目的比较原则

技术经济分析经常要对可实现某一预定目标的多种备选技术方案进行比较，从中选出最优或最满意的方案。技术方案是指为实现某一目标而具体实施某一技术的工作安排。在技术经济学中，技术方案可以指计划方案、设计方案、生产方案、科研方案等各种类型的方案。技术方案的水平高低主要体现在两个方面：①实现目标程度的高低；②在实现目标的前提下取得的经济效益的情况。为了从经济效益角度选出最佳方案，根据技术经济比较原理，需对两个以上的方案进行经济效益的比较。

技术方案可比原则是指对拟议的不同技术方案进行技术经济比较时的可比条件的认识和要求，具体包括：①对拟议的各种技术方案进行比较；②对技术方案的产品产量、质量、费用、时间、价格等因素，分析在什么条件下具有可比性、可以直接进行比较，以及在什么条件下不具有可比性、不能进行直接比较；③如何使不可比条件转化为可比条件。

技术方案可比原则包括四个方面的内容：一是满足需要的可比；二是消耗费用的可比；三是价格可比；四是时间可比。

1. 满足需要的可比

技术方案满足需要的可比原则，主要包含以下三个方面的含义。

(1)方案必须满足客观需要，即必须满足一定的目标要求，只有满足了客观需要，方案才能成为可行方案。任何技术方案的主要目的都是要满足一定的需要。例如，在京沪两地修建高速公路是为了满足两地的快速通道需要；开发新产品是为了满足企业长足发展以追求更高经济利益的需要。事实上，任何一个技术方案都是以满足或解决一定的客观需要为基础的。

(2)不同方案必须满足相同的需要。相比较的各个技术方案只有满足相同的实际需要，才具备相互比较和选择其一的条件。一切技术方案一般都是以产品的数量、品种和质量等技术经济指标来满足社会需要的，对满足相同需要的不同技术方案进行比较时，主要要求不同技术方案在产品产量、产品质量和产品品种等指标方面具有可比性。

(3)如果不同方案的相同需要得不到满足，则应借助一定的理论和方法使其转化为能满足相同需要的方案。在实际工作中，不同技术方案的产品质量常是有差别的。在这种情况下，即使两方案的产量已经符合可比条件，但方案仍不可比。例如，某企业生产磨床刀具，有A、B两个方案可供选择。A方案的投资和经营费用都高于B方案，但生产出来的刀具工作面积大、精确度高且耐磨耐用，这种不同质量的产品是不能直接比较的。按照质量可比原则，对于不同产品的质量也应该根据满足相同社会需要的原则进行考虑。由于质量不同而造成满足不同需要的方案，在技术经济比较中要做出相应的调整，使它们具有相同的使用价值，满足相同的社会需要。同样，产品产量或品种不能满足相同需要时，也需要通过借助一定的修正系数进行调整，转换为满足相同需要时才能进行两方案的比较。

2. 消耗费用的可比

经济效益是投入和产出之比，既要考核不同方案在满足需要上的可比性，又要从消耗费用方面进行可比条件的认识。不同技术方案由于技术特性的不同，导致其在各方面的劳动消耗和费用也有所区别。

消耗费用可比性是指在计算不同技术方案的消耗费用指标时，应该采用统一的计算范围与口径，计算内容、计价基础、时间单位等要具有统一性。需要注意的是：第一，不同方案在同一经济评价类型中费用包含的范围需要一致；第二，不同的经济评价类型中费用包含的内容有所区别。例如，财务评价从企业角度分析计算项目的费用等情况，从而考察项目的获利性，因此，在财务评价中只考虑与方案本身有关的直接费用；而国民经济评价则从国民经济整体角度出发，考察资源的合理利用，以及项目给国民经济带来的利益和项目需要国民经济付出的代价，因此在国民经济评价中，不仅考虑与方案本身有关的直接费用，还要考虑间接费用。

3. 价格可比

在计算比较不同方案的成果和费用时，需要用到价格指标。因为在技术方案运行过程中，从投入来看，一般都会消耗两种或两种以上的不同资源；从产出来看，一般都会产出两种或两种以上的产品。当然，在投入和产出的运行过程中，还可能涉及多种劳务和业务。因此在进行经济评价时，如果将两种或两种以上的资源、业务、产品、劳务等进行归纳汇总，必然要利用价格将各种非价值量转化为价值量，从而便于进行比较。

在技术经济学中，对价格的使用做了统一的规定，即在对技术方案进行经济评价时，方案计算期内各年一律使用统一价格，其中财务评价使用现行价格，国民经济评价使用影子价格。使用统一性价格的依据主要是：第一，引起价格变动的因素有很多，因此很难对价格进行预测，特别是很难对价格进行长期预测；第二，在许多情况下，投入物可能涨价，产出物也可能同时涨价，两者大致可以相互抵消；第三，对不同技术方案进行比较时，舍去价格变动因素，一般不会影响技术方案的可比性。所以，在技术经济评价中引出使用统一价格的思想。

“影子价格”是一个以“边际”概念为基础的、含义广泛的经济范畴，不同的经济文献对其有不同的解释。经济学的解释为：影子价格是指稀缺资源的单位变化能使系统收益变化的量；或者是指在给定条件下使用这些有限资源的边际效率，也可以理解为单位资源的机会成本。一般来讲，产品和资源越短缺，越为一个国家的经济所必需，其影子价格就越高。从理论上讲，影子价格应该是完全竞争市场经济环境下所表现出的商品市场价格。关于方案的财务评价中所使用的现行价格，应尽可能选择接近影子价格或完全竞争市场环境下所表现出来的商品市场价格，作为对技术方案经济性评价中所使用的价格。

4. 时间可比

技术方案的经济效益还具有时间的概念。两个不同的技术方案，可能在产品、质量、投资、成本等各方面都相同，但在具体时间上会有差别。例如，一个投资早，一个投资晚，最终导致的经济效果也会不同。

时间因素可比条件主要有两个方面的含义：一是不同技术方案的比较，应采用相同的计算期，即在同一时间段内考虑各种方案的经济效益和费用。二是不同技术方案比较时，要把不同时期发生的费用与效益，用一定的基准折现率(或基准收益率)折算成现值，或者折算成同一时间发生的货币价值。换句话说，不同时点上的价值量不具有可比性，也不能直接计算代数和。

二、互斥方案的经济效果评价方法

在对互斥型方案进行决策时，参加比选的方案必须具有可比性，如前所述，主要包括计算的时间具有可比性，计算的收益与费用的范围、口径一致，计算的价格可比。

互斥方案经济效果的评价包含两部分内容：一是考察各个方案自身的经济效果，即进行绝对(经济)效果的检验，用经济效果评价标准(如 NPV≥0，NAV≥0，IRR≥i_0)检验方案自身的经济性，叫“绝对(经济)效果的检验”。凡通过绝对(经济)效果检验的方案，就认为它在经济效果上是可以被接受的，否则就应予以拒绝。二是考察哪个方案相对最优，称“相对(经济)效果检验”。两种检验的目的和作用不同，通常缺一不可。

(一)寿命周期相同的互斥方案的选择

对于寿命周期相同的互斥方案，计算期通常设定为其寿命周期，这样能满足计算时间的可比性。通过计算增量净现金流量评价增量投资经济效果，对投资额不等的互斥方案进行比选的方法，称为增量分析法或差额分析法，其是互斥方案比选的基本方法。

1. 增量分析法

先分析一个互斥方案的例子。

【例 11-8】 现有 A、B 两个互斥方案，寿命相同，其各年的现金流量如表 11-5 所示，试对方案进行评价选择(i_0=10%)。

表 11-5　互斥方案 A、B 的净现金流及评价指标($i_0=10\%$)　单位：万元

项目	0	1～10	NPV	IRR/%
方案 A 的净现金流	－2 500	800	2 415.2	29.64
方案 B 的净现金流	－1 800	650	2 193.6	34.28
增量净现金(A－B)	－700	150	221.6	17.72

解：先计算两个方案的绝对经济效果指标净现值(NPV)和 IRR，计算结果如表 11-5所示。

$$NPV_A=-2\ 500+800(P/A，10\%，10)=2\ 415.2(万元)$$
$$NPV_B=-1\ 800+650(P/A，10\%，10)=2\ 193.6(万元)$$

由方程式

$$-2\ 500+800(P/A，IRR，10)=0$$
$$-1\ 800+650(P/A，IRR，10)=0$$

可求得

$$IRR_A=29.64\%$$
$$IRR_B=34.28\%$$

NPV_A、NPV_B 均大于零，IRR_A、IRR_B 均大于基准折现率，所以方案 A 与方案 B 都能通过绝对经济效果检验，且使用 NPV 指标和使用 IRR 指标进行绝对经济效果检验的结论是一致的。

由于 $NPV_A>NPV_B$，故按净现值最大准则可知，方案 A 优于方案 B。但计算结果还表明 $IRR_B>IRR_A$，若以 IRR 最大为比选准则，则方案 B 优于方案 A，这与按净现值最大准则比选的结论相矛盾。

到底按哪种准则进行互斥方案比选更合理呢？解决这个问题需要分析投资方案比选的实质。投资额不等的互斥方案比选的实质是判断增量投资(或差额投资)的经济合理性，即投资大的方案相对投资小的方案多投入的资金能否带来满意的增量收益。显然，若增量投资能够带来满意的增量收益，则投资额大的方案优于投资额小的方案，若增量投资不能带来满意的增量收益，则投资额小的方案优于投资额大的方案。

表 11-5 也给出方案 A 相对于方案 B 的增量净现金流，同时计算了相应的差额净现值(也称为增量净现值，记作 ΔNPV)与差额 IRR(也称为增量投资 IRR，记作 ΔIRR)。

$$\Delta NPV=-700+150(P/A，10\%，10)=221.6(万元)$$

由方程式

$$-700+150(P/A，\Delta IRR，10)=0$$

可解得

$$\Delta IRR=17.72\%$$

计算结果表明：$\Delta NPV>0$，$\Delta IRR>i_0(10\%)$，所以增量投资有满意的经济效果，因此投资大的方案 A 优于投资小的方案 B。

例 11-8 介绍了互斥方案比选的基本方法，即增量分析法，计算增量现金流量的增量评价指标，通过增量指标的判别准则，分析增量投资的有利与否，从而确定两方案的

优劣。

2. 增量分析指标

净现值、净年值、投资回收期、IRR 等评价指标都可以用于增量分析，下面就代表性指标净现值和 IRR 在增量分析中的应用作进一步讨论。

1)差额净现值

差额净现值又叫增量净现值，是指在给定的基准折现率下，两方案在寿命期内各年净现金流量差额折现的累计值，或者说差额净现值等于两个方案的净现值之差。设 A、B 为投资额不等的互斥方案，A 方案比 B 方案的投资大，两方案的差额净现值可由式(11-13)求出，即

$$\begin{aligned}\Delta NPV &= \sum_{t=0}^{n}[(CI_A - CO_A)_t - (CI_B - CO_B)_t](1+i_0)^{-t} \\ &= \sum_{t=0}^{n}(CI_A - CO_A)_t(1+i_0)^{-t} - \sum_{t=0}^{n}(CI_B - CO_B)_t(1+i_0)^{-t} \\ &= NPV_A - NPV_B \end{aligned} \tag{11-13}$$

其中，ΔNPV 为差额净现值；$(CI_A - CO_A)_t$ 为方案 A 第 t 年的净现金流；$(CI_B - CO_B)_t$ 为方案 B 第 t 年的净现金流；NPV_A、NPV_B 分别为方案 A 和方案 B 的净现值。

用增量分析法进行互斥方案比选时，若 $\Delta NPV \geqslant 0$，表明增量投资可以接受，投资(现值)大的方案经济效果好；若 $\Delta NPV < 0$，表明增量投资不可以接受，投资(现值)小的方案经济效果好。显然，用增量分析法计算两方案的差额净现值 ΔNPV 进行互斥方案比选，与分别计算两方案的净现值 NPV，根据净现值 NPV 最大准则进行互斥方案比选，结论是一致的。

在实际工作中，当有多个互斥方案时，直接用净现值最大准则选择最优方案比两两比较的增量分析更为简便。分别计算各备选方案的净现值，根据净现值最大准则选择最优方案可以将方案的绝对经济效果检验和相对经济效果检验结合起来，判别准则为：净现值最大且非负的方案为最优方案。

类似的等效指标有净年值，即净年值最大且非负的方案为最优方案。当互斥方案的效果一样或者满足相同的需要时，仅需计算费用现金流，将费用现值或费用年值作为评价指标，其判别准则为：费用现值或费用年值最小的方案为最优方案。

2)差额 IRR

差额 IRR(ΔIRR)又叫增量 IRR，是指相比较的两个方案的各年净现金流量差额的现值之和等于零时的折现率。计算 ΔIRR 的方程式为

$$\sum_{t=0}^{n}(\Delta CI - \Delta CO)_t(1+\Delta IRR)^{-t} = 0 \tag{11-14}$$

其中，ΔIRR 为差额 IRR；ΔCI 为互斥方案 A 与 B 的差额(增量)现金流入，$\Delta CI = CI_A - CI_B$；ΔCO 为互斥方案 A 与 B 的差额(增量)现金流出，$\Delta CO = CO_A - CO_B$。

ΔIRR 定义的另一表述方式是：两互斥方案净现值(或净年值)相等时的折现率。其计算公式也可以写成：

$$\sum_{t=0}^{n}(CI_A - CO_A)_t(1+\Delta IRR)^{-t} - \sum_{t=0}^{n}(CI_B - CO_B)_t(1+\Delta IRR)^{-t} = 0$$

$$\sum_{t=0}^{n}(CI_A - CO_A)_t(1+\Delta IRR)^{-t} = \sum_{t=0}^{n}(CI_B - CO_B)_t(1+\Delta IRR)^{-t}$$

即

$$NPV_A(\Delta IRR) = NPV_B(\Delta IRR) \tag{11-15}$$

用 ΔIRR 比选方案的判别准则为：若 $\Delta IRR \geqslant i_0$，则投资大的方案优；若 $\Delta IRR < i_0$，则投资小的方案优。

下面用净现值函数曲线来说明 ΔIRR 的几何意义及比选方案的原理。

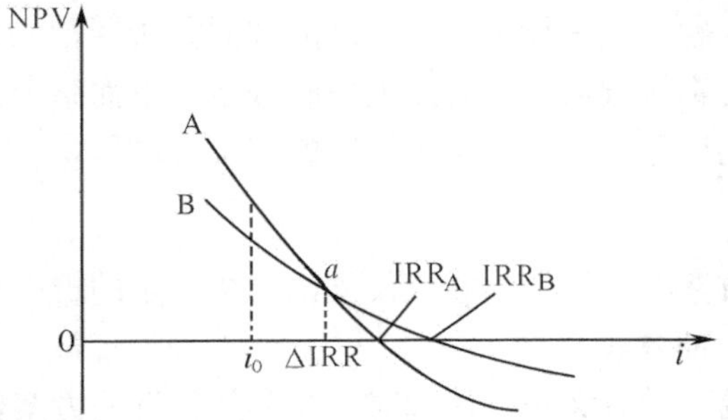

图 11-4　用于方案比较的 ΔIRR

在图 11-4 中，曲线 A、B 分别为方案 A、B 的净现值函数曲线。a 点为 A、B 两方案净现值曲线的交点，在 a 点两方案净现值相等。a 点所对应的折现率两方案的 ΔIRR。由图 11-4 可以看出，当 $\Delta IRR > i_0$ 时，$NPV_A > NPV_B$；当 $\Delta IRR < i_0$ 时，$NPV_A < NPV_B$。用 ΔIRR 与 NPV 比选方案的结论是一致的。

由此可见，在对互斥方案进行比较选择时，净现值最大准则、净年值最大准则、费用现值和费用年值最小准则都是正确的判别准则，而 IRR 最大准则只在基准折现率大于被比较的两方案的 ΔIRR 的前提下成立。也就是说，如果将投资大的方案相对于投资小的方案的增量投资用于其他投资机会，会获得高于 ΔIRR 的盈利率，则用 IRR 最大准则进行方案比选的结论就是正确的。但是若基准折现率小于 ΔIRR，用 IRR 最大准则选择方案就会导致错误的决策。由于基准折现率是独立确定的，不依赖于具体待比选方案的 ΔIRR，故用 IRR 最大准则比选方案是不可靠的。

用 ΔIRR 评价互斥方案的步骤如下。

第一步，根据每个方案自身的净现金流，计算每个方案的 IRR(或净现值、净年值)，淘汰 IRR 小于基准折现率 i_0(或净现值<0、净年值<0)的方案，即淘汰不能通过绝对经济效果检验的方案。

第二步，按照投资从大到小的顺序排列经过绝对经济效果检验保留下来的方案。先计算头两个方案的 ΔIRR。若 $\Delta IRR \geqslant i_0$，则保留投资额大的方案；若 $\Delta IRR < i_0$，则保留投资小的方案。

第三步，将第二步得到的保留方案与下一个方案进行比较，再计算两方案的 ΔIRR，取舍判据同上。以此类推，直到检验所有可行方案，找出最优方案为止。

值得指出的是，ΔIRR 与差额净现值(ΔNPV)类似，它只能说明增加投资部分的经济性，并不能说明全部投资的绝对经济效果。因此，采用 ΔIRR 进行方案评选时，首先必须要判断被比选方案的绝对经济效果，只有在某一方案的绝对经济效果较好的前提下，其才能作为比较对象。

(二)寿命期不同的互斥方案的选择

对于寿命期相等的互斥方案，通常将方案的寿命期设定为共同的分析期(或称计算期)，这样，在利用资金等值原理进行经济效果评价时，方案之间在时间上就具有可比性。

对寿命期不等的互斥方案进行比选，同样要求方案之间具有可比性。满足这一要求需要解决两个方面的问题：一是设定一个合理的共同分析期；二是给寿命期不等于分析期的方案选择合理的方案接续假定或者残值回收假定。下面结合具体评价指标在寿命期不等互斥方案比选中的应用，讨论这两个问题的解决方法。

1. 年值法

年值法是指投资方案在计算期的收入及支出，按一定的折现率换算为等额年值，用以评价或选择方案的一种方法。

在对寿命期不等的互斥方案进行比选时，当参加比选的方案数目众多时，尤其是当年值法使用的指标有净年值与费用年值时，年值法是最为简便的方法。

设 m 个互斥方案的寿命期分别为 n_1，n_2，n_3，…，n_m，方案 $j(j=1, 2, \cdots, m)$ 在其寿命期内的净年值为

$$\begin{aligned}\mathrm{NAV}_j &= \mathrm{NPV}_j(A/P, i_0, n_j)\\ &= \sum_{t=0}^{nj}(\mathrm{CI}_j-\mathrm{CO}_j)_t(P/F, i_0, t)(A/P, i_0, n_j)\end{aligned} \tag{11-16}$$

净年值最大且非负的方案为最优可行方案。

【例 11-9】 设互斥方案 A、B 的寿命分别为 4 年和 6 年，各自寿命期内的净现金流量如表 11-6 所示。基准折现率为 10%，试用年值法评价选择。

表 11-6　例 11-9 中互斥方案 A、B 的净现金流量

时间/年	0	1	2	3	4	5	6
方案 A 的净现金流量/万元	−1 000	320	320	320	320		
方案 B 的净现金流量/万元	−1 200	350	350	350	350	350	350

解：通过用式(11-16)计算，可得两方案的净年值，即

$\mathrm{NAV_A}=-1\,000(A/P, 10\%, 4)+320=-1\,000\times0.315\,47+320=4.53$(万元)

$\mathrm{NAV_B}=-1\,200(A/P, 10\%, 6)+350=-1\,200\times0.229\,61+350=74.47$(万元)

由于 $\mathrm{NAV_B}>\mathrm{NAV_A}>0$，故可选取方案 B。

用年值法进行寿命期不等的互斥方案比选，实际上隐含着做出这样一种假定：各备选方案在其寿命期结束时均可按原方案重复实施或以与原方案经济效果水平相同的方案接续。因为一个方案无论重复实施多少次，其年值是不变的，所以年值法实际上假定了

各方案可以无限多次重复实施。在这一假定前提下，年值法以“年”为时间单位比较各方案的经济效果，从而使寿命不等的互斥方案之间具有可比性。

对于仅有或仅需要计算费用现金流的互斥方案，可以比照净年值指标的计算方法，用费用年值指标进行比选，判别准则是：费用年值最小的方案为最优方案。

2. 现值法

当互斥方案寿命期不等时，一般情况下，各方案的现金流在各自寿命期内的现值不具有可比性。如果要使用现值指标进行方案比选，必需设定一个共同的分析期。分析期的设定通常有以下几种方法。

1)寿命期最小公倍数法

此方法是以不同方案寿命期的最小公倍数作为共同的分析期，在此期间各方案分别考虑以同样规模重复投资多次，据此算出各方案的净现值，然后进行比较选优。

【例 11-10】 互斥方案 A、B 的净现金流量如表 11-7 所示，基准收益率为 10%，试用现值法评价选择。

表 11-7　例 11-10 中互斥方案 A、B 的净现金流量

方案	投资/元	年净现金流/元	残值/元	寿命/年
A	−100 000	30 000	15 000	6
B	−150 000	40 000	20 000	9

解：由于两方案寿命期不同，需先求出两个方案寿命期的最小公倍数，其值为 18，方案 A 重复实施 3 次，方案 B 重复实施 2 次。

$$\begin{aligned}\mathrm{NPV_A} &= -100\,000[1+(P/F,\ 10\%,\ 6)+(P/F,\ 10\%,\ 12)]+30\,000(P/A,\ 10\%,\ 18)\\ &\quad +15\,000[(P/F,\ 10\%,\ 6)+(P/F,\ 10\%,\ 12)+(P/F,\ 10\%,\ 18)]\\ &=73\,665(\text{元})\end{aligned}$$

$$\begin{aligned}\mathrm{NPV_B} &= -150\,000[1+(P/F,\ 10\%,\ 9)]+40\,000(P/A,\ 10\%,\ 18)\\ &\quad +20\,000[(P/F,\ 10\%,\ 9)+(P/F,\ 10\%,\ 18)]\\ &=126\,505(\text{元})\end{aligned}$$

由于 $\mathrm{NPV_B}>\mathrm{NPV_A}>0$，故可选取方案 B。

2)年值折现法

按某一共同的分析期将各备选方案的年值折现得到用于方案比选的现值。这种方法实际上是年值法的一种变形，隐含着与年值法相同的接续方案假定。设方案 $j\,(j=1,\ 2,\ \cdots,m)$ 的寿命期为 n_j，共同分析期为 N，按年值折现法，方案 j 净现值的计算公式为

$$\mathrm{NPV}_j=\Big[\sum_{t=0}^{nj}(\mathrm{CI}_j-\mathrm{CO}_j)_t(P/F,\ i_0,\ t)\Big](A/P,\ i_0,\ n_j)(P/A,\ i_0,\ N) \tag{11-17}$$

用年值折现法求净现值时，共同分析期 N 的取值不会影响方案比选的结论，但通常 N 的取值不大于最长的方案寿命期，不小于最短的方案寿命期。

用上述方法计算出的净现值用于寿命不等互斥方案评价的判别准则是：净现值最大且非负的方案是最优可行方案。对于仅有或仅需计算费用现金流的互斥方案，可比照上述方法计算费用现值进行比选，判别准则是：费用现值最小的方案为最优方案。

【例 11-11】 互斥方案 A、B 的寿命期分别为 5 年和 3 年，各自寿命期内的净现金流量如表 11-8 所示，基准收益率为 12%，试用年值折现法比选方案。

表 11-8　例 11-11 中互斥方案 A、B 的净现金流量

时间/年	0	1	2	3	4	5
方案 A 的净现金流量/万元	−280	96	96	96	96	96
方案 B 的净现金流量/万元	−100	50	50	50		

解：取最短的方案寿命 3 年作为共同分析期，用年值折现法求各方案的净现值，即

$$\begin{aligned}\mathrm{NPV_A}&=[-280(A/P，12\%，5)+96](P/A，12\%，3)\\&=[-280\times 0.277\,41+96]\times 2.402=44.02(\text{万元})\end{aligned}$$

$$\begin{aligned}\mathrm{NPV_B}&=-100+50(P/A，12\%，3)\\&=-100+50\times 2.402=20.1(\text{万元})\end{aligned}$$

由于 $\mathrm{NPV_A}>\mathrm{NPV_B}>0$，故选取方案 A。

对于某些不可再生资源开发型项目(如石油开采)，在进行寿命期不等的互斥方案比选时，方案可重复实施的假定不再成立。在这种情况下，不能用含有方案重复假定的年值法和前面介绍的现值法，也不能用含有同一假定的 IRR 法。对于这类方案，可以直接按方案各自寿命期计算的净现值进行比选。这种处理方法所隐含的假定是：用最长的方案寿命期作为共同分析期，寿命短的方案在寿命期结束后，其再投资则按基准折现率(最低希望收益率)计算收益。

3. IRR 法

用 IRR 法进行寿命期不等的互斥方案经济效果评价，首先需要对各备选方案进行绝对经济效果检验；其次对通过绝对经济效果检验(净现值、净年值大于或等于零，IRR 大于或等于基准折现率)的方案用计算 ΔIRR 的方法进行比选。

求解寿命期不等互斥方案间 ΔIRR 的方程可用令两方案净年值相等的方式建立，其中隐含了方案可重复实施的假定。设互斥方案 A、B 的寿命期分别为 n_A、n_B，求解 ΔIRR 的方程为

$$\begin{aligned}&\sum_{t=0}^{n_A}(\mathrm{CI_A}-\mathrm{CO_A})_t(P/F，\Delta\mathrm{IRR}，t)(A/P，\Delta\mathrm{IRR}，n_A)\\&=\sum_{t=0}^{n_B}(\mathrm{CI_B}-\mathrm{CO_B})_t(P/F，\Delta\mathrm{IRR}，t)(A/P，\Delta\mathrm{IRR}，n_B)\end{aligned}\qquad(11\text{-}18)$$

就一般情况而言，用 ΔIRR 进行寿命期不等的互斥方案比选，应满足的条件为：①初始投资额大的方案年均净现金流大且寿命期长；②初始投资额小的方案年均净现金流小且寿命期短。

$$\text{方案 } j \text{ 的年均净现金流}=\sum_{t=0}^{n_j}(\mathrm{CI}_j-\mathrm{CO}_j)_t/n_j\qquad(11\text{-}19)$$

方案比选的判别准则为：在 ΔIRR 存在的情况下，若 $\Delta IRR \geqslant i_0$，则年均净现金流大的方案为优；若 $0 \leqslant \Delta IRR < i_0$，则年均净现金流小的方案为优。

【例 11-12】 设互斥方案 A、B 的寿命分别为 5 年和 3 年，各自寿命期内的净现金流量如表 11-9 所示，基准收益率为 12%，试用 IRR 法比选方案。

表 11-9　方案 A、B 的净现金流量

时间/年	0	1	2	3	4	5
方案 A 的净现金流量/万元	−300	96	96	96	96	96
方案 B 的净现金流量/万元	−100	42	42	42		

解：先进行绝对经济效果检验，计算每个方案在各自寿命期内现金流的 IRR。列出求解 IRR 的方程式，即

$$-300+96(P/A,\ IRR_A,\ 5)=0$$

$$-100+42(P/A,\ IRR_B,\ 3)=0$$

可求得 $IRR_A=18.14\%$；$IRR_B=12.53\%$。

由于 IRR_A、IRR_B 均大于基准折现率，故方案 A、B 均能通过绝对经济效果检验。

方案比选应采用 ΔIRR 指标。初始投资大的方案 A 的年均净现金流（−300/5+96=36）大于初始投资小的方案 B 的年均净现金流（−100/3+42=8.7），且方案 A 的寿命（5 年）长于方案 B 的寿命（3 年），ΔIRR 指标可以使用。根据式(11-18)列出求解 ΔIRR 的方程式，即

$$[-300+96(P/A,\ \Delta IRR,\ 5)](A/P,\ \Delta IRR,\ 5)$$

$$-[-100+42(P/A,\ \Delta IRR,\ 3)](A/P,\ \Delta IRR,\ 3)=0$$

利用试算内插法，可求得 $\Delta IRR=20.77\%$。由于 $\Delta IRR > i_0$，由判别准则可知，应选择年均净现金流大的方案 A。

三、独立方案的经济效果评价方法

(一)完全不相关的独立方案

独立方案的采用与否，只取决于方案自身的经济性，即只需检验它们是否能够通过净现值、净年值或 IRR 等绝对经济效果评价指标。因此，多个独立方案与单一方案的评价方法是相同的。

【例 11-13】 三个独立方案 A、B、C，其净现金流量如表 11-10 所示。设基准收益率为 12%，试判断其经济可行性。

表 11-10　独立方案 A、B、C 的净现金流量　　单位：万元

年末	0	1～8
方案 A	−140	45
方案 B	−180	47
方案 C	−170	32

解：本例为独立方案，可首先计算方案自身的绝对经济效果指标，即净现值、净年值、IRR；其次根据各指标的判别准则进行绝对经济效果检验，并决定取舍。

(1)采用净现值(NPV)指标分析，则有

$$NPV_A=-140+45(P/A,12\%,8)=83.56(\text{万元})$$

$$NPV_B=-180+47(P/A,12\%,8)=53.50(\text{万元})$$

$$NPV_C=-170+32(P/A,12\%,8)=-11.02(\text{万元})$$

由于 $NPV_A>0$，$NPV_B>0$，$NPV_C<0$，根据净现值判别准则，方案 A、B 可以被接受；方案 C 应予拒绝。

(2)采用净年值(NAV)指标分析，则有

$$NAV_A=-140(A/P,12\%,8)+45=16.82(\text{万元})$$

$$NAV_B=-180(A/P,12\%,8)+47=10.77(\text{万元})$$

$$NAV_C=-170(A/P,12\%,8)+32=-2.22(\text{万元})$$

由于 $NAV_A>0$、$NAV_B>0$、$NAV_C<0$，根据净年值判别准则，方案 A、B 可以被接受；方案 C 应予拒绝。

(3)采用 IRR 指标分析，由方程：

$$-140+45(P/A,IRR_A,8)=0$$

$$-180+47(P/A,IRR_B,8)=0$$

$$-170+32(P/A,IRR_C,8)=0$$

解得 $IRR_A=27.6\%$，$IRR_B=20.1\%$，$IRR_C=10.1\%$。

由于 $IRR_A>i_0(12\%)$、$IRR_B>i_0(12\%)$、$IRR_C<i_0(12\%)$，根据 IRR 判别准则，方案 A、B 可以被接受；方案 C 应予拒绝。

对于独立方案而言，经济上是否可行的判断依据为：其绝对经济效果指标是否优于一定的检验标准。无论采用净现值、净年值和 IRR 当中哪种评价指标，评价结论都是一样的。

(二)有资源约束的独立方案的选择

这里讨论的独立方案是指方案之间虽然不存在相互排斥或相互补充的关系，但由于资源的约束，不可能满足所有方案投资的要求，或者由于投资项目的不可分性，这些约束条件意味着接受某几个方案必须要放弃另一些方案，使之成为相关的互相排斥的方案。

受资源约束的方案选择使用的主要方法有互斥方案组合法和净现值指数排序法。

1. 互斥方案组合法

尽管独立方案之间互不相关，但在有约束的条件下，它们会成为相关方案。互斥方案组合法的基本思想是把各个独立方案进行组合，形成若干方案组合，方案组合之间形成互斥关系。这样就可以利用互斥方案的评选方法，选择最佳的方案组合。

【例 11-14】 有三个独立方案 A、B、C，各方案的有关数据如表 11-11 所示，已知总投资限额为 210 万元，基准收益率为 10%，试选择最佳投资方案组合。

表 11-11　方案 A、B、C 的有关数据　　单位：万元

方案	投资额	1～10 年净收入
A	100	30
B	70	27
C	120	32

解：由于 A、B、C 三个方案的总投资为 290 万元，超过了投资限额，因而不能同时被选中。

互斥方案组合法的基本步骤如下。

第一步，列出全部相互排斥的组合方案。如果有 m 个独立方案，组合方案数共有 (2^m-1) 个。本例原有 3 个独立方案，互斥组合方案共有 $7(2^3-1)$ 个。这 7 个方案彼此互不相容，互相排斥，组合结果如表 11-12 所示。

表 11-12　用净现值法选择最佳组合方案　　单位：万元

序号	方案组合	投资额	1～10 年净收入	净现值	决策
1	A	100	30	84.32	
2	B	70	27	95.89	
3	C	120	32	76.61	
4	A+B	170	57	180.21	最佳
5	B+C	190	59	172.5	
6	A+C	220	62	160.93	不可行
7	A+B+C	290	89	256.82	不可行

第二步，保留投资额不超过投资限额的组合方案，淘汰其余组合方案。本例中，除去不满足约束条件的 A、C 组合及 A、B、C 组合。

第三步，采用净现值或 ΔIRR 法选择最佳方案组合。本例采用净现值法，净现值最大的组合方案为最佳组合方案，结果见表 11-12。

由表 11-12 可知，按最佳投资决策确定选择方案 A 和方案 B 组合，其净现值总额为 180.21 万元。

当方案的个数增加时，其组合数将成倍增加。所以互斥方案组合法比较适用于方案数比较小的情况。当方案数目较多时，可采用净现值指数排序法。

2. 净现值指数排序法

此法是在计算各方案净现值指数的基础上，将净现值指数大于或等于零的方案按净现值指数大小排序，并依此次序选取项目方案，直至所选取方案的投资总额最大限度地接近或等于投资限额为止。这一方法的目标是达到总投资的净现值最大。

【例 11-15】 某地区投资预算为 150 万元。有 6 个投资方案，其净现值及投资额如表 11-13 所示，基准折现率为 10%，试按净现值指数排序法进行评选。

表 11-13　各方案的有关指标计算表　　单位：万元

方案	第 0 年投资	净现值	净现值指数	按净现值指数排序
A	60	13.73	0.23	1
B	40	1.78	0.04	5
C	35	5.5	0.16	3
D	20	−1.56	−0.08	6
E	55	11.58	0.21	2
F	10	1.06	0.11	4

解：各方案的净现值、净现值指数及排序结果如表 11-13 所示。

由表 11-13 可知，方案的优先顺序为 A、E、C、F、B、D，方案 D 的净现值指数小于零，应淘汰。当资金总额为 150 万元时，最优组合方案是 A、E、C，净现值总额为 30.81 万元。

按净现值指数排序法选择项目方案，其基本思想是单位投资的净现值越大，在一定投资限额内所能获得的净现值总额就越大。净现值指数排序法的主要优点是简便易算，但是，由于投资项目的不可分性，净现值指数排序法在许多情况下，不能保证现有资金的充分利用，不能达到净现值最大的目标。只有在下述情况下，它才能达到或接近于净现值最大的目标。

(1)各方案投资占投资预算的比重很小。

(2)各方案投资额相差无几。

(3)各入选方案投资累加额与投资预算限额相差无几。

实际上，在各种情况下都能保证实现最优选择(净现值最大)的更可靠的方法是互斥方案组合法。

四、混合方案的经济效果评价方法

混合方案实际上包括多种类型。这里，只讨论由独立方案与互斥方案组成的混合方案，即某些方案为互斥方案(实为同一项目中的方案)，而某些方案则为相互独立的方案(实为相互独立的不同项目中的方案)。例如，某企业既可投资信息技术产业，信息技术产业又有 A、B 两个互斥方案；又可同时投资生物制药业，生物制药业又有 C、D 两个互斥方案。但信息技术产业的方案与生物制药业的方案之间却是相互独立的方案。这样，A、B、C、D 就组成了一个混合方案群。

混合方案的选择也分两种情况讨论。

(一)无资金约束条件下混合方案的选择

由于各项目是相互独立的，又无资金约束，因此，只要项目可行，就可采纳，但应从可行项目中选择一个最优方案。选择工作分两步。

第一步，评价各项目中各方案的可行性。

第二步，在每个项目中选择一个可行且最优的方案。

把同一个项目中的互斥方案进行比较与选择，所用的方法主要有净现值法、净年值法及增量投资 IRR 法。

(二)有资金约束条件下混合方案的选择

在这种情况下，选择的思路与无资金约束条件下混合方案的选择基本相同，只是在选择方案时应考虑总投资额不超过资金总额，因此，所选的方案不一定是该项目中最优的方案。

与独立方案的选择有所不同，它在进行方案组合时，只能从每一个项目的多个方案中最多选择一个方案参与组合。因此，它的步骤如下。

第一步，评价各方案的可行性，舍弃不可行的方案。

第二步，在总投资额不超过资金限额的条件下，进行独立方案的组合。这里，除了要考虑总投资额不超过资金限额以外，还应注意各项目中最多只能选一个方案。

第三步，求各种组合的总体经济效果值。经济效果指标通常采用净现值、净年值。

第四步，选择最优的方案组合。选择的标准也是总净现值或总净年值最大。

【例 11-16】 某公司有三个下属部门 A、B、C，各部门提出若干个方案，其现金流量如表 11-14 所示。设三个部门之间的投资是相互独立的，但部门内部的投资方案是互斥的。寿命均为 10 年，基准收益率为 10%。

(1)若无资金约束，应选择哪些方案?

(2)若资金限额为 500 万元，应选择哪些方案?

表 11-14　某公司三个部门各投资方案的现金流量　　单位：万元

部门	方案	0 时投资额	净现金流(1～10 年)
A	A_1	100	27.2
	A_2	200	51.1
B	B_1	100	12.0
	B_2	200	30.1
	B_3	300	45.6
C	C_1	100	50.9
	C_2	200	63.9
	C_3	300	87.8

解：考虑到计算的方便性，这里选用净现值法。

(1)在资金无限额条件下方案的选择。

第一步，求各方案的净现值，并评价它们的可行性。

计算结果如表 11-15 所示。由表 11-15 可以看出，B 部门的各方案均不可行，其余方案均可行。

表 11-15　某公司三个部门各投资方案的净现值　　单位：万元

部门	方案	投资额	净现值
A	A_1	100	67.13
	A_2	200	113.99

续表

部门	方案	投资额	净现值
B	B_1	100	−26.27
	B_2	200	−15.05
	B_3	300	−19.81
C	C_1	100	212.76
	C_2	200	192.64
	C_3	300	239.49

第二步，选择方案。

由于B部门的各方案均不可行，因此，只能在A、C部门中各选一个净现值最大的方案，所以应选择方案 A_2 和方案 C_3。

(2)在资金限额为500万元的条件下。

由于已判断了各方案的可行性，所以只需进行以下三步工作。

第一步，进行方案组合。

组合结果如表11-16所示。

表11-16　某公司两个可行项目的投资方案组合及其总净现值　　单位：万元

序号	方案组合	总投资	总净现值
1	A_1	100	67.13
2	A_2	200	113.99
3	C_1	100	212.76
4	C_2	200	192.64
5	C_3	300	239.49
6	A_1、C_1	200	279.89
7	A_1、C_2	300	259.77
8	A_1、C_3	400	306.62
9	A_2、C_1	300	326.75
10	A_2、C_2	400	306.63
11	A_2、C_3	500	353.48

第二步，求各种组合的总净现值。

各种组合的总净现值计算结果如表11-16所示。

第三步，选择最优的组合。

由表11-16可看出，方案组合 A_2、C_3 的总净现值最大，所以应选择 A_2、C_3 两个方案。

进一步讨论：如果资金限额为400万元，则方案组合 A_2、C_3 的总投资500万元超过了资金限额，故应选择 A_2、C_1 两个方案。

第三节　投资项目不确定性分析方法——敏感性分析法

一、敏感性分析与敏感因素

敏感性分析是项目经济效果评价中常用的一种不确定性分析方法。敏感性分析是通过分析、预测项目的主要不确定因素发生变化对经济评价指标的影响程度，从而对项目承受各种风险的能力做出判断，为项目决策提供可靠依据。

影响项目经济评价指标的不确定性因素很多，一般有产品销售量(产量)、产品售价、主要原材料和燃料动力的价格、固定资产投资、经营成本、建设工期和生产期等。其中，有的不确定因素的微小的变化会引起评价指标值发生很大的变化，对项目经济评价的可靠性产生很大的影响，则这些不确定因素称为敏感因素；反之，称为不敏感因素。与不敏感因素相比，敏感因素的变化给项目带来的风险会更大一些，所以，敏感性分析的核心问题是从众多的不确定因素中找出敏感因素，并提出有针对性的控制措施，为决策项目服务。

二、敏感性分析的步骤

(一)确定分析指标

分析指标是敏感性分析的具体分析对象。评价一个项目经济效果的指标有多个，如净现值、IRR、投资回收期等，它们都可以作为敏感性分析指标。但是，对于某一个具体的项目而言，没有必要对所有的指标都作敏感性分析，因为不同的项目有不同的特点和要求，因此，敏感性分析指标的选择应针对实际的需要而定。选择的原则有两点：①敏感性分析指标应与确定性分析指标相一致，不应超出确定性分析所用指标的范围另立指标；②确定性经济分析中所用指标比较多时，应选择最能够反映该项目经济效益、最能够反映该项目经济合理与否的一个或几个最重要的指标，作为敏感性分析的对象。一般最常用的敏感性分析指标是IRR和净现值等动态指标，此外还可以将投资回收期和借款偿还期等静态指标作为分析对象。

(二)设定需要分析的不确定因素和其变动范围

影响项目方案经济指标的因素众多，不可能也没有必要对全部不确定因素逐个进行分析，应该根据经济评价的要求和项目的特点，将发生变化的可能性比较大、对项目方案经济效益影响比较大的几个主要因素设定为不确定因素。对于一般的项目而言，常用作敏感性分析的因素有投资额、建设期、产量或销售量、价格、经营成本、折现率等。对于具体的项目来说，还要作具体的选择和考虑，并且根据实际情况设定所选因素可能的变动范围。

(三)计算设定的不确定因素变动对经济指标的影响数值，找出敏感因素

假定一次变动一个或多个不确定因素，其他因素不变，重复计算各种可能的不确定因素的变化对经济指标影响的具体数值。然后采用敏感性分析计算表或分析图的形式，

把不确定因素的变动与经济指标的对应数量关系反映出来。能使经济指标相对变化最大的或分析图中曲线斜率最大的因素，即为敏感因素。

项目对不确定因素的敏感程度还可以表示为经济效果评价指标达到临界点的程度，如 IRR 等于基准收益率、净现值等于 0 时，允许某个不确定因素变化的最大幅度，即极限变化，如果该不确定因素的变化超过了此极限，则该项目不能被接受。

(四)结合确定性分析进行综合评价，并对项目的风险情况做出判断

根据敏感因素对方案评价指标的影响程度及敏感因素的多少，判断项目风险的大小，结合确定性分析的结果作进一步的综合判断，寻求对主要不确定因素变化不敏感的项目，为项目决策进一步提供可靠的依据。

三、敏感性分析应用举例

敏感性分析可以是对单一因素的分析，即假定其他因素不变，只分析一个不确定因素的变化对项目经济效果的影响，这称为单因素敏感性分析；也可以是对多个因素的分析，即考察多个因素同时变化时对项目经济效果的影响程度，这称为多因素敏感性分析。单因素敏感性分析计算简单，结果明了，但实际上它是一种理想化了的敏感性分析方法。现实中，许多因素的变动都是具有相关性的，一个因素的变动往往会伴随着其他因素的变动，单纯考虑单个不确定因素的变化对经济效果评价指标的影响不能够真实地反映现实的实际情况，因此，具有一定的局限性。弥补这种不足的方法是进行多因素敏感性分析，这样才能更准确地判断项目的风险情况。多因素敏感性分析需要考虑多种不确定因素可能发生的不同变动幅度的多种组合，计算起来比单因素敏感性分析要复杂得多，可编制相应程序，应用电子计算机进行计算。

【例 11-17】 假设某项目初始投资为 1 000 万元，当年建成并投产，预计可使用 10 年，每年销售收入为 700 万元，年经营费用为 400 万元，设基准折现率为 10%。试分别对初始投资、年销售收入和经营成本三个不确定因素进行敏感性分析。

解：设初始投资额为 K，年销售收入为 B，年经营成本为 C，用净现值指标评价本项目经济效果，计算公式为

$$\mathrm{NPV}=-K+(B-C)(P/A，10\%，10)$$

代入相关数据得

$$\mathrm{NPV}=-1\,000+(700-400)\times 6.144=843.2(\text{万元})$$

下面用净现值指标分别对初始投资、年销售收入和年经营成本三个不确定性因素进行单因素敏感性分析。

设投资额变动百分比为 X，分析投资额对方案净现值影响的计算公式为

$$\mathrm{NPV}=-K(1+X)+(B-C)(P/A，10\%，10)$$

设销售收入变动百分比为 Y，分析年销售收入对方案净现值影响的计算公式为

$$\mathrm{NPV}=-K+[B(1+Y)-C](P/A，10\%，10)$$

设年经营成本变动百分比为 Z，分析年经营成本对方案净现值影响的计算公式为

$$\mathrm{NPV}=-K+[B-C(1+Z)](P/A，10\%，10)$$

按照这三个公式，根据原始数据，分别取不同的 X、Y 和 Z 的值，可确定不同幅

度下变动的不确定因素所产生的方案净现值，计算结果见表 11-17，并相应绘出敏感性分析图，见图 11-5。

表 11-17　净现值指标敏感性分析计算表　　单位：万元

因素＼变动率	−20%	−15%	−10%	−5%	0	5%	10%	15%	20%
投资额	1 043.2	993.2	943.2	893.2	843.2	793.2	743.2	693.2	643.2
年销售收入	−16.96	198.08	413.12	628.16	843.2	1 058.24	1 273.28	1 488.32	1 703.36
年经营成本	1 334.7	1 211.84	1 088.96	966.08	843.2	720.32	597.32	474.56	351.68

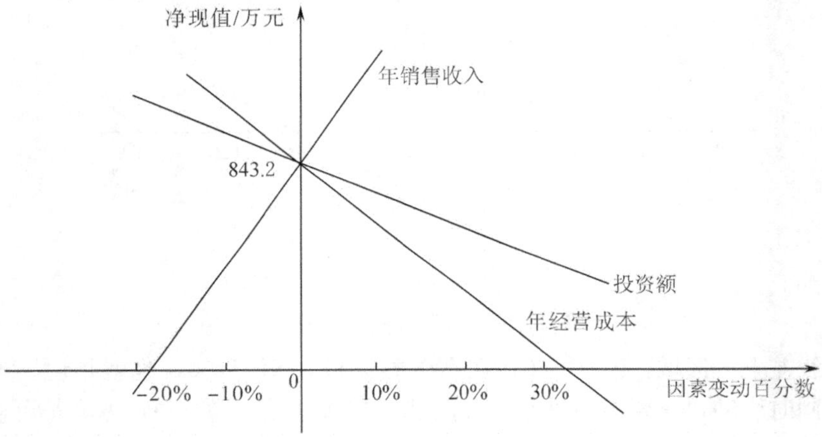

图 11-5　敏感性分析图

由表 11-17 和图 11-5 可看出，在同样的变动率下，年销售收入对方案净现值影响最大，年经营成本的影响次之，而投资额的影响最小。

在前面三个公式中，令 NPV＝0，则有

$$X=84.32\%，Y=-19.6\%，Z=34.3\%$$

即如果年销售收入和年经营成本不变，投资额高于预期值 84.32%，方案不可被接受。同理，当投资额和年经营成本不变、年销售收入减少到 19.6%以下时，方案不可被接受；而若投资额和年销售收入不变，年经营成本增加到 34.3%以上，方案不可被接受，因此年销售收入是最敏感性因素。因此，在方案选择时，必须对年销售收入进行准确的预测，否则，如果年销售收入低于预测的 19.6%，则会使投资面临较大的风险。同时，这一分析结果也告诉我们，如果实施这一方案，还必须严格控制年经营成本，因为降低年经营成本，也是提高项目经济效益的重要途径。

实际中，影响方案经济效果的许多因素具有相关性，往往一个因素的变化也带动了其他因素的变化，而并不像单因素分析中可以假定其他因素均不发生变化，认为只有一个因素发生变动。多因素同时变化对经济效果的影响，并不是单因素敏感性的简单叠加，因此不能忽略参数间的相互影响。下面举例说明多因素敏感性分析的计算。

【例 11-18】　根据例 11-16 给出的数据进行多因素敏感性分析。

解：如果同时考虑投资额与年销售收入的变动，分析这两个因素同时变动时对方案

净现值的影响。假设投资额变动比例为 X，年销售收入变动比例为 Y，则

$$NPV=-K(1+X)+[B(1+Y)-C](P/A,10\%,10)$$

将相关数据代入上式计算，可得

$$NPV=843.2-1\,000X+4\,300.8Y$$

取 NPV 的临界值，即令 NPV=0，则有

$$843.2-1\,000X+4\,300.8Y=0\quad Y=0.233X-0.196$$

这是一个直线方程，可在直角坐标中描绘出来，见图 11-6，图中直线为 NPV=0 的临界线，在临界线上，NPV=0。

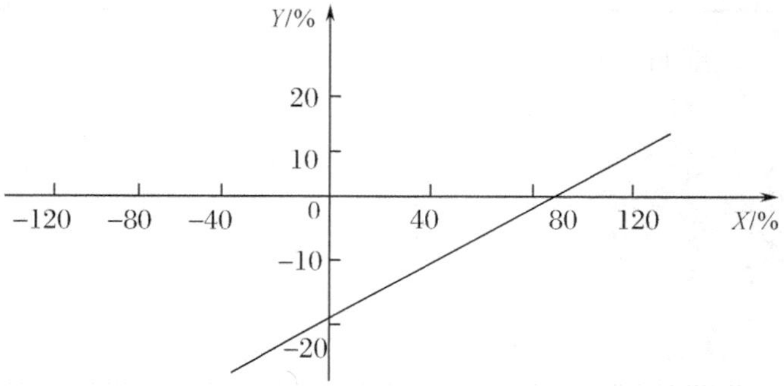

图 11-6　双因素敏感性分析

在临界线左上方区域，NPV>0，在右下方区域，NPV<0，也就是说，若投资额与销售收入同时变动，只要不超过左上方区域(包括临界线上的点)，方案都可被接受。

如果分析投资额、年经营成本和年销售收入三个因素同时变动对净现值的影响，如例 11-18，假设投资额变化率为 X，年销售收入变化率为 Y，年经营成本变化率为 Z，则有

$$NPV=-K(1+X)+[B(1+Y)-C(1+Z)](P/A,10\%,10)$$

代入有关数据，可得

$$NPV=843.2-1\,000X+4\,300.8Y-2\,457.6Z$$

取 NPV 的临界值，即令 NPN=0。

当 $Z=+20\%$时，$Y=0.233X-0.082$。

当 $Z=+10\%$时，$Y=0.233X-0.139$。

当 $Z=-10\%$时，$Y=0.233X-0.253$。

当 $Z=-20\%$时，$Y=0.233X-0.310$。

在坐标图上，这是一组平行线，见图 11-7。

这一组平行线描述了投资额、年经营成本和年销售收入三因素变动对净现值的影响程度，可看出年经营成本增大，临界线向左上方移动，可行域变小；而若年经营成本减少，临界线向右下方移动，可行域增大。

敏感性分析具有分析指标具体、能与项目方案的经济评价指标紧密结合、分析方法容易掌握、便于决策等优点，有助于找出影响项目经济效益的敏感因素及其影响程度，对提高项目经济评价的可靠性具有重要意义。但是，敏感性分析也有一定的局限性，它不能明确表示某个因素变动对项目经济评价指标影响的可能性有多大，以及在这种可能

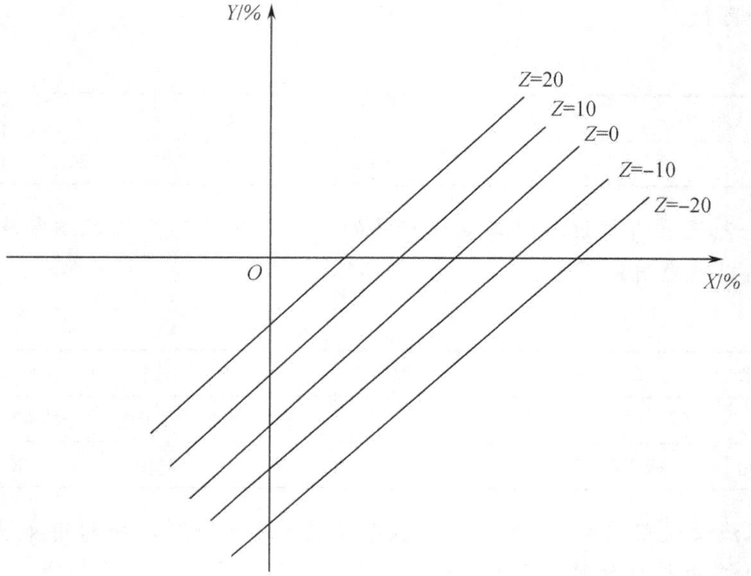

图 11-7　三因素敏感性分析

性下，对评价指标的影响程度如何。因此，根据评价项目的特点和实际需要，有条件时还应该进行概率分析。此外，在敏感性分析中，项目的不确定因素的变化幅度往往由分析人员主观确定，如果事先未作认真的调查研究，或收集的数据不全、不准，敏感性分析得出的结果很可能带有较大的片面性，甚至导致决策失误。因此，运用敏感性分析方法时，必须注意各种影响因素之间的相互关系，广泛开展调查研究，尽量使收集的数据客观、完整，这样才能克服预测中的主观片面性，为决策者提供可靠的依据。

复习思考题

1. 某项目净现金流量如下表所示。

单位：万元

年份	0	1	2	3	4	5	6
净现金流量	－50	－80	40	60	60	60	60

计算静态投资回收期、净现值、净年值、IRR和动态投资回收期(i_0＝10%)

2. 项目第1年和第2年各有固定资产投资400万元，建设期为2年，第3年投入流动资金300万元并当年达产，每年的销售收入为580万元，生产总成本为350万元，折旧费为70万元，项目寿命期为10年，期末有固定资产残值100万元，并回收全部流动资金。若基准收益率i_0＝10%，试求：①计算各年净现金流量，并做现金流量图。②计算该项目的静态投资回收期(包括建设期)。③计算净现值，并判断项目是否可行。

3. 某工程项目期初投资为3 000万元，建设期为1年，投产后，每年销售收入为1 680万元，经营成本为720万元，寿命期为10年，在第10年年末，还能回收资金240万元，若基准收益率i_0＝12%，试判断该项目是否可行。

4. 某项目净现金流量如下表所示。试求项目的IRR，若基准收益率i_0＝12%，判断该项目是否可行。

单位：万元

年份	0	1	2	3	4	5
净现金流量	−200	40	60	40	80	80

5. 为一条蒸汽管道铺设不同厚度绝热层的初始费用及蒸汽管道运行中不同绝热层厚度对应的热损失费用见下表。

单位：万元

绝热层厚度/厘米	0	2	2.5	3	4.5	6	7.5
初始费用/元	0	18 000	25 450	33 400	38 450	43 600	57 300
年热损失费用/元	18 000	9 000	5 900	4 500	3 910	3 600	3 100

估计该蒸汽管道要使用 15 年，若最低希望收益率为 8%，分别用年值法、现值法和 IRR 法分析多大厚度的绝热层最经济。

6. 某项目净现金流量如下表所示。

单位：万元

年份	0	1	2	3
净现金流量	−100	420	−585	270

判断 20%是否为其 IRR?

7. 一个项目的初始投资为 10 000 元，以后每年均等地获得净现金流入 2 000 元，项目寿命期为 10 年。计算项目的外部收益率，并分析项目是否可行。已知$i_0=12\%$。

8. 互斥方案 A、B、C 的净现金流量如下表所示，问应该选择哪个方案(基准收益率 $i_0=10\%$)?

单位：万元

年份	0	1	2	3	4	5	6
方案 A	−5 000	2 000	2 000	2 000	2 000	2 000	2 500
方案 B	−1 600	−1 800	1 800	1 800	1 800	1 800	2 000
方案 C	−1 000	400	400	400	400	400	450

9. 某厂可以 40 000 元购置一台旧机床，年运行费用估计为 32 000 元，当该机床在第 4 年更新时残值为 7 000 元。该厂也可以 60 000 元购置一台新机床，其年运行费用为 26 000 元，当它在第 4 年更新时残值为 9 000 元。若基准收益率为 10%，问应选择哪个方案?

10. 某企业有两种机器可以选用，都能满足生产需要。机器 A 买价为 10 000 元，在第 6 年年末的残值为 4 000 元，前三年的年运行费用为 5 000 元，后三年的年运行费用为 6 000元。机器 B 买价为 8 000 元，第 6 年年末的残值为 3 000 元，其运行费用前三年为每年 5 500 元，后三年为每年 6 500 元。运行费用增加的原因是维护修理工作量及效率上的损失随着机器使用时间的增加而提高。基准收益率是 15%。试用费用现值和费用年值选择机器。

11. 购置一台设备的初始费用为 60 000 元，该设备可使用 7 年，使用 1 年后设备价值降为36 000元，以后每年递降 4 000 元。设备在其寿命期内运行费用和修理费用逐年增加，见下表。

单位：万元

年份	1	2	3	4	5	6	7
年运行费与修理费	1.0	1.1	1.2	1.4	1.6	2.2	3.0

假定设备可随时在市场上转让出去，若最低希望收益率为 15%，则该设备使用几年最经济？

12. 某企业产品市场前景被看好，需要立即改造生产线扩大生产能力。根据企业发展规划，若干年后还要再进行一次技术改造以进一步扩大生产能力。有两种方案均可满足生产能力扩大的要求。第一种方案需要立即投资 200 万元，下次改造再投资 400 万元；第二种方案需要立即投资 250 万元，下次改造再投资 320 万元。若最低希望收益率为 10%，试分析下次改造在哪一年之前进行可以接受第二种方案。

13. 某制造厂考虑下面三个投资计划。在五年计划期中，这三个投资方案的现金流量情况如下表所示，基准收益率为 10%。

方案	A	B	C
期初投资	65 000	58 000	93 000
年净收入(1～5 年年末)/元	18 000	15 000	23 000
残值	12 000	10 000	15 000

(1)假设这三个计划是独立的，且资金没有限制，那么应选择哪个方案或哪些方案？

(2)在(1)中假定资金限制在 160 000 元，试选出最好的方案。

(3)假设方案 A、B、C 是互斥的，试用增量 IRR 法来选出最合适的投资计划，增量 IRR 说明什么？

14. 某企业现有若干互斥投资方案，有关数据如下表所示。各方案寿命期均为 7 年，试问：①当折现率为 10%时，资金无限制，哪个方案最佳？②折现率在什么范围时，方案 B 在经济上最佳？

单位：万元

方案	初始投资	年净收入
A	2 000	500
B	3 000	900

续表

方案	初始投资	年净收入
C	4 000	1 100
D	5 000	1 380

15. 某公司计划进行投资，有三个独立方案A、B、C可供选择，A、B、C三个方案的投资分别是200万元、180万元和320万元，净年值分别是55万元、40万元和73万元，如果资金有限，不超过600万元，问如何选择方案。

16. A、B两个互斥方案各年的现金流量如下表所示，基准收益率为10%，试评价选优。

方案	投资/万元	年净现金流量/万元	残值/万元	寿命/年
A	−5	1.5	0.75	6
B	−7.5	2	1	9

17. 某设备投资方案的有关费用、收入预测如下表所列。试分别分析设备使用寿命、年收入和年支出三个因素变化时，方案净现值的敏感性?

项目	寿命/年	期初投资/元	残值/元	年收入/元	年支出/元	贴现率/%
数值	5	50 000	10 000	25 000	11 000	8

第十二章 项目可行性研究

可行性研究是指对拟建项目在技术上是否可能、经济上是否有利、建设上是否可行所进行的综合分析和全面科学论证的技术经济研究活动。

可行性研究是20世纪30年代美国开发田纳西河流域时开始采用的，经过几十年的发展，形成了一套比较完整的理论、程序和方法。1978年，联合国工业发展组织编制了《工业项目可行性研究编制手册》，系统地说明了工业项目可行性研究的内容和方法。

我国对可行性研究的认识始于1979年，但较系统地介绍可行性研究的文章出现在1980年。包宗华在1980年第2期的《经济管理》上发表了题为《英美等国基本建设项目的可行性研究》的文章，介绍了国外可行性研究的四项基本内容，即调查研究各项基本条件、调查研究市场情况、研究新建项目采用什么工艺技术和进行经济分析。同年，张达、刘树云两人在《外国经济管理》上撰文《可行性研究是投资决策的基础》，这篇文章更加详细地介绍了国外可行性研究的基本类型及主要内容。

1983年国家计委颁发的《关于建设项目进行可行性研究的试行管理办法》(简称《方法》)中，明确指出可行性研究是建设前期工作的重要内容，并提出可行性研究报告的内容与要求。国家计委于1987年9月颁发了《建设项目的经济评价方法与参数》和《关于建设项目经济评价工作的暂行规定》。文中要求各个投资主体、各种投资来源、各种投资方式兴办的大中型基建项目，限额以下技术改造项目，均按此《方法》和相应的评价参数进行经济评价。如果评价内容和质量达不到规定和要求，负责论证和各级审批、设计、施工、投资等部门均不得受理。1993年4月国家计委和建设部编制和修订了《建设项目经济评价方法与参数》(第二版)，进一步明确了投资项目的建设程序、内容，规范了建设项目经济评价中的具体方法和基本参数。2002年1月国家发展计划委员会委托中国国际工程咨询公司组织编写了《投资项目可行性研究指南》，它总结了我国可行性研究20多年的实践经验，同时借鉴吸收了国际上的有益经验，是指导全国投资项目可行性研究工作的规范性文本。2006年8月国家发改委和建设部联合编制和修订了《建设项目经济评价方法与参数》(第三版)。这些规范性文件为我国的项目可行性研究工作奠定了基础，并推动了其科学体系的发展。

目前投资项目的可行性研究已在世界各国的各个领域得到广泛应用，并且已经发展成为一门综合运用各学科研究成果的新型综合性科学。

第一节 项目可行性研究概述

一、可行性研究的主要内容

一个投资项目要经历投资前期、投资时期及生产时期三个时期，其全过程可大致用图12-1表示。

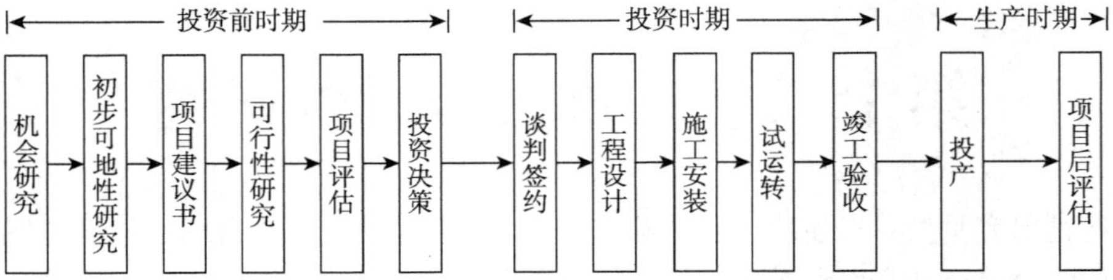

图 12-1　投资项目进展过程

投资前时期是决定项目效果的关键时期，是我们研究的重点。在机会研究阶段，投资主体根据市场需求和国家的产业政策，结合企业发展和经营规划，提出投资项目的设想，并对设想进行粗略分析。初步可行性研究和可行性研究(后者有时也叫详细可行性研究)的基本内容相同，只是研究的详细程度、深度与精度不同，有时可合并或省略一个，尤其是中小型项目更是如此。我国建设项目管理程序要求在对拟投资项目进行初步论证后，向有关主管部门提交项目建议书；在可行性研究完成后，主管部门或银行要组织专家进行评估。不难看出，投资前时期的主要工作是可行性研究。下面对此作进一步说明。

可行性研究就是对拟建项目技术上、经济上及其他方面的可行性进行论证。其目的是给投资决策者提供决策依据，同时为银行贷款、合作者签约、工程设计等提供依据和基础资料。可行性研究是决策科学化的必要步骤和手段。其主要内容包括以下几点。

(1)项目的背景和历史，包括建设项目的目的，自然资源情况，国内和本地区同行业的历史和现状，国家和地区产业政策，本项目的特点、优势和劣势等。

(2)市场调查和拟建规模，包括国内外市场供求情况、本项目产品预计市场占有份额、进入国际市场前景、产品方案和工厂规模制定。

(3)资源、原材料、燃料及协作条件，包括资源储量、品位，勘察及审批情况，原材料、辅助材料、燃料、动力、外协件供应情况及价格。

(4)建厂条件及厂址选择方案，包括厂区地理位置、地质条件，交通运输条件，水、电、汽供应情况，移民搬迁情况，对不同厂址的比较。

(5)环境保护，包括“三废”排放浓度、排放量及对环境的影响程度，治理方案。

(6)技术方案，包括项目的构成，工艺、设备的选择，公用、辅助设施方案的选择，工厂布置的方案。

(7)企业组织和定员，包括机构设置、劳动定员、人员培训等。

(8)项目实施计划和进度。

(9)项目的财务分析。

(10)项目的国民经济分析。

(11)项目的综合评价及建议，即对项目的非经济性效果，如就业、技术扩散等，进行定量或定性描述，并综合各方面效果进行评价，对不同方案进行比较，提出决策建议。

二、可行性研究的工作阶段

联合国工业发展组织编写的《工业可行性研究手册》规定：投资前期的可行性研究工

作分为机会研究(opportunity study，又称投资机会鉴定)、初步可行性研究(预可行性研究)、详细可行性研究(最终研究，或称可行性研究)、项目评估与决策四个阶段。项目可行性研究的阶段划分及工作内容如表12-1所示。

表12-1　项目可行性研究的阶段划分及内容深度比较

工作阶段	机会研究	初步可行性研究	详细可行性研究	项目评估与决策
工作性质	项目设想	项目初选	项目拟定	项目评估
工作内容	鉴别投资方向，寻找投资机会(地区、行业、资源和项目的机会研究)，提出项目投资建议	对项目作专题辅助研究，广泛分析、筛选方案，确定项目的初步可行性	对项目进行深入细致的技术经济分析论证，重点对项目进行财务效益和经济效益分析评价，进行多方案比较，提出项目投资的可行性和选择依据标准	综合分析各种效益，对可行性研究报告进行评估和审校，分析判断项目可行性研究的可靠性和真实性，对项目做出最终决策
工作成果及作用	提出项目建议，作为制订经济计划和编制项目建议书的基础，为初步选择投资项目提供依据	编制初步可行性研究报告，决策是否有必要进行下一步详细可行性研究，进一步判明建设项目的生命力	编制可行性研究报告，将其作为项目投资决策的基础和重要依据	提出项目评估报告，为投资决策提供最后决策依据，决定项目取舍和选择最佳投资方案
估算精度/%	±30	±20	±10	±10
费用占总投资的百分比/%	0.2～1.0	0.25～1.25	大中型项目0.8～1.0 小项目1.0～3.0	—
需要时间/月	1～3	4～6	大中型项目12～24 小项目6～12	—

(一)机会研究

机会研究又称投资机会鉴定，这一阶段的主要任务是提出建设项目投资方向，调查并鉴别投资的机会，确认项目研究的必要性。机会研究往往比较粗略，主要依靠情报资料来估计，不进行详细分析计算。建设投资与成本数据是靠与现有工厂对比得到的，不是靠设备制造厂商或其他供应商的报价，投资与成本往往是用最简单的方法，估算的允许误差在±30%以内，一旦认为项目在经济上有利可图，就转入下一步研究。机会研究所用时间短，一般为1～3个月，所需研究费用约占总投资的0.2%～1.0%。

(二)初步可行性研究

初步可行性研究又称预可行性研究，其主要任务是在机会研究的基础上，进一步确认项目建设的必要性，初步进行方案的比较与选择，确认是否进行详细的可行性研究。这一阶段要明确两方面的问题：一是工程项目的概貌，包括产品方案、生产规模、投入物的来源、可供选择的技术、厂址方案、建设进度；二是初步估算项目主要经济效益指标。这一阶段投资与成本估算的偏差，一般要求达到±20%以内，研究所需的时间为4～6个月，所需费用占总投资额的0.25%～1.25%。初步可行性研究要对项目的许多备选方案进行粗略筛选，使剩下较少的方案进入下阶段深入研究。这阶段的研究内容与详细可行性研究的内容基本相同，只是粗略些，对于有些中小型项目，可以省去这一阶段，直接进行详细可行性研究。

(三)详细可行性研究

详细可行性研究也称最终研究，或称可行性研究，它是整个可行性研究的关键阶段，其主要任务是对项目进行深入细致的技术经济分析论证，包括市场和生产能力研究、原材料及投入物、建厂地点与厂址、项目(技术方案)设计、工厂机构及人力、项目实施进度、环境保护、投资估算与成本估算、经济评价等内容。这一阶段要在前面研究的基础上，进行多方案比较与选优，工作量大，需要的时间长，所花费用也较多。这一阶段对投资与成本估算的误差在±10%以内。对于大中型项目研究时间一般为 12～24 个月，研究费用占总投资的 0.8%～1.0%；对于小型项目研究时间一般为 6～12 个月，研究费用占总投资的 1.0%～3.0%。详细可行性研究的报告及其结论，是投资决策的基本依据。

(四)项目评估与决策

项目评估与决策阶段又称可行性研究报告阶段，它是在经济评价的基础上，对项目进行综合分析与评价，提出最终的研究结论，并编写出可行性研究报告，进行投资决策。

以上四个阶段是一环套一环的，前者是后者的基础，后者是前者的深入，一旦某一阶段得出“不可行”的结论，则停止下一步的研究工作。一般而言，前面两个阶段可以否定一项投资，但不能肯定一项投资。只有经过详细可行性研究后才能肯定一项投资。可行性研究的步骤并不是绝对不变的，其工作阶段和内容可以根据项目规模、性质、要求和复杂程度的不同，进行适当的调整和简化。例如，对有关项目建设的关键性问题把握性较大，就可越过前面两个阶段直接进行详细可行性研究。

三、可行性研究

可行性研究是专门为决定某一特定项目是否合理可行，而在实施前对该项目进行调查研究及全面的技术经济分析论证，为项目决策提供科学依据的一种科学分析方法。根据可行性研究考察项目经济上的合理性、盈利性，技术上的先进性、适用性，实施上的可能性、风险性。

可行性研究要回答的问题有：为什么要进行这个项目？项目的建设条件是否具备？项目的产品或劳务市场的前景如何？项目的规模多大？项目厂址选在何处？项目所需的各种原材料、燃料及动力供应条件怎样？项目采用的设备和工艺技术是否先进可靠？项目的筹资方式、融资渠道、盈利水平及风险程度如何等？可行性研究是从项目选择立项、建设到生产经营的全过程来考察分析项目的可行性，为投资者的最终决策提供直接的依据。

(一)可行性研究的意义

1. 为项目投资决策提供依据

一个项目的成功与否及效益如何，会受到社会的、自然的、经济的、技术的诸多不确定因素的影响，而项目的可行性研究，有助于分析和认识这些因素，并依据分析论证的结果提出可靠的或合理的建议，从而为项目的决策提供科学依据。

2. 为项目向银行等金融机构申请贷款、筹集资金提供依据

银行是否给一个项目贷款融资，其依据是这个项目能否按期足额归还贷款本息。银行只有在对贷款项目的可行性研究进行全面细致的分析评价之后，才能确认是否给予贷款。例如，世界银行等国际金融组织都视项目的可行性研究报告为项目申请贷款的先决条件。

3. 作为向当地政府及环保部门申请建设和施工的依据

在项目进行建设施工之前需申请主管部门核发建设工程开工许可证。在此之前还必须经地方规划部门及环保部门的审查。审查的依据即为可行性报告中关于环境保护、三废治理，以及选址对城市、区域规划布局的影响；审查目的是判断分析报告中所拟定的以上因素的方案是否符合市政或区域规划及当地环保要求，只有一切符合其要求，才对项目投资申请者核发建设许可证书。

4. 为项目设计、实施提供依据

在可行性研究报告中，对项目的建设方案、产品方案、建设规模、厂址、工艺流程、主要设备和总图布置等做了较为详细的说明，因此，在项目的可行性研究得到审批后，即可将其作为项目编制设计的依据。

只有经过项目可行性研究论证，被确定为技术可行、经济合理、效益显著、建设与生产条件具备的投资项目，允许项目单位着手组织原材料、燃料、动力、运输等供应条件和落实各项投资项目的实施条件，才能为投资项目顺利实施做出保证。项目的可行性研究是项目实施的主要依据。

5. 为项目签订有关合同、协议提供依据

项目的可行性研究是项目投资者与其他单位进行谈判，签订承包合同、设备订货合同、原材料供应合同、销售合同及技术引进合同等的重要依据。

6. 为项目进行后评价提供依据

要对投资项目进行投资建设、生产活动全过程的事后评价，就必须以项目的可行性研究为参照物，并以其为项目后评价的对照标准，尤其是项目可行性研究中有关效益分析的指标，无疑是项目进行后评价的重要依据。

7. 为项目组织管理、机构设置、劳动定员提供依据

在项目的可行性研究报告中，一般都需对项目组织机构的设置、项目的组织管理、劳动定员的配备方案及其培训、工程技术及管理人员的素质及数量要求等做出明确的说明，故项目的可行性研究可作为项目组织管理、机构设置及劳动定员的依据。

(二)可行性研究的目的

建设项目的可行性研究是项目进行投资决策和建设的先决条件和主要依据。可行性研究的主要目的可概括为以下几点。

(1)避免错误的项目投资。由于科学技术、经济和管理科学发展很快，市场竞争激

烈，客观要求在进行项目投资决策之前做出准确无误的判断，避免错误的项目投资。

(2)减小项目的风险性。现代化的建设项目规模大、投资额巨大，如果轻易做出投资决策，一旦遭到风险，损失太大。

(3)避免项目方案多变。建设项目方案的可靠性、稳定性是非常重要的。因为项目方案的多变无疑会造成人力、物力、财力的巨大浪费和时间的延误，这将大大影响建设项目的经济效果。

(4)保证项目不超支、不延误。做到在估算的投资额范围以内和预定的建设期限以内使项目竣工交付使用。

(5)对项目因素的变化心中有数。对项目在建设过程中或项目竣工后，可能出现的有些相关因素的变化后果，做到心中有数。

(6)达到投资的最佳经济效果。投资者往往不满足于一定的资金利润率，要求在多个可能的投资方案中优选最佳方案，力争达到最好的经济效果。

如果不做可行性研究，或者虽然做而深度不够时，则不能达到以上目的，并且将带来一系列不良后果。

第二节　项目可行性研究报告的主要内容

可行性研究是项目前期工作中最为关键的一个环节，其基本任务是对拟建项目进行方案规划、技术论证、经济评价，在多方案比较的基础上，为项目决策提供可靠的依据和建议。可行性研究一经批准，就是对项目进行了最终决策。因此，正确的规定可行性研究内容是十分重要的。

根据建设项目的性质和条件的不同，可行性研究研究的重点应有所区别，但基本内容大致相同。因此，就一般投资项目来说，作为项目投资前评估、论证的可行性研究，其完整的研究成果文件——项目可行性研究报告，通常包括：项目兴建理由与目标；市场预测；资源条件评价；建设规模与产品方案；场址选择；技术方案、设备方案和工程方案；原材料燃料供应；总图运输与公用辅助工程；环境影响评价；劳动安全卫生与消防；组织机构与人力资源配置；项目实施进度；投资估算；融资方案；财务评价；国民经济评价；社会评价；风险分析；研究结论与建议等内容。

一、项目兴建理由与目标

项目兴建理由与目标的研究，是根据已确定的初步可行性研究报告(或者项目建议书)，从总体上进一步论证项目提出的依据、背景、理由和预期目标，即进行项目建设必要性分析；与此同时，分析论证项目建设和生产运营必备的基本条件及其获得的可能性，即进行项目建设可能性分析。对于确实必要又有可能建设的项目，继续进行可行性研究，开展技术、工程、经济、环境等方案的论证、比选和优化工作。

(一)项目兴建理由

项目兴建理由一般从项目本身和国民经济两个层次进行分析。

(1)项目层次的分析。项目业主或投资人兴建项目的理由，或者是为了向社会提供产品、服务的同时获得合法利润或投资回报，或者是为了促进国家、地区经济和社会发展。项目层次的分析应侧重从项目产品和投资效益角度论证项目兴建理由是否充分合理。

(2)国民经济层次分析。有些项目兴建的理由从项目层次看可能是合理的、可行的，但从国民经济全局看就不一定合理、可行。因此，对那些受宏观经济条件制约较大的项目，应进行国民经济层次分析。例如，分析拟建项目是否符合合理配置和有效利用资源的要求；是否符合区域规划、行业发展规划、城市规划、水利流域开发规划及交通路网规划的要求；是否符合国家技术政策和产业政策的要求；是否符合保护环境、可持续发展的要求；等等。

通过这两个层次的分析，判别项目建设的理由是否充分、合理，以确定项目建设的必要性。

(二)项目预期目标

根据项目兴建理由，对初步可行性研究报告(或项目建议书)提出的项目建设内容和建设规模、技术装备水平、产品性能和档次、成本收益目标等与预期达到的目标进行总体分析论证，判别项目预期目标与项目兴建理由是否吻合，预期目标是否具有合理性和现实性。

(三)项目建设基本条件

对于确实需要建设且目标合理的项目，应分析论证其是否具备建设的基本条件。一般应分析市场条件、资源条件、技术条件、资金条件、环境条件、社会条件、施工条件、法律条件及外部协作配套条件等，对拟建项目支持和满足的程度，考察项目建设和运营的可能性。

二、市场预测

在市场调查的基础上，对项目的产品和所需要的主要投入物的市场容量、价格、竞争力，以及市场风险进行分析预测，为确定项目建设规模与产品方案提供依据。

市场预测内容主要有市场现状调查、产品供应与需求预测、产品价格预测、目标市场与市场竞争力分析及市场风险分析。

1. 市场现状调查

市场现状调查是进行市场预测的基础。市场现状调查主要是调查拟建项目同类产品的市场容量、价格及市场竞争力现状等。

2. 产品供需预测

产品供需预测是指利用市场调查所获得的信息资料，对项目产品未来市场供应和需求的数量、品种、质量、服务进行定性与定量分析。

3. 价格预测

项目产品价格是测算项目投产后的销售收入、生产成本和经济效益的基础，也是考察项目产品竞争力的重要方面。预测价格时，应对影响价格形成和导致价格变化的各种因素进行分析，初步设定项目产品的销售价格和投入品的采购价格。

4. 竞争力分析

竞争力分析是研究拟建项目在国内外市场竞争中获胜的可能性和获胜能力。进行竞争力分析，既要研究项目自身竞争力，也要研究竞争对手的竞争力，并进行对比，以此进一步优化项目的技术经济方案，扬长避短，发挥竞争优势。

5. 市场风险分析

在可行性研究中，市场风险分析是在产品供需、价格变动趋势和竞争能力等常规分析已达到一定深度要求的情况下，对未来国内外市场某些重大不确定因素发生的可能性，及其可能对项目造成的损失程度进行分析。市场风险分析可以定性描述，估计风险程度；也可定量计算风险发生概率，分析对项目的影响程度。

三、资源条件评价

金属矿、煤矿、石油天然气矿、建材矿、化学矿、水利水电和森林采伐等项目，都是以矿产资源、水利水能资源和森林资源等自然资源的采掘为主要内容的资源开发项目。

资源开发项目的建设应符合资源总体开发规划的要求，符合资源综合利用的要求，符合节约资源及可持续发展的要求，森林资源开发还应符合国家生态环境保护的有关规定。

资源条件评价主要是对拟开发项目资源开发的合理性、资源可利用量、资源自然品质、资源赋存条件和资源开发价值等进行评价。

四、建设规模与产品方案

建设规模与产品方案研究是指在市场预测和资源条件评价(资源开发项目)的基础上，论证比选拟建项目的建设规模与产品方案(包括主要产品和辅助产品及其组合)，并将其作为确定项目技术方案、设备方案、工程方案、原材料燃料供应方案及投资估算的依据。

确定建设规模与产品方案的一般工作流程是：①根据市场调查与预测的数据与资源评价数据设计产品的品种、质量、数量等初步备选方案；②根据产品方案设计工艺方案、技术方案，并据此确定设备的备选方案；③根据设备方案设计建设工程备选方案，确定建设规模、生产规模，并将其作为生产过程中组织设计人员定额的依据。

五、场址选择

可行性研究阶段的场址选择，是在初步可行性研究(或项目建议书)规划选址已确定的建设地区和地点范围内，进行具体坐落位置选择，习惯上称为工程选址。

(一)场址选择的内容

不同行业项目选择场址需要研究的具体内容、方法和遵循的规程规范不同，其称谓也不同。例如，工业项目称厂址选择，水利水电项目称坝(闸)址选择，交通项目称线路选择，输油气管道、输电和通信线路项目称路径选择。

场址选择应主要研究场址位置、占地面积、地形地貌、气象条件、地震情况、工程地质与水文地质条件、征地拆迁及移民安置条件、交通运输条件、水电供应条件、环境保护条件、法律支持条件、生活设施依托条件、施工条件等内容。

(二)场址方案比选

场址方案比选要进行工程条件和经济性条件两个方面的比较。

工程条件比较的主要内容为占用土地种类及面积、地形地貌气候条件、地质条件、地震情况、征地拆迁及移民安置条件、社会依托条件、环境条件、交通运输条件、施工条件等。

经济性条件比较的内容分为两类：一是建设投资比较，如土地购置费、场地平整费、基础工程费、场外运输投资等场址方案建设费用的比较；二是运营费用比较，如原材料燃料运输费、产品运输费、动力费、排污费等场址方案运营费用的比较。

六、技术方案、设备方案和工程方案

项目的建设规模与产品方案确定后，应进行技术方案、设备方案和工程方案的具体研究论证工作。技术方案、设备方案和工程方案构成项目的主体，体现项目的技术和工艺水平，也是决定项目是否经济合理的重要基础。

(一)技术方案选择

技术方案主要指生产方法、工艺流程(工艺过程)等。

技术方案选择要体现先进性、适用性、可靠性、安全性和经济合理性的要求。技术方案选择的内容分为两个方面：一是生产方法选择；二是工艺流程方案选择。

(二)主要设备方案选择

设备方案选择是在研究和初步确定技术方案的基础上，对所需主要设备的规格、型号、数量、来源、价格等进行研究比选。

(三)工程方案选择

工程方案选择是在已选定项目建设规模、技术方案和设备方案的基础上，研究论证主要建筑物、构筑物的建造方案。

工程方案选择要满足生产使用功能要求，适应已选定的场址(线路走向)，符合工程标准规范要求，并且经济合理。

不同行业项目的工程方案研究内容不同。对于一般工业项目的厂房、工业窑炉、生产装置等建筑物和构筑物的工程方案，主要研究其建筑特征、结构形式、特殊建筑要求(防火、防爆、防腐蚀、隔音、隔热等)、基础工程方案和抗震设防等。

七、原材料燃料供应

在研究确定项目建设规模、产品方案、技术方案和设备方案的同时，还应对项目所需的原材料与辅助材料和燃料的品种、规格、成分、数量、价格、来源及供应方式进行研究论证。

原材料是项目建成后生产运营所需的投入物。在建设规模、产品方案和技术方案确定后，应对所需主要材料的品种、规格、质量、数量、价格、来源、供应方式和运输方式进行研究确定。

主要原材料燃料供应方案应进行多方案比选。比选的主要内容为满足生产要求的程度、采购来源的可靠程度、价格和运输费用是否经济合理等。

八、总图运输与公用辅助工程

总图运输与公用辅助工程是在已选定的场址范围内，研究生产系统、公用工程、辅助工程及运输设施的平面和竖向布置及相应的工程方案。

(一)总图布置方案

项目总图布置应根据项目的生产工艺流程或者使用功能的需要及其相互关系，结合场地和外部环境条件，对项目各个组成部分的位置进行合成，使整个项目形成布置紧凑、流程顺畅、经济合理、使用方便的格局。

(二)场内外运输方案

根据建设规模、产品方案、技术方案确定主要投入品和产出品的品种、数量、特性、流向，据此研究提出项目内外部运输的方案。

(三)公用工程与辅助工程方案

公用工程与辅助工程是为项目主体工程正常运转服务的配套工程。公用工程主要有给水、排水、供电、通信、供热、通风等工程；辅助工程包括维修、化验、检测、仓储等工程。

九、环境影响评价

建设项目一般会引起项目所在地自然环境、社会环境和生态环境的变化，对环境状况、环境质量产生不同程度的影响。环境影响评价是指在研究确定场址方案和技术方案中，调查研究环境条件，识别和分析拟建项目影响环境的因素，研究提出治理和保护环境的措施，比选和优化环境保护方案。

十、劳动安全卫生与消防

拟建项目劳动安全卫生与消防的研究是在已确定的技术方案和工程方案的基础上，分析论证在建设和生产过程中存在的对劳动者和财产可能产生的不安全因素(如工伤和职业病、火灾隐患)，并提出相应的防范措施。

十一、组织机构设置与人力资源配置

拟建项目的可行性研究应对项目的组织机构设置、人力资源配置、员工培训等内容进行研究，比选和优化方案。

(一)组织机构设置及其适应性分析

根据拟建项目的特点和生产运营的需要，研究提出项目组织机构的设置方案，并对

其适应性进行分析。

组织机构的设置就是要根据拟建项目出资者特点，研究确定相应的组织机构模式；根据拟建项目的规模，研究确定项目的管理层次；根据建设和生产运营特点和需要，设置相应的管理职能部门。

适应性分析主要是分析项目法人的组建方案是否符合《公司法》和国家有关规定的要求；项目执行机构是否具备指挥能力、管理能力和组织协调能力；项目组织机构的层次和运作方式能否满足建设和生产运营管理的要求；项目法人代表及主要经营管理人员的素质能否适应项目建设和生产运营管理的要求，能否承担项目筹资建设、生产运营、偿还债务等责任。

(二)人力资源配置

人力资源配置的内容主要是研究制定合理的工作制度与运转班次，提出工作时间、工作制度和工作班次方案；研究员工配置数量，提出配备各职能部门、各工作岗位所需人员数量；研究确定各类人员应具备的劳动技能和文化素质；研究测算职工工资和福利费用；研究测算劳动生产率；研究提出员工选聘方案等。

(三)员工培训

可行性研究阶段应研究提出员工培训计划，包括培训岗位、人数，以及培训的内容、目标、方法、时间、地点和费用。

十二、项目实施进度

工程建设方案确定后，应研究提出项目的建设工期和实施进度方案。

(一)建设工期

项目建设工期可以参考有关部门或专门机构制定的建设项目工期定额和单位工程工期定额，并结合项目建设内容、工程量大小、建设难易程度和施工条件等具体情况综合研究确定。

(二)实施进度安排

项目建设工期确定后，应根据工程实施各阶段工作量和安排所需时间，对时序做出大体安排，使各阶段工作相互衔接，并编制项目实施进度表。

十三、投资估算

投资估算是指在对项目的建设规模、技术方案、设备方案、工程方案及项目实施进度等进行研究并基本确定的基础上，估算项目投入总资金(包括建设投资和流动资金)，并测算建设期内分年资金需要量，将其作为制订融资方案、进行经济评价及编制初步设计概算的依据。

十四、融资方案

融资方案是指在投资估算的基础上，研究拟建项目的资金渠道、融资形式、融资结构、融资成本、融资风险，比选推荐项目的融资方案，并以此研究资金筹措方案和进行财务评价。

十五、财务评价

财务评价是指在国家现行财税制度和市场价格体系下，从项目微观角度，分析预测项目的财务效益与费用，计算财务评价指标，考察拟建项目的盈利能力和偿债能力，从而评价项目投资在财务上的可行性和合理性。

十六、国民经济评价

国民经济评价是指按合理配置资源的原则，采用影子价格、社会折现率等国民经济评价参数，从国民经济宏观角度，考察项目所耗费的社会资源和对社会的贡献，从而评价项目投资的经济合理性和宏观可行性。

十七、社会评价

社会评价是指分析拟建项目对当地社会的影响和当地社会对项目的适应性和可接受程度，从而评价项目的社会可行性。

十八、风险分析

风险分析是指在市场预测、技术方案、工程方案、融资方案、财务评价和社会评价等论证中已进行的初步风险分析的基础上，进一步综合分析识别拟建项目在建设和运营中潜在的主要风险因素，揭示风险来源，判别风险程度，提出规避风险的对策，降低风险损失，为决策提供依据。

十九、研究结论与建议

在上述各项研究论证的基础上，择优提出推荐方案，并对推荐方案的主要内容和论证结果进行总体描述。在肯定推荐方案优点的同时，还应指出可能存在的问题和可能遇到的主要风险，并做出项目及其推荐方案是否可行的明确结论。

财务评价和国民经济评价是项目可行性研究的核心内容和决策的重要依据，因此接下来详细介绍财务评价和国民经济评价。

第三节 投资项目的财务评价

一、财务评价的概念及目的

财务评价又称财务分析，是指在国家现行财税制度和价格体系的前提下，从项目的角度出发，计算项目范围内的财务效益和费用，分析项目的盈利能力和清偿能力，据以判别项目的财务可行性。

财务评价在衡量项目财务盈利能力及筹措资金方面有特殊意义。在社会主义市场经济条件下，企业是一个自主经营、自负盈亏的经济实体。因此企业经营者对准备投资的项目能否盈利、能否达到期望的最低收益率，投资能否在规定年限内回收，能否按时归还银行贷款等十分关注。同时，项目的财务分析报告也是投资信贷部门决定是否发放贷款的依据之一，因为财务分析报告提供了项目实施所需的固定资产投资额、流动资金投资额、资金的可能来源、用款计划及还贷能力等信贷部门所关注的问题。此外，财务分析使项目的投资者能根据项目的资金计划及时保证资金到位，使项目按时建设。

财务评价的目的包括以下几点。

(1)从企业或项目角度出发，分析投资效果，评价项目竣工投产后的获利能力。

(2)确定进行某项目所需资金来源，制定资金规划。

(3)估算项目的贷款偿还能力。

(4)为协调企业利益和国家利益提供依据。

财务评价和可行性研究各环节的关系见图 12-2。

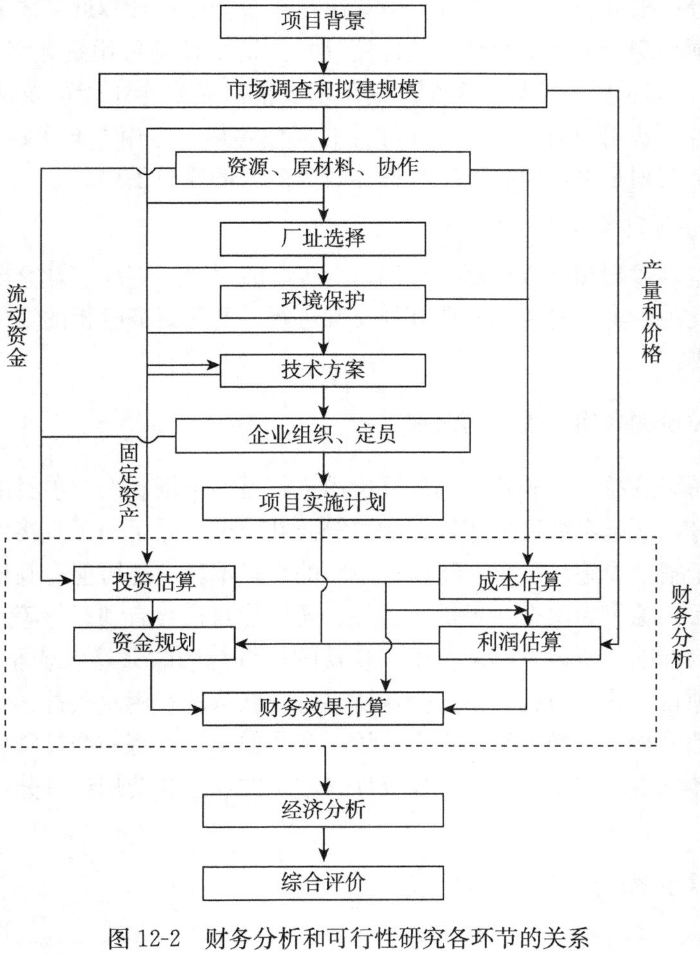

图 12-2　财务分析和可行性研究各环节的关系

二、财务评价的主要内容

财务评价的主要内容包括以下几点。

1. 财务预测

在对投资项目的总体了解和对市场、环境、技术方案充分调查与掌握的基础上，收集预测财务分析的基础数据。这些数据主要包括：预计的产品销售量及各年度产量；预计的产品价格，包括近期价格和预计的价格变动幅度；固定资产、流动资金投资及其他投资估算；成本费用及其构成估算。财务预测的质量好坏是决定财务分析成败和质量好坏的关键。财务预测的结果可用若干基础财务报表归纳整理，主要是投资估算表、折旧表、成本费用表、损益表等。

2. 编制资金规划与计划

对可能的资金来源与数量进行调查和估算，包括可筹集到的银行贷款种类、数量，可能发行的股票、债券，企业可能用于投资的自有资金数量，企业未来各年可用于偿还债务的资金量等；根据项目实施计划，估算出逐年投资量；计算逐年债务偿还额。在此基础上编制出项目寿命期内资金来源与运用计划。这个计划可用资金来源与运用表(也称资金平衡表)来表示。一个好的资金规划不仅要能满足资金平衡的要求，即保证各项收入足以支付各项费用，而且要在各种可行的资金筹集、运用方案中挑选最好的方案。也就是说，资金规划是保证项目可行和提高财务效果的重要手段。

3. 计算和分析财务效果

根据财务基础数据和资金规划，编制财务现金流量表，据此可计算出财务分析的经济效果指标。此项内容有时要和资金规划交叉进行，利用财务分析的结果可进一步分析和调整资金规划。

三、财务评价的费用、收益的识别

要识别费用和收益，先必须明确计算费用、收益的范围。一个项目的投资可能不仅涉及所在的厂区，而且牵涉厂外运输、能源等公共设施；除了用于直接生产的厂房、设备，还可能用于辅助设施；除了有物料、燃料的直接消耗，还可能有其他间接消耗或损失；项目建成后，除了为本企业提供收益外，还可能对社会有利；等等。由于财务分析以企业盈利性为标准，所以在判断费用、收益的计算范围时只计入企业的支出和收入，对于那些虽由项目实施所引起但不为企业所支付或获取的费用及收益，则不予计算。

在进行财务分析时，必须逐一识别费用项和收益项，对每一个投资项目的费用、收益必须进行具体分析。这里只对工业投资项目常见的收益和费用进行分析。

(一)收益

项目的收益主要由以下几部分组成。

1. 销售收入

销售收入是投资项目获得收入的主要形式。销售收入(包括提供服务的收入)由销售量和价格两个要素决定。对于增加产量的项目，如果价格不变，会直接导致销售收入的增加，但如果销售量增加后价格下降，则须按降价后的价格计算。当投资的目的在于提高质量时，如果价格随之提高，则按提价后的价格计算收入；如果不提价，则没有收入的增加。

2. 资产回收

寿命期末可回收的固定资产残值和回收的流动资金应视为收入。

3. 补贴

国家为鼓励和扶持某项目的开发所给予的补贴应视为收入。在价格、汇率、税收上的优惠已体现在收入的增加和支出的减少上，不再另计。

(二)费用

项目的费用主要由以下几部分组成。

1. 投资

投资包括固定资产投资(含工程费用、预备费用及其他费用)、固定资产投资方向调节税、无形资产投资、建设期借款利息、流动资金投资及开办费(形成递延资产)等。

2. 销售税

销售税包括销售税金及附加。其计算口径应与销售收入口径相对应，即凡需从销售收入中支付的税金均须列入；凡不由销售收入支付的税金均不列入。

3. 经营成本

经营成本是生产、经营过程中的支出。它和总成本费用的关系如下：

经营成本＝总成本费用－折旧和摊销费－利息支出

经营成本是指为进行经济分析从总成本费用中分离出来的一种费用。按照国家财政部门的规定，利息支出可以列入成本费用，在经济效果分析中，则将其单列。折旧是固定资产价值转移到产品中的部分，是成本的组成部分，似应作为费用，但由于设备和原材料等不同，不是一次随产品出售而消失，而是随产品一次次销售而将其补偿基金储存起来，到折旧期满，原投资得到回收。可见，折旧并没有从项目系统中流出，而是保留在系统内。我们已将投资作为支出，如果再将折旧作为支出，就重复计算了费用。在项目寿命期内，如果初期投入的固定资产需要更新，其费用应由折旧基金支出，但一般说来更新投资与折旧额并不相等，为准确起见，仍将投资和折旧分开处理。总之，折旧不作为费用。有人按照财务习惯，在现金流量表中将成本列入“流出”项，此时在“流入”项内应补回折旧。

(三)价格和汇率

财务分析中收益和费用的计算都涉及价格，使用外汇或产品(服务)出口的项目还涉及汇率问题。财务分析的价格一律采用成交价格(市场价格或计划价格)。汇率采用实际结算的汇率，一般可按国家公布的汇率计算。

四、资金规划

资金规划的主要内容是资金筹措与资金的使用安排。资金筹措包括资金来源的开拓及对来源和数量的选择；资金的使用包括资金的投入、贷款的偿还和资金平衡的测算。

(一)投资的资金来源

技术方案或项目的资金来源，从性质上可分为自有资金和借入资金两个方面；从渠道上可分为国内资金和国外资金两大类。企业自有资金是指企业用于项目投资的新增资本金、资本公积金、提取的折旧与摊销费、未分配的税后利润等。借入资金是指银行和非银行金融机构的贷款及发行债券的收入。

(二)资金结构与财务风险

项目的资金来源和结构对自有资金财务现金流量的影响很大，直接关系到投资主体的获利能力和承担财务风险的大小，因为在有借贷资金的情况下，全部投资的效果与自有资金投资的效果是不同的。以投资利润指标来说，由于全部投资的利润率一般不等于贷款利率，两种利率差额的后果将为投资主体承担，从而使自有资金利润率上升或下降。因此，必须认真研究分析各种资金来源对自有资金的盈利能力和财务风险的影响，合理制订投资项目资金筹措方案，以控制财务风险。

设全部投资为 K，自有资金为 K_0，贷款为 K_L，全部投资收益率(付息前)为 R，贷款利率为 R_L，自有资金收益率为 R_0，根据投资收益率公式，可得

$$K=K_0+K_L$$

$$R_0=\frac{K\times R-K_L\times R_L}{K_0}$$

$$=\frac{(K_0+K_L)\times R-K_L\times R_L}{K_0}$$

$$=R+\frac{K_L}{K_0}\times(R-R_L) \tag{12-1}$$

由式(12-1)可知，当 $R>R_L$ 时，$R_0>R$；当 $R<R_L$ 时，$R_0<R$。而且自有资金收益率与全部投资收益率的差别被资金构成比 K_L/K_0 所放大，这种放大效应称为财务杠杆效应。贷款与全部投资之比 K_L/K 称为债务比。

【例 12-1】 某项工程有三种方案，全投资收益率 R 分别为 6%、10%、15%，贷款利率为 10%，试比较债务比为 0(不借债)、0.5 和 0.8 时的自有资金收益率。

解：全部投资由自有资金和贷款构成，因此，若债务比 $K_L/K=0.5$，则 $K_L/K_0=1$，余类推。利用式(12-1)进行计算，结果列于表 12-2。

表 12-2　不同债务比下的自有资金收益率

自有资金收益率 R_0/% \ 债务比 方案	$K_L/K=0$ ($K_L/K_0=0$)	$K_L/K=0.5$ ($K_L/K_0=1$)	$K_L/K=0.8$ ($K_L/K_0=4$)
方案Ⅰ($R=6\%$)	6	2	−10
方案Ⅱ($R=10\%$)	10	10	10
方案Ⅲ($R=15\%$)	15	20	35

方案Ⅰ，$R<R_L$，债务比越大，R_0 越低，甚至为负值；方案Ⅱ，$R=R_0$，R_0 不随债务比改变；方案Ⅲ，$R>R_L$，债务比越大，R_0 越高。

假设投资在 20 万～100 万元时，上述三个方案的投资收益率不变，贷款利息率为

10%，若有一企业拥有自有资金 20 万元，现在来分析该企业在以上三种情况下如何选择资金构成。

对于方案Ⅰ，如果全部投资为自有资金(20 万元)，则企业每年可得利润 1.2 万元；如果自有资金和贷款各 20 万元，则可得总利润 2.4 万元，在贷款偿还之前，每年要付利息 2 万元，企业获利 0.4 万元；如果除自有资金 20 万元以外又贷款 80 万元，则总利润为 6 万元，每年应付利息 8 万元，企业亏损 2 万元。显然，在这种情况下，企业是不宜贷款的，贷款越多，损失越大。

对于方案Ⅱ，贷款多少对企业的利益都没有影响。

对于方案Ⅲ，如果仅用自有资金投资，企业每年获利为 3 万元；如果贷款 20 万元，则在偿付利息后，企业可获利 4 万元；如果贷款 80 万元，在付利息后企业获利可达 7 万元。在这种情况下，对企业来说，有贷款比无贷款有利，贷款越多越有利。

可见，选择不同的资金结构，对企业的利益会产生不同的影响。

以上是在项目投资效益具有确定性时的情形。当项目的效益不确定时，选择不同的资金结构，所产生的风险是不同的。在上述例子中，若项目的投资收益率估计在 6%～15%，企业如果选择自有资金和贷款各半的结构，企业利润将在 0.4 万～4 万元；如果自有资金占 20%，贷款占 80%，则企业利润将在－2 万～7 万元。此时，如果使用贷款，企业将承担风险，贷款比重越大，风险也越大；当然，相应地，获得更高利润的机会也越大。对于这种情况，企业要权衡风险与收益的关系进行决策。采用风险分析方法对项目本身和资金结构做进一步分析，对企业决策会有所帮助。

(三)还款方式及还本付息额的计算

还款方式的选择是投资项目财务决策的重要组成部分，还款方式直接影响财务报表的编制和投资者的利益。下面将主要还款方式和还本付息额的计算方法作一简单介绍。

1. 等额利息法

每期付利息额相同，不还本金，最后一期本利全部还清。每期偿还利息额计算公式为

$$I_t = L_a \times i \quad, t=1, 2, \cdots, n \tag{12-2}$$

偿还本金额计算公式为

$$\mathrm{CP}_t = \begin{cases} 0 & , t=1, 2, \cdots, n-1 \\ L_a & , t=n \end{cases} \tag{12-3}$$

其中，I_t 为第 t 期付息额；CP_t 为第 t 期还本额；n 为贷款期限；i 为贷款利率；L_a 为贷款总额。

2. 等额本金法

每期偿还相等的本金和相应的利息。每期偿还利息额计算公式为

$$I_t = i\left[L_a - \frac{L_a}{n}(t-1)\right] \quad, t=1, 2, \cdots, n \tag{12-4}$$

每期偿还本金额计算公式为

$$\mathrm{CP}_t = \frac{L_a}{n} \quad, t=1, 2, \cdots, n \tag{12-5}$$

公式中符号意义同前。

3. 等额摊还法

每期偿还本利额相等，其计算公式为

$$I_t+\mathrm{CP}_t=A=L_a\frac{i(1+i)^n}{(1+i)^n-1}\quad, t=1, 2, \cdots, n \tag{12-6}$$

公式中符号意义同前。

逐年偿还的利息和本金分别用式(12-7)和式(12-8)计算，即

$$\text{每年支付利息}=\text{年初借款累计}\times\text{年利率} \tag{12-7}$$

$$\text{每年偿还本金}=A-\text{每年支付利息} \tag{12-8}$$

4. 气球法

这种贷款前期每期还款金额较小，但在贷款到期日还款金额较大，“前小后大”，像一个气球的样子，因此称为气球法，也可称“气球贷”。

5. 一次性偿付法

最后一期偿还本利，是“气球法”的一种。一次性偿付法计算公式为

$$I_t+\mathrm{CP}_t=\begin{cases}0 & , t=1, 2, \cdots, n-1\\ L_a(1+i)^n & , t=n\end{cases} \tag{12-9}$$

公式中符号意义同前。

6. 偿债基金法

每期偿还贷款利息，同时向银行存入一笔等额现金，到期存款正好偿付贷款本金。每期偿还相等的利息额计算公式为

$$I_t=L_a i\quad, t=1, 2, \cdots, n \tag{12-10}$$

每期存入银行的等额现金为

$$\mathrm{CP}_t=L_a\frac{i_a}{(1+i_a)^n-1}\quad, t=1, 2, \cdots, n \tag{12-11}$$

其中，i_a 为银行存款利率。其余符号意义同前。

五、财务报表的编制

为了进行企业经济效果计算和资金规划与分析，需编制的主要财务报表(基本报表)有损益表(利润表)、资金来源与运用表、资产负债表和现金流量表，对于大量使用外汇和创汇的项目，还要编制外汇平衡表。

为编制这些主要报表，需要编制一些基础性报表(辅助报表)，主要包括以下几种。

(1)投资估算表，包括固定资产投资估算、流动资金投资估算、无形资产投资估算及其他投资估算。

(2)投资计划与资金筹措表，显示各年度分类投资使用额及资金来源。

(3)折旧与摊销估算表，包括固定资产折旧估算、无形资产及递延资产摊销估算，其数值根据投资形成的资产估算值及财政部门规定的折旧和摊销办法计算。

(4)借款还本付息表，包括固定资产投资借款(或称长期投资借款)还本付息和流动

资金借款还本付息的测算。

(5)成本费用估算表。按成本构成分项估算各年预测值，并计算各年成本费用总额。为便于计算经营成本，表中须列出各年折旧与摊销额和借款利息额。

(6)销售收入、税金估算表。销售收入按预测的销售量和价格计算；销售税金按税务部门规定计算。本表亦可并入损益表。

需要指出，在编制基础性报表的过程中，往往还要编制更详尽的预测资料明细及汇总表，在此不一一列举。

(一)投资计划与资金筹措表

编制资金使用计划与资金筹措表的目的是要确保资金使用计划符合实际需要，应根据项目实施进度与资金筹资渠道进行编制，见表12-3。

表12-3　投资计划与资金筹措表

序号	时间/年 项目/万元	建设期		投产期		达到设计能力生产期				合计
		1	2	3	4	5	6	…	n	
1	总投资									
1.1	建设投资									
1.2	建设期利息									
1.3	流动资金									
2	资金筹措									
2.1	自有资金									
2.2	借款									
2.2.1	长期借款									
2.2.2	流动资金借款									
2.2.3	其他短期借款									
2.3	其他									

(二)损益表(利润表)

损益表是反映项目计算期内各年收入与费用的情况，以及利润总额、所得税和净利润分配情况的报表，用于计算项目的投资利润率、投资利税率、资本金利润率等评价指标，并与行业平均水平或投资主体所要达到的水平相比较，以判断项目单位投资的盈利能力。损益表也称利润表。损益表格式如表12-4所示。

表12-4　损益表

序号	时间/年 项目	投产期1)		达到设计能力生产期				合计
		3	4	5	6	…	n	
	生产负荷/%							
1	产品销售(营业)收入/万元							
2	销售税金及附加/万元							
3	总成本费用/万元							

续表

序号	项目＼时间/年	投产期[1]		达到设计能力生产期				合计
		3	4	5	6	…	n	
4	利润总额[2](1－2－3)/万元							
5	所得税/万元							
6	税后利润(4－5)/万元							
7	可供分配利润/万元							
7.1	盈余公积金/万元							
7.2	应付利润/万元							
7.3	未分配利润/万元							
8	累计未分配利润/万元							

1)假设建设期为2年，从第3年起投产；2)利润总额应根据国家规定先调整为应纳税所得额(如减免所得税、弥补上年度亏损)再计算所得税

(三)现金流量表

现金流量表反映项目计算期内各年的现金收支，是进行项目财务盈利能力分析的主要报表。

编制财务现金流量表用以计算财务IRR、财务净现值等反映项目财务盈利能力的指标。根据投资计算基础不同，财务现金流量表可分为全部投资财务现金流量表和自有资金现金流量表。

在进行盈利能力分析时，一般分两步进行。第一步，通过全投资现金流量表分析假如项目全部资金都为自有资金的情况下，项目本身的盈利能力。它排除了财务条件(筹资成本)对项目盈利能力的影响，客观地反映项目本身的盈利能力。如果由此得出的项目盈利能力大于或等于资本成本率，则有继续进行财务分析的必要；反之，即可考虑否定此项目。第二步，通过自有资金现金流量表考察企业自有资金的获利性，反映企业自身可得到的利益。

全投资现金流量表的构成如表12-5所示，全投资现金流量表不考虑资金借贷与偿还，投入项目的资金一律视为自有资金。其净现金流量构成公式为

年净现金流量＝销售收入＋资产回收－固定资产投资－流动资金投资
－经营成本－销售税金及附加－所得税

表12-5 全投资现金流量表

序号	项目/万元＼时间/年	建设期		投产期		达到设计能力生产期			
		1	2	3	4	5	…	$n-1$	n
1	现金流入								
1.1	产品销售收入								
1.2	回收固定资产余值								
1.3	回收流动资金								

续表

序号	时间/年 项目/万元	建设期		投产期		达到设计能力生产期			
		1	2	3	4	5	…	$n-1$	n
2	现金流出								
2.1	固定资产投资								
2.2	流动资金投资								
2.3	经营成本								
2.4	销售税金及附加								
2.5	所得税								
3	净现金流量								

自有资金现金流量表的构成见表 12-6，该表与全投资现金流量表最大的区别在于对借款资金的处理。全投资现金流量表是假定全部资金为自有资金，因此，没有利息支出。自有资金现金流量表是站在企业财务的角度考察各项资金的收入和支出。对于企业来说，从银行取得贷款是现金流入，用于项目建设是现金流出，偿还贷款本利也是现金流出。因此企业对贷款的真正支出只是偿还贷款本利。

表 12-6　自有资金现金流量表

序号	时间/年 项目/万元	建设期		投产期		达到设计能力生产期			
		1	2	3	4	5	…	$n-1$	n
1	现金流入								
1.1	产品销售收入								
1.2	回收固定资产余值								
1.3	回收流动资金								
2	现金流出								
2.1	自有资金投入								
2.2	长期借款{还本 付息								
2.3	流动资金借款{还本 付息								
2.4	其他短期借款{还本 付息								
2.5	经营成本								
2.6	销售税金及附加								
2.7	所得税								
3	净现金流量								

当全投资 IRR 大于贷款利率时，自有资金的 IRR 必定大于全投资 IRR，且贷款比例越高，自有资金的 IRR 越高。当全投资 IRR 大于基准收益率，且基准收益率大于借款利率时，自有资金净现值大于全投资净现值。

(四)资金来源与运用表

资金来源与运用表又称资金平衡表，见表 12-7。该表反映项目计算期各年的投资、融资及生产经营活动的资金流入和流出情况，考察资金平衡和余缺情况。通过“累计盈余资金”项反映项目计算期内各年的资金是否充裕(是盈余还是短缺)，是否有足够的能力清偿债务等。若累计盈余大于零，表明当年有资金盈余；若累计盈余小于零，则表明当年会出现资金短缺，需要筹措资金或调整借款及偿还计划，并为编制资产负债表提供依据。

表 12-7　资金来源与运用表

序号	时间/年 项目/万元	建设期		投产期		达到设计能力生产期			
		1	2	3	4	5	6	…	n
1	资金来源								
1.1	利润总额								
1.2	折旧与摊销费								
1.3	长期借款								
1.4	流动资金借款								
1.5	其他短期借款								
1.6	自有资金								
1.7	回收固定资产余值								
1.8	回收流动资金								
1.9	其他								
2	资金运用								
2.1	固定投资								
2.2	建设期利息								
2.3	流动资金投资								
2.4	所得税								
2.5	应付利润								
2.6	长期借款本金偿还								
2.7	流动资金借款本金偿还								
3	盈余资金(1—2)								
4	累计盈余资金								

(五)资产负债表

资产负债表和前面介绍的现金流量表(包括利润表、损益表、资金来源与运用表)的根本区别在于，前者记录的是现金存量而后者是现金流量，如表 12-8 所示。存量是指某一时刻的累计值；流量是某一时段(通常为一年)发生的现金流量(即现金存量的增量)。资产负债表综合反映项目计算期内各年年末资产、负债和所有者权益的增减变化及对应关系，以考察项目资产、负债、所有者权益的结构是否合理，用以计算资产负债率、流动比率及速动比率，进行清偿能力和资金流动性分析。

表 12-8　资产负债表

序号	时间/年 项目/万元	建设期		投产期		达到设计能力生产期		
		1	2	3	4	5	…	n
1	资产							
1.1	流动资产总额							
1.1.1	应收账款							
1.1.2	存货							
1.1.3	现金							
1.1.4	累计盈余资金							
1.2	在建工程							
1.3	固定资产净值							
1.4	无形资产及递延资产净值							
2	负债及所有者权益							
2.1	流动负债总额							
2.1.1	应付账款							
2.1.2	流动资金借款							
2.1.3	其他短期借款							
2.2	长期负债							
	负债合计							
2.3	所有者权益							
2.3.1	资本金							
2.3.2	资本公积金							
2.3.3	累计盈余公积金							
2.3.4	累计未分配利润							

（六）财务外汇平衡表

外汇平衡表是指专门反映项目计算期内各年外汇收支及余缺程度的一种报表。该表可用于外汇平衡分析，适用于有外汇收支的项目财务效益分析。

外汇平衡表由外汇来源、外汇运用和外汇余缺额三部分构成。外汇来源包括产品外销的外汇收入、外汇贷款和自筹外汇等，自筹外汇包括在其他外汇收入项目中。外汇运用主要是进行投资、进口原料及零部件、支付技术转让费和清偿外汇借款本息及其他外汇支出。外汇余缺额直接反映了项目计算期内外汇平衡程度。对于外汇不能平衡的项目，应根据外汇余缺程度提出具体解决方案。外汇平衡表格式如表 12-9 所示。

表 12-9　外汇平衡表

序号	项目 \ 时间/年	建设期		投产期		达到设计能力生产期				合计
		1	2	3	4	5	6	…	n	
	生产负荷/%									
1	外汇来源/万元									
1.1	产品销售外汇收入/万元									
1.2	外汇借款/万元									
1.3	其他外汇收入/万元									
2	外汇运用/万元									
2.1	建设投资中外汇支出/万元									
2.2	进口原材料/万元									
2.3	进口零部件/万元									
2.4	技术转让费/万元									
2.5	偿付外汇借款本息/万元									
2.6	其他外汇支出/万元									
3	外汇余缺(1－2)/万元									

注：技术转让费是指生产期支付的技术转让费

(七)借款还本付息计算表

借款还本付息计算表是反映项目借款偿还期内借款支用、还本付息和可用于偿还借款的资金来源情况，用以计算借款偿还期指标，进行清偿能力分析的一种报表。按现行财务制度规定，归还建设投资借款的资金来源主要是项目投产后的折旧、摊销费和未分配利润等。

借款还本付息计算表包括借款及还本付息、偿还借款本金的资金来源两大部分。在借款尚未还清的年份，当年偿还本金的资金来源等于本年还本的数额；在借款还清的年份，当年偿还本金的资金来源等于或大于本年还本的数额。借款还本付息计算表如表 12-10所示。

表 12-10　借款还本付息计算表

序号	项目/万元 \ 时间/年	建设期		投产期		达到设计能力生产期			
		1	2	3	4	5	6	…	n
1	借款及还本付息								
1.1	年初欠款本息累计{长 流								
1.2	本年借款{长 流								
1.3	本年付利息{长 流								
1.4	本年还本{长 流								

续表

序号	时间/年 项目/万元	建设期		投产期		达到设计能力生产期			
		1	2	3	4	5	6	…	n
2	偿还借款本金的资金来源								
2.1	利润								
2.2	折旧与摊销								
2.3	自有资金								
2.4	资产回收								
2.5	其他资金合计								

需要注意的是，贷款利息如果按实际提款、还款日期的计算将十分繁杂，一般可作如下简化：长期借款当年贷款按半年计息，当年归还的贷款计全年利息。计息公式如下：

$$\begin{array}{c}\text{建设期年利息额}\\ \text{（纯借款期）}\end{array}=\left(\text{年初借款累计}+\frac{\text{本年借款额}}{2}\right)\times\text{年利率}$$

$$\begin{array}{c}\text{生产期年利息额}\\ \text{（还款期）}\end{array}=\text{年初借款累计}\times\text{年利率}$$

流动资金借款及其他短期借款的借款当年均计全年利息。

六、财务分析

财务分析包括财务盈利性分析、清偿能力分析、创汇节汇能力分析和不确定性分析几部分内容。

(一)财务盈利性分析

1. 投资利润率

投资利润率是建设项目投产后，在营运正常年获得的年净收益与项目总投资之比，计算公式为

$$E=\frac{R}{C_0} \tag{12-12}$$

其中，E 为投资利润率；C_0 为建设项目的总投资；R 为年净收益(等于运营正常年现金流入一现金流出)。

2. 投资利税率

投资利税率是指建设项目投产后，在运营正常年获得的年净收益及当年年税金之和与项目总投资之比，计算公式为

$$K=\frac{R+X}{C_0} \tag{12-13}$$

其中，X 为年税金。

3. 财务净现值和净现值率

净现值是将项目寿命期内每年发生的净现金流量按一定的折现率折现到同一时点的现值

累加值，其表达式为

$$NPV = \sum_{t=1}^{n}(CI-CO)_t(1+i)^{-t} \tag{12-14}$$

评价标准：NPV≥0 时，项目可以被接受；NPV<0 时，项目应予以拒绝。
其中，$(CI-CO)_t$ 为建设项目第 t 年的净现金流量；n 为计算期；i 为贴现率。
净现值率(NPVR)是项目的净现值与其投资总额现值之比。其计算公式为

$$NPVR=\frac{NPV}{K_P} \tag{12-15}$$

其中，K_P 为投资(包括固定资产投资和流动资金投资)的现值。

4. 静、动态投资回收期(T_P、T_P^*)

静态投资回收期的计算式为

$$T_P=\frac{累计净现金流量开始}{出现正值的年份数}-1+\frac{上年累计净现金流量绝对值}{当年净现金流量} \tag{12-16}$$

动态投资回收期的计算式为

$$T_P^*=\frac{累计净现金流量折现值}{开始出现正值的年份数}-1+\frac{上年累计净现金流量折现值的绝对值}{当年净现金流量折现值} \tag{12-17}$$

评价标准：当 $T_P \leqslant T_b$ 或 $T_P^* \leqslant T_b$ 时，应认为项目在财务上是可以考虑接受的。T_b 为基准回收期。

5. IRR

IRR 是使方案寿命期内各年净现金流量现值之和为零时的折现率，即

$$NPV(IRR)=\sum_{t=1}^{n}(CI-CO)_t(1+IRR)^{-t}=0 \tag{12-18}$$

判别标准：IRR≥i_0 时，项目在经济效果上可以被接受；IRR<i_0 时，项目在经济效果上应予以拒绝。

(二)清偿能力分析

1. 资产负债率

资产负债率是反映建设项目债权人各年所面临的财务风险程度及建设项目偿债能力的指标，计算公式为

$$资产负债率=\frac{负债总额}{资产总额}\times 100\% \tag{12-19}$$

资产负债率越小，说明该项目中负债数额越小，债权人的财务风险越小，建设项目的清偿债务能力越强。但如果过小，也说明该项目利用财务杠杆的能力较差。

2. 流动比率

流动比率是流动资产与流动负债的比率，计算公式为

$$流动比率=\frac{流动资产}{流动负债}\times 100\% \tag{12-20}$$

流动比率反映项目在短期内(通常指一年)偿还债务的能力。该比率越高，则偿还短期负

债的能力越强。

3. 速动比率

速动比率反映企业在很短的时间内偿还短期负债的能力，计算公式为

$$速动比率=\frac{速动资产总额}{流动负债总额}\times 100\% \tag{12-21}$$

速动资产是指流动资产中变现最快的部分，通常以流动资产总额减去存货后的余额计算。速动比率越高，则在很短的时间内偿还短期负债的能力越强。

4. 贷款偿还期

贷款偿还期是指在国家财政规定和建设项目具体财务条件下，以项目投产后可用于还款的资金偿还固定资产贷款本金和建设期利息所用的时间，计算公式为

$$贷款偿还期=偿清债务年份数-1+\frac{偿清债务当年应付本息}{当年可用于偿债的资金} \tag{12-22}$$

(三)创汇、节汇能力分析

创汇、节汇项目应进行外汇效果分析，计算财务外汇现值、换汇成本及节汇成本等。

1. 财务外汇净现值

财务外汇净现值(financial net present value of foreign exchange，FNPVF)指标可以通过外汇平衡表求得，计算公式为

$$\mathrm{FNPVF}=\sum_{t=1}^{n}(\mathrm{FI}-\mathrm{FO})_t(1+i)^{-t} \tag{12-23}$$

其中，FI 为外汇流入量；FO 为外汇流出量；$(\mathrm{FI}-\mathrm{FO})_t$ 为第 t 年的净外汇流量；i 为折现率，一般可取外汇贷款利率；n 为计算期。

当项目有产品替代进口时，可按净外汇效果计算外汇净现值。

2. 财务换汇成本及财务节汇成本

财务换汇成本是指换取 1 美元外汇所需要的人民币金额，以项目计算期内生产出口产品所投入的国内资源的现值与出口产品的外汇净现值之比表示，计算式为

$$财务换汇成本=\frac{\sum_{t=1}^{n}\mathrm{DR}_t(1+i)^{-t}}{\sum_{t=1}^{n}(\mathrm{FI}-\mathrm{FO})_t(1+i)^{-t}} \tag{12-24}$$

其中，DR_t 为第 t 年生产出口产品投入的国内资源(包括投资、原材料、工资及其他投入)。

当项目产品内销属于替代进口时，也应计算财务节汇成本，即节约 1 美元外汇所需要的人民币金额。它等于项目计算期内生产替代进口产品所投入的国内资源现值与生产替代进口产品的外汇净现值之比。

(四)不确定性分析

盈亏平衡分析一般只用于财务评价，敏感性分析和概率分析既可用于财务评价，又可用于国民经济评价。

1. 盈亏平衡分析

盈亏平衡点(BEP)通常根据正常生产年份的产品产量和销售量、变动成本、固定成本、产品价格或销售税金等数据的计算，用生产能力利用率或产量表示，计算公式分别为

$$\text{BEP(生产能力利用率)}=\frac{\text{年固定成本}}{\text{年产品销售收入}-\text{年变动总成本}-\text{年销售税金}}\times 100\% \tag{12-25}$$

$$\text{BEP(产量)}=\frac{\text{年固定成本}}{\text{单位产品价格}-\text{单位产品变动成本}-\text{单位产品销售税金}}\times 100\% \tag{12-26}$$

如果项目有技术转让费、营业外净支出及资源税等，均应从分母中扣除。BEP 值越小，表明项目适应市场变化的能力越大，抗风险能力越强。

2. 敏感性分析

敏感性分析的变化因素主要有产品产量、产品价格、主要原材料和动力价格、其他变动成本、投资、建设工期、外汇汇率等，既可以作单因素敏感性分析，也可以作多因素敏感性分析。敏感性分析的内容是主要分析上述因素对 IRR 的影响，必要时可分析其对静态投资回收期、借款偿还期和净现值等的影响。

敏感性分析包括变幅分析和极限分析两种。前者表示其因素按一定比例变化引起评价指标变化幅度的分析；后者表示评价指标达到临界点时允许某因素变化的最大幅度，即变化极限。

第四节 项目的国民经济评价

财务评价是从投资项目或企业角度对项目进行的经济分析。与财务分析对应的是从国家和社会的角度进行的经济分析。为了在全国范围内合理地分配资源，项目的取舍还应当考虑国民经济分析的结果。

原国家计委已做出有关规定，对于费用和效益计算比较简单，建设期、生产期比较短，不涉及进出口平衡的项目，如果财务评价的结果能满足最终决策的需要，可以只进行财务评价，不进行国民经济评价。对于关系公共利益、国家安全和市场不能有效配置资源的经济和社会发展项目，除应进行财务评价外，还应进行国民经济评价。对于特别重大的建设项目尚应辅以区域经济与宏观经济影响分析方法进行国民经济评价。

一、国民经济评价的概念

国民经济评价是指在合理配置社会资源的前提下，从国家整体利益的角度出发，计算项目对国民经济的贡献，分析项目的经济效率、效果和对社会的影响，评价项目在宏观上的合理性。

国民经济评价实质上是一个以整个国家为系统，以国民经济净收益为目标函数，以国家有用资源的合理利用为约束条件的最优化问题。在国民经济评价中，不仅要计算项

目的直接收益和费用，而且要计算项目的间接收益和费用。项目的转移支付必须从项目的收益和费用中扣除。

二、国民经济评价的作用

(一)国民经济评价是宏观上合理配置国家有限资源的需要

国家的资源(包括资金、外汇、土地、劳动力及其他自然资源)总是有限的，必须在资源的各种相互竞争的用途中做出选择。而这种选择必须借助于国民经济评价，从国家整体的角度来考虑。

国民经济评价就是评价项目从国民经济中所吸取的投入与向国民经济提供的产出对国民经济这个大系统的经济目标的影响，从而选择对大系统目标优化最有利的项目或方案。

财务评价是一种微观评价，重点考察项目本身的财务盈利性和资金运行状况；国民经济评价是一种宏观评价，将项目置于国民经济整体中来考察其对经济整体的贡献，只有多数项目的建设符合整个国民经济发展的需要，才能在充分合理利用有限资源的前提下，使国家获得最大的净效益。

(二)国民经济评价是真实反映项目对国民经济净贡献的需要

许多国家，特别是发展中国家，不少商品的价格不能反映价值，也不能反映供求关系。在这种商品价格严重“失真”的条件下，按现行价格计算项目的投入和产出，不能确切地反映项目建设给国民经济带来的效益与费用支出。因此，必须运用能反映资源真实价值的影子价格，借以计算建设项目的费用、效益，以得出该项目的建设是否对国民经济总目标有利的结论。

财务评价只考虑了直接效益和直接费用，而没有考虑项目的外部性，即该项目产生的间接效益和间接费用。所以，财务分析不能保证全面地反映项目的经济效果。国民经济评价不但考察了项目的直接效益和直接费用，而且考察了项目的外部经济或外部不经济所带来的间接效益或间接费用。可见只有进行国民经济评价，才能保证比较全面地反映项目的经济效果。

(三)国民经济评价是投资决策科学化的需要

国民经济评价的作用，主要体现在以下三个方面：①有利于引导投资方向。运用影子价格、影子汇率等参数，可以起到鼓励或抑制某些行业或项目发展的作用，促进国家资源的合理分配。②有利于控制投资规模。当投资规模膨胀时，可以适当提高社会折现率，控制一些项目的通过。③有利于提高计划质量。项目是计划的基础。有了足够数量的、经过充分论证和科学评价的备选项目，才便于各级计划部门从宏观经济角度对项目进行选优和取舍。

三、国民经济评价与财务评价的区别

建设项目一般应同时进行财务评价和国民经济评价。但二者之间是有区别的，主要表现在以下几个方面。

（一）评价的角度不同

财务评价是从企业财务角度考察货币收支和盈利状况及借、还款能力，以确定投资行为的财务可行性。国民经济评价是从国家整体的角度考察项目需要国家付出的代价和对国家的贡献，即项目的国民经济净贡献，确定投资行为的宏观可行性。

（二）效益与费用的含义及划分范围不同

财务评价是根据项目的实际收支确定项目的效益和费用，凡是项目的货币收入都视为效益，凡是项目的货币支出都视为费用，如税金、利息均计为费用。国民经济评价是着眼于项目对社会提供的有用产品和服务，来考察项目的效益，着眼于项目所消耗的全社会有用资源来考察项目的费用，如税金、国内贷款利息和财政补贴等作为国民经济内部的转移支付。财务评价只计算项目直接发生的效益和费用，而国民经济评价对项目引起的外部效果，即间接效益和间接费用也要进行分析和计算。

（三）评价采用的价格不同

财务评价要确定投资在财务上的现实可行性，因而对投入物和产出物均采用现行市场价格。国民经济评价采用影子价格计量项目的各项费用和效益，影子价格是根据机会成本和供求关系确定的。

（四）主要参数不同

财务评价中采用的汇率是官方汇率，折现率是因行业而异的基准收益率；国民经济评价则分别采用影子汇率和社会折现率。影子汇率和社会折现率均由国家统一测定。

四、国民经济评价的步骤

国民经济评价可以在财务评价基础上进行，也可以直接进行。

在财务评价基础上进行国民经济评价的步骤如下。

(1)对基础数据项进行调整，包括基础数据项的剔除与补充，如剔除财务评价中已计算为收益或费用的转移支付、增加财务评价中未反映的间接收益和间接费用等。

(2)调整价格体系，用影子价格、影子工资、影子汇率和土地影子费用等代替财务价格及费用，对销售收入、固定资产投资、流动资金、经营成本等进行调整。

(3)编制有关报表，计算项目的国民经济评价指标。

直接进行国民经济评价的步骤如下。

(1)识别和计算项目的直接收益与费用、间接收益与费用。

(2)价格体系调整，以货物影子价格、影子工资、影子汇率和土地影子费用等计算项目固定资产投资、流动资金、经营费用、销售收入。

(3)编制有关报表，计算项目国民经济评价指标。

五、国民经济评价的效益与费用构成

分析建设项目经济合理性的基本途径是将建设项目的效益与费用进行比较，进而计算其对国民经济的净贡献。因此，正确地识别效益与费用，是保证国民经济评价正确性的重要条件。

识别效益与费用的基本原则是：凡是项目对国民经济所作的贡献，均计为项目的效益；凡是国民经济为项目付出的代价，均计为项目的费用。在考察项目的效益与费用时，应遵循效益和费用计算范围相对应的原则。效益和费用可分为直接效益与直接费用、间接效益与间接费用。

（一）直接效益与直接费用

1. 直接效益

项目的直接效益是指由项目本身产生的、由其产出物提供的、并用影子价格计算的产出物的经济价值。项目直接效益的确定，分为以下两种情况。

(1)如果项目的产出物用以增加国内市场的供应量，其效益就是所满足的国内需求，也就等于消费者支付意愿。

(2)如果国内市场的供应量不变，若项目产出物增加了出口量，其效益为所获得的外汇；若项目产出物减少了总进口量，即替代了进口货物，其效益为节约的外汇；若项目产出物替代了原有项目的生产，致使其减产或停产，其效益为原有项目减产或停产向社会释放出来的资源，其价值也就等于这些资源的支付意愿。

2. 直接费用

项目的直接费用主要是指国民经济为满足项目投入的需要而付出的代价，包括固定资产投资、流动资金及经济性投入等的需要而付出的代价。这些投入物用影子价格计算的经济价值即为项目的直接费用。项目直接费用的确定，也分为两种情况。

(1)如果拟建项目的投入物来自国内供应量的增加，即通过增加国内生产来满足拟建项目的需求，其费用就是增加国内生产量所消耗的资源价值。

(2)如果国内总供应量不变，若项目投入物来自国外，即以增加进口来满足项目需求，其费用就是所花费的外汇；若项目的投入物本来可以出口，但为满足项目需求，减少了出口量，其费用就是减少的外汇收入；若项目的投入物本来用于其他项目，由于改用于拟建项目将减少对其他项目的供应，其费用为减少的其他项目的效益。

（二）间接效益与间接费用

项目的效益和费用不仅体现在它的直接投入和产出中，还会在国民经济相邻部门及社会中反映出来，这就是项目的间接效益和间接费用，也可统称为外部效果。

间接效益又称外部效益，是指项目对社会做出贡献，而项目本身并未获得收益的那部分效益。例如，在建设一个钢铁厂的同时，又修建了一套厂外运输系统，它除为钢铁厂服务外，还使当地的工农业生产和人民生活得益，这部分效益就是钢铁厂的间接效益。

间接费用又称外部费用，是指国民经济为项目付出了代价，而项目本身并不实际支付的费用。例如，工业项目产生的废水、废气和废渣引起的环境污染及对生态平衡的破坏，项目并不支出任何费用，而国民经济却付出代价。

间接效益和间接费用通常较难计量，为了减少计量上的困难，应力求明确项目的范围。一般情况下可扩大项目的范围，特别是一些相互关联的项目可合并在一起进行评价，这样可使间接费用和效益转化为直接费用和效益；另外，在确定投入物和产出物的影子价格时，这一价格已在一定范围内考虑了外部效果，用影子价格计算的费用和效益在很大程度上使外部效果在项目内部得到体现。通过扩大项目范围和调整价格两步工作，实际上已将很多外部效果内部化了。因此，在国民经济评价中，既要考虑项目的外部效果，又要防止外部效果扩大化。对一些不能量化的外部费用和效益，可以在结论中给予定性说明。

(三)转移支付

在识别效益与费用范围的过程中，将会遇到税金、国内借款利息和补贴等因素的处理问题。在财务评价中，这些都是实际的收入或支出，但是从国民经济的角度看，企业向国家缴纳税金、向国内银行支付利息，或企业从国家得到某种形式的补贴等，都未造成资源的实际耗费或增加。因此，在国民经济评价中，这些因素不能作为项目的效益或费用，只是国民经济内部各部门之间的转移支付。

1. 税金

税收包括产品税、增值税、资源税、关税等，税金对拟建项目来说是一项支出，从国家财政来说是一项收入。这是企业与国家之间的一项资金转移。税金不是项目使用资源的代价，所以财政性的税金都不能作为社会成本。

2. 补贴

补贴包括出口补贴、价格补贴等。补贴是国家从国民收入中将一部分资金转给了企业，虽然增加了拟建项目的财务收益，但是并没有为社会提供等值的资源。因此，国家以各种形式给予的补贴，都不能作为社会收益。

3. 折旧

会计上的折旧基金是收入里提出的一部分，只是换个名称留在账上，和实际资源的消耗无关。因此，固定资产在会计上提取的折旧，不能作为社会成本。

4. 国内外贷款及其还本付息

国内贷款及其还本付息是企业与银行之间的一种资金转移，并不涉及资源的增减变化，因此不能作为社会成本。至于国外贷款及其还本付息的处理，与国外贷款的条件及国民经济分析的目的有关。当考察国内投资的国民经济效益时，国外贷款意味着国外资源流入国内，因而应将国外贷款视作收益项，但还本付息意味着国内资金流入国外，因而应视作费用项。当评价包括国外贷款在内的全部投资的国民经济效益时，国外贷款及其还本付息既不作为收益，也不作为费用，而是作为直接转移支付项目。

六、国民经济评价的参数

(一)影子价格

影子价格的概念是 20 世纪 30 年代末、40 年代初由荷兰数理经济学、计量经济学创造人之一詹思·丁伯根和前苏联数学家、经济学家、诺贝尔经济学奖获得者康托罗维奇分别提出来的。

影子价格是指在社会经济处于某种最优状态时，能够反映社会劳动的消耗、资源稀缺程度和对最终产品需求情况的价格。也就是说，影子价格是人为确定的、比市场交换价格更为合理的价格。这种合理性体现在影子价格能更好地反映产品的价值、反映市场供求状况、反映资源稀缺程度，能使资源配置向优化的方向发展。

影子价格反映在项目的产出上是一种消费者“支付意愿”，消费者愿意支付的价格，只有在供求完全均等时，市场价格才代表愿付价格。影子价格反映在项目的投入上是资源不投入该项目，而投在其他经济活动中所能带来的效益，也就是项目的投入是以放弃本来可以得到的效益为代价的，西方经济学家称之为“机会成本”。

影子价格完全是一种理想状态下的价格，在实际经济生活中，不存在一个完全自由的市场，所以确定产品的影子价格也相当困难。理论上影子价格可以通过线性规划的对偶问题求解，但因为受各种条件限制很难计算。在实际应用中，只能根据一定的假设条件，取一个尽量接近影子价格的价格来代替影子价格。

(二)社会折现率

社会折现率是社会对资金时间价值的估量，是投资项目的资金应达到的、按复利计算的最低收益水平，即从国家角度要求投资项目所应达到的收益率标准。它是国民经济评价中的通用参数，在国民经济评价中可以用来计算净现值的折现率，并作为经济内部收益率(economic internal rate of return，EIRR)的基准值。经济净现值(economic net present value，ENPV)和经济内部收益率是衡量国民经济盈利能力的主要指标。经济净现值是按照指定的社会折现率，将投资项目寿命期内各年的净效益流量折算到基准年的现值之和，一般情况下，投资项目的经济净现值大于或等于零时，是可以接受的。经济内部收益率是指在投资项目的寿命期内，逐年累计的净效益流量的现值等于零时的折现率，其反映投资项目的国民经济净效益(净贡献)的重要评价指标。所以，社会折现率是国民经济评价中一个不可缺少的重要参数。

(三)影子汇率

影子汇率是指单位外汇折合成国内价格的实际经济价值，也可称为外汇的影子价格。影子汇率是一个重要经济参数，应由国家适时公布。

(四)影子工资

影子工资是指某一建设项目使用劳动力，国家和社会为此而付出的代价。它实际上是劳动力作为特殊投入物的影子价格。影子工资一般由两部分组成：一部分是劳动力的机会成本，即项目因为使用劳动力而放弃的该劳动力在原有岗位上可以取得的净效益；另一部分是劳动力因转移而增加的社会资源消耗，如交通运输费用、城市管理费用等。

七、国民经济评价报表体系

国民经济评价报表体系包括国民经济效益分析基本报表和辅助报表。国民经济效益分析基本报表包括国民经济效益费用流量表(全部投资见表 12-11，国内投资见表 12-12，经济外汇流量表见表 12-13)。除基本报表外，还有一些辅助报表，包括出口产品国内资源流量表、投资调整计算表、销售收入调整计算表、经营费用调整计算表。

表 12-11　国民经济效益费用流量表(全部投资)

序号	项目＼时间/年	建设期		投产期		达到设计能力生产期				合计
		1	2	3	4	5	6	…	n	
	生产负荷/%									
1	效益流量/万元									
1.1	产品销售(营业)收入/万元									
1.2	回收固定资产余值/万元									
1.3	回收流动资金/万元									
1.4	项目间接效益/万元									
2	费用流量/万元									
2.1	建设投资/万元									
2.2	流动资金/万元									
2.3	经营费用/万元									
2.4	项目间接费用/万元									
3	净效益流量(1－2)/万元									

注：计算指标为经济内部收益率和经济净现值

表 12-12　国民经济效益费用流量表(国内投资)

序号	项目＼时间/年	建设期		投产期		达到设计能力生产期				合计
		1	2	3	4	5	6	…	n	
	生产负荷/%									
1	效益流量/万元									
1.1	产品销售(营业)收入/万元									
1.2	回收固定资产余值/万元									
1.3	回收流动资金/万元									
1.4	项目间接效益/万元									
2	费用流量/万元									
2.1	建设投资中国内资金/万元									
2.2	流动资金中国内资金/万元									
2.3	经营费用/万元									
2.4	流至国外的资金/万元									
2.4.1	国外借款本金偿还/万元									
2.4.2	国外借款利息支付/万元									
2.4.3	其他/万元									
2.5	项目间接费用/万元									
3	净效益流量(1－2)/万元									

注：计算指标为经济内部收益率和经济净现值

表 12-13　经济外汇流量表

序号	项目 \ 时间/年	建设期		投产期		达到设计能力生产期				合计
		1	2	3	4	5	6	…	n	
	生产负荷/%									
1	外汇流入/万元									
1.1	产品销售外汇收入/万元									
1.2	外汇借款/万元									
1.3	其他外汇收入/万元									
2	外汇流出/万元									
2.1	建设投资中外汇支出/万元									
2.2	进口原材料/万元									
2.3	进口零部件/万元									
2.4	技术转让费/万元									
2.5	偿付外汇借款本息/万元									
2.6	其他外汇支出/万元									
3	净外汇流量(1－2)/万元									
4	产品替代进口收入/万元									
5	净外汇效果(3＋4)/万元									

注：计算指标为经济外汇净现值和经济换汇成本或经济节汇成本

八、国民经济评价指标

国民经济评价包括国民经济盈利能力分析和外汇效果分析，以经济内部收益率为主要评价指标，根据项目特点和实际需要，也可计算经济净现值等指标。产品出口外汇及替代进口节汇的项目，要计算经济外汇净现值(economic net present value foreign exchange，ENPVF)、经济换汇成本和经济节汇成本等指标。此外，还可对难以量化的外部效果进行定性分析。

(一)国民经济盈利能力分析指标

1. 经济内部收益率

经济内部收益率是反映项目对国民经济净贡献的相对指标。它是项目在计算期内各年经济净效益流量的现值累计等于零时的折现率。其表达式为

$$\sum_{t=1}^{n}(\mathrm{CI}-\mathrm{CO})_t(1+\mathrm{EIRR})^{-t}=0 \tag{12-27}$$

其中，CI 为效益流量；CO 为费用流量；$(\mathrm{CI}-\mathrm{CO})_t$ 为第 t 年的净效益流量；EIRR 为经济内部收益率；n 为计算期。

经济内部收益率等于或大于社会折现率，表明项目对国民经济的净贡献达到或超过要求的水平，这时应认为项目是可以考虑接受的。

2. 经济净现值

经济净现值是反映项目对国民经济净贡献的绝对指标。它是指用社会折现率将项目

计算期内各年的净效益流量折算到建设期初的现值之和。其表达式为

$$\text{ENPV}=\sum_{t=1}^{n}(\text{CI}-\text{CO})_t(1+i_s)^{-t} \tag{12-28}$$

其中，i_s 为社会折现率。

经济净现值等于或大于零，表示国家为拟建项目付出代价后，可以得到符合社会折现率的社会盈余，或除得到符合社会折现率的社会盈余外，还可以得到以现值计算的超额社会盈余。这时就可认为项目是可以考虑接受的。

(二)外汇效果分析指标

1. 经济外汇净现值

经济外汇净现值是反映项目实施后对国家外汇收支直接或间接影响的重要指标，用以衡量项目对国家外汇真正的净贡献(创汇)或净消耗(用汇)。经济外汇净现值可通过经济外汇流量表计算求得，其表达式为

$$\text{ENPVF}=\sum_{t=1}^{n}(\text{FI}-\text{FO})_t(1+i_s)^{-t} \tag{12-29}$$

其中，FI 为外汇流入量；FO 为外汇流出量；$(\text{FI}-\text{FO})_t$ 为第 t 年的净外汇流量；n 为计算期。

当有产品替代进口时，可按净外汇效果计算经济外汇净现值。

2. 经济换汇成本和经济节汇成本

当有产品直接出口时，应计算经济换汇成本。它是用货物影子价格、影子工资和社会折现率计算且为生产出口产品而投入的国内资源现值(以人民币表示)与生产出口产品的经济外汇净现值(通常以美元表示)之比，亦即换取 1 美元外汇所需要的人民币金额。它是分析评价项目实施后在国际上的竞争力，进而判断其产品应否出口的指标。其表达式为

$$\text{经济换汇成本}=\frac{\sum_{t=1}^{n}\text{DR}'_t(1+i_s)^{-t}}{\sum_{t=1}^{n}(\text{FI}'-\text{FO}')_t(1+i_s)^{-t}} \tag{12-30}$$

其中，DR'_t 为项目在第 t 年为出口产品投入的国内资源(包括投资、原材料、工资、其他投入和贸易费用)(元)；FI′为生产出口产品的外汇流入(美元)；FO′为生产出口产品的外汇流出(包括应由出口产品分摊的固定资产投资及经营费用中的外汇流出)(美元)；n 为计算期(年)。

当有产品替代进口时，应计算经济节汇成本，它等于项目计算期内生产替代进口产品所投入的国内资源的现值与生产替代进口产品的经济外汇净现值之比，即节约 1 美元外汇所需的人民币金额。其表达式为

$$\text{经济节汇成本}=\frac{\sum_{t=1}^{n}\text{DR}''_t(1+i_s)^{-t}}{\sum_{t=1}^{n}(\text{FI}''-\text{FO}'')_t(1+i_s)^{-t}} \tag{12-31}$$

其中，DR''_t为项目在第 t 年为生产替代进口产品投入的国内资源（包括投资、原材料、工资、其他投入和贸易费用）（元）；FI''为生产替代进口产品所节约的外汇（美元）；FO''为生产替代进口产品的外汇流出（包括应由替代进口产品分摊的固定资产及经营费用中的外汇流出）（美元）。

经济换汇成本或经济节汇成本（元/美元）小于或等于影子汇率，表明该项目产品出口或替代进口是有利的。

复习思考题

1. 什么是可行性研究，其作用意义如何？

2. 可行性研究包括哪些内容？

3. 财务评价的目的是什么？财务评价有哪些基本报表？

4. 贷款还款方式有哪些？还本付息额怎样计算？

5. 全部投资现金流量表与自有资金现金流量表的主要差别有哪些？

6. 为什么在国民经济评价中要进行价格调整？

7. 在国民经济评价的效益与费用中，哪些项目属于转移支付？如何认识转移支付？

8. 国民经济评价的主要参数有哪些？这些参数确定时考虑哪些因素的影响？

9. 国民经济评价与财务评价的主要区别有哪些？

10. 进行国民经济评价有何意义？

11. 如何识别国民经济评价的效益与费用？

12. 假定企业投入资金总额为 600 万元，全投资利润为 100 万元，试求下列三种情况下，自有资金的利润、自有资金利润率。

(1)全部投资均为自有资金。

(2)借入资金与自有资金比例为 1∶3，借款的资金成本率为 10%。

(3)借入资金与自有资金比例为 1∶1，借款的资金成本率为 17%。

参考文献

陈建，段力平．2008．实用技术经济学[M]．北京：高等教育出版社．

陈立文，陈敬武．2014．技术经济学概论[M]．北京：机械工业出版社．

陈伟，韩斌，张凌．2012．技术经济学[M]．北京：清华大学出版社．

邸彦彪．2013．现代企业管理理论与应用[M]．北京：北京大学出版社．

冯俊华．2015．技术经济学[M]．北京：化学工业出版社．

高海晨．2012．现代企业管理[M]．北京：机械工业出版社．

何建洪，任志霞，卢安文．2012．技术经济学—原理与方法[M]．北京：清华大学出版．

姜真，袁博，董华．2013．现代企业管理[M]．北京：清华大学出版社．

金占明，白涛．2013．企业管理学[M]．北京：清华大学出版社．

孔建华，范伶俐，周蕊．2013．现代企业管理[M]．北京：人民邮电出版社．

刘秋华．2013．技术经济学[M]．北京：机械工业出版社．

刘秋华，韩宇．2015．企业管理[M]．沈阳：东北财经大学出版社．

刘晓欢．2013．企业管理概论[M]．北京：高等教育出版社．

刘晓君．2013．技术经济学[M]．北京：科学出版社．

刘颖春，刘立群．2010．技术经济学[M]．北京：化学工业出版社．

彭运芳．2012．新编技术经济学[M]．北京：北京大学出版社．

孙丽萍，李燕华．2013．技术经济分析[M]．北京：科学出版社．

王关义，刘益，刘彤，等．2013．现代企业管理[M]．北京：清华大学出版社．

王素梅．2015．现代企业管理[M]．北京：机械工业出版社．

吴添祖，虞晓芬，龚建立．2012．技术经济学概论[M]．北京：高等教育出版社．

吴振顺．2012．现代企业管理[M]．北京：机械工业出版社．

胥悦红．2013．企业管理学[M]．北京：经济管理出版社．

徐莉．2007．技术经济学[M]．武汉：武汉大学出版社．

杨善林，胡祥培，傅为忠．2015．企业管理学[M]．北京：高等教育出版社．

袁竹，王菁华．2015．现代企业管理[M]．北京：清华大学出版社．

附　　录

表1　复利系数表(一)(5%)

年份	一次支付		等额序列			
	终值系数	现值系数	终值系数	偿债基金系数	资金回收系数	现值系数
n	$(1+i)^n$	$\frac{1}{(1+i)^n}$	$\frac{(1+i)^n-1}{i}$	$\frac{i}{(1+i)^n-1}$	$\frac{i(1+i)^n}{(1+i)^n-1}$	$\frac{(1+i)^n-1}{i(1+i)^n}$
	$(F/P, i, n)$	$(P/F, i, n)$	$(F/A, i, n)$	$(A/F, i, n)$	$(A/P, i, n)$	$(P/A, i, n)$
1	1. 050 00	0. 952 38	1. 000 00	1. 000 00	1. 050 00	0. 952 38
2	1. 102 50	0. 907 03	2. 050 00	0. 487 80	0. 537 80	1. 859 41
3	1. 157 63	0. 863 84	3. 152 50	0. 317 21	0. 367 21	2. 723 25
4	1. 215 51	0. 822 70	4. 310 13	0. 232 01	0. 282 01	3. 545 95
5	1. 276 28	0. 783 53	5. 525 63	0. 180 97	0. 230 97	4. 329 48
6	1. 340 10	0. 746 22	6. 801 91	0. 147 02	0. 197 02	5. 075 69
7	1. 407 10	0. 710 68	8. 142 01	0. 122 82	0. 172 82	5. 786 37
8	1. 477 46	0. 676 84	9. 549 11	0. 104 72	0. 154 72	6. 463 21
9	1. 551 33	0. 644 61	11. 026 56	0. 090 69	0. 140 69	7. 107 82
10	1. 628 89	0. 613 91	12. 577 89	0. 079 50	0. 129 50	7. 721 73
11	1. 710 34	0. 584 68	14. 206 79	0. 070 39	0. 120 39	8. 306 41
12	1. 795 86	0. 556 84	15. 917 13	0. 062 83	0. 112 83	8. 863 25
13	1. 885 65	0. 530 32	17. 712 98	0. 056 46	0. 106 46	9. 393 57
14	1. 979 93	0. 505 07	19. 598 63	0. 051 02	0. 101 02	9. 898 64
15	2. 078 93	0. 481 02	21. 578 56	0. 046 34	0. 096 34	10. 379 66
16	2. 182 87	0. 458 11	23. 657 49	0. 042 27	0. 092 27	10. 837 77
17	2. 292 02	0. 436 30	25. 840 37	0. 038 70	0. 088 70	11. 274 07
18	2. 406 62	0. 415 52	28. 132 38	0. 035 55	0. 085 55	11. 689 59
19	2. 526 95	0. 395 73	30. 539 00	0. 032 75	0. 082 75	12. 085 32
20	2. 653 30	0. 376 89	33. 065 95	0. 030 24	0. 080 24	12. 462 21
21	2. 785 96	0. 358 94	35. 719 25	0. 028 00	0. 078 00	12. 821 15
22	2. 925 26	0. 341 85	38. 505 21	0. 025 97	0. 075 97	13. 163 00
23	3. 071 52	0. 325 57	41. 430 48	0. 024 14	0. 074 14	13. 488 57

续表

年份	一次支付		等额序列			
	终值系数	现值系数	终值系数	偿债基金系数	资金回收系数	现值系数
n	$(1+i)^n$	$\frac{1}{(1+i)^n}$	$\frac{(1+i)^n-1}{i}$	$\frac{i}{(1+i)^n-1}$	$\frac{i(1+i)^n}{(1+i)^n-1}$	$\frac{(1+i)^n-1}{i(1+i)^n}$
	$(F/P, i, n)$	$(P/F, i, n)$	$(F/A, i, n)$	$(A/F, i, n)$	$(A/P, i, n)$	$(P/A, i, n)$
24	3.225 10	0.310 07	44.502 00	0.022 47	0.072 47	13.798 64
25	3.386 35	0.295 30	47.727 10	0.020 95	0.070 95	14.093 94
26	3.555 67	0.281 24	51.113 45	0.019 56	0.069 56	14.375 19
27	3.733 46	0.267 85	54.669 13	0.018 29	0.068 29	14.643 03
28	3.920 13	0.255 09	58.402 58	0.017 12	0.067 12	14.898 13
29	4.116 14	0.242 95	62.322 71	0.016 05	0.066 05	15.141 07
30	4.321 94	0.231 38	66.438 85	0.015 05	0.065 05	15.372 45
31	4.538 04	0.220 36	70.760 79	0.014 13	0.064 13	15.592 81
32	4.764 94	0.209 87	75.298 83	0.013 28	0.063 28	15.802 68
33	5.003 19	0.199 87	80.063 77	0.012 49	0.062 49	16.002 55
34	5.253 35	0.190 35	85.066 96	0.011 76	0.061 76	16.192 90
35	5.516 02	0.181 29	90.320 31	0.011 07	0.061 07	16.374 19
36	5.791 82	0.172 66	95.836 32	0.010 43	0.060 43	16.546 85
37	6.081 41	0.164 44	101.628 14	0.009 84	0.059 84	16.711 29
38	6.385 48	0.156 61	107.709 55	0.009 28	0.059 28	16.867 89
39	6.704 75	0.149 15	114.095 02	0.008 76	0.058 76	17.017 04
40	7.039 99	0.142 05	120.799 77	0.008 28	0.058 28	17.159 09
41	7.391 99	0.135 28	127.839 76	0.007 82	0.057 82	17.294 37
42	7.761 59	0.128 84	135.231 75	0.007 39	0.057 39	17.423 21
43	8.149 67	0.122 70	142.993 34	0.006 99	0.056 99	17.545 91
44	8.557 15	0.116 86	151.143 01	0.006 62	0.056 62	17.662 77
45	8.985 01	0.111 30	159.700 16	0.006 26	0.056 26	17.774 07
46	9.434 26	0.106 00	168.685 16	0.005 93	0.055 93	17.880 07
47	9.905 97	0.100 95	178.119 42	0.005 61	0.055 61	17.981 02
48	10.401 27	0.096 14	188.025 39	0.005 32	0.055 32	18.077 16
49	10.921 33	0.091 56	198.426 66	0.005 04	0.055 04	18.168 72
50	11.467 40	0.087 20	209.348 00	0.004 78	0.054 78	18.255 93

表 2　复利系数表(二)(8%)

年份	一次支付		等额序列			
	终值系数	现值系数	终值系数	偿债基金系数	资金回收系数	现值系数
n	$(1+i)^n$	$\frac{1}{(1+i)^n}$	$\frac{(1+i)^n-1}{i}$	$\frac{i}{(1+i)^n-1}$	$\frac{i(1+i)^n}{(1+i)^n-1}$	$\frac{(1+i)^n-1}{i(1+i)^n}$
	$(F/P, i, n)$	$(P/F, i, n)$	$(F/A, i, n)$	$(A/F, i, n)$	$(A/P, i, n)$	$(P/A, i, n)$
1	1.080 00	0.925 93	1.000 00	1.000 00	1.080 00	0.925 93
2	1.166 40	0.857 34	2.080 00	0.480 77	0.560 77	1.783 26
3	1.259 71	0.793 83	3.246 40	0.308 03	0.388 03	2.577 10
4	1.360 49	0.735 03	4.506 11	0.221 92	0.301 92	3.312 13
5	1.469 33	0.680 58	5.866 60	0.170 46	0.250 46	3.992 71
6	1.586 87	0.630 17	7.335 93	0.136 32	0.216 32	4.622 88
7	1.713 82	0.583 49	8.922 80	0.112 07	0.192 07	5.206 37
8	1.850 93	0.540 27	10.636 63	0.094 01	0.174 01	5.746 64
9	1.999 00	0.500 25	12.487 56	0.080 08	0.160 08	6.246 89
10	2.158 92	0.463 19	14.486 56	0.069 03	0.149 03	6.710 08
11	2.331 64	0.428 88	16.645 49	0.060 08	0.140 08	7.138 96
12	2.518 17	0.397 11	18.977 13	0.052 70	0.132 70	7.536 08
13	2.719 62	0.367 70	21.495 30	0.046 52	0.126 52	7.903 78
14	2.937 19	0.340 46	24.214 92	0.041 30	0.121 30	8.244 24
15	3.172 17	0.315 24	27.152 11	0.036 83	0.116 83	8.559 48
16	3.425 94	0.291 89	30.324 28	0.032 98	0.112 98	8.851 37
17	3.700 02	0.270 27	33.750 23	0.029 63	0.109 63	9.121 64
18	3.996 02	0.250 25	37.450 24	0.026 70	0.106 70	9.371 89
19	4.315 70	0.231 71	41.446 26	0.024 13	0.104 13	9.603 60
20	4.660 96	0.214 55	45.761 96	0.021 85	0.101 85	9.818 15
21	5.033 83	0.198 66	50.422 92	0.019 83	0.099 83	10.016 80
22	5.436 54	0.183 94	55.456 76	0.018 03	0.098 03	10.200 74
23	5.871 46	0.170 32	60.893 30	0.016 42	0.096 42	10.371 06
24	6.341 18	0.157 70	66.764 76	0.014 98	0.094 98	10.528 76
25	6.848 48	0.146 02	73.105 94	0.013 68	0.093 68	10.674 78

续表

年份	一次支付		等额序列			
	终值系数	现值系数	终值系数	偿债基金系数	资金回收系数	现值系数
n	$(1+i)^n$	$\frac{1}{(1+i)^n}$	$\frac{(1+i)^n-1}{i}$	$\frac{i}{(1+i)^n-1}$	$\frac{i(1+i)^n}{(1+i)^n-1}$	$\frac{(1+i)^n-1}{i(1+i)^n}$
	$(F/P, i, n)$	$(P/F, i, n)$	$(F/A, i, n)$	$(A/F, i, n)$	$(A/P, i, n)$	$(P/A, i, n)$
26	7.396 35	0.135 20	79.954 42	0.012 51	0.092 51	10.809 98
27	7.988 06	0.125 19	87.350 77	0.011 45	0.091 45	10.935 16
28	8.627 11	0.115 91	95.338 83	0.010 49	0.090 49	11.051 08
29	9.317 27	0.107 33	103.965 94	0.009 62	0.089 62	11.158 41
30	10.062 66	0.099 38	113.283 21	0.008 83	0.088 83	11.257 78
31	10.867 67	0.092 02	123.345 87	0.008 11	0.088 11	11.349 80
32	11.737 08	0.085 20	134.213 54	0.007 45	0.087 45	11.435 00
33	12.676 05	0.078 89	145.950 62	0.006 85	0.086 85	11.513 89
34	13.690 13	0.073 05	158.626 67	0.006 30	0.086 30	11.586 93
35	14.785 34	0.067 63	172.316 80	0.005 80	0.085 80	11.654 57
36	15.968 17	0.062 62	187.102 15	0.005 34	0.085 34	11.717 19
37	17.245 63	0.057 99	203.070 32	0.004 92	0.084 92	11.775 18
38	18.625 28	0.053 69	220.315 95	0.004 54	0.084 54	11.828 87
39	20.115 30	0.049 71	238.941 22	0.004 19	0.084 19	11.878 58
40	21.724 52	0.046 03	259.056 52	0.003 86	0.083 86	11.924 61
41	23.462 48	0.042 62	280.781 04	0.003 56	0.083 56	11.967 23
42	25.339 48	0.039 46	304.243 52	0.003 29	0.083 29	12.006 70
43	27.366 64	0.036 54	329.583 01	0.003 03	0.083 03	12.043 24
44	29.555 97	0.033 83	356.949 65	0.002 80	0.082 80	12.077 07
45	31.920 45	0.031 33	386.505 62	0.002 59	0.082 59	12.108 40
46	34.474 09	0.029 01	418.426 07	0.002 39	0.082 39	12.137 41
47	37.232 01	0.026 86	452.900 15	0.002 21	0.082 21	12.164 27
48	40.210 57	0.024 87	490.132 16	0.002 04	0.082 04	12.189 14
49	43.427 42	0.023 03	530.342 74	0.001 89	0.081 89	12.212 16
50	46.901 61	0.021 32	573.770 16	0.001 74	0.081 74	12.233 48

表 3　复利系数表(三)(10%)

年份	一次支付		等额序列			
	终值系数	现值系数	终值系数	偿债基金系数	资金回收系数	现值系数
n	$(1+i)^n$	$\frac{1}{(1+i)^n}$	$\frac{(1+i)^n-1}{i}$	$\frac{i}{(1+i)^n-1}$	$\frac{i(1+i)^n}{(1+i)^n-1}$	$\frac{(1+i)^n-1}{i(1+i)^n}$
	$(F/P, i, n)$	$(P/F, i, n)$	$(F/A, i, n)$	$(A/F, i, n)$	$(A/P, i, n)$	$(P/A, i, n)$
1	1.100 00	0.909 09	1.000 00	1.000 00	1.100 00	0.909 09
2	1.210 00	0.826 45	2.100 00	0.476 19	0.576 19	1.735 54
3	1.331 00	0.751 31	3.310 00	0.302 11	0.402 11	2.486 85
4	1.464 10	0.683 01	4.641 00	0.215 47	0.315 47	3.169 87
5	1.610 51	0.620 92	6.105 10	0.163 80	0.263 80	3.790 79
6	1.771 56	0.564 47	7.715 61	0.129 61	0.229 61	4.355 26
7	1.948 72	0.513 16	9.487 17	0.105 41	0.205 41	4.868 42
8	2.143 59	0.466 51	11.435 89	0.087 44	0.187 44	5.334 93
9	2.357 95	0.424 10	13.579 48	0.073 64	0.173 64	5.759 02
10	2.593 74	0.385 54	15.937 42	0.062 75	0.162 75	6.144 57
11	2.853 12	0.350 49	18.531 17	0.053 96	0.153 96	6.495 06
12	3.138 43	0.318 63	21.384 28	0.046 76	0.146 76	6.813 69
13	3.452 27	0.289 66	24.522 71	0.040 78	0.140 78	7.103 36
14	3.797 50	0.263 33	27.974 98	0.035 75	0.135 75	7.366 69
15	4.177 25	0.239 39	31.772 48	0.031 47	0.131 47	7.606 08
16	4.594 97	0.217 63	35.949 73	0.027 82	0.127 82	7.823 71
17	5.054 47	0.197 84	40.544 70	0.024 66	0.124 66	8.021 55
18	5.559 92	0.179 86	45.599 17	0.021 93	0.121 93	8.201 41
19	6.115 91	0.163 51	51.159 09	0.019 55	0.119 55	8.364 92
20	6.727 50	0.148 64	57.275 00	0.017 46	0.117 46	8.513 56
21	7.400 25	0.135 13	64.002 50	0.015 62	0.115 62	8.648 69
22	8.140 27	0.122 85	71.402 75	0.014 01	0.114 01	8.771 54
23	8.954 30	0.111 68	79.543 02	0.012 57	0.112 57	8.883 22
24	9.849 73	0.101 53	88.497 33	0.011 30	0.111 30	8.984 74
25	10.834 71	0.092 30	98.347 06	0.010 17	0.110 17	9.077 04

续表

年份	一次支付		等额序列			
	终值系数	现值系数	终值系数	偿债基金系数	资金回收系数	现值系数
n	$(1+i)^n$	$\frac{1}{(1+i)^n}$	$\frac{(1+i)^n-1}{i}$	$\frac{i}{(1+i)^n-1}$	$\frac{i(1+i)^n}{(1+i)^n-1}$	$\frac{(1+i)^n-1}{i(1+i)^n}$
	$(F/P, i, n)$	$(P/F, i, n)$	$(F/A, i, n)$	$(A/F, i, n)$	$(A/P, i, n)$	$(P/A, i, n)$
26	11.918 18	0.083 91	109.181 77	0.009 16	0.109 16	9.160 95
27	13.109 99	0.076 28	121.099 94	0.008 26	0.108 26	9.237 22
28	14.420 99	0.069 34	134.209 94	0.007 45	0.107 45	9.306 57
29	15.863 09	0.063 04	148.630 93	0.006 73	0.106 73	9.369 61
30	17.449 40	0.057 31	164.494 02	0.006 08	0.106 08	9.426 91
31	19.194 34	0.052 10	181.943 42	0.005 50	0.105 50	9.479 01
32	21.113 78	0.047 36	201.137 77	0.004 97	0.104 97	9.526 38
33	23.225 15	0.043 06	222.251 54	0.004 50	0.104 50	9.569 43
34	25.547 67	0.039 14	245.476 70	0.004 07	0.104 07	9.608 57
35	28.102 44	0.035 58	271.024 37	0.003 69	0.103 69	9.644 16
36	30.912 68	0.032 35	299.126 81	0.003 34	0.103 34	9.676 51
37	34.003 95	0.029 41	330.039 49	0.003 03	0.103 03	9.705 92
38	37.404 34	0.026 73	364.043 43	0.002 75	0.102 75	9.732 65
39	41.144 78	0.024 30	401.447 78	0.002 49	0.102 49	9.756 96
40	45.259 26	0.022 09	442.592 56	0.002 26	0.102 26	9.779 05
41	49.785 18	0.020 09	487.851 81	0.002 05	0.102 05	9.799 14
42	54.763 70	0.018 26	537.636 99	0.001 86	0.101 86	9.817 40
43	60.240 07	0.016 60	592.400 69	0.001 69	0.101 69	9.834 00
44	66.264 08	0.015 09	652.640 76	0.001 53	0.101 53	9.849 09
45	72.890 48	0.013 72	718.904 84	0.001 39	0.101 39	9.862 81
46	80.179 53	0.012 47	791.795 32	0.001 26	0.101 26	9.875 28
47	88.197 49	0.011 34	871.974 85	0.001 15	0.101 15	9.886 62
48	97.017 23	0.010 31	960.172 34	0.001 04	0.101 04	9.896 93
49	106.718 96	0.009 37	1 057.189 57	0.000 95	0.100 95	9.906 30
50	117.390 85	0.008 52	1 163.908 53	0.000 86	0.100 86	9.914 81

表 4　复利系数表(四)(12%)

年份	一次支付		等额序列			
	终值系数	现值系数	终值系数	偿债基金系数	资金回收系数	现值系数
n	$(1+i)^n$	$\frac{1}{(1+i)^n}$	$\frac{(1+i)^n-1}{i}$	$\frac{i}{(1+i)^n-1}$	$\frac{i(1+i)^n}{(1+i)^n-1}$	$\frac{(1+i)^n-1}{i(1+i)^n}$
	$(F/P，i，n)$	$(P/F，i，n)$	$(F/A，i，n)$	$(A/F，i，n)$	$(A/P，i，n)$	$(P/A，i，n)$
1	1.120 00	0.892 86	1.000 00	1.000 00	1.120 00	0.892 86
2	1.254 40	0.797 19	2.120 00	0.471 70	0.591 70	1.690 05
3	1.404 93	0.711 78	3.374 40	0.296 35	0.416 35	2.401 83
4	1.573 52	0.635 52	4.779 33	0.209 23	0.329 23	3.037 35
5	1.762 34	0.567 43	6.352 85	0.157 41	0.277 41	3.604 78
6	1.973 82	0.506 63	8.115 19	0.123 23	0.243 23	4.111 41
7	2.210 68	0.452 35	10.089 01	0.099 12	0.219 12	4.563 76
8	2.475 96	0.403 88	12.299 69	0.081 30	0.201 30	4.967 64
9	2.773 08	0.360 61	14.775 66	0.067 68	0.187 68	5.328 25
10	3.105 85	0.321 97	17.548 74	0.056 98	0.176 98	5.650 22
11	3.478 55	0.287 48	20.654 58	0.048 42	0.168 42	5.937 70
12	3.895 98	0.256 68	24.133 13	0.041 44	0.161 44	6.194 37
13	4.363 49	0.229 17	28.029 11	0.035 68	0.155 68	6.423 55
14	4.887 11	0.204 62	32.392 60	0.030 87	0.150 87	6.628 17
15	5.473 57	0.182 70	37.279 71	0.026 82	0.146 82	6.810 86
16	6.130 39	0.163 12	42.753 28	0.023 39	0.143 39	6.973 99
17	6.866 04	0.145 64	48.883 67	0.020 46	0.140 46	7.119 63
18	7.689 97	0.130 04	55.749 71	0.017 94	0.137 94	7.249 67
19	8.612 76	0.116 11	63.439 68	0.015 76	0.135 76	7.365 78
20	9.646 29	0.103 67	72.052 44	0.013 88	0.133 88	7.469 44
21	10.803 85	0.092 56	81.698 74	0.012 24	0.132 24	7.562 00
22	12.100 31	0.082 64	92.502 58	0.010 81	0.130 81	7.644 65
23	13.552 35	0.073 79	104.602 89	0.009 56	0.129 56	7.718 43
24	15.178 63	0.065 88	118.155 24	0.008 46	0.128 46	7.784 32
25	17.000 06	0.058 82	133.333 87	0.007 50	0.127 50	7.843 14

续表

年份	一次支付		等额序列			
	终值系数	现值系数	终值系数	偿债基金系数	资金回收系数	现值系数
n	$(1+i)^n$	$\frac{1}{(1+i)^n}$	$\frac{(1+i)^n-1}{i}$	$\frac{i}{(1+i)^n-1}$	$\frac{i(1+i)^n}{(1+i)^n-1}$	$\frac{(1+i)^n-1}{i(1+i)^n}$
	$(F/P, i, n)$	$(P/F, i, n)$	$(F/A, i, n)$	$(A/F, i, n)$	$(A/P, i, n)$	$(P/A, i, n)$
26	19.040 07	0.052 52	150.333 93	0.006 65	0.126 65	7.895 66
27	21.324 88	0.046 89	169.374 01	0.005 90	0.125 90	7.942 55
28	23.883 87	0.041 87	190.698 89	0.005 24	0.125 24	7.984 42
29	26.749 93	0.037 38	214.582 75	0.004 66	0.124 66	8.021 81
30	29.959 92	0.033 38	241.332 68	0.004 14	0.124 14	8.055 18
31	33.555 11	0.029 80	271.292 61	0.003 69	0.123 69	8.084 99
32	37.581 73	0.026 61	304.847 72	0.003 28	0.123 28	8.111 59
33	42.091 53	0.023 76	342.429 45	0.002 92	0.122 92	8.135 35
34	47.142 52	0.021 21	384.520 98	0.002 60	0.122 60	8.156 56
35	52.799 62	0.018 94	431.663 50	0.002 32	0.122 32	8.175 50
36	59.135 57	0.016 91	484.463 12	0.002 06	0.122 06	8.192 41
37	66.231 84	0.015 10	543.598 69	0.001 84	0.121 84	8.207 51
38	74.179 66	0.013 48	609.830 53	0.001 64	0.121 64	8.220 99
39	83.081 22	0.012 04	684.010 20	0.001 46	0.121 46	8.233 03
40	93.050 97	0.010 75	767.091 42	0.001 30	0.121 30	8.243 78
41	104.217 09	0.009 60	860.142 39	0.001 16	0.121 16	8.253 37
42	116.723 14	0.008 57	964.359 48	0.001 04	0.121 04	8.261 94
43	130.729 91	0.007 65	1 081.082 62	0.000 92	0.120 92	8.269 59
44	146.417 50	0.006 83	1 211.812 53	0.000 83	0.120 83	8.276 42
45	163.987 60	0.006 10	1 358.230 03	0.000 74	0.120 74	8.282 52
46	183.666 12	0.005 44	1 522.217 64	0.000 66	0.120 66	8.287 96
47	205.706 05	0.004 86	1 705.883 75	0.000 59	0.120 59	8.292 82
48	230.390 78	0.004 34	1 911.589 80	0.000 52	0.120 52	8.297 16
49	258.037 67	0.003 88	2 141.980 58	0.000 47	0.120 47	8.301 04
50	289.002 19	0.003 46	2 400.018 25	0.000 42	0.120 42	8.304 50

表 5　复利系数表(五)(15%)

年份	一次支付		等额序列			
	终值系数	现值系数	终值系数	偿债基金系数	资金回收系数	现值系数
n	$(1+i)^n$	$\frac{1}{(1+i)^n}$	$\frac{(1+i)^n-1}{i}$	$\frac{i}{(1+i)^n-1}$	$\frac{i(1+i)^n}{(1+i)^n-1}$	$\frac{(1+i)^n-1}{i(1+i)^n}$
	$(F/P, i, n)$	$(P/F, i, n)$	$(F/A, i, n)$	$(A/F, i, n)$	$(A/P, i, n)$	$(P/A, i, n)$
1	1.150 00	0.869 57	1.000 00	1.000 00	1.150 00	0.869 57
2	1.322 50	0.756 14	2.150 00	0.465 12	0.615 12	1.625 71
3	1.520 88	0.657 52	3.472 50	0.287 98	0.437 98	2.283 23
4	1.749 01	0.571 75	4.993 38	0.200 27	0.350 27	2.854 98
5	2.011 36	0.497 18	6.742 38	0.148 32	0.298 32	3.352 16
6	2.313 06	0.432 33	8.753 74	0.114 24	0.264 24	3.784 48
7	2.660 02	0.375 94	11.066 80	0.090 36	0.240 36	4.160 42
8	3.059 02	0.326 90	13.726 82	0.072 85	0.222 85	4.487 32
9	3.517 88	0.284 26	16.785 84	0.059 57	0.209 57	4.771 58
10	4.045 56	0.247 18	20.303 72	0.049 25	0.199 25	5.018 77
11	4.652 39	0.214 94	24.349 28	0.041 07	0.191 07	5.233 71
12	5.350 25	0.186 91	29.001 67	0.034 48	0.184 48	5.420 62
13	6.152 79	0.162 53	34.351 92	0.029 11	0.179 11	5.583 15
14	7.075 71	0.141 33	40.504 71	0.024 69	0.174 69	5.724 48
15	8.137 06	0.122 89	47.580 41	0.021 02	0.171 02	5.847 37
16	9.357 62	0.106 86	55.717 47	0.017 95	0.167 95	5.954 23
17	10.761 26	0.092 93	65.075 09	0.015 37	0.165 37	6.047 16
18	12.375 45	0.080 81	75.836 36	0.013 19	0.163 19	6.127 97
19	14.231 77	0.070 27	88.211 81	0.011 34	0.161 34	6.198 23
20	16.366 54	0.061 10	102.443 58	0.009 76	0.159 76	6.259 33
21	18.821 52	0.053 13	118.810 12	0.008 42	0.158 42	6.312 46
22	21.644 75	0.046 20	137.631 64	0.007 27	0.157 27	6.358 66
23	24.891 46	0.040 17	159.276 38	0.006 28	0.156 28	6.398 84
24	28.625 18	0.034 93	184.167 84	0.005 43	0.155 43	6.433 77
25	32.918 95	0.030 38	212.793 02	0.004 70	0.154 70	6.464 15

续表

年份	一次支付		等额序列			
	终值系数	现值系数	终值系数	偿债基金系数	资金回收系数	现值系数
n	$(1+i)^n$	$\frac{1}{(1+i)^n}$	$\frac{(1+i)^n-1}{i}$	$\frac{i}{(1+i)^n-1}$	$\frac{i(1+i)^n}{(1+i)^n-1}$	$\frac{(1+i)^n-1}{i(1+i)^n}$
	$(F/P, i, n)$	$(P/F, i, n)$	$(F/A, i, n)$	$(A/F, i, n)$	$(A/P, i, n)$	$(P/A, i, n)$
26	37.856 80	0.026 42	245.711 97	0.004 07	0.154 07	6.490 56
27	43.535 31	0.022 97	283.568 77	0.003 53	0.153 53	6.513 53
28	50.065 61	0.019 97	327.104 08	0.003 06	0.153 06	6.533 51
29	57.575 45	0.017 37	377.169 69	0.002 65	0.152 65	6.550 88
30	66.211 77	0.015 10	434.745 15	0.002 30	0.152 30	6.565 98
31	76.143 54	0.013 13	500.956 92	0.002 00	0.152 00	6.579 11
32	87.565 07	0.011 42	577.100 46	0.001 73	0.151 73	6.590 53
33	100.699 83	0.009 93	664.665 52	0.001 50	0.151 50	6.600 46
34	115.804 80	0.008 64	765.365 35	0.001 31	0.151 31	6.609 10
35	133.175 52	0.007 51	881.170 16	0.001 13	0.151 13	6.616 61
36	153.151 85	0.006 53	1 014.345 68	0.000 99	0.150 99	6.623 14
37	176.124 63	0.005 68	1 167.497 53	0.000 86	0.150 86	6.628 81
38	202.543 32	0.004 94	1 343.622 16	0.000 74	0.150 74	6.633 75
39	232.924 82	0.004 29	1 546.165 49	0.000 65	0.150 65	6.638 05
40	267.863 55	0.003 73	1 779.090 31	0.000 56	0.150 56	6.641 78
41	308.043 08	0.003 25	2 046.953 85	0.000 49	0.150 49	6.645 02
42	354.249 54	0.002 82	2 354.996 93	0.000 42	0.150 42	6.647 85
43	407.386 97	0.002 45	2 709.246 47	0.000 37	0.150 37	6.650 30
44	468.495 02	0.002 13	3 116.633 44	0.000 32	0.150 32	6.652 44
45	538.769 27	0.001 86	3 585.128 46	0.000 28	0.150 28	6.654 29
46	619.584 66	0.001 61	4 123.897 73	0.000 24	0.150 24	6.655 91
47	712.522 36	0.001 40	4 743.482 39	0.000 21	0.150 21	6.657 31
48	819.400 71	0.001 22	5 456.004 75	0.000 18	0.150 18	6.658 53
49	942.310 82	0.001 06	6 275.405 46	0.000 16	0.150 16	6.659 59
50	1 083.657 44	0.000 92	7 217.716 28	0.000 14	0.150 14	6.660 51

表 6 复利系数表(六)(20%)

年份	一次支付		等额序列			
	终值系数	现值系数	终值系数	偿债基金系数	资金回收系数	现值系数
n	$(1+i)^n$	$\frac{1}{(1+i)^n}$	$\frac{(1+i)^n-1}{i}$	$\frac{i}{(1+i)^n-1}$	$\frac{i(1+i)^n}{(1+i)^n-1}$	$\frac{(1+i)^n-1}{i(1+i)^n}$
	$(F/P, i, n)$	$(P/F, i, n)$	$(F/A, i, n)$	$(A/F, i, n)$	$(A/P, i, n)$	$(P/A, i, n)$
1	1.200 00	0.833 33	1.000 00	1.000 00	1.200 00	0.833 33
2	1.440 00	0.694 44	2.200 00	0.454 55	0.654 55	1.527 78
3	1.728 00	0.578 70	3.640 00	0.274 73	0.474 73	2.106 48
4	2.073 60	0.482 25	5.368 00	0.186 29	0.386 29	2.588 73
5	2.488 32	0.401 88	7.441 60	0.134 38	0.334 38	2.990 61
6	2.985 98	0.334 90	9.929 92	0.100 71	0.300 71	3.325 51
7	3.583 18	0.279 08	12.915 90	0.077 42	0.277 42	3.604 59
8	4.299 82	0.232 57	16.499 08	0.060 61	0.260 61	3.837 16
9	5.159 78	0.193 81	20.798 90	0.048 08	0.248 08	4.030 97
10	6.191 74	0.161 51	25.958 68	0.038 52	0.238 52	4.192 47
11	7.430 08	0.134 59	32.150 42	0.031 10	0.231 10	4.327 06
12	8.916 10	0.112 16	39.580 50	0.025 26	0.225 26	4.439 22
13	10.699 32	0.093 46	48.496 60	0.020 62	0.220 62	4.532 68
14	12.839 18	0.077 89	59.195 92	0.016 89	0.216 89	4.610 57
15	15.407 02	0.064 91	72.035 11	0.013 88	0.213 88	4.675 47
16	18.488 43	0.054 09	87.442 13	0.011 44	0.211 44	4.729 56
17	22.186 11	0.045 07	105.930 56	0.009 44	0.209 44	4.774 63
18	26.623 33	0.037 56	128.116 67	0.007 81	0.207 81	4.812 19
19	31.948 00	0.031 30	154.740 00	0.006 46	0.206 46	4.843 50
20	38.337 60	0.026 08	186.688 00	0.005 36	0.205 36	4.869 58
21	46.005 12	0.021 74	225.025 60	0.004 44	0.204 44	4.891 32
22	55.206 14	0.018 11	271.030 72	0.003 69	0.203 69	4.909 43
23	66.247 37	0.015 09	326.236 86	0.003 07	0.203 07	4.924 53
24	79.496 85	0.012 58	392.484 24	0.002 55	0.202 55	4.937 10
25	95.396 22	0.010 48	471.981 08	0.002 12	0.202 12	4.947 59

续表

年份	一次支付		等额序列			
	终值系数	现值系数	终值系数	偿债基金系数	资金回收系数	现值系数
n	$(1+i)^n$	$\frac{1}{(1+i)^n}$	$\frac{(1+i)^n-1}{i}$	$\frac{i}{(1+i)^n-1}$	$\frac{i(1+i)^n}{(1+i)^n-1}$	$\frac{(1+i)^n-1}{i(1+i)^n}$
	$(F/P, i, n)$	$(P/F, i, n)$	$(F/A, i, n)$	$(A/F, i, n)$	$(A/P, i, n)$	$(P/A, i, n)$
26	114.475 46	0.008 74	567.377 30	0.001 76	0.201 76	4.956 32
27	137.370 55	0.007 28	681.852 76	0.001 47	0.201 47	4.963 60
28	164.844 66	0.006 07	819.223 31	0.001 22	0.201 22	4.969 67
29	197.813 59	0.005 06	984.067 97	0.001 02	0.201 02	4.974 72
30	237.376 31	0.004 21	1 181.881 57	0.000 85	0.200 85	4.978 94
31	284.851 58	0.003 51	1 419.257 88	0.000 70	0.200 70	4.982 45
32	341.821 89	0.002 93	1 704.109 46	0.000 59	0.200 59	4.985 37
33	410.186 27	0.002 44	2 045.931 35	0.000 49	0.200 49	4.987 81
34	492.223 52	0.002 03	2 456.117 62	0.000 41	0.200 41	4.989 84
35	590.668 23	0.001 69	2 948.341 15	0.000 34	0.200 34	4.991 54
36	708.801 87	0.001 41	3 539.009 37	0.000 28	0.200 28	4.992 95
37	850.562 25	0.001 18	4 247.811 25	0.000 24	0.200 24	4.994 12
38	1 020.674 70	0.000 98	5 098.373 50	0.000 20	0.200 20	4.995 10
39	1 224.809 64	0.000 82	6 119.048 20	0.000 16	0.200 16	4.995 92
40	1 469.771 57	0.000 68	7 343.857 84	0.000 14	0.200 14	4.996 60
41	1 763.725 88	0.000 57	8 813.629 41	0.000 11	0.200 11	4.997 17
42	2 116.471 06	0.000 47	10 577.355 29	0.000 09	0.200 09	4.997 64
43	2 539.765 27	0.000 39	12 693.826 35	0.000 08	0.200 08	4.998 03
44	3 047.718 32	0.000 33	15 233.591 62	0.000 07	0.200 07	4.998 36
45	3 657.261 99	0.000 27	18 281.309 94	0.000 05	0.200 05	4.998 63
46	4 388.714 39	0.000 23	21 938.571 93	0.000 05	0.200 05	4.998 86
47	5 266.457 26	0.000 19	26 327.286 31	0.000 04	0.200 04	4.999 05
48	6 319.748 72	0.000 16	31 593.743 58	0.000 03	0.200 03	4.999 21
49	7 583.698 46	0.000 13	37 913.492 29	0.000 03	0.200 03	4.999 34
50	9 100.438 15	0.000 11	45 497.190 75	0.000 02	0.200 02	4.999 45

表 7　复利系数表(七)(25%)

年份	一次支付		等额序列			
	终值系数	现值系数	终值系数	偿债基金系数	资金回收系数	现值系数
n	$(1+i)^n$	$\frac{1}{(1+i)^n}$	$\frac{(1+i)^n-1}{i}$	$\frac{i}{(1+i)^n-1}$	$\frac{i(1+i)^n}{(1+i)^n-1}$	$\frac{(1+i)^n-1}{i(1+i)^n}$
	$(F/P, i, n)$	$(P/F, i, n)$	$(F/A, i, n)$	$(A/F, i, n)$	$(A/P, i, n)$	$(P/A, i, n)$
1	1.250 00	0.800 00	1.000 00	1.000 00	1.250 00	0.800 00
2	1.562 50	0.640 00	2.250 00	0.444 44	0.694 44	1.440 00
3	1.953 13	0.512 00	3.812 50	0.262 30	0.512 30	1.952 00
4	2.441 41	0.409 60	5.765 63	0.173 44	0.423 44	2.361 60
5	3.051 76	0.327 68	8.207 03	0.121 85	0.371 85	2.689 28
6	3.814 70	0.262 14	11.258 79	0.088 82	0.338 82	2.951 42
7	4.768 37	0.209 72	15.073 49	0.066 34	0.316 34	3.161 14
8	5.960 46	0.167 77	19.841 86	0.050 40	0.300 40	3.328 91
9	7.450 58	0.134 22	25.802 32	0.038 76	0.288 76	3.463 13
10	9.313 23	0.107 37	33.252 90	0.030 07	0.280 07	3.570 50
11	11.641 53	0.085 90	42.566 13	0.023 49	0.273 49	3.656 40
12	14.551 92	0.068 72	54.207 66	0.018 45	0.268 45	3.725 12
13	18.189 89	0.054 98	68.759 58	0.014 54	0.264 54	3.780 10
14	22.737 37	0.043 98	86.949 47	0.011 50	0.261 50	3.824 08
15	28.421 71	0.035 18	109.686 84	0.009 12	0.259 12	3.859 26
16	35.527 14	0.028 15	138.108 55	0.007 24	0.257 24	3.887 41
17	44.408 92	0.022 52	173.635 68	0.005 76	0.255 76	3.909 93
18	55.511 15	0.018 01	218.044 60	0.004 59	0.254 59	3.927 94
19	69.388 94	0.014 41	273.555 76	0.003 66	0.253 66	3.942 35
20	86.736 17	0.011 53	342.944 70	0.002 92	0.252 92	3.953 88
21	108.420 22	0.009 22	429.680 87	0.002 33	0.252 33	3.963 11
22	135.525 27	0.007 38	538.101 09	0.001 86	0.251 86	3.970 49
23	169.406 59	0.005 90	673.626 36	0.001 48	0.251 48	3.976 39
24	211.758 24	0.004 72	843.032 95	0.001 19	0.251 19	3.981 11
25	264.697 80	0.003 78	1 054.791 18	0.000 95	0.250 95	3.984 89

续表

年份	一次支付		等额序列			
	终值系数	现值系数	终值系数	偿债基金系数	资金回收系数	现值系数
n	$(1+i)^n$	$\frac{1}{(1+i)^n}$	$\frac{(1+i)^n-1}{i}$	$\frac{i}{(1+i)^n-1}$	$\frac{i(1+i)^n}{(1+i)^n-1}$	$\frac{(1+i)^n-1}{i(1+i)^n}$
	$(F/P, i, n)$	$(P/F, i, n)$	$(F/A, i, n)$	$(A/F, i, n)$	$(A/P, i, n)$	$(P/A, i, n)$
26	330.872 25	0.003 02	1 319.488 98	0.000 76	0.250 76	3.987 91
27	413.590 31	0.002 42	1 650.361 23	0.000 61	0.250 61	3.990 33
28	516.987 88	0.001 93	2 063.951 53	0.000 48	0.250 48	3.992 26
29	646.234 85	0.001 55	2 580.939 41	0.000 39	0.250 39	3.993 81
30	807.793 57	0.001 24	3 227.174 27	0.000 31	0.250 31	3.995 05
31	1 009.741 96	0.000 99	4 034.967 83	0.000 25	0.250 25	3.996 04
32	1 262.177 45	0.000 79	5 044.709 79	0.000 20	0.250 20	3.996 83
33	1 577.721 81	0.000 63	6 306.887 24	0.000 16	0.250 16	3.997 46
34	1 972.152 26	0.000 51	7 884.609 05	0.000 13	0.250 13	3.997 97
35	2 465.190 33	0.000 41	9 856.761 32	0.000 10	0.250 10	3.998 38
36	3 081.487 91	0.000 32	12 321.951 64	0.000 08	0.250 08	3.998 70
37	3 851.859 89	0.000 26	15 403.439 56	0.000 06	0.250 06	3.998 96
38	4 814.824 86	0.000 21	19 255.299 44	0.000 05	0.250 05	3.999 17
39	6 018.531 08	0.000 17	24 070.124 30	0.000 04	0.250 04	3.999 34
40	7 523.163 85	0.000 13	30 088.655 38	0.000 03	0.250 03	3.999 47
41	9 403.954 81	0.000 11	37 611.819 23	0.000 03	0.250 03	3.999 57
42	11 754.943 51	0.000 09	47 015.774 03	0.000 02	0.250 02	3.999 66
43	14 693.679 39	0.000 07	58 770.717 54	0.000 02	0.250 02	3.999 73
44	18 367.099 23	0.000 05	73 464.396 93	0.000 01	0.250 01	3.999 78
45	22 958.874 04	0.000 04	91 831.496 16	0.000 01	0.250 01	3.999 83
46	28 698.592 55	0.000 03	114 790.370 20	0.000 01	0.250 01	3.999 86
47	35 873.240 69	0.000 03	143 488.962 75	0.000 01	0.250 01	3.999 89
48	44 841.550 86	0.000 02	179 362.203 43	0.000 01	0.250 01	3.999 91
49	56 051.938 57	0.000 02	224 203.754 29	0.000 00	0.250 00	3.999 93
50	70 064.923 22	0.000 01	280 255.692 86	0.000 00	0.250 00	3.999 94

表 8　复利系数表(八)(30%)

年份	一次支付		等额序列			
	终值系数	现值系数	终值系数	偿债基金系数	资金回收系数	现值系数
n	$(1+i)^n$	$\frac{1}{(1+i)^n}$	$\frac{(1+i)^n-1}{i}$	$\frac{i}{(1+i)^n-1}$	$\frac{i(1+i)^n}{(1+i)^n-1}$	$\frac{(1+i)^n-1}{i(1+i)^n}$
	$(F/P，i，n)$	$(P/F，i，n)$	$(F/A，i，n)$	$(A/F，i，n)$	$(A/P，i，n)$	$(P/A，i，n)$
1	1. 300 00	0. 769 23	1. 000 00	1. 000 00	1. 300 00	0. 769 23
2	1. 690 00	0. 591 72	2. 300 00	0. 434 78	0. 734 78	1. 360 95
3	2. 197 00	0. 455 17	3. 990 00	0. 250 63	0. 550 63	1. 816 11
4	2. 856 10	0. 350 13	6. 187 00	0. 161 63	0. 461 63	2. 166 24
5	3. 712 93	0. 269 33	9. 043 10	0. 110 58	0. 410 58	2. 435 57
6	4. 826 81	0. 207 18	12. 756 03	0. 078 39	0. 378 39	2. 642 75
7	6. 274 85	0. 159 37	17. 582 84	0. 056 87	0. 356 87	2. 802 11
8	8. 157 31	0. 122 59	23. 857 69	0. 041 92	0. 341 92	2. 924 70
9	10. 604 50	0. 094 30	32. 015 00	0. 031 24	0. 331 24	3. 019 00
10	13. 785 85	0. 072 54	42. 619 50	0. 023 46	0. 323 46	3. 091 54
11	17. 921 60	0. 055 80	56. 405 35	0. 017 73	0. 317 73	3. 147 34
12	23. 298 09	0. 042 92	74. 326 95	0. 013 45	0. 313 45	3. 190 26
13	30. 287 51	0. 033 02	97. 625 04	0. 010 24	0. 310 24	3. 223 28
14	39. 373 76	0. 025 40	127. 912 55	0. 007 82	0. 307 82	3. 248 67
15	51. 185 89	0. 019 54	167. 286 31	0. 005 98	0. 305 98	3. 268 21
16	66. 541 66	0. 015 03	218. 472 20	0. 004 58	0. 304 58	3. 283 24
17	86. 504 16	0. 011 56	285. 013 86	0. 003 51	0. 303 51	3. 294 80
18	112. 455 41	0. 008 89	371. 518 02	0. 002 69	0. 302 69	3. 303 69
19	146. 192 03	0. 006 84	483. 973 43	0. 002 07	0. 302 07	3. 310 53
20	190. 049 64	0. 005 26	630. 165 46	0. 001 59	0. 301 59	3. 315 79
21	247. 064 53	0. 004 05	820. 215 10	0. 001 22	0. 301 22	3. 319 84
22	321. 183 89	0. 003 11	1 067. 279 63	0. 000 94	0. 300 94	3. 322 96
23	417. 539 05	0. 002 39	1 388. 463 51	0. 000 72	0. 300 72	3. 325 35
24	542. 800 77	0. 001 84	1 806. 002 57	0. 000 55	0. 300 55	3. 327 19
25	705. 641 00	0. 001 42	2 348. 803 34	0. 000 43	0. 300 43	3. 328 61

续表

年份	一次支付		等额序列			
	终值系数	现值系数	终值系数	偿债基金系数	资金回收系数	现值系数
n	$(1+i)^n$	$\frac{1}{(1+i)^n}$	$\frac{(1+i)^n-1}{i}$	$\frac{i}{(1+i)^n-1}$	$\frac{i(1+i)^n}{(1+i)^n-1}$	$\frac{(1+i)^n-1}{i(1+i)^n}$
	$(F/P, i, n)$	$(P/F, i, n)$	$(F/A, i, n)$	$(A/F, i, n)$	$(A/P, i, n)$	$(P/A, i, n)$
26	917.333 30	0.001 09	3 054.444 34	0.000 33	0.300 33	3.329 70
27	1 192.533 29	0.000 84	3 971.777 64	0.000 25	0.300 25	3.330 54
28	1 550.293 28	0.000 65	5 164.310 93	0.000 19	0.300 19	3.331 18
29	2 015.381 26	0.000 50	6 714.604 21	0.000 15	0.300 15	3.331 68
30	2 619.995 64	0.000 38	8 729.985 48	0.000 11	0.300 11	3.332 06
31	3 405.994 34	0.000 29	11 349.981 12	0.000 09	0.300 09	3.332 35
32	4 427.792 64	0.000 23	14 755.975 46	0.000 07	0.300 07	3.332 58
33	5 756.130 43	0.000 17	19 183.768 10	0.000 05	0.300 05	3.332 75
34	7 482.969 56	0.000 13	24 939.898 53	0.000 04	0.300 04	3.332 89
35	9 727.860 43	0.000 10	32 422.868 08	0.000 03	0.300 03	3.332 99
36	12 646.218 55	0.000 08	42 150.728 51	0.000 02	0.300 02	3.333 07
37	16 440.084 12	0.000 06	54 796.947 06	0.000 02	0.300 02	3.333 13
38	21 372.109 35	0.000 05	71 237.031 18	0.000 01	0.300 01	3.333 18
39	27 783.742 16	0.000 04	92 609.140 53	0.000 01	0.300 01	3.333 21
40	36 118.864 81	0.000 03	120 392.882 69	0.000 01	0.300 01	3.333 24
41	46 954.524 25	0.000 02	156 511.747 50	0.000 01	0.300 01	3.333 26
42	61 040.881 53	0.000 02	203 466.271 75	0.000 00	0.300 00	3.333 28
43	79 353.145 98	0.000 01	264 507.153 28	0.000 00	0.300 00	3.333 29
44	103 159.089 78	0.000 01	343 860.299 26	0.000 00	0.300 00	3.333 30
45	134 106.816 71	0.000 01	447 019.389 04	0.000 00	0.300 00	3.333 31
46	174 338.861 73	0.000 01	581 126.205 76	0.000 00	0.300 00	3.333 31
47	226 640.520 25	0.000 00	755 465.067 48	0.000 00	0.300 00	3.333 32
48	294 632.676 32	0.000 00	982 105.587 73	0.000 00	0.300 00	3.333 32
49	383 022.479 21	0.000 00	1 276 738.264 05	0.000 00	0.300 00	3.333 32
50	497 929.222 98	0.000 00	1 659 760.743 26	0.000 00	0.300 00	3.333 33